中国税务师行业发展报告 2018

首都经济贸易大学财政税务学院
中国税收筹划研究会
◎主编

首都经济贸易大学出版社
Capital University of Economics and Business Press
·北京·

图书在版编目（CIP）数据

中国税务师行业发展报告．2018/首都经济贸易大学财政税务学院，中国税收筹划研究会主编．-- 北京：首都经济贸易大学出版社，2019.11

ISBN 978-7-5638-3005-3

Ⅰ．①中… Ⅱ．①首… ②中… Ⅲ．①税收管理—研究报告—中国—2018 Ⅳ．①F812.423

中国版本图书馆 CIP 数据核字（2019）第 228158 号

中国税务师行业发展报告（2018）

主　编　首都经济贸易大学财政税务学院

中国税收筹划研究会

责任编辑　王　猛

封面设计　砚祥志远·激光照排 TEL: 010-65976003

出版发行　首都经济贸易大学出版社

地　　址　北京市朝阳区红庙（邮编 100026）

电　　话　（010）65976483　65065761　65071505（传真）

网　　址　http://www.sjmcb.com

E-mail　publish@cueb.edu.cn

经　　销　全国新华书店

照　　排　北京砚祥志远激光照排技术有限公司

印　　刷　人民日报印刷厂

开　　本　710 毫米×1000 毫米　1/16

字　　数　409 千字

印　　张　23.25

版　　次　2019 年 11 月第 1 版　2019 年 11 月第 1 次印刷

书　　号　ISBN 978-7-5638-3005-3

定　　价　75.00 元

序　言

郝如玉

随着我国税制改革的不断推进和营商环境的不断优化，税务师行业蓬勃发展，不断地拓宽业务范围，向涉税服务法制化、市场化、专业化、信息化、国际化的方向迈进。

第十三届全国人民代表大会确定了“深化税收制度改革、继续减税降费”的任务，李克强总理也多次提到了我国财税体制改革与税收行政执法的具体内容，不仅为推进税收法治建设、深化财税体制改革明确了目标，也为税务师行业的进一步发展指明了方向。

自我国20世纪80年代实行市场化改革以来，企业和个人通过参与市场活动分配的收入份额大大增加，上缴国家财政的主要形式由利润转变为税收，于是纳税人就产生了税务咨询服务的需求，催生了我国税务师行业的发展。进入21世纪，我国税务师业务开始拓展到税收筹划、税务顾问、纳税评估、财务分析、经营策略等高层次业务领域。目前我国税务师行业已成为继律师、注册会计师之后的第三大涉税专业服务行业。尽管如此，我国委托税务师办理纳税事宜的纳税人仅占9%左右。数据显示，无论是从税务师行业规模，还是从市场需求比例来看，我国与发达国家相比都有很大差距。例如，在日本，税理士数量达7万，税务从业人员数量达22万；税务咨询业的产值，在欧洲占GDP的比重约为1%，在美国约1 000亿美元；而日本和韩国有约85%以上的企业，美国有50%以上的企业和近100%的个人，澳大利亚有约80%以上的纳税人委托税务代理人代办纳税事宜。发达国家的经验表明，税务师市场前景广阔。

税务师事务所是涉税事务的专业服务机构，而税务师则是从事税务代理的专业人才。为适应发展需求，税务师行业的改革也如箭在弦，不得不发。只有改革才能给我们税务师行业增添新动力、注入新的活力；才能披

作者简介：郝如玉，第十一、十二届全国人大常委、财经委副主任，北京哲学社会科学国家税收法律研究基地首席专家，中央统战部建言献策专家财金组组长，中国注册税务师协会副会长，首都经济贸易大学教授、博士生导师。

沙拣金，去除糟粕，取其精华，让税务师行业散发历久弥新的风采。

2017 年，由首都经济贸易大学、国家法官学院、国家税务总局税收科研所联合设立的国家税收法律研究基地正式揭牌成立，这是我国税收法律研究领域第一个获批省部级研究基地的研究机构。国家税收法律研究基地为共同推动税收法律的发展与应用搭建了一个良好的平台，推动实现税收立法、执法和司法的统一。

自 1978 年改革开放起，我们国家的经济总规模和实力变化天翻地覆且势不可当，经济体制成功地由计划转型为社会主义市场经济体制。对外开放逐步深化，经济增长进入了新常态。而新时代对税务师行业也提出了新的更高的要求，随着“一带一路”倡议和一系列出口导向型战略的实施，我国已成为世界第一贸易大国，经济全球化加速发展。我国经济增长速度由高速增长转为中高速增长，增长方式由规模扩张转型为质量提高。这对我国的税收政策、制度及我们的税务师事务所、税务师来讲，既是百年不遇的机遇又是前所未有的挑战。

税务师行业的健康发展需要国家法律提供充分保障。税务师行业是连接税务机关与纳税人的桥梁。从公共服务的角度看，税务师既为政府行政机关的税收征管服务，又为纳税人提供专业的税务咨询和办理缴纳税款服务。因而，随着市场化程度的提高和依法治国方略的推进，作为市场经济中涉税的专业服务组织和依法纳税服务的重要载体，其地位将会越来越重要，其作用会日益显现出来。

因此，一方面，我们应该积极推动行业立法，对涉税专业服务社会组织进行法律确认和规制；另一方面，应该借助税收征管法修订之机，明确税务师在税收征管中的法律地位。这不仅是全面推进依法治国的内在要求，也是税收治理现代化的应有之义。在深化税收改革过程中，我国应将涉税专业服务社会组织立法纳入税收征管法同步推进，逐步建立健全具有中国特色的涉税专业服务社会组织法律法规体系。

《中国税务师行业发展报告（2018）》由国家税收法律研究基地、中国税收筹划研究会和首都经济贸易大学财政税务学院共同主编，资料翔实、内容丰富、结构紧凑、逻辑严谨，可读性颇强，是具有参考价值的年度性发展报告。全书从税务师行业发展概览，国外税务师行业分析及经验借鉴、国内税务师行业现状分析，提高税务师行业水平和素质，涉税服务市场面临的新机遇、新挑战、新需求，新时代税务师行业的发展趋势及措施等方面对税务师行业的发展状况做了详细的介绍；同时，还收录了当前税收领域从业人员在税收筹划、税收征管、税务人才培养和税制改革等方面思想碰撞与经验交流的精彩论述，对税务师行业与高校相关学科的进一步发展具有借鉴意义。

代　序

李林军

2018 年，世界经济动荡加剧，中国改革再出发

这一年是全面贯彻党的十九大精神的开局之年，是中国改革开放40周年，也是全球经济深刻调整的一年。这一年，党中央、国务院推出的减税降费政策全面落地，国税地税征管体制改革好于预期，税制改革深入推进，税收营商环境持续优化，高质量推进新时代税收现代化建设迈上了新台阶。2018 年对于税务师行业来说，是聚焦创新服务、全面转型升级的一年。全国税务师行业以习近平新时代中国特色社会主义思想为指导，深入学习贯彻党的十九大和十九届二中、三中全会精神，在中央有关部门和国家税务总局的坚强领导下，迎难而上，奋勇拼搏，取得了可喜成绩。进一步全面加强行业党的建设，开展“创新服务年”主题活动，实现行业基层党组织示范基地36个省（自治区）全覆盖，发展党员301名，行业代表人士担任各级人大代表、政协委员席位增至267个；为税务师行业高质量发展提供了坚强政治保证。税务师职业资格考试报考人数和科次分别达33. 6万余人和91. 2万余科，增长48. 81%和55. 2%。全年举办各类培训班29期，培训3 659人次，提升20%；网校学员达15. 6万，税务师74 733名。修改会费收取标准，预计将为会员减费降负约6 700万元。完善行业自律制度，新认定5A、4A级税务师事务所各6家，总数均达到29家。认真贯彻落实总局涉税专业服务监管新规，积极制订业务规范，发布行业业务指引12个。持续推进行业转型升级，成立互联网+涉税服务联盟，38家税务师事务所成立科技公司，开发、运用100多款软件产品、工具为纳税人提供服务。成功举办2018年海峡两岸暨港澳涉税服务论坛、“一带一路”建设座谈会等活动。组织“全国办税技能竞赛——第八届全国税法知识竞赛”，13万人参与。举办“改革开放40周年——我与税务师

作者简介：李林军，中国注册税务师协会副会长。

行业”征文活动。会刊围绕中心服务大局策划多个专题，中税协微信公众号粉丝数突破17万。全行业业务收入大幅增长，预计近200亿元，比上年增长15%以上。这些成绩的取得，是全行业共同奋斗出来的，是我们在新时代实现行业高质量发展的坚实基础。

2019年，决战全面建成小康社会关键之年、建国70周年

当前，我们正面临百年未有之大变局，国内外形势正在发生深刻复杂变化，行业发展正处于难得的战略机遇期。一方面，国家依法治国、“放管服”、税制、征管等改革不断深入；另一方面，纳税人对涉税专业服务的需求日益增长，行业发展潜力巨大、前途光明。我们要以习近平新时代中国特色社会主义思想为指导，重点做好以下工作：

第一，加强党建统领。深入贯彻习近平新时代中国特色社会主义思想和党的十九大精神，贯彻落实全国税务系统党建工作会议和《中共国家税务总局委员会关于加强新形势下税务系统党的建设的意见》精神。推动省级行业党建工作机构实体化运作。学习贯彻《中国共产党支部工作条例（试行）》，按照“六有”标准，加强党组织示范基地建设。开展“人才建设年”主题活动。组建行业党校。指导各级行业党组织加强宣传思想工作，主动占领互联网新媒体阵地。加大行业代表人士培养和使用力度，提高代表人士在社会组织和政治组织的任职、挂职比例。加强同心服务团建设，做精同心服务团品牌，积极参与全国新的社会阶层人士服务团活动。持之以恒，正风肃纪打造行业良好形象。

第二，服务税收改革。随着税收法定原则的落实，2019年不仅新的个人所得税法要全面实施，而且车辆购置税、耕地占用税、资源税等税法也将相继出台。税务师行业要积极响应税务总局的号召，组织全行业积极开展服务税收改革工作。当前，要认真落实税务总局《发挥涉税专业服务机构作用，服务个人所得税改革有关事项的通知》精神，集中精力做好服务个人所得税改革相关工作，组织开展“百师讲税法”等新税法宣讲活动，参与12366服务热线答疑，通过批量申报、软件平台等为纳税人提供扣缴、汇算清缴服务，推动三方沟通机制和政府购买涉税专业服务等工作落实。积极联系各类全国性行业协会、商会，开展相关税法课题研究、举办论坛等战略合作，推动新税法在相关行业的落地实施。结合业务实际，更新《税务师行业业务指导目录》。

第三，推进法制建设。积极配合行业内各级人大代表、政协委员向全国两会提交与税收法制有关的议案、提案，反映行业立法意愿。推动构建

行业业务规范体系，结合业务开展，制定出台行业指引，协助税务总局制定涉税专业服务业务规范。加大中税协法律法规库推广力度。

第四，培养专业人才。协调总局、人社部修订90号考试文件，扩大报考的范围。充实专业化考试工作管理队伍，确保2019年考试工作再上新台阶。深入贯彻落实国家产教融合要求，印发《税务师行业产教融合工作规划（2018—2022）》，建立行业产教融合示范点，落实与清华大学、社会科学学院的合作，开发涉税服务业务教学案例学习系统1.0版，编辑出版《涉税服务实务案例》教材；大规模开展办税技能培训、竞赛，开展税法宣传“进企业、进校园、进社区”活动，促进税法知识普及和办税能力提升。修订继续教育管理制度。加强行业协会间合作，建立学分互认机制。继续扩大专项业务培训和“送教上门”试点。打造远程教育分级培训课程体系和全开放、全覆盖的教育培训信息化系统。建立人才供需信息管理平台。

第五，推进智能互联。充分发挥行业互联网+涉税服务发展的指导意见作用，推动税务师事务所与企业、纳税人之间互联互通；运用互联网+思维，通过互联网、云计算、大数据、人工智能、区块链与涉税专业服务的深度融合，进一步推动行业信息化建设。推进税务师行业信息系统与税务总局信息系统的连接；推荐服务个人所得税软件、工具；完善中税协信息服务平台各功能模块，开设税务师事务所招聘信息专栏；推进协会智能办公；建设互联网产品共享平台，满足行业互联网产品展示、试用与购买的需求。

第六，实施国际战略。继续推进“一带一路”涉税专业服务国际合作，举办“一带一路”税收服务论坛等活动。开展国际涉税业务考察、培训活动。积极参加AOTCA年会、海峡两岸暨港澳涉税服务论坛及国家税务总局举办的首届“一带一路”税收管理合作论坛。加强合作共赢平台的宣传推广，为税务师事务所建设国际服务网络、拓展国际市场提供信息服务。推动与国际注册专业会计师公会等国际协会开展教育培训方面的合作交流，拓展会员视野，提升会员为企业提供跨境涉税服务的能力。

第七，强化信用管理。按照信用管理理念，对《注册税务师行业自律管理办法》等自律制度进行修订。修订《等级税务师事务所认定办法》，完善集团化实际控制权规定，推动集团事务所一体化发展。根据行业信用化管理需要，修订行业报表，做好2018年行业数据统计和分析。结合总局涉税专业服务机构和个人信用积分指标体系的应用，进一步推动行业信用体系研究和建设。

第八，提升宣传质效。聚焦行业中心工作，做好舆论宣传。坚持正确的舆论导向，自觉宣传税收改革正能量。提高《注册税务师》杂志编辑质量。加强新媒体建设。积极筹备税研智库。探索建立税务师行业媒体联盟。加大行业重要新闻和典型经验宣传力度，讲好税务师行业故事，弘扬正能量。

税务师行业全体同仁，“幸福是奋斗出来的”，“梦想不是等得来、喊得来的，而是拼出来、干出来的”。我们要按照习总书记提出的要求，聚焦转型升级，以崭新的姿态昂首新时代，踏上新征程。让我们同心同德、顽强拼搏，为实现税收现代化作出新的更大贡献，以优异成绩庆祝中华人民共和国成立70周年！

目　录

2018 年税务师行业发展报告

第一章　税务师行业发展概览 …… 3
第一节　税务师行业概述 …… 3
第二节　税务师事务所概述 …… 8
第三节　中国税务师行业发展历程 …… 12
第四节　2018 年税务师行业大事记 …… 16
第二章　国外税务师行业分析及经验借鉴 …… 21
第一节　世界各国税务师发展比较 …… 21
第二节　国际税务师发展的经验借鉴 …… 34
第三章　国内税务师行业现状分析 …… 39
第一节　税务师行业存在的必要性 …… 39
第二节　涉税专业服务范围 …… 41
第三节　税务师事务所百强情况分析 …… 49
第四节　税务师行业环境分析 …… 51
第四章　提高税务师行业水平和素质 …… 58
第一节　税务师职业道德 …… 58
第二节　税务师自身技能 …… 67
第三节　税务师行业培训 …… 70
第五章　涉税服务市场面临的新机遇、新挑战、新要求 …… 89
第一节　新时代涉税服务市场面临的新机遇 …… 89
第二节　新时代涉税服务行业的新挑战 …… 95
第三节　新时代对税务师行业的新要求 …… 97

第六章　新时代税务师行业的发展趋势以及措施 …… 99
第一节　涉税专业服务进入了新时代 …… 99
第二节　新时代税务机关要有新举措 …… 100
第三节　新时代涉税专业服务要有新作为 …… 101
第四节　新时代税务师事务所要有新气象 …… 102
第五节　新时代税务师自身要有新成就 …… 104

中国税收筹划研究会第十二届年会论文集

一、税收筹划 …… 113
1　“营改增”背景下同花顺公司的税务筹划 …… 113
2　“营改增”政策下建筑企业纳税筹划研究
——以葛洲坝集团为例 …… 121
3　电子商务企业税收筹划分析：以天猫 B2C 税收筹划为例 …… 129
4　河南 YX 房地产开发公司的税收筹划方案设计 …… 139
5　企业并购中所得税税收筹划问题研究 …… 154
6　我国个人所得税改革及简单筹划 …… 164
7　税务师事务所品牌管理问题研究 …… 172
二、税收征管 …… 178
1　大数据在税收征管与服务中的应用现状及发展建议 …… 178
2　税务机构改革对税收征管的影响分析 …… 188
3　税务机构改革后构建税收征管体系思考 …… 196
4　“营改增”背景下中央与地方税收立法权划分问题研究 …… 200
5　税收治理现代化视角下我国《税收征管法》的修订 …… 219
6　关于《税收征管法》修订的几点思考 …… 226
三、税务人才培养 …… 232
1　基于供给端高校税务硕士专业学位研究生培养模式研究
——互联网＋大数据背景下的思考 …… 232
2　我国青少年税法教育问题研究 …… 242
四、税制改革 …… 257
1　国际税收竞争力指数（ITCI）与我国
个人所得税改革的契合思考 …… 257

2 电子烟应征收烟草税 …… 268

3 对奢侈品征税的思考 …… 273

4 混合所有制改革、税收与产权保护 …… 283

5 我国个人所得税费用扣除制度改革研究 …… 296

6 我国个人所得税改革路径探究 …… 308

7 我国绿色税收制度研究 …… 318

8 限售股减持若干增值税问题探讨 …… 325

9 税收事先裁定问题研究 …… 334

10 税收信用体系问题研究
——基于大数据技术运用的视角 …… 344

11 土地增值税清算征纳纠纷案例分析 …… 353

2018年
税务师行业发展报告

第一章　税务师行业发展概览

第一节　税务师行业概述

一、税务师

税务师是指经全国统一考试合格，取得税务师职业资格证书并经注册登记的、从事涉税鉴证和涉税服务活动的专业技术人员①。2014 年 7 月，国务院取消了注册税务师职业资格许可，从此注册税务师更名为税务师。更名后，税务师仍属于国家职业资格，纳入全国专业技术人员职业资格证书制度统一规划②。通过税务师职业资格考试并取得职业资格证书的人员，表明其已具备从事涉税专业服务的职业能力和水平。税务师资格的取得实行考试和认定制度，中国注册税务师协会具体承担税务师职业资格考试的评价与管理工作③。税务师职业资格证书实行登记服务制度，税务师职业资格证书登记服务的具体工作同样由中国注册税务师协会负责。

税务师行业是随着社会主义市场经济的建立而发展的新兴行业，是社会主义市场经济发展的必然产物。在中国经济蓬勃向上的同时，一方面由于经济运行到一定阶段所产生的内在要求，另一方面因为与世界经济接轨的客观需要，政府管理经济的模式发生了深刻的转变，宏观调控成为主导，与此同时，各行业自律性组织——行业协会及其中介机构的建设得到了进一步加强。其中，税务师行业由于在帮助政府建立市场经济体制方面发挥了重要作用，尤其是健全服务市场体系、保障新税制实施、加快税收

---

① 从注册税务师的专业作用看注税行业立法的重要性，http：//www. cctaa. cn/hyxw/ztzl/zyyjiu/2014 -08 -28/11831. html。

② 国家税务总局“税务师职业资格制度和考试办法”在线访谈，http：//www. cctaa. cn/2015ksbm/2015 -11 -20/13439. html。

③ 税务师职业资格考试实施办法，https://ksbm. ecctaa. com/cms/detail - CMS20160517170000014003. html。

征管改革、适应改革开放，而不断得到国家的重视。在此基础上，中国税务咨询协会经过多年的实践，于2002年被国家正式命名为“中国注册税务师协会”，并与“中国注册会计师协会”分业管理，这是中国税务师行业发展的一个新的里程碑。

2003年召开的中国共产党第十六届中央委员会第三次全体会议指出，要积极发展独立公正、规范运作的专业化市场中介服务机构，按市场化原则规范发展各类行业协会、商会等自律组织。这为税务师行业的发展指明了方向。2017年10月30日，中共中国注册税务师行业委员会第十二次（扩大）会议传达了党的十九大精神，强调要全面、系统、联系地领会党的十九大精神，结合行业党建和发展实际，进一步掌握税收现代化的精神实质，以指导行业现代化的实践发展。2018年4月26日，全国税务师行业党委书记会议深入学习了习近平新时代中国特色社会主义思想以及全国“两会”精神，强调要发挥党建工作的统领作用和核心作用，将党建融入涉税专业服务中，促进税务师行业加快转型升级，锐意进取、扎实工作，为决胜全面建成小康社会、加快推进社会主义现代化、实现中华民族伟大复兴的中国梦发挥出税务师行业应有的作用！

随着我国改革开放的逐步深入，我国经济获得了前所未有的发展，税务师行业也成为完善市场经济体制、深化税制改革、优化纳税服务、提高税法遵从度的一支重要的专业化社会服务力量①。税收事业的大发展，离不开政府的大力支持和税务师行业工作者们的广泛参与。税务师行业按照客观公正、优质服务的原则，初步理顺了各方面的关系，在市场经济环境中努力转变观念、平等竞争，税务代理业务由单一到综合，正向税收全面代理、税务高端咨询、税务顾问等高层次业务发展。

二、税务师行业的特征

（一）主体资格的特定性

在涉税服务法律关系中，涉税服务行为发生的主体资格是特定的。这包含两个方面的内容，首先，代理人必须是经批准具有税务代理执业资格的税务师和税务师事务所。其次，被代理人必须是负有纳税义务或扣缴税款义务的纳税人或扣缴义务人。主体资格的特定性是税务师职业的法定要求。

---

① 李林军．税务师行业砥砺奋进铿锵前行［N］．中国会计报，2018－11－23（003）．

（二）代理活动的公正性

税务师是与征纳双方都不存在利益关系的第三方涉税服务中介。税务师在开展相关业务的过程中，要站在客观、公正的立场上，以税法为依据，以服务为宗旨，既要保障纳税人的合法权益，又不能损害国家的利益。公正性是税务师职业的根本要求，也是税务师行业得以存续发展的重要前提。

（三）法律约束性

税务师从事的涉税专业服务和法律服务、会计审计服务一样，是负有法律责任的契约行为。税务师与委托人之间需要签订具有法律约束力的业务约定书，在执业过程中，其行为受到税法及相关法律的约束。

（四）执业活动的知识性和专业性

税务师从事的涉税服务是知识密集型和实践密集型的专业活动。首先，执业的税务师要具备丰富的知识，不局限于税法、法律、财会、金融等从业知识；其次，执业的税务师要具有一定的实践经验，有综合的分析能力，其执业过程和程序都是专业的、规范的，体现出涉税服务的专业性。

（五）执业内容的确定性

税务师承接业务的业务范围是由国家以法律、行政法规和行政规章的形式确定的，税务师不得超过规定的内容从事涉税服务活动，不得代理应由税务机关行使的行政职权。在具体的业务中，税务师需要以业务约定书中确定的服务的目的、范围、期限为依据开展业务。

（六）税收法律责任的不转嫁性

税务代理关系的建立并不改变纳税人、扣缴义务人对其本身所固有的税收法律责任的承担。在代理过程中产生的税收法律责任，无论出自纳税人、扣缴义务人的原因，还是由于税务师的原因，其承担者均应为纳税人或扣缴义务人。但是这种法律责任的不转嫁性，并不意味着税务师在执业过程中可以对纳税人、扣缴义务人的权益不负责任，不承担任何代理过错。委托方可以通过民事诉讼程序向代理人提出赔偿要求。

（七）执业有偿服务性

税务师行业是伴随着市场经济的发展而产生发展起来的。首先，税务师以获得收益为目标，既服务于纳税人和扣缴义务人，又间接服务于税务机关和社会；其次，税务师在执业过程中付出了体力劳动和脑力劳动，应该获得相应的报酬。

三、税务师的执业准则

税务师和税务师事务所提供涉税服务，应遵循以下原则。

（一）合法原则

税务师事务所必须是依法成立的；从事涉税服务的税务师必须是经过全国统一税务师资格考试合格的涉税服务人员；提供涉税服务的过程和结果应当符合法律规定，不得损害国家税收利益和其他相关主体的合法权益。合法原则是税务师执业的重要原则。

（二）合理原则

合理原则又称客观公正原则，是指税务师提供的涉税服务应当符合税法立法目的，合乎事理常规，不得为纳税人筹划虚假交易或其他不当行为。税务师在提供涉税服务的过程中，要公正、客观地为纳税人、扣缴义务人代办涉税事宜，不得偏袒或迁就。

（三）独立原则

税务师在其权限内能够独立地行使自身的职责，不受其他组织机构和个人团体的干预。税务师从事的具体代理活动不受纳税人和扣缴义务人的控制，也不受税务机关的左右，是严格地按照税法的规定，根据自身的专业知识和执业素质独立地处理受托业务。

（四）胜任原则

税务师在承接业务和执业过程中，应当审慎评价委托人的业务要求和自身的专业能力，合理利用其他专家的工作，妥善处理超出自身专业能力的业务委托。合理的人员配备能够收到事半功倍的效果，既节约业务成本，又为委托人提供优质的服务。

（五）责任原则

税务师在执业过程中应当保持为委托人负责的态度实施服务程序，控制执业风险，承担执业责任。此外，税务师应当对委托人的企业信息及相关资料负有保密的责任，依照法律规定和约定履行保密义务。

四、税务师提供服务的主要程序

（一）业务承接

税务师应当按照中国注册税务师协会发布的《税务师业务承接规则（试行）》的要求承接涉税服务业务。在签订业务约定书之前，税务师应当与委托人沟通，了解委托背景、目的、目标等特定事项的具体内容。在进行充分的沟通和讨论之后，税务师应当按《税务师业务约定书规则（试行）》的要求起草业务约定书。业务约定书包括但不限于以下内容：委托背景、委托人的需求，服务目标，服务团队，服务程序，服务成果体现形式、提交方式和时间，业务收费，权利和义务，法律责任。

（二）业务计划

涉税服务的业务计划有 4 点要求：第一，业务计划应当根据服务目标，按照《税务师业务计划规则（试行）》制定，业务简单、风险较小的服务项目，可以简化。第二，税务师应在充分理解委托原因、背景、目标的基础上，制定业务计划。第三，税务师应当将服务总目标分解成若干阶段，然后确定各阶段的子目标，再据此细化各阶段的工作事项。第四，在项目计划形成后，税务师应当与委托人进行沟通，得到委托人确认后再实施。

（三）业务实施

业务实施应以实现委托人目标为导向，根据委托目标，确定收集相关法律法规范围，分析实现委托人目标应具备的法定条件，分析委托人现有条件与法定条件的差异和差异原因，提出消除差异的方法和建议。在业务实施前，应当对业务约定书和业务计划进行讨论，使项目组成员都能了解项目目标及各自所承担的任务和责任。项目启动后，项目负责人应当按项目计划对项目的进展、成本、质量、风险进行控制。

需要强调的是，当委托人提供的资料和陈述严重偏离业务约定书内容，对委托目标实现有重大影响时，税务师应当与委托人讨论修改委托目标和业务约定书的其他内容，如不能达成共识，则终止项目。

（四）业务报告

在项目结束时，税务师需要根据项目制定相应的业务报告。业务报告的基本要求包括：

第一，应向委托人告知涉税服务业务报告的起草原因和所要达到的具体目的。

第二，业务报告的内容和要素要完整，目录要清晰；在具体分析表述中，论述的内容与大小标题结构要对应。

第三，在业务报告中，除了写明分析过程和业务结论外，还应列明相应的依据（委托人的事实和法律法规）。涉及的法律、法规可以作为业务报告的附件。

第四，在报告中针对业务约定书确定的目标，税务师要明确告诉其结论和建议。

第五，在报告中要告知委托人在使用业务报告时应注意的事项，以避免委托人不当使用业务报告导致税务师事务所的风险。

第二节　税务师事务所概述

一、税务师事务所

税务师事务所是依法设立并承办法律、法规、规章规定的涉税服务和鉴证业务的社会中介机构。税务师事务所的组织形式为有限责任制税务师事务所和合伙制税务师事务所，以及国家税务总局规定的其他形式。税务师事务所应当依法纳税，并建立健全内部管理制度，严格财务管理，建立职业风险基金，办理职业保险①。

税务师事务所是随着我国市场经济体制的建立而发展壮大起来的新兴行业，是具有涉税服务和护税协税双重职能的税务中介组织，是加强税收征管、监督社会经济活动、维护纳税人权利和义务、促进我国税收事业发展的支柱力量②。随着我国社会主义市场经济的发展和税制改革的深化，

---

① 岳松. 财政与税收［M］. 北京：清华大学出版社，2008.

② 伍唯佳，周向均. 税务师事务所发展探析——服务产品化［J］. 中国集体经济，2014（01）：37－38.

税务专业化服务的需求将会越来越大，必将迎来行业快速发展的历史性机遇。

税务师事务所是专职从事税务代理的工作机构，在国外一些经济发达国家或地区，实行税务代理制度已有很多年历史。我国的税务师事务所是伴随着改革开放发展起来的新型服务行业，与其他国家相比，我国的税务师行业尚处在发展的初级阶段，税务师事务所在我国发展时间不长，规模普遍较小、业务范围较窄、高端专业人员匮乏、税务师的执业能力和职业道德水平有待提高、行业法律制度不健全等问题依然存在，这成为制约我国税务师事务所发展的主要因素。

我国的税务师事务所主要从事涉税服务和涉税鉴证业务。税务师事务所对维护国家税收收入增长，减少税收流失，保证国家税收法律法规正确贯彻实施，以及税收征管改革的深化、税收服务体系的建立都起到了重要作用。

税务师和税务师事务所承办业务，应当以委托方自愿为前提，以有关法律、行政法规、规章为依据，并受法律保护。国家税务总局与各省、自治区、直辖市和计划单列市税务局（以下简称省税务局）是税务师行业的业务主管部门，分别委托各自所属的税务师管理中心（以下分别简称总局管理中心和省局管理中心）行使对税务师和税务师事务所的行政管理职能，并监督、指导税务师协会的工作。

二、税务师事务所的种类

参照我国会计师事务所设置情况，结合《公司法》和《税务代理试行办法》的规定，我国的税务师事务所有两种分类：

一是根据税务师事务所审批机关的级次，可分为国家税务总局批准的税务师事务所和地方税务师事务所。前者是指国家税务总局直接批准成立的税务师事务所，后者是指由省税务局批准成立的税务师事务所。

二是根据出资者的不同，可分为有限责任税务师事务所和合伙税务师事务所。前者是指按《税务代理试行办法》的有关规定由单位发起设立，发起单位以其出资额对税务师事务所承担责任，税务师事务所以其全部资产对其债务承担责任的一类税务师事务所。后者是指税务师事务所的债务由合伙人按比例或者协议约定，以各自的财产承担责任的一类税务师事务所。《税务代理试行办法》规定，注册税务师可以合伙设立税务师事务所。

无论按照哪种分类方法，税务师事务所的人员构成大体一致，即由所长、副所长、部门经理、税务师、业务助理人员和其他工作人员组成。税务师事务所实行所长负责制。尽管我国目前没有关于所长条件的规定，我们认为他（她）必须是税务师①。

三、有限责任税务师事务所

（一）有限责任税务师事务所设立的条件

有限责任税务师事务所是由发起人出资发起设立，承办税务代理业务并负有限责任的社会中介机构。事务所以其全部资产对其债务承担责任。投资者以其出资额对事务所承担有限责任。

发起设立事务所应当具备下列条件：有3名以上符合《税务师职业资格制度暂行规定》第五条规定的发起人；有10名以上专职从业人员，其中有5名以上取得税务师职业资格证书者；注册资本在30万元以上；有固定的办公场所和必要的设施；审批机关规定的其他条件。

申请设立事务所的发起人应当具备以下条件：取得税务师职业资格证书；具有3年以上在事务所从事税务代理业务的经验和良好的职业道德记录；为事务所出资；不在其他单位从事获取工资等劳务报酬的工作；年龄在65周岁以下；审批机关规定的其他条件。

事务所的出资人应当具备以下条件：取得税务师职业资格证书；在事务所执业，并且不在其他单位从事获取工资等劳务报酬的工作；审批机关规定的其他条件。

（二）有限责任税务师事务所的管理制度

事务所实行所长负责制，所长为事务所的法定代表人，其推选程序和具体条件由事务所章程规定。所长必须具有税务师职业资格证书。事务所不得冠以行业、部门等容易引起误解的名称字样，也不得直接冠以行政区域名或地名。事务所内部管理制度（草案）应当包括以下制度：人事管理制度、财务管理制度、执业质量控制制度、业务档案管理制度、审批机关要求的及事务所认为需要制定的其他管理制度。

（三）有限责任税务师事务所的审批

申请设立事务所的发起人应当向所在地省级税务师管理机构递交设立有限责任税务师事务所申请报告，并附下列材料：事务所章程（草案），

---

① 姜雅净，李艳. 税务代理理论与实务［M］. 3版. 上海：上海财经大学出版社，2015：20.

发起人简历及其税务师职业资格证书原件和复印件、身份证原件和复印件，出资人简历及其税务师职业资格证书原件和复印件、出资协议、出资证明，拟任所长人选的有关资料，其他税务师身份证原件和复印件、税务师职业资格证书原件和复印件，办公场所的产权或使用权的有效证明文件，事务所内部管理制度（草案），审批机关要求的其他材料。

事务所实行独立核算，依法纳税，执行国家规定的有关财务会计制度，并接受税务师管理机构的监督和管理。

四、合伙税务师事务所

（一）合伙税务师事务所设立的条件

合伙税务师事务所是由 2 名以上符合条件的合伙人以书面协议形式设立，承办税务代理业务，并对债务承担无限连带责任的社会中介机构。事务所的债务，应先以其全部财产进行清偿；事务所的财产不足以清偿其债务时，各合伙人应当承担无限连带责任。

设立事务所，由国家税务总局审批。设立事务所应当具备下列条件：有 2 名以上符合《税务师职业资格制度暂行规定》第五条规定条件，并依法承担无限责任的合伙人；有一定数量的专职从业人员，其中至少有 3 名以上取得税务师职业资格证书者；有固定的办公场所和必要的设施；经营资金为 10 万元以上；审批机关规定的其他条件。

申请设立事务所的合伙人应当具备下列条件：具有完全民事行为能力；取得税务师职业资格证书；具有 3 年以上在事务所从事税务代理业务的经验和良好的职业道德记录；不在其他单位从事获取工资等劳务报酬的工作；年龄在 65 周岁以下；审批机关规定的其他条件。

（二）合伙税务师事务所的管理制度

事务所可以设立合伙人管理委员会，由若干主要合伙人组成。管理委员会推举 1 名合伙人担任负责人，管理委员会负责人即为事务所负责人。不设立合伙人管理委员会的合伙税务师事务所，可由全体合伙人对事务所的重大问题作出决定，并推举 1 名合伙人担任事务所负责人。

事务所不得冠以行业、部门等容易引起误解的名称字样、行政区域名或地名。

（三）合伙税务师事务所的审批

申请设立事务所的合伙人应当向所在地省级税务师管理机构递交设立

合伙税务师事务所申请报告，并附下列材料：合伙协议书，各合伙人简历、身份证原件及复印件、税务师职业资格证书原件及复印件，合伙事务所章程（草案），合伙人出资和个人财产的有效证明，其他税务师身份证原件和复印件、税务师职业资格证书原件和复印件，办公场所的产权或使用权的有效证明文件，事务所内部管理制度（草案），审批机关要求的其他材料。

合伙税务师事务所实行独立核算，依法纳税，执行国家规定的有关财务会计制度，并接受税务师管理机构的监督和管理①。

第三节　中国税务师行业发展历程

我国税务师行业的发展与市场的需求和行政部门的支持、引导密切相关，行业从无到有发展到今天，已经成为继注册会计师、律师之后的第三大经济鉴证类专业服务行业。我国税务师行业的发展经历了 4 个阶段，即萌芽阶段、初创阶段、发展阶段和转变阶段。

一、税务师行业萌芽阶段

我国税务师行业起源于 20 世纪 80 年代出现的以税务咨询为主要业务的税务代理行业。1983 年和 1984 年我国进行了两步“利改税”，国营企业上缴利润改为上缴所得税的形式，企业有了自主独立的利润，因而就需要调节利益的分配。同时，随着我国税收体制的不断丰富和发展，企业需要能够掌握运用国家税收政策、法律法规的中介机构。在多因素的推动下，税收代理这种独立公正的服务中介机构应运而生。1984 年，中国税务学会成立，其职能范围覆盖了经济、税务咨询、税收信息服务等。1985 年，第一家税务咨询事务所于新疆创办。80 年代中期，国内最早的民间税务咨询和代理组织的协调机构在武汉、重庆、广州三市成立，随着其他城市的涉税服务组织的加入，该机构于 1998 年发展成“七城市税务咨询联合会”。

在萌芽阶段，税务代理的主要业务是提供税务咨询服务，具体包括接受专项咨询委托业务、接受企业委托税务顾问业务和电话税务咨询服务。这一阶段成立的组织和机构推进了涉税专业服务行业的发展，但是对税务咨询的探索并没有上升到制度层面。

---

① 姜雅净，李艳．税务代理理论与实务［M］．3 版．上海：上海财经大学出版社，2015：21.

二、税务师行业初创阶段

1990 年纳税人自行申报纳税制度的确立为我国税务师行业带了契机，被视为我国税务师行业初创阶段的开端。在税务师行业的初创阶段，更为广泛使用的概念是税务代理行业。1992 年颁布的《中华人民共和国税收征收管理法》中首次以法律形式明确了税务代理人从事税务代理业务，对我国税务师行业的发展具有重大意义。1994 年全面性的、结构性的税制改革使得我国税制体系更加复杂，增加了纳税人对税务专业服务的需求。为顺应市场的需求，国家税务总局下发了《税务代理试行办法》，对税务代理人资格认定、权利与义务、代理业务范围、代理关系、代理机构以及税务代理责任等一系列事项做出了规定，这是我国税务代理制度正式形成的标志，是我国税务师行业具有里程碑意义的事件①。

为了规范和促进税务师行业的发展，我国从 1995 年起对税务师这个职业进行了一系列认定和规范。1995 年，中国税务咨询协会成立，成为我国税务师的行业自律组织。1996 年人事部、国家税务总局联合颁布《注册税务师资格制度暂行规定》，标志着我国的税务师制度正式形成②。1998—1999 年，人事部和国家税务总局成立了税务师管理中心并颁布了一系列的法规来完善、规范我国的税务师行业，这对我国税务师行业的健康发展起到了十分积极的作用。

这个阶段形成了我国税务师行业的基本雏形，初步形成了具有法律意义、客观公正、自愿平等、操作规范、权责对等的税务代理服务机制。但是，这个阶段存在的问题阻碍了行业的进一步发展。例如，政企划分不清，难以保证其独立性；税务制度不完善，不利于行业的持续发展；税务代理业公众认识度偏低，地区发展不均衡，人员素质不高。

三、税务师行业发展阶段

我国的税务师行业在 21 世纪进入了蓬勃发展的阶段，各方面有了显著的提高和突破。国务院在 2000 年对经济鉴证类中介实施了统一的管理，国家税务总局 2001 年颁布了《税务代理业务规程（试行）》，这些举措提高了税务师的执业质量，为促进税务师行业的健康发展提供了更为具体的制

① 从代理需求看税务代理的定位，http：//www. chinaacc. com/new/287/292/337/2006/5/sh3113103730151560021248O－0. htm。

② 税务师考试的发展历程，http：//www. chinaacc. com/zhuceshuiwushi/ksdt/ya1707266673. shtml。

度保障。2003 年中国注册税务师协会成立，并代替原中国税务咨询协会对税务师行业进行管理，标志着我国税务师协会的工作迈上了新的起点。2004—2009 年，国家税务总局先后出台了《关于开展税务代理行业专项检查的紧急通知》《注册税务师管理暂行办法》《关于印发注册税务师执业基本准则的通知》等文件，进一步规范税务师的执业行为，加强行业的自律管理，促进税务师行业健康有序的发展。2012 年 4 月 20 日，《注册税务师行业“十二五”时期发展指导意见》的正式出台，显示了我国对税务师行业的重视和希望，同时标志着我国的税务师行业进入了一个崭新的发展时期。

经过 10 多年的快速发展，税务师行业已经成为国家税收事业不可或缺的社会管理力量，成为维护国家税收利益和纳税人合法权益、提高管理水平和征纳效率、降低征管成本、规避税收风险不可替代的专业力量，是纳税人和税务机关联系的桥梁和纽带，也是对税务机关执法的重要的补充和完善。随着市场经济复杂性的不断提高、现代纳税体系建设的不断深入和税收法律法规的不断完善，我国税务师行业迎来了新一轮的转变和发展。

四、税务师行业转变阶段

我国税务师行业的转变阶段发端于市场地位的转变和行业的转型升级。自 2013 年 11 月 12 日中国共产党第十八届中央委员会第三次全体会议通过《中共中央关于全面深化改革若干重大问题的决定》以来，税务师行业经历了转型升级。2014 年 7 月 22 日，国务院发布了《关于取消和调整一批行政审批项目等事项的决定》，取消了税务师的行政许可，一时间得到了广泛的关注和讨论①。2015 年 11 月 6 日，人社部和国家税务总局发布了《税务师执业资格制度暂行规定》和《税务师执业资格考试实施办法》。由此，税务师的准入类考试资格已经调整为水平评价类职业资格。税务师事务所行业迎来了业内的重新洗牌，也得到了行业更大的发展空间和历史机遇。

2016 年国家税务总局发布《关于建立税务机关、涉税专业服务社会组织及其行业协会和纳税人三方沟通机制的通知》，成为新时期指导涉税专业服务社会组织发展、构建税收共治格局的重要指导文件。中国注册税务师协会先后发布了《税务师职业资格证书登记服务办法（试行）》《中国注册税务师协会行业诚信记录管理办法（试行）》和《中国注册税务师协

---

① 国务院关于取消和调整一批行政审批项目等事项的决定，http://www.gov.cn/zhengce/content/2014-08/12/content_8974.htm。

会税务师事务所综合评价办法（试行）》，为税务师行业自律管理、规范服务和转型升级提供了较为完善的制度保证。

2017 年 9 月 1 日起施行的《涉税专业服务监管办法（试行）》（国家税务总局公告 2017 年第 13 号），标志着税务机关将全面开放涉税专业服务市场，更加着重建立健全监管制度，优化服务措施，提高监管水平①。同时，第 13 号公告也为涉税服务行业提供了行为指南，有利于引导涉税服务行业健康有序发展，提升专业胜任能力和为纳税人提供涉税服务的水平等。

税务师行业在 20 世纪 80 年代中期萌芽，在 90 年代初创，在 21 世纪初发展，再经过近 10 年的快速发展，现如今已成为国家税收事业重要的社会管理力量。经过 30 多年的发展，税务师的地位也发生了变化。一方面，税务师除了作为联系征纳双方的桥梁和代纳税人行使某些义务之外，也代纳税人行使权利，如享受税收优惠的权利、税法知悉权、要求公平纳税权等。另一方面，税务师承担连带责任，如果税务师出现失误致使纳税人不能按规定缴纳税款且纳税人无法履行其纳税义务，税务师就要承担连带责任。这表明了税务师在我国税收征纳关系中的地位逐渐提高。

税务师行业发展在经济新常态和监管新动态下取得了良好的成绩。一是行业发展持续向好。2018 年度，全行业总计报告经营收入 203.45 亿元，同比上年增长 19.73%。全行业共有税务师事务所约 6 100 家，同比增长 10.47%；从业人员约 10.2 万人，同比增加 2.97%；行业利润总额同比增长 87.39%。二是市场信心不断增强。2018 年 11 月 10—11 日，全国税务师职业资格考试在全国各省（自治区、直辖市）37 个考区、104 个城市、392 个考点学校、4 219 个考场同时举行②，报考人数 336 673 人，报考科次 912 777 个，相比 2017 年报考人数增长 48.81%，报考科次增长 56.15%。其中，“税法一”239 156 人报考，增长 54.28%；“税法二”227 998人报考，增长 57.68%；“涉税服务相关法律”128 492 人报考，增长 50.68%；“财务与会计”165 194 人报考，增长 49.93%；“涉税服务实务”151 937 人报考，增长 62.94%③。三是行业影响力显著提升。自 2011 年起，国家税务总局和中国注册税务师协会连续 8 年举办全国税法知识竞

① 国家税务总局关于发布《涉税专业服务监管办法（试行）》的公告，http：//www.chinatax.gov.cn/n810341/n810755/c2608065/content.html。

② 佘家金，许振谦. 2018 年度全国税务师职业资格考试各地考区掠影［J］. 注册税务师，2018（12）：73.

③ 乘势而上推动税务师职业资格考试迈上新台阶［J］. 注册税务师，2018（10）：68-69.

赛，累计近50万人参加。在2018年的全国办税技能竞赛活动期间，全国报名参赛人数达11万余人，其中7.7万余人完成网上竞赛答题。参赛选手中税务机关干部占20.1%，企业财税人员占22.9%，院校学生占39.3%，税务师事务所等涉税专业服务机构人员占17.7%①。

第四节　2018年税务师行业大事记

1月3日　最高人民法院院长周强出席在首都经济贸易大学举行的“税收法律高端论坛”并发表讲话：要坚持以习近平新时代中国特色社会主义思想为指导，深入学习贯彻党的十九大精神，切实加强税收法律研究，推进新时代税收法治建设，促进国家治理体系和治理能力现代化。

1月24日　根据《人力资源社会保障部办公厅印发〈专业技术人员职业资格证书管理便利化改革实施方案〉的通知》（人社厅发〔2017〕84号）精神，从2018年起国家对专业技术人员资格证书管理将做出重要调整。

2月2日　中国注册税务师协会（以下简称“中税协”）组织召开了集中学习培训会，协会全体工作人员到会参加培训。本次培训会特别邀请了国家税务总局纳税服务司调研员付圣、汤钧进行培训指导。会议由中税协副会长兼秘书长李林军主持。

2月7日　中央统战部召开新的社会阶层人士统战工作联席会议。这是全国新的社会阶层人士统战工作会议后，第一次召开新的社会阶层人士统战工作联席会议。中央统战部副部长戴均良出席会议并讲话。28个部门和单位负责同志参加会议。

3月6日　中税协党支部召开扩大会议，专题学习党的十九届三中全会精神，协会秘书处全体党员和工作人员参加。党支部书记李林军主持会议。

3月28日　国家税务总局党组成员、副局长、中国注册税务师行业党委书记任荣发同志主持召开了中国注册税务师行业党委第十四次（扩大）会议。会议主题是传达学习党的十九届二中、三中全会精神和2018年全国“两会”精神，研究贯彻落实意见。

4月3日　中央统战部八局召开专题会议，研究部署新时代新的社会

---

① 全国税务师职业资格考试报考人数创历史新高，http：//www. chinatax. gov. cn/n810341/n810780/c3737282/content. html。

阶层人士统战工作调研有关事项。中国注册税务师协会、中华全国律师协会、中国注册会计师协会、中国外商投资企业协会等 10 个联席会议成员单位负责同志参会。中国注册税务师行业党委常务副书记、中税协副会长兼秘书长李林军参会并发言。

中税协会长宋兰接见了英国特许税务师公会（The Chartered Institute of Taxation，CIOT）会长约翰·普勒斯顿和执行官彼得·范宁等一行的来访。中税协副会长兼秘书长李林军、总局纳税服务司制度处调研员李敏、国际税务司外事处副处长陈峰及中税协相关部门人员参加了会见。

4 月 17 日　北京市注税行业党委举办基层党支部书记培训会，市行业党委所属基层所支部书记、具体负责党务工作人员及 6 名流动党支部书记参加了会议。

中国注册税务师协会与中国注册税务师同心服务团联合举办首届“全国办税技能竞赛”的启动仪式在京举行。

中税协五届九次常务理事会在京召开。中税协会长宋兰，中税协副会长兼秘书长李林军，全国人大第十二届常委、中税协副会长、国家税收法律研究基地首席专家郝如玉，中税协副会长权芳楼、周苏明、蓝逢辉、余强，中税协五届常务理事以及未担任常务理事的地方协会会长、秘书长和部分税务师事务所所长等出席了大会。

4 月 26 日　全国税务师行业党委书记会议在京召开。国家税务总局党组成员、副局长、中国注册税务师行业党委书记任荣发，中税协会长宋兰，中央组织部组织二局四处副处长孙建立，中央统战部八局巡视员许睢宁、三处副处长（正处级）张林鹏，中央和国家机关工委协会党建部党建处负责人随力瑞等出席会议。

5 月 13—23 日　应孟加拉国国民议会、老挝建国阵线中央委员会和缅甸联邦议会邀请，全国政协副主席王正伟率全国政协代表团访问孟加拉国、老挝和缅甸。全国政协委员、中税协副会长蓝逢辉随代表团访问。

5 月 18 日　中税协在京召开“服务‘一带一路’建设·助力经济高质量发展”座谈会，邀请专家学者、企业、涉税专业服务机构、社会团体、税务机关等各界代表参会，深入学习贯彻习近平总书记关于“一带一路”建设的重要思想，热议近期在哈萨克斯坦召开的“一带一路”税收合作会议，搭建起了税企双方和涉税专业服务机构沟通交流的平台。

5 月 23 日　中税协召开了“校协协同创新课题评审暨产教融合研讨会”。中税协副会长兼秘书长李林军、副会长权芳楼，以及上海立信会计金融学院、上海市税协、部分税务师事务所的领导和部分财经类高校的专家，参加了《税务师人才培养体制机制研究——财经类高校培养人才视角》和《税收实务案例200篇》两项创新课题结项评审和税务师行业产教融合研讨会。

6月8日 “互联网+企业税务风险管控”高峰论坛在京举行。本次论坛由中国注册税务师协会、北京市注册税务师协会联合主办，海闻科技承办，解税宝、博智税通、财税智库和神州易泰共同协办。

6月29日 由中税协副会长兼秘书长李林军主持传达学习6月28日全国深化“放管服”改革转变政府职能电视电话会议精神。与会同志重点对李克强总理的重要讲话进行了学习讨论。

7月6日 中税协在京召开“社保费征收与个税改革”研讨会。中税协副会长兼秘书长李林军主持会议并讲话。中税协副秘书长张晓平，国家税务总局北京市税务局社保金筹备处、企业所得税处处长王京秋，北京税收法治建设研究会副会长王京华，北京中瑞岳华税务师事务所合伙人王书桐、天津中翰英特税务师事务所所长李存周及部分税务师事务所代表参加会议。

7月20日 为纪念中国共产党建党97周年，中国注册税务师协会党支部开展“不忘初心，重温入党志愿书”主题党日活动，组织党员重温入党誓词，为党员集中过“政治生日”。

7月26日 中税协在京召开各地税协秘书长会议，总结2018年上半年工作，对下半年工作进行部署，并讨论了《税务师行业产教融合工作规划（2018—2022）》（征求意见稿）。中税协副会长兼秘书长李林军，副会长蓝逢辉、余强，国家税务总局纳税服务司干部王守利，各地税协会长、副会长、秘书长、副秘书长参加会议。会议由中税协副会长权芳楼主持。

7月27日 中税协副会长兼秘书长李林军会见了香港税务学会会长陈颂伟一行17人。中税协会员管理部、考试工作部、港澳台工作部相关人员参加了会谈。

9月12日 澳大利亚公共会计师协会（IPA）全球执行总裁安德鲁·康威先生及国际教育经理兼中国首席代表陈荣女士等一行4人访问中税协。中税协副会长兼秘书长李林军、教育培训部主任关迎军等受宋兰会长委托参加了会见。

9月12—13日 中税协副会长余强率中税协代表团赴蒙古乌兰巴托参加2018年亚洲－大洋洲税务师协会（AOTCA）第十六届会议。本次中税协代表团由北京、上海、重庆、陕西、浙江5个分团组成，共计66名代表参会。

9 月 16 日 全国办税技能竞赛——第八届全国税法知识竞赛决赛在京举行。

9 月 19 日 由中国建设会计学会、中国注册税务师协会、中国注册税务师同心服务团联合主办，北京华政税务师事务所、北京方欣恒利科技有限公司协办的“新个人所得税法解读与企业税收风险管控”宣贯会在北京建设大厦召开。

9 月 25 日 由中国施工企业管理协会、中国注册税务师协会联合主办，中国施工企业管理协会建筑财税工作委员会承办，北京华政税务师事务所协办的“新个人所得税法解读与新形势下企业税务管理应对”公益讲座在北京中土大厦顺利召开。

10 月 22 日 清华大学社会科学学院与中国注册税务师协会战略合作备忘录签署仪式暨全球税务治理战略人才培养座谈会在清华大学举行。国家税务总局原副局长、中税协会长宋兰，清华大学党委常委、副校长兼教务长、清华大学全球共同发展研究院执行院长杨斌教授共同出席签约仪式并致辞。

10 月 31 日 中税协在四川省成都市召开了税务师行业媒体宣传工作座谈会。来自不同省（区、市）税协的 10 多位会长、秘书长及 10 多位税务师事务所所长、合伙人近 40 人参加座谈会。

11 月 17 日 立信税务师事务所首届“税务论坛”在京举办。出席开幕式的有全国人大代表、立信集团董事长朱建弟，中税协副会长兼秘书长李林军，中税协副会长权芳楼，中国政法大学科研处处长、博士生导师施正文，中国税务学会副会长马国强，BDO 美国服务全国所得税主管合伙人麦克·威廉姆斯等。

11 月 17—18 日 由中国施工企业管理协会主办，中国注册税务师协会协办，北京华政税务师事务所等单位承办的 2018 年建筑财税大会在北京召开。

11 月 18 日 由中税协和北京市税协主办、北京致通振业税务师事务所承办的“个人所得税法公益大讲堂”在北京举行。

11 月 28 日 由中国注册税务师协会、台湾省会计师公会、香港税务学会和澳门税务学会共同主办的“2018 年海峡两岸暨港澳涉税服务论坛”在深圳召开，本次论坛以“全球税改与新科技对产业与税务服务的影响”为主题。中税协会长宋兰，台湾省会计师公会理事长田乾隆，香港税务学会会长崔庆昭，澳门税务学会理事长黄慧斌出席论坛并致辞。

12 月 2 日 第五届“税务风险防控高峰论坛”在北京举行。本次论坛由北京市税协、北京智方圆税务师事务所、中央财经大学企业税务研究中心联合举办。本次论坛的主题是“税收征管法：问题、法理、法规”，对《税收征收管理法》的修订进行了研讨。中税协副会长兼秘书长李林军、国家税务总局国际司原副巡视员王更生、北京市注册税务师行业党委副书记吕兴渭等领导和专家参会并致辞。

12 月 16 日　由中华全国律师协会、中税协联合主办，中华全国律师协会财税法专业委员会、中国政法大学财税法研究中心、华税律师事务所、华税税务师事务所、国富浩华（北京）税务师事务所联合承办的“2018 中国税法论坛暨第七届中国税务律师和税务师论坛”在北京举办，这次论坛的主题为“新时代税制改革与涉税服务创新发展”。

12 月 26 日　中央统战部召开新的社会阶层人士服务团工作会议，宣布正式成立新的社会阶层人士服务团。中央统战部副部长戴均良出席会议并讲话。中国注册税务师协会、中华全国律师协会、中国注册会计师协会、中国资产评估协会、中国拍卖行业协会的有关负责同志，来自各行业、各领域的新的社会阶层人士代表参加会议。

第二章　国外税务师行业分析及经验借鉴

第一节　世界各国税务师发展比较

世界各国的国情不同，发展税务代理的程度也不同，各有各的特色，但其中还是有一些共性的经验值得借鉴。现今，国际上公认的比较成熟的税务代理模式有三种。

第一种是垄断型模式。垄断型模式有两大特点：一是国家颁布专门的法律（如日本颁布的《税理士法》），政府设有专门的管理机构（如日本国税厅下设的税理士审查委员会），在全国范围内对涉税服务实行统一、规范的管理。二是设立专门的税务师，税务师资格的取得需要通过专门管理机构组织的统一考试和认定，税务师应加入税务师行业组织（如日本的税理士会）。从事税务代理的其他人员，包括注册会计师、律师不必加入税务师行业组织。除日本之外，韩国、德国等国家采取的也是这种垄断型模式。

第二种是开放型模式。开放型模式具有两大特点：一是国家没有颁布专门的法律，政府没有设立专门的管理机构，不对营利纳税服务实行统一管理，营利纳税服务的管理监督主要靠行业自律。二是设立或不设立专门的税务师。在设立税务师的国家，税务师资格的取得和认定是由行业组织考核认定的。从事税务代理的其他人员，包括注册会计师、律师等不必在税务师行业组织注册登记。比如，在英国，政府既没有颁布专门的法律，也没有设立专门的管理机构对营利纳税服务机构进行管理监督。特许税务师协会是从事涉税服务的唯一专业团体，对税务代理活动整体上的管理监督以特许税务师协会颁布的行业制度为主，财政、税务等其他部门的相关法律法规只对特定事项进行管理监督。除了参加特许税务师协会组织的相关考试，被认定为特许税务师的人员以外，特许会计师、法庭律师、事务律师、注册会计师以及税务检查官也可以从事税务代理。除英国之外，澳大利亚等国家营利纳税服务的运行模式也是开放型模式。

第三种是混合型模式。混合型模式具有两大特点：一是政府制定专门的行政法规并设立专门管理机构对营利纳税服务进行管理监督。二是不设立专门的税务师，从事税务代理的注册会计师、律师不必在专门管理机构注册登记，从事税务代理的其他人员应在专门管理机构注册登记。采取这种模式的主要是美国。在美国，一方面，财政部颁布的第 230 号公告《治理纳税代理人规则》（Treasury Department Circular No. 230）及其他公告从整体上对营利纳税服务进行管理监督，并在联邦税务局内设执业责任办公室（the Office of Professional Responsibility，OPR）专门管理监督营利纳税服务。另一方面，任何人都可以从事税务代理，加入美国律师协会、美国注册会计师协会和全国注册代理人协会的人可以从事税务代理，不加入这些组织的人也可以开展税务代理业务。

一、日本

日本的税务师行业属于垄断型，即国家颁布专门的立法，政府设有专门的管理机构在全国范围内对涉税服务进行统一规范的管理，有专门的负责组织统一考试的机构，并设立专门的税务师，且要通过加入该行业组织来获得税务师资格，方可执业。

（一）发展历程及现状

对于日本的纳税服务而言，其税理士制度是最具特点的。该制度具有非常悠久的历史，明治时期已经存在，1896 年前后委托代理就出现了，到目前为止已经 100 多年了。1904 年，日本税务市场逐渐稳定，代理与咨询已经发展成为较为成熟的市场，与此同时出现了许多的税务专业人才。目前日本推行和使用的《税理士法》在 20 世纪 50 年代就已经开始运行，经过长期的发展，经历了 4 次修订，也开创了此领域法律的先河，同时规定了税务代理的内涵，即公署就租税有关法令或《行政不服审查法》规定之申报、申请、请求或不服申请，或就该申报等或关于税务官之调查或处分对税务官公署所为主张或陈述，为代理或代行。随着税务代理市场的发展和成熟，相关的专业人士也越来越多，业务量也逐渐增大①。

---

① 尚慧. 日本税务代理经验启示［J］. 合作经济与科技，2007（07）：81－82.

（二）税理士资格的取得

日本的税理士，简言之就是专门处理税务问题的专业人才。日本为了规范税务市场，也出台了多方面规定来约束税理士的行为，与之相关的一部法律即是《税理士法》，该法律对税理士作了严格规范的说明。税理士是指通过相关资格考试的人员，或者固定从事税务相关工作，本身具有相关的税务实际经验。其中，有部分人员不需要经过相关的专业考试，如律师和公证会计师。顺利通过考核拿到相关的资格证书之后，还需要在相关的联合会进行登记，通过对取得证书的审核，最终成为合格的、符合国家法律规定的税理士。根据《税理士法》的相关规定，税理士一定要站在公平、公正的立场上来工作，获得纳税义务人的认可和信任，履行相关的纳税义务。《税理士法》对于从事税理士工作的人员专业性以及素质提出了明确的要求，有助于税理士更好地为纳税人提供专业而全面的服务。

（三）税理士业务范围

日本税法本身具有复杂性及严密性的特点。当税理士在市场上有越来越大的需求时，企业会根据实际情况进行经营方式的变更，从而促进业务范围拓宽。《税理士法》主要规定了以下业务内容：税务代理，编写税务文书，税务咨询，进行税务会计账务的处理。其实税理士业务内容不仅涵盖了会计业务以及税务事项，还实现不同经营领域的深层渗透。税理士事务所的建立是开展税理士业务的前提，日本大多数企业都实施代理申报纳税的模式，税理士负责申报 2/3 的财产继承税以及 1/3 的个人所得税。纳税人与税理士具有紧密的关系，有利于辅助纳税人进行税收事务的办理。

（四）税理士管理机构的设置

日本针对税理士进行了专门管理机构的设置，包括税理士会以及相关联合会。根据《税理上法》，一般强制规定税理上加入到税理上会中。总体来说，税理士会被分为三个不同层次：税理士会联合会属于最上层，大藏省大臣作为其会长。联合会按照《税理士法》的规定和要求，辅助税理士承担相应的义务和权利，促进服务质量以及业务能力的提高，同时积极联系、监督、指导税理士会和所属会员，为税理士办理登记、注册等。国税局下设的税理士会作为中层。根据不同的区域划分的税务署区所成立的税理士会支部作为下层。这三层是相互指导和互相督促的关系，从而形成了严密的组织管理模式，实现了税务代理的公正性和客观性。

（五）税理士机构与税务部门的关系

日本法律规定，税理士保持一定的独立性，税务部门没有权力进行干预，以避免影响其公正性。此外，税理士和联合会要经常保持和税务部门之间的有效交流，他们要积极参与到改善税收管理的过程中，提出科学的建议；同时，税务部门在制定税收政策时需要充分考虑税理士的建议。每年税理士支部需要报送给当地税务署委托人名单和税理士名单，而税理士需要承担起联合税务部门共同宣传税收活动的义务，和税务部门形成和谐关系，从而制定出更加有效的税收政策。

（六）税理士制度的作用

税理士制度对日本的经济发展起到了促进作用。首先，毋庸置疑的是税理士制度提高了征纳税环节的工作效率，降低了涉税成本。其次，对完善税务监督机制起到了良好的作用，维护了税法的严肃性。在涉税服务提供过程中，税理士既可以纠正税务机关征税人员出现的业务差错，也可以协助纳税人正确、主动地履行纳税义务，使纳税人的纳税意识得到提高。再次，税理士制度极大地推动了税收征管的社会化与专业化。随着涉税服务机构的出现，税收征管的事务性工作便从征税机关中剥离出来，使得税务机关工作人员能够集中资源投入到税收征管工作的调查核实中，研究有关政策与法律措施。涉税专业服务社会组织的存在，使得税务管理更加简化、务实和高效①。

日本税理士制度是经济快速发展的产物，同时也是当前成功的税务代理制度的典型，为其他国家发展税务中介提供了成功经验。

二、韩国

（一）税务师现状

韩国的税务中介真正地做到了独立，有专门的《税务士法》对税务中介人员的行为进行规范；从上至下设有税务士会负责对税务士的自律管理；政府也在财政经济部设有专门的机构，负责对税务士的行政监督管理。正因如此，税务代理制度在韩国才能得以迅速发展和完善。在韩国，税务师事务所遍布全国各地，对全国的税收工作的开展起到了积极的作

① ［日］北野弘久．税法学原论［M］．陈刚，杨建军，译．北京：中国检察出版社，2000：313．

用，在纳税人与税务机关之间搭起了一座桥梁，大大降低了纳税成本。

（二）服务范围和内容

韩国税务士的业务除《税务士法》中有明确规定外，其他单项税种立法和有关行政法律法规也有专门规定。

《税务士法》规定的业务主要有：代理有关税务的申报、申请（含异议申请、审查申请、审判申请和公示地价异议申请等）；制作税务调整计算书及其他有关税务文书、填写纳税申报表；代理与纳税申报有关的记账，包括处理计算缴纳增值税的账务问题；进行有关税务的商谈和咨询；代理纳税人对税务机关的调查或处罚等行为进行意见陈述；确认有关税务的申报文书及其他附带业务。

其他单项税种立法和有关行政法律法规规定的业务有：对公益法人（指从事公益事业的法人）的税务确认，对高风险企业的税务确认，对调拨厅、地方自治团体、住宅建设企业、中小企业等财务报表的确认等。

韩国《税务士法》规定：税务士帮助建账、记账的，可享受减免应纳税额 10% 的优惠；税务调整计算书，没有税务士的签字，税务机关不办理申报。

（三）在纳税服务中的作用

韩国税务士在韩国经济的发展中充当着不可替代的角色，作为维护社会公众利益的税务专家，通过为客户制作纳税调整计算书，代理客户申报纳税文件，代理发行各种凭证及向政府提出建设性意见等一系列工作，切实维护了纳税人的利益，促进了国家经济的发展。

多年实践证明，韩国税务代理的机构设置以及管理运作都较为科学与规范。税务机关与税务代理以伙伴关系相互合作，税务代理人员按照纳税人委托可以方便快捷地办好纳税人所有涉税事项。可以说，税务代理制度为纳税人的申报纳税和税务机关的管理都提供了很大的便利。纳税代理服务已经成为韩国大多数纳税人委托申报纳税的选择，成为税务机关的得力助手。

三、德国

（一）税务师现状

在完善的法律法规的规范下，德国的税务中介业十分繁荣，近 90% 的纳税人都委托代理机构办理涉税事宜，德国有一个会计（税务）师专用信息数据处理中心，该中心从成立至今已有60多年的历史，中心总部设在纽伦堡，16个州均有分支机构，并实现计算机联网，与税务局的税务信息处理中心也实现了完全的网络联通。目前，德国共有执业税务（会计）师5万人左右，其中3.5万人加入了该中心成为会员。在德国，除极少数纳税人自行申报或邮寄申报外，一般都要委托税务代理人即职业税务师进行税务代理，纳税人很少与税务机关直接接触。该中心每月处理个人所得税申报800万件左右。规范的代理服务使纳税人降低了纳税成本，从而深受纳税人的欢迎。同时，税务中介从业人员协助税务机关工作，提高了征管效率，因而也得到税务机关的认可①。

（二）服务范围和内容

《税务代理咨询法》对税务师的执业范围作了十分明确的规定：①税务代理；②税务咨询；③参与企业的经济评价；④为企业制定详细的财务计划；⑤为开办各类经济实体确定合适的法律形式；⑥代企业向国家申请特殊扶持补贴；⑦拟定财务文书、代办会计账簿记账及其他有关财务的业务；⑧税务文书的拟定（填制向税务机关申报的纳税申报书、不服申诉书及提交税务机关的有关纳税事宜的文书）。

（三）服务的特点

税务师和税务师事务所在法律保护下独立开展工作，不依赖或依靠税务机关，税务机关不得随意要求税务师做任何事情，更不允许税务机关向纳税人指定税务师或税务代理机构。税务师事务所（税务师）在接受委托代理税务事宜时，若发现纳税人提供虚假资料或提出不合理要求，可以拒绝为其代理。税务师或税务师事务所在进行税务代理过程中，可以按照法律规定的标准收取代理费。

税务师在从事税务代理业务时，必须向税务机关提交能证明其权限的书面证明并出示税务师执业证；税务师在向税务机关提交拟定的税务文书和有关税收申报书时，必须在拟定的文书及申报书上签字；税务机关在进行调查时，税务师有义务陈述有关事宜；税务机关和纳税人之间发生诉讼，纳税人必须通过税务师上法庭辩护。税务师必须替客户保守商业秘密，未经客户许可或无正当理由，不得向任何人提供其客户的税收、财务

---

① 葛克昌，陈清秀．税务代理与纳税人权利［M］．北京：北京大学出版社，2005.

及其他方面的资料，但税务机关履行公务，检查纳税人的各种原始资料除外。税务师或税务师事务所不许做广告，但可以发表文章或出版书籍扩大自己的影响和信誉。不允许开展商品流通经营性业务。一个税务师不得同时在两个及两个以上税务师事务所任职，不得参与除税务代理以外的其他经营活动，不准在任何企业参股。执业税务师的多数收费项目都有统一标准，不准自行决定，也不允许在正常收费外接受客户的钱物。税务师对自己做出的税务文书要负责到底，不允许将自己的责任转移和推卸给第三方。税务师要按时缴纳职业保险金。

四、英国

（一）基本情况与特点

英国税务中介行业是随着英国税法的变化而发展起来的，是社会分工细化的结果。截至 2014 年 6 月，税务中介机构有 43 000 多个，业务范围主要是接受委托办理所得税、间接税、个人涉税服务的纳税申报，税务咨询、筹划，以及跨国业务合作中的涉税事宜等，其中超过 78% 的中介机构进行企业纳税申报工作，超过 63% 的中介机构进行个税申报工作。英国税务海关总署认为，税务中介在英国税收征管中发挥着积极作用，归纳有三：一是帮助纳税人正确计算、申报缴纳税款，从而提高了纳税人的税法遵从度；二是使纳税人在规定的期限内比较均匀地进行纳税申报，从而缓解了税务机关的工作压力；三是节约了税务机关的人力物力，使其更好地进行税收风险管理。

英国的税务中介有如下特点：

1. 发展历史较长、得到了市场认可

英国税务中介行业起源于 1920 年，随着英国税法的复杂化与税率的提高，在特许会计师、律师和税收检查官中，出现了专门为纳税人提供税收援助服务的人员。1930 年税务协会的成立，促进了税务中介行业的进一步发展。1994 年税务协会获得英国王室的特许，更名为英国特许税务师公会，这样，特许税务师成为税务中介行业众多从业人员中的高级别称谓，具有很高的信誉。特许税务师人数逐年增长，税务中介行业作为独立行业已初具规模。

2. 税务中介服务市场化程度高

英国政府对从事税务中介服务的机构和个人没有特殊限制，其发展主要依靠市场需求调节。执业机构除极少数专门从事涉税业务外，大部分存在于各类其他中介中，如会计师事务所、律师事务所和审计事务所等，其组织形式有个人、合作、合伙以及合伙有限等。从业人员不限于特许税务师，只要有市场，其他人也可从事税务中介业务。因此，在从业人员中，还有较多的特许会计师和其他人员。

3. 纳税人委托税务中介服务比例高

在英国，纳税人与税务代理的比例为 100 ∶ 1。约有 3/4 的小企业委托税务中介办理纳税事宜；110 万个公司纳税人中有 79 万委托税务中介代理完成纳税申报，比例达 72%；300 万居民中有 190 万人委托税务中介代理完成个人所得税的申报，约占 63%；140 万雇主中有 76 万委托税务中介代理填写雇主纳税申报表，约占 54%；180 万增值税纳税人中有 78 万委托税务中介代理完成增值税纳税申报，约占 43%；15 万进出口商中有 13.5 万户委托税务中介代办进出口涉税文书，约占 90%。

（二）行业制度建设

1. 考试制度

在英国，要加入特许税务师公会取得会员资格，必须通过一个较难的考试，每年举行两次。①报考条件：报考人须具有特许会计师、法庭律师、事务律师或注册会计师的专业资格；没有专业资格的要通过级别较低的“税收技术员联合会”的考试；要有三年的工作经验。②考试科目：税收概论 3 小时；选考科目 3 小时，在操作实务、个人所得税、信托、房产税、公司所得税和间接税中任选一项；税收相关问题 3 小时 15 分钟；税收管理及专业责任与职业道德 2 小时 30 分钟。③考试成绩实行滚动管理，每次通过的科目可以往后保留，期限为三年。

2. 会员制度

只有成为特许税务师公会会员，才能以“特许税务师”的头衔开展工作。入会登记必须符合下列条件：①须有 2 名以上与申请人相识的会员或律师、各种会计师协会的正式会员、银行的分行长等做担保人，并按照要求和指定事项进行担保的陈述及推荐。②有 3 年以上作为税务专家的实务经验。③缴纳会费。

3. 道德规范

特许税务师公会于 1989 年制定了《职业道德规定与实务手册》，对会员的实践形式、客户承担的义务、开发新客户、客户开展活动、职员的条件和培训、报酬、利害关系、特殊问题、广告 9 项内容做了详细规定。1992 年和 1993 年又分别进行了补充。

4. 赔偿保险制度

特许税务师公会会员必须办理专业性损失保险，保险水平不能仅仅满足于有关部门提出的最低保险条件，还必须加上足够的追加额。经营专业性事务所的会员如果因死亡或其他原因永久不能再工作时，必须以适当的专家保险，保证该专家及其客户的利益。

5. 教育培训制度

特许税务师公会每年为会员提供 2 200 小时的培训与终身执业教育，会员有义务参加 120 小时的培训。

6. 信息披露制度

税务海关总署规定，对税务中介的不规范行为向专业团体即特许税务师公会、特许会计师公会等进行通报。执业人员在税收筹划中，制定新的避税方案要在方案出售后规定期限内，向税务海关总署提供其详细内容。

7. 违规惩戒制度

特许税务师公会对会员的疏忽或不诚实的行为要进行审查，对违法的会员予以开除，被开除者不得再以“特许税务师”的名义从事税务中介业务。不论是否是特许税务师公会会员，税务机关对所有税务中介从业人员，只要确定违反税法的，就要进行处罚并将其记入税务机关档案。惩罚的主要形式是罚款和给予刑事制裁。

（三）行业管理

英国税务中介行业管理分为行业协会管理和税务机关管理。

1. 行业协会管理

英国税务中介行业管理以特许税务师公会管理为主。公会设会长一名，任期一年；理事会由高级会员组成，三年换一届；下设技术委员会、教育委员会、会员资格委员会、标准委员会、财政委员会和低收入税收改革组。公会主要工作是提供高标准的税务咨询服务；向政府提出税收政策等方面的建议，积极促进和改革英国的税收立法；开展会员教育培训与服务活动以及对会员违规行为的查处工作；通过媒体，公告重大涉税事宜。

2. 税务机关管理

这包括两个方面：

一是成立指导机构。英国税务海关总署内部成立了税务代理与咨询指导小组，成员有 11 人，其主要职责有三：①通过加强与专业团体合作，指导税务代理与咨询工作；②在战略层面上，研究处理税务中介机构与税务机关交往出现的问题，并将解决方案下发到基层税务机关；③改善税务机关与税务中介之间的关系，最大限度地发挥税务中介作用，为税收工作服务。

二是约束与规范措施。英国税务机关依据法律对税务中介行为进行强制约束和规范，并对违法违规行为予以处罚，主要有：①对税务中介的不规范行为进行披露。《2005 年收入与关税法案》中规定，税务海关总署有权力对税务代理的不规范行为向专业团体即特许税务师公会进行通报。公告后，专业团体必须对其展开调查。②对税务中介骗税逃税行为进行处罚。《2000 年财政法案》中规定，对于严重的税务代理骗税行为，证据确凿的适用于最严重的处罚。《2002 年犯罪收益法案》中规定，对税务代理中涉嫌逃税或纵容逃税的予以刑事制裁。③对税务中介提供错误信息和虚假申报的行为进行处罚。《1970 年税收管理法案》中规定，如果任何人故意导致涉税的信息、申报表、账目等发生错误，将处以 3 000 英镑以下的罚款。《关税与消费税管理法案》中规定，任何人提供虚假申报是犯罪行为，处以最高 2 500 英镑的罚款。④对税务中介违反税收管理程序的行为进行处罚。英国税务海关总署认为，违规操作退税程序的税务中介是不可靠的税务代理。对此，《1970 年税收管理法案》中规定，为保护纳税人，避免将退税款交到不可靠的税务代理手中。⑤对违反避税方案披露规定的行为进行处罚。《2004 年财政法》规定，制定避税方案的人在方案出售后，在规定的期限内要向税务海关总署提供详细的方案内容。不遵守此规定的，将被处以 5 000 英镑以内的罚款。此规定的目的并非直接打击避税行为，而是给相关部门提供避税方案信息从而有利于完善税制和更有效地采取稽查行动。⑥对税务中介洗黑钱的行为进行处罚。《2003 年反洗黑钱规章》中规定，税务代理隐瞒、安排、帮助、获得、使用犯罪收益（包括偷逃的税款），是洗黑钱的犯罪行为，将被处以无限额罚款和 14 年以下监禁。税务中介帮助纳税人逃税或者帮其隐逃税额就是洗黑钱的犯罪行为。税务师、会计师、审计师、破产清算师等如果知道或怀疑有逃税（或洗黑钱）行为的，必须向国民犯罪情报局报告，否则将被处以无限额罚款和 5 年以下监禁。

3. 税务机关与专业团体的合作

英国税务机关与专业团体的合作具体包括：①定期交流。英国税务海关总署与特许税务师公会每年 10 月举办一次联席会议，参加人员是税务机关官员和公会高级会员。主要议题是对当前税收的重要事项沟通情况、交流意见，会议对税法的修订与完善会产生重大影响。②加强反洗钱合作。

税务机关通过专业团体监控会员建立反洗钱机制，增强了反洗钱的监控能力。③规范税务中介行为。通过与专业团体合作，制定业务标准，建立完整的业务流程，提高会员的执业质量，规范税务中介行为[①]。

五、澳大利亚

（一）税务中介的现状

澳大利亚的税务中介，在其国家的税收及养老金系统中扮演着非常重要的角色，已经成为连接纳税人和征税人之间的桥梁。澳大利亚实行纳税人自核自缴的税款申报征收办法，但因税收法规复杂、专业性强，税种较多，主管税务局多，处罚又较强硬，因此，纳税人对税务代理的依赖性较强，造就了澳大利亚极其活跃的税务代理行业。以个人所得税为例，税法中规定了非常多并且复杂的可以从所得中抵减的事项。税法规定纳税人先行按所得额申报缴纳，次年根据实际可抵减额申请退税，纳税人很难搞清楚自己到底能享受什么类别的抵减，故一般都会请税务中介人员审核申报。截至2014 年6 月，澳大利亚的税务中介有231 000 个，其中超过90%的中介机构进行所得税申报的工作。

（二）服务的范围和内容

税务中介从业者的主要业务范围包括为客户提供涉税咨询、所得税申报及退税服务，起草并递交商业活动报表（BAS），代理申请注册和受理年度检查，帮助企业进行税收筹划，代理记账和核算，以及接受企业管理层的有关咨询业务，充任管理顾问，进行金融理财规划，代理所得税申报表及异议申请书的制作，代理有关福利税的业务。对税务中介人员与客户之间签订合同的形式，法律上没有强制性规定，由双方自主决定。有关执业收费没有统一的标准和办法，完全由市场供求决定。一般是由税务中介人员向客户报价，双方根据承办人员的等级、提供服务的价值、工作量和所需费用等协商确定。

具体说来，服务内容包括以下几个方面：①协助客户处理他们在会计上和税务上的问题，尽量减少不必缴纳的税款。②在每个财政年度结束前，为客户向税务局申请较长的时间，使其有更多的时间处理财务上的问题。③帮助客户写信申诉税务局对他们纳税申报的不合理认定和税款的多征，争取合

① 国家税务总局税务中介行业考察团．英国、埃及税务中介行业考察报告［J］．税务研究，2007（09）：79－83.

理的利益。④解答客户在纳税问题上的各种问题。⑤为客户向税务局递交纳税申报表和各种表格，还可以帮助客户注册各种形式的公司等。

（三）税务中介行业的特点

澳大利亚税务中介人员必须具备公正、诚实的职业素质，资格取得要经过严格的申请注册手续，要有大学3年以上会计专业学历，且在最近5年中有2年从事税务中介服务业务，在此期间要为各类纳税人代理主要税种，并在执业期间有50%以上时间是用来填写税务申报表、提供税收建议等。具有以上条件者，方可提出申请，由代理人管理委员会负责审批，符合条件颁发税务代理证明书，每2年要通过一次检查，进行延期确认。

税务代理机构在开业后，每隔3年必须向税务代理注册委员会申请注册一次，并接受其必要的资信查验。对不合格或不具备条件的代理机构，税务代理注册委员会有权取消其代理资格；同时，税务部门将对其处以一定的罚款。

澳大利亚的联邦税务局及下设分支税务局都设有专门部门负责对中介人员进行沟通，通过电脑与中介人员联网，及时告之税收信息。中介人员将委托人提供的资料输入电脑，电脑按顺序制作申报文书，一次代理15分钟左右即可完成。

六、美国

（一）发展历程及现状

19世纪，税务代理在美国逐渐发展起来。南北战争发生之后，出现了一系列赔款问题，美国国会因此在1884年出台了相关的法案，允许政府纳入一些税收经验相对丰富以及具有较强专业知识的人员，这样能就战争中所产生的纠纷赔款问题和相关税收问题，代表农民利益与政府进行协商，从而达成一致意见。其实最早的美国税务代理服务者就是由这些专业人员组成的。从美国此领域的立法来看，当前并没有设置专门的税务代理服务立法，所依据的法律还是在1966年出台的财政部第230号公告（以下简称“230号文件”）。此文件中规定了税务代理人、律师、会计师在执行代理业务时所需要遵循的13项限制和义务。随着经济环境的不断变化，财政部也适时调整了其文件内容，从而满足税务代理市场发展的需要。

在美国所实行的税制结构中，所得税是主体。由于计算所得税难度较大，一般纳税人常常会计算失误，这样就使纳税人产生了寻求税务代理帮助的需要。相关部门统计数据显示，美国将近一半以上的工商企业以及几乎所有的个人所得税业务会将纳税申报委托给税务代理组织。一般来说，纳税人是比较信任税务代理的，美国 GAO 调查了全国范围内的纳税情况，其中完全信任税务代理的大约占 49%，而基本信任代理的则占 28%。美国当前有超过 30 万的税务代理服务者，同时还存在很多从事税务代理的兼职人员①。

（二）资格认定和代理机构的设置

230 号文件还规定从事税务代理没有条件限制，对于那些已经加入美国注册会计师协会、律师协会、注册代理人协会等相关组织的人员，允许其从事税务代理，不加入这些组织的人也可以开展税务代理业务。不过值得注意的是，在国家税务局仅仅是注册会计师、律师以及注册代理人才有条件作为纳税人的代表，而注册会计师或者律师需要考取一定的职业资格证，获得从事的门槛。一般来说，注册代理人资格主要分为免试和考试两方面，其中考试一共分为四个科目，州政府会为考试合格者颁发合格证，允许其在税务代理服务方面从事相关工作；而免试所针对的对象为从税务机关退休的人员，大约占注册代理人的 20%。美国税务代理组织主要包括税务公司、律师事务所以及会计公司。税务公司属于专业服务机构，而后两者则属于税务代理主营或者兼营的机构。

（三）业务范围和收费标准

230 号文件对美国税务中介服务的具体内容进行了界定，包括两类：①流程型业务，如会计、审计、签证财务报表等；②创新型业务，如担保纳税、出庭辩护或者税收筹划等，这类业务可以为纳税人提供更高质量的服务。

税务代理中所依据的收费标准受多种因素影响，如变化的市场供求、质量的高低、服务时间的花费以及机构信誉等。

（四）管理机构的设置

230 号文件还对美国税务代理服务的监督管理做出了规定。美国在联邦税务局设置了执业责任办公室，专门监督管理税务代理，主要涉及以下内容：通过统考形式、认定资格以及职业证件发放等方式来限定从事税务

---

① Richard C Feiock. Analysis of Taxpayer's Reputation with Game Theory [J]. Journal of Unban Affairs, 2002 (11): 123 - 142.

代理者的条件，当然律师或者注册会计师是不包含在内的；加大对那些违反税务准则的具体行为的处罚；针对那些拥有税务代理资格的人员，规定每3年审核认定一次。

美国注册会计师协会、注册代理人协会以及律师协会等都属于此行业的自律性组织。美国注册会计师协会对相关执业行为做出了约束规定，要求在统一标准的基础上提供税务代理服务，包括税务咨询服务以及代理申报纳税的服务，从而对注册会计师行为起到制约作用；同时，还要求注册会计师服务具有客观性和公正性，应避免任何利益冲突。注册会计师既要注重基于事实开展业务，也要以自身专业判断提供相应的服务。

第二节　国际税务师发展的经验借鉴

在上一节中我们针对世界主要国家税务中介的相关内容进行了详细阐述，我国可以利用其中成功的发展经验来促进税务中介的进一步发展。

一、发展模式要符合中国国情

税务中介服务模式一般分为分散型和集中型，不过根据当前实践，并不能确定其中的哪一个模式更有价值。因为每个国家基本国情不同，历史发展、经济、政治以及文化等方面都有差异，因此需要根据具体情况选择合理的发展模式。英国、美国由于在经济领域很早就建立了社会中介市场，其会计师制度、律师制度都相对成熟，社会中介机构具有较高的职业道德，纳税人具有较高的纳税意识，因此采用分散型的发展模式。而我国经济发展水平较低，人口众多，地域辽阔，税收管理复杂程度较大，因此不可能照搬西方国家的发展模式，而是要建设具有中国特色的税收管理体制，选择适合本国国情的税务中介发展模式。

二、打牢税务中介自身基础

（一）执业人员范围广泛

一般发达国家中从事税务中介的人员既包含那些符合一定要求的会计师、律师以及其他人员，又包括一些获得一定执业资格的人员，因此所涉及的范围是比较宽泛的。比如，日本《税理士法》中就要求从事税务代理的人员可以是会计师、律师以及具有3年以上行业实践经验且达到税理士考试要求的人员。美国的执业人员范围则更广。美国 230 号文件规定那些已经加入美国注册会计师协会、律师协会、注册代理人协会等相关组织的人员可以允许从事税务代理工作，不加入这些组织的人也可以开展税务代理业务。

（二）中介人员素质高

税务中介虽然涉及较广的执业范围，不过发达国家一般都会对执业人员有较高的要求，规定需要经过一定考试来获得执业资格。日本设置税理士资格的考试，还专门设置了很多考试科目以及资格条件。美国虽然在从事税务代理方面并没有设立一定门槛，但是要取得资格是比较难的，国家会设置统考，对于注册会计师以及律师会设置更严格的条件。这种严格的条件，催生了很多专业性较强且综合素质较高的专业人才，从而有利于提高税务中介机构的服务质量。

有的国家除了要求通过统一考试获得执业资格外，还针对一些人员设置了免试条件，进一步推动了税务中介专业人才队伍的壮大。

（三）业务范围广泛

总体来看，发达国家税务代理所提供的服务内容相对全面，面临着广阔的市场需求。例如，日本《税理士法》规定税理士既要承担一般性质的业务，还需要提供税务文书编制的服务、制定有关的会计账务和及时解答税务咨询问题。委托办理纳税业务的工商企业比例占到 85%。可以说，如果没有税理士，那么纳税人的纳税申报工作将很难完成，税务部门的征税工作也无法进行。美国税务中介所涉及的服务范围较广，既包括会计、审计、签证财务报表等流程型业务，也包括担保纳税、出庭辩护、税收筹划等创新型业务，种类越来越多①。

（四）税务中介服务手段现代化

发达国家的税务中介机构除了积聚一大批专业技术人才以外，业务手段也普遍实现了电脑化、信息化。例如，美、德等国的税务中介机构，均有现代化的设备，纳税人有关税务资料及各国的税收法规等各种信息资料，均存储于电脑，并根据情况随时更新。很多国家都借助现代化信息技术来有效调配相关资料，从而高效便捷地开展业务。比如，澳大利亚税务

① Brian T Pentland, Paul Carlile. Audit the taxpayer, not the return: Tax auditing as an expression game [J]. Accouting, Organization and Society, 1996,21(2-3):269-287.

代理组织通过信息技术与税务部门联网，计算机资源实现了共享，全天候开通业务，实现了更加高效的信息传递和反馈，税务中介机构可以在最短时间内获得第一手信息，其运作效率也得到了相应的提升。

三、加强对税务中介的管理和监督

相较国内，目前国外主要从三个方面制定法律规章制度来管理监督税务中介的服务。一是通过制定税务代理法，来监督管理税务中介服务，目前德国、韩国、日本都颁布了此类代理法；二是通过相关法典及条例监督管理税务中介服务，如财政、税收相关条例法典；三是通过社会中的各行业组织制定相应的制度。在日本、德国、韩国等制定税务代理法的国家，主要通过代理法中的相关法制法规来全面管理规范税务中介机构的经营方式及制度的建设，并辅以相关条例和行业规章制度。对于像美国这类没有税务代理法的国家，则是通过财政、税收的相关条例来管理规范税务中介机构及其制度建设，并辅以各行业制定的规章制度。英国等国家则通过社会中各行业组织制定相关的规章制度来对税务中介机构进行管理规范①。

四、保持税务中介的独立性

独立性是税务中介机构最明显的特点，通过观察税务中介机构在发达国家的实践情况，税务中介机构都能坚守自己的执业原则，公正独立地从事行业工作，既不依附于任何团体和纳税人，也不从属于税务部门。

国际上通常将税务中介人员视为税法专家，认为税务代理人不仅为纳税人提供涉税服务，还利用税法专业知识弥补纳税人税法知识的不足，帮助纳税人合法又合理地纳税。税务师在从事税务中介业务时，既要依法为委托人提供涉税服务、维护纳税人的合法权益，又要维护国家税法尊严和国家税收权益。这种在税收征纳关系中的中介地位，决定了税务中介机构必须站在独立、客观、公正的立场上，以税法为准绳，以服务为宗旨。税务中介机构作为一个独立的市场主体，应同社会上的仲裁机构、公证机构、资产评估机构一样，独立地承担责任，接受社会或政府的监督，而不能依附于任何一个机关。从税收法律关系上说，只存在课税的立场和纳税人的立场，对税收征纳关系的协调，必须有一支专业性、知识性、独立性很强的队伍。税务代理人作为这样的中介组织，必须确立其独立的中介地位。

---

① 田中治．各国（地区）税务代理制度［M］．北京：中国税务出版社，1997：134.

由于国外税务师制度产生的历史背景及所处税收环境不尽相同，各国税务师执业独立性强弱也不尽相同。在日本，税理士机构是介于纳税人和税务机关之间的完全独立的中介组织，不存在任何的政治、经济利益关系，除了法律规定的正常收费外，税理士不得从客户那里取得任何的经济利益或其他便利条件，是名副其实的民间“税务警察”。同样，韩国《税务士法》也规定，税务士及其执业机构必须与纳税人和税务机关保持超然的独立。德国《税务顾问法》规定，税务顾问须有独立从事代理业务行为的意愿，税务顾问不得被强制从事与法律或职业义务相悖的行为。所谓“独立从事代理业务行为”，是指与税务当局相独立、与委托人相独立、与职员相独立、与资本关系人相独立。

国外税务代理制度推行较好的国家都具有严格的在职税务代理人资格考核制度或是定期的考察制度，加上其税务代理人作为具有丰富税收法律知识和税务代理实践经验的法律专家，实践中，基本上都能按照法律法规的严格要求，坚持自己的立场，很好地遵循自愿委托、依法服务、客观公正、诚实信用原则，这有利于提高其执业效率，发挥税务师的专业胜任能力，保证服务质量。因此，国外的税务中介人员具有较高的独立性。

五、合理的收费及赔偿保险制度

在发达国家，根据市场经济的原则，税务中介机构都会制定比较合理的收费制度，收费的数额根据提供服务的具体内容和完成所需时间，由中介机构与纳税人协商确定。此外，在发达国家，税务中介也会有优惠服务，如日本就对法律援助项目提供了一些优惠。

纳税人和税务中介有时候也会产生问题，主要是选择方向和信息不对等问题，这些问题会产生一定风险，影响纳税人的权益。发达国家因此制定了一定的赔偿制度，纳税人会根据业务的避险能力，确定一定的保险额。如果税务人员因为主观性的错误造成了纳税人利益受损，则应当按照赔偿标准弥补纳税人受损的部分①。

德国《税理士法》规定，税理士对于业务活动可能出现的赔偿责任必须适当投保，根据相关的税务代理法律应加入的最低保险金额为对一件事故赔偿50 万马克。一般来说，税理士必须考虑该项业务可能出现的各种风险，在自我责任方面确定合适的保险金额。由于没有投保而出现被害人要

---

① Rebel Cole, Robert A Eisenbeis, Joseph A Mckenzie. Asymmetric information and principal agent problems as sources of value in FSLIC Assisted acquisition of insolvent thrifts [J]. Journal of Financia Services Research, 1998 (8).

求赔偿的事件，属于违反执业义务，有可能会被取消执业资格。

奥地利《经济受托士职业法》规定，经济受托士从事业务时，必须投保职业责任赔偿保险。注册会计师兼税理士者最低投保35万奥地利先令，账簿检查士兼税理士者最低投保25万奥地利先令，税理士最低投保15万奥地利先令。

六、建立健全税务师行业法规

市场经济是一种法治经济，税务中介代理是一种法律行为，没有专门的法律法规保障是行不通的，规范税务中介代理市场的核心问题就是依法代理。税务中介代理的权利与义务、业务范围及收费、组织结构的设置、执业标准、法律责任、代理原则等方面均应依照法律的规定来执行，使“法”贯穿代理的始终。因此，要真正做到“依法代理”，就应加快立法步伐，尽早建立起全国统一的、独立的、完善的、规范的税务中介代理法律制度，为税务中介代理市场的健康运行提供良好的法律保障。

许多发达国家的税务代理法律制度都较为严密，并且为了保证税务中介代理制的顺利推行和健康发展，都制定了专门的税务代理法规。在日本，以《税理士法》为税务师制度体系的基石，已经建立起了从实体法到程序法等一套完备的法律体系。与日本相似，韩国、法国也建立了以《税务士法》为核心，若干专业准则和职业道德守则为补充的法律体系。在德国，《税务代理咨询法》对税务代理、税务咨询及顾问做了统一的规定。英国的《税收管理法》、奥地利的《经济受托士职业法》、美国的230号文件等也都是有代表性的法律法规。总体来看，这些法律法规详细规定了税务代理人的使命、资格取得与登记或登录制度，税务代理人的业务范围，权利和义务限制，执业管理和政府监管，惩戒和处罚的种类与程序等内容，有效地保障了税务中介的地位，有助于税务中介的健康、有序发展。应该说这些国家都将税务代理制度定位在法律、法规的层次上，使税务代理制度非常规范，法律条文的内容可操作性较强，税务代理各业务的开展都有严密的程序加以规范。因此，税务代理人能够严格地遵照税务代理法律法规的要求，既不受税务机关左右也不受纳税人意志的影响，客观、独立地执业，使税务代理结果更加公正，税务代理的社会信誉度进一步提升。

第三章　国内税务师行业现状分析

第一节　税务师行业存在的必要性

一、税务师的需求分析

（一）政府对税务师的需求分析

关于财税体制改革，党的十八届三中全会公报明确提出，“财政是国家治理的基础和重要支柱，科学的财税体制是优化资源配置、维护市场统一、促进社会公平、实现国家长治久安的制度保障。必须完善立法、明确事权、改革税制、稳定税负、透明预算、提高效率，建立现代财政制度，发挥中央和地方两个积极性。要改进预算管理制度，完善税收制度，建立事权和支出责任相适应的制度”。涉税专业服务社会组织在改革中的作用不可替代，涉税专业服务社会组织的创新不可停顿，涉税专业服务社会组织的管理不可或缺。本轮税收制度改革要盯住全面深化改革所涉及的诸多方面的线索同时进行适应性的改革，税务师行业要在改革中根据政策的需要为企业提供涉税服务，推动改革的顺利进行，这也是历史赋予税务师行业的重任①。

财税体制改革必然伴随着征管体制的改革。目前，我国的税收征管模式已经不能适应税制改革的要求，征管改革势在必行。截至 2018 年年底，全国税务师事务所已经达到 6 100 家，从业人数 10.2 万人，其中税务师 4.43 万人，全行业业务收入 203.45 亿元，同比上年增长 19.73%，为税务机关的税收征管提供了强有力的补充。首先，随着现代化税收征管体系的逐步建立与完善，税务师的专业优势将得到充分发挥，这为税务师行业的发展带来了新的机遇。其次，随着纳税人纳税意识的逐渐增强，纳税人越

① 蒋宝铸. 对借助注税行业满足纳税服务需求的思考[J]. 注册税务师，2014(07)：60－62.

来越重视自身权利的保护，因此，在税收征管过程中，当征纳双方发生矛盾时，需要第三方来协调征纳矛盾，促进税收征管的顺利进行。税务师作为专业处理征纳矛盾的第三方，被赋予了加强税收征管、协调征纳矛盾的使命。最后，充分发挥税务师的职能作用，也可为税务机关减轻征管压力，转移税收管理风险。

（二）企业对税务师的需求分析

由于我国经济处于转型期，加之经济发展快，新情况、新问题不断涌现，因此国家要通过税收政策来对企业的经济行为进行适时的调整，如股票投资的个税及印花税政策。特别是我国正进行税制改革，如2008年企业所得税政策的大变革，2009年增值税政策的重大变革以及2016年全面实行“营改增”，2017年增值税13%一档税率并入11%，2018年增值税税率降低1%等，政策不停地颁布、更新、补充、作废。税收在国家治理中的作用更加凸显，税收社会共治的基础越发坚实。企业要想及时享受税收优惠政策，就要不断学习税收法律、法规、政策，但是限于自身能力往往难以及时准确地掌握税法。税务师的重要性进一步凸显，企业对税务师的需求进一步加大，需要税务师来帮助纳税人正确理解政策内涵，正确处理涉税疑难问题。

（三）社会对税务师的需求分析

我国宪法规定，每个公民都有依法纳税的义务。从国际上看，无论是发达国家还是发展中国家，一般都建立了申报纳税制度。我国现行的《中华人民共和国税收征收管理法》（以下简称《税收征收管理法》）也对纳税人作了自觉申报纳税的规定，但由于税种多、计算复杂，纳税人自行准确计算、申报纳税有一定难度。涉税服务制度的实施，正是适应了纳税人准确履行纳税义务的需要，通过选择自己信赖的税务师代为履行申报纳税义务，有利于提高纳税人主动申报纳税的自觉性，增强纳税意识。此外，纳税人可以在税务师的帮助下减少纳税错误，用足用好税收优惠政策，做好税收筹划。税务师还可协调税收征纳双方的分歧和矛盾，依法提出意见进行调解，如有需要，税务师可以接受纳税人委托向上级税务机关申请行政复议。这些都切实有效地维护了纳税人的合法权益。

二、税务师制度供求均衡分析

供求理论是市场经济中非常重要的理论。需求是指消费者在一定价格条件下对商品的需要量，它包括两个条件，即消费者愿意购买和有支付能力。供给是指在某一特定时期内，经营者在一定价格条件下愿意并可能出售的商品量。影响供求关系达到平衡的因素有很多，如价格、政府政策、服务质量、消费者喜好等。

税务中介提供涉税服务的行为也是一项经济行为，供求理论也可用于税务中介市场的分析。纳税人是税务中介的主要需求方，税务中介是供给方。假设税务中介开始以一定的价格 P_1（纳税人支付的成本）提供中介服务，供给量为 Q_1，纳税人却只愿以很低的价格 P_3 支付 Q_1，或者以 P_1 价格仅购买很低的量 Q_3，中介市场就不能有效形成。此时，税务中介是否存在降价空间，或者纳税人能否节约成本，以及纳税人能否进一步扩大需求非常关键。当税务中介把价格降到 P_2 时，中介市场供给曲线 S 正好与由于纳税人需求的增加而向右移动的需求曲线 D_2 相交，市场达到均衡状态。在 E_2 点，税务中介与纳税人以 P_2 价格完成交易量 Q_2，税务中介市场完成（如图 3－1 所示）。

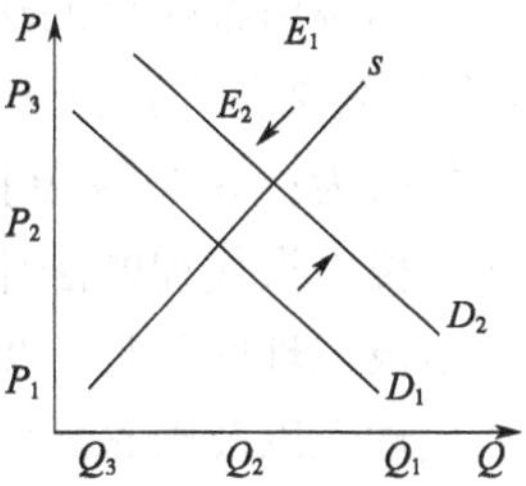

图 3－1　税务师市场的供求分析

在税务中介提供涉税服务的市场中，对该市场供求关系起作用的因素不仅仅限于价格，还包括服务质量、服务内容的差异化等因素。要想增加市场对该行业的需求，不能仅仅靠打价格战，税务中介行业要提升自身的专业水平，扩大人才队伍，提升从业人员的素质，强化行业的自律作用，提供高水平、高质量的涉税服务。政府有关部门也要推进税务中介行业的法制建设，加强对行业的行政监管。通过这一系列的措施，获得纳税人的信任与支持，扩大市场需求，增加供给。

第二节　涉税专业服务范围

涉税专业服务是指涉税专业服务机构接受委托，利用专业知识和技能，就涉税事项向委托人提供的税务代理等服务。涉税专业服务机构从事涉税业务，应当遵守税收法律、法规及相关税收规定，遵循涉税专业服务业务规范。

一、纳税申报代理服务

（一）纳税申报代理服务的界定

《税收征收管理法》第八十九条规定："纳税人、扣缴义务人可以委托税务代理人代为办理税务事宜。"纳税申报代理有明确的法律依据，属于从事法定业务。纳税申报代理是指税务师及其所在的税务师事务所接受委托，对委托人或者其指向的第三人，在委托代理范围内依法代其办理相关纳税申报事宜的行为。

纳税申报代理的法律特征主要包括：①纳税申报代理行为是以纳税人（含扣缴义务人）的名义进行的；②纳税申报代理行为必须是具有法律意义的行为；③纳税申报代理人在其权限范围内有独立意思表示的权利；④纳税申报代理的法律后果直接归属于纳税人（含扣缴义务人）。由于纳税申报代理服务是一项社会性的中介事务，涉及纳税人（含扣缴义务人）和代理人以及国家之间的利益关系，因而建立纳税申报代理服务关系必须遵循自愿、公正和严格管理的原则。

（二）纳税申报代理服务的种类

纳税申报代理根据代理权限范围的不同可分为临时代理、单项代理和全面代理。

1. 临时代理

临时代理是指税务师接受委托人的临时委托，为委托人办理纳税申报代理业务。临时代理主要是为了解决纳税人遇到的突发性、临时性的税务问题，不具有持久性，并不是纳税申报代理的主体业务。

2. 单项代理

单项代理是指税务师接受委托人特定业务的代理服务，主要包括：办理税务登记、变更税务登记和注销税务登记；办理发票准购手续；办理纳税申报或扣缴税款报告；申请减税、免税、退税、补税和延期缴税；制作涉税文书；进行税务检查；建账建制，办理账务；申请税务行政复议或进行税务行政诉讼等。这些都是纳税申报代理的服务范围，纳税人可以将某项业务委托给税务师事务所。

3. 全面代理

全面代理是指为企业提供全流程的纳税申报代理服务，这是税务师事务所要发展和拓展的重点业务。全面代理对税务师提出了更高的要求，要对税务、会计、财会、金融等知识有系统的掌握，对于委托人的全面委托要做到事前计划、事中监控、事后检查。

（三）纳税申报代理的执业原则

1. 确定原则

税务师事务所承接代理纳税申报业务，应当按照业务承接规范的规定执行。在签订代理纳税申报服务约定书之前，税务师应当与委托人进行沟通，确定提供代理纳税申报业务的事项范围和期限。在纳税申报代理的过程中应严格按照法律、法规的有关规定全面履行职责，不能超越代理范围和代理权限。

2. 胜任原则

胜任原则是事务所开展业务的重要的技术原则，是指税务师事务所应根据委托人规模和业务复杂情况安排适当的项目经理。适合的人力资源配置是项目顺利进行、规避业务风险的重要保障，事务所应以胜任原则为依据，根据业务的难易程度安排项目团队。

3. 提醒原则

纳税申报代理是在纳税人提供申报表的基础上进行的，应提醒纳税人，代理人只对其提供的数据及资料进行逻辑性复核，不对其经济事项的实质性进行测试和发表意见。税务师应预先告知委托人存在偏差的可能性及偏差对纳税申报代理的实施可能带来的影响。

4. 客观原则

纳税申报代理是一种社会中介服务，代理人介于纳税人、扣缴义务人和税务机关之间，既要维护纳税人、扣缴义务人的合法权益，又要维护国家的税收利益。因此，纳税申报代理必须坚持客观公正原则，以服务为宗旨，正确处理征纳矛盾，协调征纳关系。在税务代理过程中，既要对被代理人负责，又要对国家负责；代理行为既要符合国家法律法规的规定，又要符合被代理人的意愿，而不能偏向任何一方。

（四）纳税申报代理服务在税收征纳关系中的作用

1. 纳税申报代理有利于税务机关依法治税

税务师在提供纳税申报代理服务时是严格按照法律法规的有关规定开展相关业务的，相对于纳税人独立处理涉税事宜具有更强的法定性和规范性。同时，税务师对税收政策有更加全面的认识和掌握，也有利于纳税人依法纳税，进而有利于税务机关依法治税。

2. 纳税申报代理有利于完善税收征管的监督制约机制

税务师接受纳税人的委托为其提供纳税申报服务，在一定程度上监督制约着税收征管机关的行为。税务师在为纳税人办理业务的同时会时刻关注征管机关的行为，防止由于其操作或处理不规范损害纳税人的权利，影响最终的代理结果。因此，纳税申报代理有利于税收征管机关完善监督制约机制，为纳税人提供更加规范优质的服务。

3. 纳税申报代理有利于保护征纳双方的合法权益

税务师事务所是涉税服务的第三方中介机构，具有客观性和公正性，并不偏袒征纳任何一方，这在一定程度上保证了纳税人和税务机关的合法权益。在征纳双方产生分歧时，税务师可利用其专业知识，维护纳税人的合法权益不受侵害，同时纠正纳税人行为，保证税款的足额征收。

二、税务咨询服务

（一）税务咨询服务的界定

税务咨询服务是指，税务师依照执业规范，就委托人提出的特定涉税事项和目标，以委托人要求的方式和时间，向委托人提供分析、评估、建议等涉税服务活动。

税务咨询的内容较为广泛，以税收方面的疑难问题为主，并涉及财务、会计、投资、金融、海关、外汇管理等诸多方面的专业知识和操作实务。其内容主要有：税收征纳咨询、办税程序咨询、涉税会计咨询、税务案件咨询、综合筹划咨询。

（二）税务咨询服务的种类

概言之，税务咨询服务可分为一般性税务咨询服务和高端税务咨询服务。高端税务咨询服务是相对于一般性的政策咨询等传统税务咨询服务而言的。传统税务咨询业务发展到现阶段，已难以满足客户不断增长的税务咨询需求，一些具有较高专业水准和市场敏锐度的税务咨询机构在学习和借鉴了国际四大会计师事务所先进的税务服务理念及经验后，推出了高端税务咨询这一极具本土特色的服务产品。高端税务咨询服务的产生，是我国税务咨询市场进一步深化和细化的结果，也是对一般性税务咨询服务的有益补充。

1. 一般性税务咨询服务的内容

第一，税收法律法规和政策规定。纳税人、扣缴义务人在日常投资、生产经营过程中，为了实现正确纳税、准确决策或者维护权益、避免涉税风险等，可向中介机构查询有关的税收法律、法规、政策等具体规定。咨询的内容包括有关纳税义务人、征税对象、计税依据、适用税率、税目、纳税环节、减税免税等税收实体法的规定和有关税务登记、发票管理、纳税申报、建账建制等税收程序法的规定。税务师在进行这方面服务时，主要是提供税收法律、法规、实施细则、行政规章等规范性文件的政策规定，以及其他法规关于税收方面问题的政策规定。

第二，税收法律法规和政策运用。这是关于税收疑难问题的咨询，也是税务咨询最主要的内容。就我国的税法来看，涉及的内容杂、条款多、层次繁、变化快，要让纳税人全部掌握和理解难度太大。因此，纳税人会就税收法律法规、政策性条款，以及财政部、国家税务总局、地方政府所颁布和规定的税收政策在适用范围及具体执行等方面的问题进行咨询。特别是减免税政策和征免界限的划分问题，纳税责任的承担与回避问题，以及税务机关、司法机关的权利与义务等方面的问题被咨询得更多。税收法律、法规、政策运用方面的咨询涉及的税种多，政策面宽，问题具体，这就要求专业从事咨询工作的人员能够通晓各种税收法律、法规、政策，并能够正确理解和综合运用，准确地向咨询人提供适用的政策依据。

第三，纳税操作规程。纳税人、扣缴义务人查询具体办税过程中的有关操作规程，是对有关税收程序法方面政策操作、运用的咨询。纳税人、扣缴义务人在依法履行纳税义务过程中，为了能够准确、顺利、快捷地办理有关涉税事宜，会对税收征管规程、办税实务操作环节与操作程序、需报送的资料、需办理的相关手续以及技术处理等具体办税事项进行咨询。这就要求专业从事税务咨询的人员既要具备办税方面的专业知识，对税收征管法律、法规和税务机关日常管理的具体要求进行深入细致的研究，又要具备实务操作技能，具有丰富的办税经验，掌握办税技巧，以此来满足纳税人、扣缴义务人的咨询需求，使其能够顺利完成办税操作事宜。

第四，涉税会计处理。纳税人、扣缴义务人对涉税会计处理的相关问题进行咨询，咨询内容一般包括现行各税计算，列支、缴纳的会计处理，减税、免税相关的会计处理，纳税审查及税务机关查补税款后所涉及会计账务的调整等。提供咨询人员要以财务、会计及税收法律、法规等专业知识和操作实务为基础，在符合财务、会计处理一般原则的前提下，做到准确无误地运用会计科目。

2. 高端税务咨询服务的内容

第一，税务风险评估与管理。税务风险评估与管理业务是指税务师事务所接受委托，对被评估单位涉税事项及相关信息资料进行分析论证，筛查不符合税收法律法规规定的涉税事项，分析由此可能形成的税务违法处罚风险，以及未能及时足额享受税收优惠政策可能形成的财务损失风险，并提供风险应对咨询的服务行为。税务师事务所及其指派的税务师提供税务风险评估与管理业务，应当根据相关的信息资料，客观地反映经济事项和涉税业务本质，避免主观臆断。

第二，税务战略安排。税务战略安排相对于税收筹划来说是更加系统、更加全面，结合企业的长期、短期战略目标制定的持续性的安排或计划。税务战略安排具有十分重要的意义，它有利于企业有效地选择经济行为，增强企业的竞争能力。良好的税务战略安排不仅能够降低企业的整体税负，增加企业的可支配收入，还有利于企业正确进行投资、生产经营决策，获得最大化的税收利益。企业选择的税务安排如果不能体现企业的战略发展思想，就有可能导致企业牺牲长远利益换取眼前利益的短期化行为；企业选择的税务安排如果不立足于现实，就有可能导致企业的积累能力降低，动摇企业持续发展的基础。因此，只有通过科学的税务战略安排，兼顾长远利益和眼前利益，才能最大限度地帮助企业实现最高目标。

第三，企业并购重组、IPO 涉税服务。税务师行业在资本市场同样有很大的发展空间。企业并购业务和 IPO 项目的涉税服务只是资本市场涉税服务的一部分，目前税务师提供的资本市场服务内容主要有以下几个方面：①企业股权结构梳理的涉税问题的处理。在此过程中，不仅需要税务师正确掌握各项税收政策，更需要结合企业的实际情况，提出合理且将企业风险降到最低的税务方案。②企业 IPO 或募集期间申报期纳税的合规审查。这是企业进行 IPO、私募、公募非常重要的一个环节，税务师需要协助企业确保填报信息的准确。

第四，税务顾问。税务顾问业务是指税务师依照执业规范，在双方事先约定的期限和范围内就委托人发生和提出的涉税事项，向委托人提供法规信息和咨询、涉税政策运用意见以及代表委托人与包括税务机关在内的第三方进行沟通等涉税服务活动。税务顾问业务的主要内容包括：税务信息提供，税务政策解释和运用咨询，税务事项提醒和风险提示，涉税知识培训，涉税措施的评价和建议，代表委托人向税务机关咨询问题和协商税务处理等。税务顾问业务服务的主要目标有 4 个：①提高委托人的税法遵从度；②提醒委托人在合理的商业目的范围内进行税务规划和筹划；③协助委托人充分享受税收优惠待遇和其他权利；④指导委托人及时、合理、规范处理税务、会计事项。

（三）税务咨询服务的执业原则

1. 目的原则

在签订业务约定书之前，税务师应当与委托人进行沟通，准确理解委托人提出的特定涉税事项和目标的具体内容。这一步骤是十分必要而且重要的，良好的沟通是税务师更好地服务于委托人的特定目标、合理规划实施程序、达成预期结果的重要基础。同时，目的原则也可以在一定程度上降低自身业务风险。

2. 胜任原则

税务师事务所应根据委托目标和工作量安排具有胜任能力的税务师。税务师行业已经培养出了一批具有较高执业素质的优秀人才，但是能够胜任高端咨询服务的税务师还比较有限，事务所要选择具有胜任能力的税务师承接此类业务，在此基础上带动其他税务师共同提高。

3. 独立原则

税务师应保持独立、客观和专业谨慎，最大限度地消除或降低委托人的目标实现和收费等压力对税务师职业道德的影响。这对于事务所和税务师都尤为重要，税务师应保持独立性，排除可能有损客观、公正的情形。对税务师个人来说，坚持独立原则是保护自身权益、降低服务风险的必然要求；对整个税务师行业来说，独立原则是行业健康发展、树立良好信誉的必然前提。

4. 告知原则

税务师应当将业务计划和工作情况及时告知委托人，委托人有权利知晓计划的有关情况和计划成果。税务师应按业务约定书规定的时间提供咨询成果，使委托人全面了解业务进展情况。如果不能按时提供咨询成果，应当与委托人协商新的咨询成果提交时间。告知原则是保障委托人权益的重要原则，告知也是税务师和事务所应尽的义务。

三、涉税鉴证服务

（一）涉税鉴证服务的概念和特点

涉税鉴证，是指鉴证人接受委托，凭借自身的税收专业能力和信誉，通过执行规定的程序，依照税法和相关标准，对被鉴证人的涉税事项作出评价和证明的活动。涉税鉴证业务所涉及的概念之一就是当事人，包括委托人、鉴证人、被鉴证人和使用人。委托人，即委托税务师事务所对涉税事项进行鉴证的单位或个人。鉴证人，即接受委托，执行涉税鉴证业务的税务师及其所在的税务师事务所。被鉴证人，即与鉴证事项相关的单位或个人。被鉴证人可以是委托人，也可以是委托人有权指定的第三人。使用人，即预期使用鉴证结果的单位或个人。涉税鉴证业务还涉及鉴证事项、鉴证材料和鉴证结果。鉴证事项，是指鉴证人所评价和证明的对象。鉴证材料，是指在鉴证业务过程中涉及的各类信息载体。鉴证结果，是指鉴证人执行鉴证项目的最终状态，包括出具鉴证报告或者终止涉税鉴证业务委托合同等其他情况。

涉税鉴证业务具有如下几方面特点：①委托人不是唯一的服务对象，作出的评价或证明的结论，一般为委托人以外的部门或人员使用。税务师提供的涉税鉴证不仅为委托人服务，对被鉴证人的涉税事项作出评价和证明也被管理部门、投资人或其他涉税信息使用人使用。委托人取得税务师出具的涉税鉴证业务报告，通常向外部提供。②限定于规定的涉税鉴证项目。涉税鉴证属于“准法定”业务，涉税鉴证的项目名称、鉴证内容、鉴证标准等由相关法规明确规定。③因外部需求触发涉税鉴证。涉税鉴证不是委托人出于自身纳税或办税需求，而是因为在办理涉税事项时外部涉税信息使用人对涉税事项需要第三方专业机构作出评价和证明，委托人寻求税务师事务所及其税务师提供涉税鉴证。④应出具规定种类的业务报告。税务师在进行涉税鉴证时，应对鉴证的涉税事项有明确的结论，并根据鉴证实际情况，出具规定种类的涉税鉴证业务报告。

（二）涉税鉴证业务的种类

从鉴证事项的内容来分，涉税鉴证业务包括纳税申报类鉴证、涉税审批类鉴证和其他涉税鉴证三种类型。①纳税申报类鉴证，是指税务师对纳税人或扣缴义务人申报缴纳税款的相关项目及金额的真实性和合法性作出评价、证明。目前纳税申报类鉴证主要有企业所得税汇算清缴纳税申报的鉴证和土地增值税清算的鉴证。②涉税审批类鉴证，是指税务师对委托人需要向税务机关申报审批（或备案）的事项，就其合法性、真实性、完整性作出评价、证明。目前涉税审批类鉴证有企业所得税税前弥补亏损的鉴证和企业资产损失所得税税前扣除的鉴证。③其他涉税鉴证，是指除上述两类以外的涉税鉴证业务。

（三）涉税鉴证遵循的原则

税务师及其所在的税务师事务所执行涉税鉴证业务，应当遵循如下原则：①合法原则。鉴证人的执业过程和鉴证结果应当符合法律规定，不得损害国家税收利益和其他相关主体的合法权益。②目的原则。鉴证人应当充分考虑鉴证结果的预期用途，合理规划和实施鉴证程序，保证鉴证结果符合约定的鉴证目的。③独立原则。鉴证人应当保持独立性，在被鉴证人和使用人之间保持中立，排除可能有损客观、公正鉴证的情形，并依照有关规定进行回避。④胜任原则。鉴证人应当审慎评价鉴证事项的业务要求和自身的专业能力，合理利用其他专家的工作，妥善处理超出自身专业能力的鉴证委托。

第三节　税务师事务所百强情况分析

一、税务师行业的整体情况

自2014年7月《国务院关于取消和调整一批行政审批项目等事项的决定》（国发〔2014〕27号，以下简称“27号文”）等一系列文件下发以来，税务师行业政策发生了很大的变化，行业遇到新的冲击和挑战。但随着新的行业政策的逐步明确，税务师行业发展进入了战略调整机遇期。

在新常态背景下的行业战略调整期中，2018年全国税务师事务所进行了资源整合，虽然事务所及从业人员数量有所减少，但体现税务师行业质量的执业税务师人数及税务师事务所年度收入都有所增长，展现了税务师行业的结构性调整。

2018年度，全行业总计报告经营收入203.45亿元，同比上年增长19.73%，为近6年最高增长率。全行业共有税务师事务所约6 100家，同比增长10.47%；从业人员约10.2万人，同比增加2.97%；在税务师事务所执业的税务师4.43万人，同比增加4.19%；行业利润总额同比增长87.39%，收入结构呈现出业务多元发展的趋势。经营收入排名前五位的地区是北京、广东、江苏、上海、浙江。行业各项指标的快速增长，反映出随着我国市场经济的不断发展和税收改革的深入，纳税人对涉税专业服务的需求越来越多，税务师行业的专业价值越来越大。

二、百强所的经营情况

中国注册税务师协会从2010年度起公布税务师事务所经营收入前百家名单（以下简称“百强”），至今已是第9年。在国家各项改革不断深化的新形势下，2018年度，税务师百强所发展又取得了长足进步。

2018年度，百强所的经营收入合计107.59亿元，同比上年增长32.37%，收入增长率比行业高12.64个百分点，占全行业经营总收入的比重为52.88%，资产总额和利润总额分别占行业整体的46.84%和76.37%。拥有税务师和从业人员总数分别占行业整体的20.94%和24.99%。百强所收入利润率是行业营业收入利润率的1.44倍，收入的比重一直保持相对稳定且逐年上升的态势。

百强所中有36个是集团所，集团化发展成为事务所做大做强、提升整体实力和市场竞争力的利器，排名居前的均为集团所。在百强所名单中，2018 年首次出现了集团经营收入超过 10 亿元的税务师事务所，另有集团经营收入超过 5 亿元的税务师事务所 4 家。经营收入在亿元以上的税务师事务所有 31 家。

从地区分布来看，收入百强所分布在 16 个地区，仍主要集中在北京、浙江、上海、江苏和广东等经济发达地区。其中，北京 37 家，浙江 18 家，上海 10 家，江苏 7 家，广东 6 家，宁波和四川各 5 家，青岛、山东、陕西各 2 家，安徽、厦门、湖南、天津、深圳、重庆各 1 家。在百强所名单中，2018 年首次出现了 1 家经营收入超过 10 亿元的税务师事务所，另有 1 亿（含）至 10 亿元的有 30 家，5 000 万元（含）至 1 亿元的有 6 家，3 000 万元（含）至 5 000 万元的有 32 家，小于 3 000 万元的有 31 家。

三、百强所的发展特点

（一）实力明显增强

百强所整体收入每年均保持两位数的增长率，均高于行业整体收入的增长率，2018 年度的收入增长率更是超过了 30%，为百强排名 9 年来最高的一次。百强所所均收入持续增加，2018 年度进入百强的门槛比上年大幅提高，入围百强所名单的最低经营收入已超过 2 100 万元，比上年提高了约 1/4。2018 年，有 10 家税务师事务所新登百强榜。百强所的成绩主要得益于他们坚持锐意进取、开拓创新，努力提升专业服务质量，打造税务师事务所知名品牌，已经有越来越多的税务师事务所品牌为市场所认可。这些百强所品牌所展现出来的不仅仅是专业的服务能力、严格的质量控制，更是其良好的信用和先进的理念。近年来，百强所更是不断加快集团化和国际化经营步伐，通过建立分支机构、打造服务网络，提升服务能力，百强所的影响力正在不断扩大。

（二）创新不断精进

随着“放管服”、税制、征管改革的不断深化和税务总局《涉税专业服务监管办法（试行）》的实施，税务师行业的内外部环境都发生了不小的变化。百强所勇于迎接挑战、善于抓住机遇，根据新的市场需求开拓新的业务领域，专业税务顾问、税收策划和纳税情况审查等高端业务比例明显加大，走在全行业的前列。不少百强所通过业务发展不断积累经验，发掘出具有自身鲜明特色的业务、行业领域，拓展出新的产品和服务，不断打造其在行业中特有的影响力。一些百强所依托互联网，强化科技创新，形成了各具特色的服务平台和产品，专业服务效率及能力迅速提升。

（三）机制日益完善

百强所的发展，得益于他们优秀的管理体系和治理机制。首先，百强所完善的用人机制和先进的企业文化成为吸引人才的重要因素。2018 年度，百强所的税务师同比增长 16.1%，占行业全部税务师的比重约为 20%；从业人员同比增长 12.66%，占行业的比重约为 25%，充分说明百强所对人才的集中吸引力。同时，百强所人员的增长率也一直高于行业整体水平，人才队伍更具稳定性。其次，事务所集团化发展、强强联合，也是百强所实力迅速增强的重要原因。这些集团所凭借精心设计的内部治理机制，以增进内部合作为重点，实现风险管理严格、质量控制有效的目标，进而促进事务所不断发展壮大。总局《关于税务师事务所行政登记有关问题的公告》的发布，将可以担任税务师事务所的合伙人或者股东范围扩大到从事涉税专业服务的科技、咨询公司，更加推进了税务师事务所组织形式创新，为税务师事务所集团化发展创造了更好的条件。

随着社会和纳税人对涉税专业服务需求的不断增加，税务师行业和百强所还将有更大的发展空间。中国注册税务师协会将继续秉承服务会员的宗旨，进一步建立与完善税务师行业自律管理机制，努力为会员提供更多更好的服务，引导百强所和会员为广大纳税人和社会各界提供优质高效的涉税专业服务，为维护国家税收利益和纳税人合法权益作出更大贡献。

第四节　税务师行业环境分析

一、政策环境分析

2013 年以来，人力资源社会保障部（以下简称“人社部”）按照国务院要求，将职业资格许可和认定事项分七个批次，取消了 400 余项，进一步降低就业创业门槛。

2016 年 6 月，国家税务总局发布《关于建立税务机关、涉税专业服务社会组织及其行业协会和纳税人三方沟通机制的通知》（税总发〔2016〕101 号），通过建立三方沟通机制，发挥税务师事务所等涉税专业服务社会组织的积极作用，协助税务机关构建税收共治格局、优化纳税服务、协助提高征管效能。

2017 年 5 月，国家税务总局发布第 13 号公告，出台《涉税专业服务监管办法（试行）》，开放涉税服务市场，通过信息化手段加大对涉税服务行为的监管力度，为规范的涉税专业服务机构提供培训、专门咨询以及绿色通道和网上批量申报等服务措施。

2017 年 8 月，国家税务总局发布《税务师事务所行政登记规程（试行）》，规定注册会计师和律师也可以成为税务师事务所的股东或合伙人，其中税务师占比应高于 50%，同时简化了办理税务师事务所行政登记的报送资料。

2017 年 9 月，人社部印发《关于公布国家职业资格目录的通知》（人社部发〔2017〕68 号），明确公布国家认可的职业资格的范围、实施机构、设定依据等内容，从根本上解决了我国职业资格数量多、管理不到位的问题。其中，税务师职业资格名列专业技术人员职业资格第 52 项。

2018 年涉税专业服务市场进一步开放，倒逼行业加快转型升级步伐。政府机关和行业协会都非常重视行业的发展与转型，发布了和税务师事务所息息相关的通知和意见，引导行业的升级。详见表 3－1。

表 3－1　2018 年与行业发展相关新政策梳理

发布机构	政策名称	政策作用
国家税务总局	《关于税务师事务所行政登记有关问题的公告》（国家税务总局公告 2018 年第 4 号）	规范税务师事务所行政登记，促进税务师行业健康发展
	《关于发挥涉税专业服务作用助力个人所得税改革有关事项的通知》（税总函〔2018〕687 号）	落实党中央、国务院关于个人所得税改革的决策部署，充分发挥涉税专业服务作用，助力个人所得税改革实施
中国注册税务师协会	《中国注册税务师协会等级税务师事务所认定办法（2018 年修订）》	进一步规范税务师事务所的管理、认定、评级和评价机制，建立较为全面和综合的税务师事务所评价体系
	《关于做好 2018 年等级税务师事务所认定工作的通知》（中税协发〔2018〕6 号）	为做好 2018 年等级税务师事务所认定工作提供了指引，有助于确保认定质量，推动事务所做强做大、做专做精
	《中国注册税务师协会 2018 年税务师继续教育培训计划》	提高参训税务师从事税务代理相关业务的能力和水平

二、经济环境分析

目前，消费加快升级、创新趋于活跃、开放力度持续扩大、企业效益明显改善，都为经济进入高质量发展阶段创造了基础和条件，这必然给税务师事务所带来发展契机。随着经济主体的实力不断增强，国企改革的深入推进，境外投资以及企业之间并购、重组的频繁发生，由此带来的涉税服务项目将会越来越多，越来越复杂。因此，在经济新常态和财税体制持续深化改革的背景下，我国涉税服务市场的发展潜力依然向好。

（一）全国税收收入现状

2018 年，全国税务部门组织税收收入（已扣减出口退税）137 967 亿元，比上年增长 9.5%，全国共办理出口退税 15 014 亿元，增长 9.7%。同时，全国税务系统不折不扣坚决落实好党中央、国务院出台的减税政策，超额完成全年减税目标，有效缓解了企业生产经营困难，有力支持了“六稳”① 工作的推进。2018 年 5 月 1 日起实施的增值税三项改革平稳有序推进，5—12 月降低增值税税率减税约 2 700 亿元，制造业减税占 35%；统一小规模纳税人标准惠及 50 万户纳税人，减税约 80 亿元；办理留抵退税 1 148 亿元；10 月 1 日起个人所得税第一步改革施行 3 个月，减税约 1 000亿元，7 000 多万个税纳税人的工薪所得无须再缴税；新出台的支持创新创业税收优惠政策减税约 500 亿元。落实减税政策认真高效，体现为“两降一升”：税收增速逐步下降，由前 4 个月的 16.8% 回落到后 8 个月的 5.2%，减税效应持续显现，纳税人投诉量下降 11%，纳税人获得感进一步提升②。税制改革和减税政策不仅直接减轻了企业税收负担，有力支持了大众创业、万众创新，而且推动了供给侧结构性改革和企业转型升级，对稳定经济增长和增强市场活力起到了重要的促进作用。

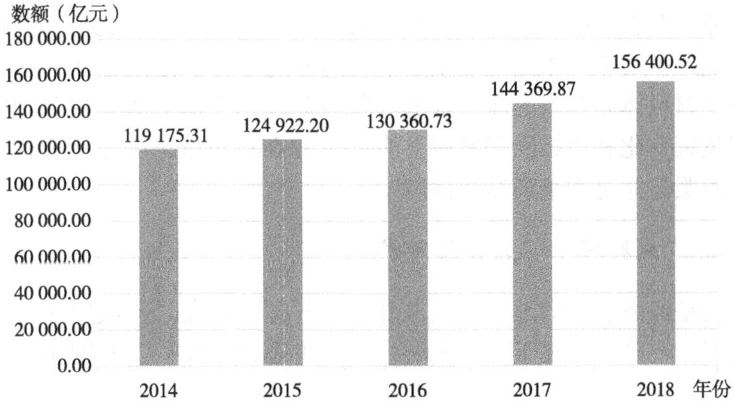

图 3－2　近五年全国税收收入情况

---

① 即中共中央政治局会议提出的“稳就业、稳金融、稳外贸、稳外资、稳投资、稳预期”。

② 国家税务总局：2018 年全国税务部门组织税收收入情况，http：//www. chinatax. gov. cn/n810214/n810631/c4064494/content. html。

（二）财税体制改革深入推进

财税体制改革是全面深化改革的重头戏。如果将这场改革比喻成一场马拉松，按照“2016 年基本完成改革重点工作和任务，2020 年基本建立现代财政制度”的时间表，那么 2018 年的财税体制改革正处于半程配速的关键期。2018 年的财税体制改革主调为落实推动中央与地方财政事权和支出责任划分改革，加快制定中央和地方收入划分总体方案，抓紧提出健全地方税体系方案。党的十九大提出“深化税收制度改革，完善地方税体系”。这为新一轮的税制改革指明了方向，新一轮税制改革蓄势待发，改革将要进入深水区。

2018 年以来，深化增值税改革三项措施、小微企业所得税优惠“扩围”、鼓励创业创新税收优惠政策、个人所得税改革……一项项税收优惠，一次次精准落实，为企业送来一场接一场“及时雨”，滋润了企业发展的沃土，可谓“减税政策月月有，降负措施月月新”①。2018 年，是国税地税机构合并的第 1 年，是深化“放管服”改革的第 3 年，是便民办税春风行动的第 5 年，各项改革相互辉映，成效环环促进。世界银行发布的《2019 年营商环境报告》显示，我国纳税指标排名比上年提升了 16 位②。2018 年以来，我国出台的代表性减税政策有：持续推进增值税改革，降低制造业、交通运输等行业增值税税率；出台小微企业税收优惠政策，将享受减半征收企业所得税优惠政策的小型微利企业年应纳税所得额上限从 50 万元提高到 100 万元；将研发费用加计扣除比例提高到 75% 的政策扩大至所有企业；对省级科技企业孵化器和大学科技园相关收入免征房产税和增值税；境外投资者从中国境内企业取得的分红可以享受递延纳税优惠等。

随着财税体制改革的深入推进和税收制度的不断完善，税务师需要根据国家政策变化和市场经济发展，协助企业在财税改革中把握先机，以优质专业的服务立足于市场经济体制中。

（三）“互联网＋”大数据时代

税收是经济发展的重要组成部分，税务师行业在“互联网＋”大数据的浪潮下，不可能游离于这个大时代的新生态圈。在“互联网＋”大数据

---

① 国家税务总局：税务总局再取消 20 项税务证明事项，http：//www. chinatax. gov. cn/n810219/n810724/c3984300/content. html。

② 李安渝，王婷. 2019 年世界银行营商环境报告解读及启示［J］. 中国市场监管研究，2018（12）：65－68，79.

环境下，税务师行业面临着颠覆与创新①。

在“互联网 +”大数据背景下，纳税人不仅可以通过税务机关的 12366 服务热线和国地税官网服务互动，还可以通过网络免费获取大量税务相关资讯。因此，税务师为客户提供的咨询要能够将税收法律法规和纳税人实际情况相结合，为纳税人提供个性化税务咨询服务和税务风险管理服务，实现税务师行业的服务结构转型。

在“互联网 +”大数据背景下，“云技术”在企业管理、财务会计领域中的广泛运用，企业管理、财务核算软件及办公无纸化的运用，要求税务师行业与这些高科技软件紧密合作，更好地适应在“互联网 +”大数据背景下提供税务服务。

在“互联网 +”大数据背景下，税收征收机关创新了征管手段，税务机关获取纳税人的涉税信息更加便捷，金税三期成为国家依法治税及提高纳税人税法遵从度的有力工具。纳税人希望获得一份长期的有价值、有质量的涉税服务产品。同样，信息化浪潮中，涉税专业服务市场的全面放开与简政放权让税务师行业业务不再成为“法定业务”，完全参与了市场竞争，这要求税务师行业顺应“互联网 +”大数据浪潮，加速品牌建设、信息化建设，提升专业能力，提供专业服务，形成核心竞争力。

三、社会环境分析

社会环境分析是指对行业所在社会中成员的民族特征、文化传统、价值观念、宗教信仰、风俗习惯及教育水平等因素对行业发展产生的影响进行分析。对于税务师事务所行业而言，社会公众对专业涉税服务的理解和认知度、纳税人的税收遵从度及税务师行业的诚信水平对行业的发展尤为重要。

（一）社会公众对专业涉税服务的理解和认知度

对税务师事务所来说，社会的认可度将在很大程度上影响事务所的可持续发展。由于早期的涉税服务都是由会计师事务所提供的，所以目前还有少部分人认为没必要设立税务师事务所，这种观点和看法不仅会干扰税务师事务所的业务开展，还会影响到税务师事务所区域布局的扩展延伸。产生这种观点的主要原因还是对税务师事务所缺乏理解或对其理解不够准确。一部分人错误地将税务师事务所等同于税收政策的宣传、辅导机构；

① 罗联布.“互联网 +”背景下税务师行业的颠覆与创新［J］. 注册税务师，2017（09）：71.

还有一部分人没有将涉税业务与会计业务区分开来，以为税务师事务所的主要作用是为企业建账记账。

《中国税务报》在2017年公布的一份调查结果表明，涉税服务市场需求旺盛，发展空间乐观，并且大多数纳税人都表示有接受涉税服务的意愿。该问卷调查由湖南税务师行业组织实施，从湖南省所有纳税人中随机抽取，接受调查的有7 479户，其中，5 534户没有接受过税务师事务所的涉税服务，占比73.98%，91%以上的纳税人表示愿意接受税务师事务所的涉税服务；接受过税务师事务所的涉税服务的纳税人中，25.28%的纳税人选择常年的纳税服务，29.24%的纳税人选择专项税务服务，45.48%的纳税人表示两项服务均需要。虽然发展前景乐观，税务师事务所也需要主动走入市场，做好身份包装和推介，让更多的纳税人了解涉税服务行业。

（二）纳税人的税收遵从度

2016年，国家税务总局联合28个部门签署了《关于对纳税信用A级纳税人实施联合激励措施的合作备忘录》，对纳税信用A级纳税人实施41项守信联合激励措施。联合了银监会开展“税银互动”支持小微企业发展。2015年8月至2017年9月累计向授信企业发放贷款51万笔。并与34个部门对重大税收违法案件当事人实施28项联合惩戒措施，有效震慑了涉税违法犯罪行为。

在激励和惩戒两大措施的共同作用下，纳税人的税收遵从度不断提高。企业为了节约纳税成本、避免税务风险，也会主动联系税务中介机构如税务师事务所为自己的企业或个人做纳税筹划及代理。这给税务师行业提供了良好的发展空间。

（三）税务师行业的诚信水平

税务师行业的诚信水平对行业发展起着极其重要的作用。有的税务师事务所过分迎合服务客户的需要，违背了税务师行业的专业性和公正性，成为企业偷逃税款的帮凶，这会极大地损害税务师行业的声誉，妨碍国家征收税款。2016年年底国务院办公厅印发的《关于加强个人诚信体系建设的指导意见》中，就明确了14类职业人群要加快建立和完善个人信用记录形成机制，其中就包括税务师。2017年，个人诚信体系建设掀起了高潮。信用机制为税务师行业的诚信水平提供了保障，方便委托人选择合适的税务师事务所，也让税务机关能够更好地信任税务师行业。

四、科技环境分析

金税三期上线以后，不断推出的纳税评估已经让很多企业感受到了大数据互联网下的税务管理所带来的巨变，税务师事务所的涉税服务也迎来了巨大的挑战，只有积极参与和进入数字化税务服务的领域才能够提升整个事务所的服务水平和服务质量。

在《2016 年中国税务科技成熟度》中，普华永道会计师事务所表示，受访的中国企业中，约有一半的企业已经将制定跨年度税务科技策略或发展规划列入待办事项。但仍有 1/3 的受访企业处于依赖现有资源的初级阶段，并不具备配置税务科技资源的条件。从税务管理和决策层面来看，约有六成企业缺乏系统化的税务分析和管理工具的支持①。就税务数字化而言，发达国家的企业往往比当地税务机关发展得更快些，更早地使用数字化管理工具；而在中国，企业的发展往往要比当地的税务机关滞后些。

税务数字化管理已经引起了企业极大的重视，但是在实施过程中，由于缺乏行业基准或最佳实践参考，大多数企业虽有良好的愿景，但真正的落地实施却非常困难。集中管理建设税务共享中心是目前最可行的一种方式，不少大型企业已经开始尝试。

另外，德勤会计师事务所研发的德勤智能机器人，将重新定位未来的财务岗位。德勤智能机器人不仅可以提高财务工作的效率，而且大大缩短财务处理周期。目前大部分的财务工作中，财务系统操作、内部控制、报告生成、执行记账等基础生产工作占到了极大比例，真正需要时间思考的分析决策工作则被挤压。为避免被社会淘汰，相关从业人员需要主动提升自己的业务水平，接受更高技能的培训，关注更高价值的业务。未来，人工智能处理基础业务，人力进行审计、检查，两者交互工作的新模式将被广泛应用于企业。

① 普华永道中国：普华永道调查：中国企业税务职能亟需数字化管理解决方案，https：//www. pwccn. com/zh/press - room/archive/pwc - survey - tax - function - at - chinese - enterprises - in - urgent - need - of - digital - management - solutions. html。

第四章 提高税务师行业水平和素质

第一节 税务师职业道德

一、税务师职业道德的含义

税务师职业道德是指税务师的职业道德、职业纪律、执业能力及职业职责等的总称。它是一种行为规范，主要调整税务师行业内部、税务师与客户、税务机关及社会之间的道德关系。它既是税务师行业从业人员职业行为的道德要求，也是税务师行业从业人员对社会应承担的道德责任和义务。职业道德规范是税务师为实现执业目标，保证国家税收利益不被侵犯而必须遵守的前提或基本原则。这些基本原则包括独立、客观、公正，专业胜任能力和应有的关注，保密等。税务师树立职业道德可在一定程度上限制税务师不恰当、不合规的行为，为税务师合法、合规地从事涉税服务奠定坚实的基础。

二、税务师职业道德规范提出的背景

随着我国社会的发展和税制改革的深化，以及自身20多年的发展积淀，税务师行业执业环境不断优化，执业领域不断拓宽，执业人员的技术水平不断提高并逐步被社会所认可。在经济快速发展的助推下，如今已成为仅次于律师和注册会计师的第三大专业服务机构，并且在维护纳税人合法权益、保障国家税收利益、提高征管效率、降低征纳成本、维护社会和谐稳定等方面的作用越来越突出。近些年，在行业加快发展、业务规模和市场进一步扩大的同时，新形势下经济、社会和行业对税务师应有的道德品质和职业行为也提出了更高的要求。为此，中税协强调要把加强职业道德教育，建立诚信制度和监督机制，保障诚信经营、优质服务，树立税务

师行业依法、诚信的良好社会形象融入规范化发展战略目标中。为了推动行业质量建设，中税协将职业道德制度化列入 2014 年工作计划之一，启动了制定税务师职业道德规范的工作。

为了响应中央加强社会主义核心价值观教育和全面深化改革重大决定，中国注册税务师协会制定并发布了《注册税务师职业道德规范（试行)》（以下简称《规范》)，其中原则性地提出了职业道德方面的要求，并确立了以诚信作为税务师职业道德的核心内容。

税务师职业道德规范提出的主要原因有三个：第一，职业道德规范和教育可以对执业者的行为加以明确的界定和制约，充分发挥职业自律对行业发展的主导作用，进而从根本上为国家和社会公众提供高质量的、可信赖的涉税专业服务，在社会公众中树立良好的职业形象和职业信誉。这也体现了《规范》出台的现实性。第二，《社会信用体系建设规划纲要(2014—2020 年)》(国发〔2014〕21 号）文件的出台表明国家对信用体系建设的高度重视。2014 年 8 月 12 日，《国务院关于取消和调整一批行政审批项目等事项的决定》（国发〔2014〕27 号）取消了注册税务师等 11 项职业资格许可和认定。这是党的十八届三中全会以来简政放权的重要体现，意味着涉税服务市场的主体将更加多元化，税务师行业必将面临巨大挑战。第三，税务师所面临的执业环境日趋复杂，业务种类不断增加，来自客户和公众的压力越来越大，税务师所面临的职业道德问题将会越来越多，挑战也会越来越大。这正是《规范》出台的紧迫性。

改革使税务师行业所面临的环境发生了变化，迫切要求尽快转型以适应改革需求。税务师行业只有树立起被市场和社会普遍接受的职业道德规范，才有可能在竞争中拥有一席之地。而在行业立法滞后的情况下，建设一套规范行业内部、行业与服务对象关系的行为准则就显得尤为必要。

三、税务师职业道德规范的重要意义

目前，在税务师行业中确实存在不少有违职业道德的现象，如有些事务所竞相压价、恶性竞争，面对干预和压力不能保持应有的独立性和谨慎原则而出具不实报告等，亟须通过强化职业道德约束加以解决和规范。而现行《注册税务师行业自律管理办法（试行)》（中税协发〔2006〕005 号）等行业规章只是做了原则性规定，需要进一步制定具体准则。针对税务师行业当前的突出问题，《规范》恰到好处地为税务师行业的个人会员和团体会员提出了规则。税务师行业最需规范的是业内以及和其他中介机构之间的低价竞争问题，这个问题不解决，将不利于行业留住人才、培养人才，而《规范》作为税务师乃至真正想加入这个行业的人员的道德要求，从本质上将税务师与其他不正规的中介或没有道德约束的人员进行了划分，保证了行业发展的道德底线，提升了行业整体道德水平。以前税务师行业自律完全靠自觉，具体行为规范到什么程度没有明确标准；《规范》出台后，将职业道德始终贯穿于执业者的脑海中，以《规范》为标准，就解决了业内业外的综合评价问题，便于社会各界判断税务师执业成果的水平及采信程度。同时，《规范》从道德层面提出了对税务师的要求，将税务师职业道德提升了一个高度。随着国家简政放权改革的深入推进，税务师行业将更加市场化，对从业人员需要更加严格的约束和管理。

信守职业道德规范，是税务师行业赖以生存和发展的基石，更是与每一个税务师的职业生命紧密相连的生命线。税务师道德水平的高低是直接关系到整个行业能否生存和发展的大事。但我国税务师行业仅有20年的发展时间，尚未在税务师行业的执业人员中树立起强烈的道德规范意识，加之相关研究，也缺乏实质性突破。因此，对税务师职业道德问题进行深入系统的研究以及建立职业道德规范，对更好地保证税务师依法执业、诚信经营，规范执业行为，提升税务师行业的服务能力和社会公信力，推动税务师行业的规范健康发展具有深刻的现实意义和深远的历史意义。

四、税务师职业道德规范的总体概况

《规范》是我国税务师行业第一份权威性的职业道德自律性文件，对税务师的职业道德起指导和监督作用，是调节税务师与国家政策、社会、税务师事务所相互关系的基本行为准则。如果每一个税务师在从业活动中，都能正确行使职业权利，履行职业义务，遵守职业道德，就会对整个行业的发展产生一种健康向上、规范发展的促进作用。概括地说，诚实、守信是税务师应当具备的基本素质，正直、自律、严谨、保持独立性是税务师应当具备的行为特质，客观、公正是税务师应当坚守的执业原则，专业能力是税务师业务质量的保障，保密义务是税务师最起码的执业操守。《规范》言简意赅地涵括了对税务师的法律素质、品德素质、专业素养的基本要求，主要体现在三个方面。

（一）诚实守信是税务师行业发展的基石

《规范》第二章第八条至第十五条强调了税务师从法律上和道德上都必须合法、合规、合理执业。在第十六条至第二十条，更是首次提出了尊重同行、公平操作业务等诚实守信的道德规范。同时要求各地方税协建立诚信档案，记录诚信及奖惩信息。在招投标时，出具诚信记录或成为未来涉税服务的充分条件之一。

（二）保持超然独立性和客观公正是税务师必须具备的品质

在受到客观因素，如经济利益、亲友关系等可能影响业务公正时，《规范》第三章明确要求税务师应从实质上和形式上保持独立性，并强调税务师事务所应当制定必要的防范措施，保障税务师执业的独立性。《规范》第四章对客观公正提出了明确要求，如税务师不得做虚假承诺、不得伪造证据、不得改变证据真实性等。

（三）良好的专业能力是税务师生存的基础

职业素养既是服务客户的本领，也是吸引客户的手段。专业能力即税务师的执业素养，是税务师专业资质的鲜明特征。随着市场经济的发展和经济全球化进程的加快，税收政策及规定更新频率较高，不同行业的客户涉税领域多样化，对税务师提出了更高的专业能力需求。《规范》第五章要求税务师与时俱进、持续提高专业能力及职业素养，做到及时掌握、正确执行，为客户提供具有专业水准的服务。《规范》第六、七章，还对税务师具有的保密义务及违反《规范》的惩戒方式进行了详细说明。

五、税务师职业道德面临的新的挑战

（一）竞争风险的挑战

由于我国税务师行业发展的历史相对较短，现在还处于行业发展的初级阶段，所以，税务师事务所之间的竞争十分激烈，都希望能够抢占更多的市场份额，而这对税务师和税务师事务所职业道德的挑战也是极大的。

全国现有 4 284 家税务师事务所，全国税务师事务所目前的代理客户数量为 135.02 万户，仅占全国纳税户 1 734.14 万户的 7.79%，整体占比水平较低。同时，我国由中介机构代办纳税事宜的比例仅为 12.62%。而在西方发达国家，90% 的纳税事宜都是在政府的监管下由社会中介机构及其他组织来完成的。例如，日本有 85% 以上的纳税人通过税务中介机构代办纳税事宜；美国约有 50% 的公司委托代理人代理申报纳税，个人缴纳所得税近乎 100% 是委托代办；澳大利亚的税务中介机构帮助纳税人填写大约 76.2% 的纳税申报表。由此可见，我国税务师事务所客户的拓展存在很大的空间。

造成上述税务师事务所代理客户数量以及代办纳税事宜比例低下现状的原因主要有两方面：一方面，税务机关没有很好地培植、引导社会中介机构和其他组织从事涉税服务，扶持力度不足。另一方面，纳税人对税务中介机构不信任，存在一定程度的偏见，进一步造成我国由中介机构代办纳税事宜的比例较小。这两个原因造成本应该由涉税专业服务机构充分发挥的职能一直被抑制，发展受到制约。

对此，税务机关应该界定好与涉税专业服务机构的界限，做到有所为有所不为，充分放权，把更多的物力、财力、人力放在只能由税务机关从事的服务，把适合中介机构做的交给中介机构去做。只有适当放权，充分发挥中介机构的桥梁作用，才能使税务机关和中介机构的工作相互补充、相互促进、协调发展。

（二）大数据时代的挑战

互联网、物联网和云计算等新技术的迅猛发展，带领我们步入了全新的大数据时代，无论是企业经营者还是公共部门，都可以通过大数据技术的运用，创造更多的价值。当前涉税服务行业的发展方向是以大数据技术为基础，构筑智能化、个性化涉税服务体系。传统涉税服务已无法满足多样化、个性化的涉税服务需求，因此结合大数据时代的特点对其进行优化已不可避免。

在大数据时代下，涉税服务行业亟须建立起智能化、数字化的涉税服务大数据信息系统。大数据技术给涉税服务带来了新的契机，通过数据信息的采集和传输，涉税服务和税务产品将会在行业之间、用户之间以及用户与政府之间产生融合，提升涉税服务每个环节的价值，推动涉税服务的创新和变革。当前涉税服务行业信息系统建设的主要问题是中小型税务师事务所的信息化程度不足。涉税服务大数据信息系统建设初期投入大，大多数的中小型税务师事务所缺乏足够的财力、技术以及相关专业人才。

同时，当前涉税服务人员对于大数据的理解和掌握仍处于较浅层面，对涉税数据重视程度不高，大多习惯于按照以往经验办事，缺乏大数据理念。随着企业信息化管理水平的不断提高，大量企业会计核算和生产经营数据存储于企业财务核算系统、ERP 系统等管理信息系统内部，而许多涉税服务人员对企业管理信息系统缺乏了解，运用现代的数据分析工具来认识、说明和解决问题的能力比较欠缺。此外，部分涉税服务人员对于以往年度的涉税数据关注度较低，缺乏数据的敏感性，对于涉税服务工作的规律性把握不足。

因此，税务师在大数据条件下面临的挑战主要体现在专业胜任能力方面。对于税务师事务所而言，要用足够的财力、技术和专业人员建立健全涉税服务大数据信息系统；对于税务师而言，要能够与时俱进，时刻把握大数据条件下涉税服务的特点，满足纳税人个性化涉税服务的需求，这将成为税务师能否提供优质服务的关键因素。

（三）BEPS① 计划的挑战

随着经济全球化和贸易全球化的发展，中国的成本优势和市场优势吸引了众多外资进入中国市场，但是中国并没有得到应有的税收收入回报。在 BEPS 的国际行动中，必须要明确提出我国的地域特定优势和征税权的主张，避免外资企业转移利润、侵蚀税基造成税源流失的风险。

税务中介机构在反避税行动中主要扮演三个角色：帮助纳税人服从反避税规则，避税计划的提供者和促进者，反避税立法的参与者和推动者。税务中介机构存在的前提是它们可以为客户提供独立、客观、公正的纳税服务。因此，出于维护公司信誉、降低执业风险、取得各国税务当局信任的目的，税务中介机构也有严格审查其客户账户的义务。甚至有很多大型税务中介机构，更加关注声誉风险，设立了严格的内部风险管理和质量审核程序。在 BEPS 计划下，我国税务师要有更扎实的专业能力，熟练掌握国际税收的相关知识，这是应对挑战的必然要求。

六、税务师职业道德建设存在的问题

（一）行业环境导致的竞争风险

在行业环境方面，目前，为纳税人提供涉税服务的机构只有税务师事务所、会计师事务所以及一部分律师事务所。

但税务师事务所等中介机构的涉税服务规模偏小、盈利能力不强，导致税务师对委托客户具有一定的经济依赖性，从而弱化了税务师等中介机构执业的独立性。由于我国税务师行业起步较晚，涉税服务多样性不足，业务收入增长困难，个别税务师就可能采取满足客户不合理甚至不合法的

① BEPS：Base Erosion and Profit Shifting，税基侵蚀和利润转移，是指跨国企业利用国际税收规则存在的不足，以及各国税制差异和征管漏洞，最大限度地减少其全球总体的税负，甚至达到双重不征税的效果，造成对各国税基的侵蚀。

要求方式来抢占客户，提供有失公允的虚假鉴证报告，这就违反了职业道德规范的要求，从而影响鉴证业务和涉税服务的客观公正性。甚至某些税务师事务所主动或者被动地协助企业做出偷税漏税的违法举动，给税务师行业带来巨大的执业风险。

（二）人员素质有待提升

在人员素质方面，税务代理人员的素质总体上还远远不能适应税务代理行业发展和竞争的需要。代理人员的专业素质参差不齐，也导致税务代理局限在相对比较低的层次。据统计，截至2014年年底，执业税务师只占全行业从业人数的35%左右，税务代理人员中没有税务师从业资格的人员超过半数。在税务代理机构中，一些人员达不到执业所要求的熟练程度和专业胜任能力，不能按照相关规定从事税务代理行为，从而导致执业质量不高，少数税务师鉴证报告质量低下，已经影响到客户和税务机关的信任度，直接破坏了税务师行业的行业形象、信誉和发展前景。

（三）管理制度不够完善

税务代理的管理制度尚不健全，法律级次偏低。我国一直没有出台关于涉税专业服务方面的法律。在涉税服务实践中，只是依照协会行业准则，或者按照各地税务机关的要求开展鉴证业务，但是各个地区对于相关涉税服务的要求存在很大差别。缺乏统一的认识和规范的管理制度不利于税务师树立职业道德规范，严重制约涉税专业服务作用的发挥。

七、完善我国税务师职业道德规范的建议

（一）认真学习，组织培训

各地税务师事务所应通过系统有效的宣传、培训来促使税务师重视和了解《规范》的重要性，加强对税务师行业政策支持和宣传的力度。一方面，各地税务师协会和税务师管理中心要利用各种媒体进行宣传，各地协会之间也应该相互交流。税务师事务所在提供涉税服务过程中要积极宣传自己，但不得恶意贬低同行。同时，还要加强国际交流，认真借鉴国外税务师行业的发展经验。另一方面，各地税务机关要积极发挥政策导向作用，转变观念、提高认识、积极引导，依法支持税务师行业的发展，采取有效措施加强对行业的扶持、指导和监管。事务所的内部培训除了学习业

务知识和执业规范外，还要重视职业道德，每个从业人员都要对照检查，如自己是否诚信，存在哪些不符合《规范》要求的行为等。如果在从业过程中存在不符合职业道德规范要求的地方，要积极改正，严格遵守规范的要求。学习中要精选案例、树立标杆，内部管理部门要严格检查与考核，提升税务师职业道德水平。

（二）加强从业人员诚信机制建设和监管

在实施和完善事务所内部执业质量检查制度过程中，要把充实职业道德评价、加强独立性检查作为重要内容。在事务所内部执业质量检查中，不仅要检查业务程序是否执行到位，还要检查在利益冲突方面是否贯彻了职业道德的要求。首先，建立和完善事务所内部诚信档案，收集、整理、分析、更新、维护事务所从业人员的诚信信息，开展诚信调查，出具诚信证明。其次，逐步建立健全税务师诚信执业评价机制和失信惩戒机制，通过加强诚信宣传和引导，把诚信理念切实贯彻到行业协会的自律管理服务中，落实到每一位税务师从事涉税专业服务的过程中。再次，行业主管部门可从诚信评价、诚信公示、诚信教育、动态监管和加强惩罚等几个方面进行行业诚信建设，逐步将诚信档案记录与资格管理、资质审批、执业情况相结合，增强诚信信息监控体系的信息披露功能，推动诚信信息的公开共享，实现社会公众的监督。最后，加大宣传曝光力度，积极弘扬以诚信为本、职业操守为重的职业风尚，将行业诚信水平提升到新的高度。完善的诚信机制能降低税务师从业实践过程中违反职业道德规范要求的风险，可在一定程度上抑制涉税专业服务执业者及其机构的不良行为。

（三）建立健全事务所内部管理与控制体系，减少道德风险

健全有效的事务所内部管理机制是保证事务所执行客观、公正原则的前提，也是促使事务所从业人员按照《规范》要求执业的基础。我国现在试行的《规范》仅重点对涉税鉴证业务涉及的独立、客观、公正和保密等原则进行了规范，但涉税服务业务的规范相对较少，税务师事务所可以根据《规范》制订本事务所适用的执业道德规范。事务所还可建立职业道德自我纠错机制，及时有效地控制执业者的职业行为，如安排业务项目组以外的税务师进行复核，降低执业者违反职业道德规范的风险。同时，定期（一般为5年）轮换项目负责人及签字税务师，防止项目负责人和委托人相互勾结，影响涉税鉴证业务的客观公正性。此外，跟踪客户动态，必要

时采取非常规措施，有步骤地调整客户。加强由税务师担任的股东或合伙人的职业道德建设，解决股东和股东之间的道德风险和相互忠诚以及收入分配的问题。在以有限责任事务所为主体的税务师行业，提倡事务所内部股东或合伙人之间在道德上树立相互忠诚和相互信任的风气，并以事务所管理机制和内部控制机制来加以保障。可通过股份期权手段解决人才收入分配问题。管理层要身体力行，建立健全并严格遵守内部质量管理制度，将奖励与惩戒措施落到实处，认真研究执行效果并采取行动加以改善，多层次、全方位地监控从业务承接到报告出具的全过程。

（四）加强职业道德教育

诚信的品格需要培养和熏陶，要把职业道德列为事务所从业人员继续教育的必修科目；要进一步加强诚信教育，用从业人员执业成败两方面的案例，开展警示教育。防止“劣币驱逐良币”现象在事务所内部继续发生，自觉遵守行业收费标准，不搞恶性竞争。税务师职业道德是社会道德诚信体系建设的重要组成部分，我们理应做到重视人伦价值，追求精神境界，提倡修养践履，推崇诚信无欺、取财有道。社会监督是职业道德真正落到实处的重要保证，应将税务师执业活动置于广大纳税人的监督之下，通过舆论引导，宣传正面的事例和个人，创造良好的社会氛围和执业环境。同时，对行业中不讲职业道德、违反执业纪律的税务师进行监督，使其充分暴露在社会监督之下，促进行业自律和道德建设。

（五）提高执业人员专业素养

税务师的职业道德是评价税务师执业风险水平高低的重要因素之一。如果整个行业的执业人员具有较高的职业道德水平，该行业的执业风险就会相应降低，从而提升委托人和税务机关对税务中介机构的信任程度。除了职业道德规范中对税务师独立、客观、公正的要求外，执业人员的专业素养也是保证鉴证业务和涉税服务质量的关键因素。税务代理作为高层次的智力劳动，需要高素质的复合型人才，尤其在目前大数据时代和经济全球化的推动下，税务师不仅要精通税法，还要熟知会计知识、审计知识、企业管理知识以及相关的法律、法规等，甚至还需要相应的计算机技术的支持。因此，除了资格考试以外，还应该通过各种途径，加强对税务师的继续教育，提高税务代理人员的实践能力和专业素养，建立一支精通税法，熟悉财务、审计、管理，通晓法律的税务代理队伍。

第二节　税务师自身技能

随着税制改革的发展，涉税服务行业将由宽泛咨询到精准咨询转化，高端业务的发展对咨询师自身能力的要求越来越高。税务师行业的竞争实质上就是人才的竞争，培养高素质、复合型人才将会提升事务所的核心竞争力。传统的五大涉税技能——识别、计算、核算、申报与筹划，已经不能满足行业发展的需要。对此，中税协及时根据市场环境要求，提出发展税务师“五项能力”，旨在培养具有实战经验的复合型咨询师。

一、卓越税务师“五项能力”提升

为了培养一支德才兼备、独立思考、擅于研究解决疑难涉税问题的专家型税务师队伍，2018 年中税协针对涉税高端人才开展以税收政策解读能力、咨询报告撰写能力、企业账目税务审核能力、税收筹划提案能力、咨询现场沟通能力五项能力为内容的培训，以期在高端业务领域、业务准则制定、政策研究与咨询、对外交流等方面发挥重要作用。中税协作为国家税务总局主管的行业组织，其提出的“五项能力”无疑是新时代税务师提升自我要求的新的方向标。

（一）税收政策解读能力

税收作为政府发挥调控职能的重要手段，其征收和管理必须紧随政策变化，时刻与政府政策保持一致。因此，在深化税改的大背景下，提升税收政策解读能力显得尤为重要。提升税收政策解读能力，首先要把握我国现行税收政策体系的特点与原则，其次要通过合理的数据和模型对税收政策进行分析，进而为政策的制定提供合理的依据。

（二）咨询报告撰写能力

在涉税工作中，涉税报告的撰写是必不可少的，报告撰写能力也逐渐被视为税务师的一项基本素养。在涉税工作中，税务执业人员会遇到多方面、多层次的沟通工作，如税企沟通、政企沟通、客户涉外沟通、税务行政复议、税务顾问工作总结等，都需要具有文书撰写的深厚功底。

（三）企业账目税务审核能力

企业是涉税服务中最核心、最重要的板块，提升企业账目税务审核能力就抓住了税务师自身技能提升的主要矛盾，主要包含企业所得税汇算清缴、土地增值税清算、房地产企业所得税、其他审核四个方面。①企业所得税汇算清缴的鉴证与审核能力可以从风险控制机制和技术层面两方面进行提升，如新客户风险把控、不同意见税务调整事项、会计能力训练、汇缴表时企业所得税的技术处理、金税三期风控指标等。②具备土地增值税清算的特点、审核应具备的基础、开发间接费用与期间费用的划分以及土地增值税清算审核的要点等知识储备是提升土地增值税清算鉴证审核能力的重要基础。③在房地产企业所得税审核方面，首先，要分清房企预售和完工季度企业所得税和年度企业所得税的不同处理方式；其次，审核中的难点包括完工年度计税毛利调整、成本与期间费用划分、10%预提建安费及成本发票的审核方法、多个项目资本化利息的摊销、成本在已售/未售面积的分摊、前期没票后期到票纳税调整以及无产权证的地下设施处理，这些也是技能提升的重点。④其他审核方面包括长年税务咨询顾问、成本核算管理、企业税务尽职调查、稽查结果论证以及稽查及评估前的自查等方面。

（四）税收筹划提案能力

商业模式的可变性和税收政策的可选择性是税收筹划的两大特征。实现利润最大化的目的，是市场经济发展到一定阶段的必然产物。企业在重视生产销售的同时，也更加关注成本费用的合理节约。税收筹划管理不仅可以节约企业支出及成本费用，还能提升企业管理水平。税收筹划是指纳税人在税法所允许的范围内，通过利用税收优惠、改变商业模式、利用特定政策、改变企业组织架构、准确把握和合理运用《税收征管法》等方式，达到减轻税收负担和实现税收零风险的目的。然而税收策划的难点与突破点在于商业模式的有效设计与重构、税收政策理论的精准理解、风险把控的关键因素、思维模式转变，这些也是个人需要提升的技能。

（五）咨询现场沟通能力

现场沟通能力是涉税服务中不可或缺的环节之一，更是展现自身价值、赢得客户信任的重要武器。不同场景、不同层级人员之间沟通均有差异，在谈判或是客户服务沟通中要特别注重沟通技巧的运用。沟通时要论点明确、论据充分、读懂客户背后真实需求、准备充分，这些都需要加以训练提升。

二、2018 年全国办税技能竞赛

为了响应党的十九大提出的“大规模开展职业技能培训”“建设知识型、技能型、创新型劳动者大军”的号召，配合国家税务总局第 27 个全国税收宣传月活动，普及税法知识，提高办税人员素质，推动办税标准化、便利化，优化税收营商环境，2018 年 4 月 17 日，中税协与中国注册税务师同心服务团联合启动了“首届全国办税技能竞赛——第八届全国税法知识竞赛”的开幕。

（一）竞赛效果

本次“全国办税技能竞赛”面向全社会，涵盖机关企事业单位的财税人员、涉税专业服务机构的从业人员、大专院校相关专业学生等。2018 年 4 月开幕以来全国各地积极响应。4 月 24 日，河北省启动仪式在唐山市举行。5 月9 日，大连市税协举办“全国办税技能竞赛”第一期培训班。5 月10 日，湖北省税协举办“全国办税技能竞赛”湖北赛区师资培训班。安徽、重庆、陕西省等税协也相继举办竞赛培训班，参与人员范围十分广泛。

自 2011 年起，国家税务总局和中税协连续 8 年举办全国税法知识竞赛，累计近 50 万人参加。2018 年的参与广泛度更是实现了前所未有的突破。全国办税技能竞赛活动期间，全国报名参赛人数 11 万余人，其中 7.7 万余人完成网上竞赛答题。参赛选手中税务机关干部占 20.1%，企业财税人员占 22.9%，院校学生占 39.3%，税务师事务所等涉税专业服务机构人员占 17.7%。①

2018 年全国办税技能竞赛，通过以赛促训、以训提效，突出办税技能培训，对推进办税标准化、便利化和优化税收营商环境起到了积极的促进作用。编发《办税操作实务》培训教材，统一培训标准；录制了视频微课，并在中税协网校和其他中税协授权平台提供免费培训；加强线上线下培训，各省税协组织面授公益培训 221 场次，有 8 万多人参加了各地税协以及合作单位组织的线上线下培训，达到了“以赛促训、以训提效”的目的。通过“以赛促学、以学促考”，2018 年全国税务师职业资格考试报考

① 中国注册税务师协会网站“2018 年全国办税技能竞赛完美收官”。

人数33.6万，同比增长48.8%，再创历史新高。全国办税技能竞赛已经成为普及宣传税法、提升办税实务技能、发现和培育税法人才、构建和谐征纳关系的新平台。

（二）竞赛意义

随着党的十八届三中全会部署的税制改革逐步深入，营改增已经全面推开并不断完善，综合与分类相结合的个人所得税制改革正在紧锣密鼓地进行，房地产税改革稳步推进。与此同时，税务机构改革也正在扎实有序地推进中，省级和省级以下国税、地税机构合并，税务局将承担各项税收、非税收入征管等职责。在这一大背景下，举办“全国办税技能竞赛”和赛前培训更有着非同寻常的意义，可以归纳为“四个有利于”：①有利于提升税务机关工作人员业务能力，提高办税效率和纳税人满意度，优化税收营商环境；②有利于提升各类纳税人的办税能力，提升纳税遵从度，降低纳税成本，增加纳税人的获得感；③有利于提高涉税专业服务组织从业人员的服务水平和执业水准，发挥好新的社会阶层人士在创新社会治理和提升国家治理能力现代化中的重要作用；④有利于引导大中专院校在校学生学习税法、增长才干，从中发现人才，夯实行业后备人才力量。

通过竞赛，进一步发挥了各社会团体和行业协会的作用，鼓励和引导税务师事务所等涉税专业服务机构、高校和企业财税人员广泛参与，调动各方面积极因素推进税收法治宣传，在全社会引导形成学习税法、宣传税法、遵从税法的良好氛围，促进税收营商环境进一步优化。同时，赛前培训、现场比赛对于提升财税人员业务能力、提高服务效率大有裨益；同行间可以通过竞赛寻找差距和不足，共同交流，激励自己不断学习，争取更大进步。

第三节　税务师行业培训

“税之兴衰，维系教育。”税务教育培训，是提高税务师思想政治素质、文化素质、专业素质的重要保障①。而税务专业知识是从事涉税服务工作正常开展的基础。在知识日新月异、政策不断变化发展的新时代，及

① 李金胜，王建成，赵永春．顺应形势发展结合行业特点创建与时俱进的税务教育培训体系［J］．税收与企业，2002（S1）：13－14．

时更新先进的税务专业知识是顺利开展涉税服务、提高服务质量的重要前提。

一、2018 年税务师教育培训情况

我国税务师行业培训目前仍以中税协、地方税协、税务师事务所三级体系为主，会计师事务所、律师事务所也分别开展涉税业务的执业教育。

（一）培训模式

中国注册税务师协会前身为中国税务咨询协会，成立于 1995 年 2 月 28 日，是经中华人民共和国民政部批准的全国一级社团组织，是税务师和税务师事务所的行业民间自律管理组织，受民政部和国家税务总局的业务指导和监督管理。2003 年更名为中国注册税务师协会后，协会一直秉承着探索创新精神和真诚服务社会的理念，积极进取，勤勉履职。

长期以来，“3 +3 +1”培训模式是税务师行业会员继续教育培训的主要形式，培养出了大批税务行业人才。第一个“3”是指中税协、地方税协、税务师事务所组成的 3 个层级培训体系；第二个“3”是指中税协扬州、西部、大连 3 个面授培训基地；“1”是指中税协为会员提供的一个远程教育服务平台。在这一过程中，中税协、地方税协、税务师事务所各司其职，在税务师教育事业的顺利推进上，发挥着举足轻重的作用。

2018 年度，根据教育培训委员会审议后的培训计划，结合年度预算经费，中税协年初计划委托三个培训基地举办预算内培训班 24 期，其中，扬州基地 7 期，西部基地 3 期，大连基地 5 期，专项业务培训基地 6 期，3 期专项业务培训试点，预计培训会员 3 000 余人次；另外，预算外培训班 10 余期，其中，扬州基地 3 期，大连基地 3 期，专项业务培训基地 4 期。

网上培训方式是中税协为会员提供远程继续教育的互联网方式，截至 2017 年，网校注册用户达 15 万，活跃学习用户达 5 万多。网上教育的优势除了不受时间、空间限制之外，更重要的是其积累的大数据为分析会员学习习惯和需求提供了依据，对提高教育培训质量很有意义。

（二）培训内容

近两年中税协组织了对全国税务师的全方位的培训，以适应涉税服务的需要。以《中国注册税务师协会2018年税务师继续教育培训计划》为例，培训内容包括计划内常规项目培训、计划内高端人才培养对象培训、专项业务培训、计划外市场化项目培训，具体内容如下。

1. 计划内常规项目培训（见表4－1）

表4－1　计划内常规项目培训

序号	项目名称	主要培训课程	培训目标	培训对象
1	增值税时代房地产与建筑安装税收实务培训班	房地产与建筑安装企业相关法律制度讲解 房地产企业“营改增”与所得税关键要点解析 建筑安装企业营改增与所得税关键要点解析 房地产开发企业土地增值税清算代理实务 PPP项目税收问题分析 房地产行业经济合同涉税风险提示 增值税纳税申报代理业务规则 《涉税专业服务监管办法（试行）》及配套制度解读	通过培训，帮助学员了解房地产与建筑安装企业相关法律制度，熟悉房地产企业、建筑安装企业营改增与所得税关键要点及土地增值税清算税务代理，掌握增值税时代房地产行业商业模式与税务规划方法，提高参训学员的技能和水平	执业税务师及企业财务主管
2	金融产品涉税业务培训班	新型金融业务税收问题分析（股本融资、债务融资、财务顾问、年金投资、资产管理、QDII集合、RQFII、养老金业务、FOF、对冲基金、衍生品） 金融、保险、证券行业税收政策解读 信托及供应链金融税收问题分析 资管计划运作模式税收问题分析 PPP项目融资模式选择与税务处理 融资租赁、资产证券化、REITS税务代理操作要领	通过培训，帮助学员对目前较为热门的金融行业业务模式、会计处理、税收政策、涉税分析、代理实务等方面有一个全面的了解并把握业务重点，提高参训学员在实务中对金融领域业务的理解与实际应对能力	执业税务师

续表

<table>
<tr><th>序号</th><th>项目名称</th><th>主要培训课程</th><th>培训目标</th><th>培训对象</th></tr>
<tr><td rowspan="9">3</td><td rowspan="9">企业所得税汇算清缴业务培训班</td><td>企业所得税汇算清缴新政策解读</td><td rowspan="9">通过培训，帮助学员熟练掌握企业所得税汇算清缴流程、所得税优惠管理与资产损失申报审批程序和与企业所得税汇算清缴有关的法律法规，掌握企业所得税新年度纳税申报表填报方法，指导参训学员更好地完成企业所得税汇算清缴代理工作，提高其业务代理能力和水平</td><td rowspan="9">执业税务师及企业财务主管</td></tr>
<tr><td>非居民企业所得税源泉扣缴管理</td></tr>
<tr><td>企业所得税年度纳税申报表代理实务</td></tr>
<tr><td>企业所得税税收优惠事项及备案管理</td></tr>
<tr><td>高新技术企业税收优惠的管理</td></tr>
<tr><td>新会计准则呼唤税收制度的创新</td></tr>
<tr><td>关联申报和同期资料管理</td></tr>
<tr><td>企业所得税常见纳税争议协调</td></tr>
<tr><td>企业所得税年度纳税申报准备咨询业务规则</td></tr>
<tr><td rowspan="7">4</td><td rowspan="7">税务规划与法律风险管控培训班</td><td>税务规划的原理、方法与应用</td><td rowspan="7">通过培训，帮助学员更好地理解涉税相关法律，掌握税务规划的相关知识与技术，帮助企业有效防范经营风险；指导参训学员帮助企业控制纳税成本，在生产经营活动中科学运用税务规划，优化经营模式，实现企业利润最大化，进而提高参训学员在企业涉税事项中的工作能力、服务能力及防范税务代理风险能力</td><td rowspan="7">执业税务师及企业财务主管</td></tr>
<tr><td>税法与其他法律关系衔接——以企业所得税为例</td></tr>
<tr><td>税务规划误区及风险规避</td></tr>
<tr><td>企业涉税法律风险防范与权益维护</td></tr>
<tr><td>纳税争议情形与协调思路</td></tr>
<tr><td>企业重组业务税务规划案例分析</td></tr>
<tr><td>税收规划业务准则</td></tr>
<tr><td rowspan="6">5</td><td rowspan="6">最新会计准则与税法差异培训班</td><td>国际会计准则变化趋势</td><td rowspan="6">税法与会计准则的差异及纳税调整方法，是执业税务师从事企业所得税年度申报代理、代理纳税审核、协调纳税争议等工作的基本功，本项目重在解读近年来修订和新出台的会计准则，并分析会计处理与税务处理的差异及纳税调整方法，目的是帮助学员更新知识，提高水平，提升执业能力</td><td rowspan="6">执业税务师</td></tr>
<tr><td>新收入准则与税法差异及纳税调整</td></tr>
<tr><td>新会计准则呼唤税收制度的创新</td></tr>
<tr><td>政府补助准则与税法差异及纳税调整</td></tr>
<tr><td>金融工具准则与税法差异及纳税调整</td></tr>
<tr><td>套期准则、金融工具列报准则与税法差异及纳税调整</td></tr>
</table>

续表

序号	项目名称	主要培训课程	培训目标	培训对象
5	最新会计准则与税法差异培训班	持有待售非流动资产准则与税法差异及纳税调整		
		企业合并与合并报表难点问题解析与案例分析		
		税务检查后的账务调整方法		
		专业税务顾问业务准则		
6	土地增值税清算专门业务培训班	涉税专业服务监管新规对税务师行业的影响	梳理土地增值税清算政策，系统学习土地增值税清算相关业务知识，包括房地产开发企业的业务流程、会计核算和工程造价知识，以案例的形式讲解土地增值税清算实务操作要点。通过学员论坛和研讨沙龙，汇集各地土地增值税清算的管理经验，分享解决问题的思路和方法，揭示管理风险，提高业务水平，增强实践能力	税务师事务所业务骨干及希望扩宽此业务领域的税务师
		房地产开发业务流程及开发成本的会计核算要点		
		工程造价分析		
		土地增值税清算政策解析		
		土地增值税清算操作实务要点		
		涉税专业服务业务准则体系及应用		
		涉税鉴证业务准则		
		学员论坛：税务师事务所土地增值税清算业务案例分享		
7	高新技术企业专项代理实务研修班	涉税专业服务监管新规对税务师行业的影响	通过培训，帮助学员系统掌握高新技术企业认定的操作要点、所得税管控的难点和涉税风险的控制，帮助其规避代理风险，正确出具专项审核报告，从而达到提高各事务所高新技术企业认定的业务水平及实践能力的目的	税务师事务所所长、项目经理及从业人员
		税收优惠代理业务规则		
		高新技术企业认定的基本条件和申报流程		
		高新技术企业财务核算的要求和涉税风险问题解析		
		高新技术企业税收优惠政策和政策执行中存在的主要风险问题分析		
		高新技术企业认定专项审核报告操作实务		
		高新技术企业税收征免与执业风险案例分析		
		培训沙龙：聚焦创新驱动关注高新企业发展		

续表

序号	项目名称	主要培训课程	培训目标	培训对象
8	特殊业务纳税审核专项培训班	涉税专业服务监管新规对税务师行业的影响	通过培训，帮助学员在了解纳税审核技术规则和操作重点的基础上，掌握关于企业清算、改制重组、特别纳税调整等疑难业务的纳税审核政策应用及法律适用，以期增强纳税审核业务技能和水平，为事务所业务领域的拓展和品牌提升奠定坚实基础	纳税审核及特殊业务方向的税务师、注册会计师及财务人才
		其他税务事项代理业务准则		
		“五证合一”背景下税收风险点的规避与内控		
		纳税审核技术规则解读		
		纳税审核技术应用——纳税申报资料的涉税风险识别及诊断		
		企业清算纳税审核要点		
		企业重组业务中相关法律问题		
		企业改制重组纳税审核要点		
		特别纳税调整业务纳税审核		
		培训沙龙：诚信经营与税务师事务所业务拓展		
		学员论坛：税务师事务所业务拓展与企业重组、清算的纳税审核实践经验交流		
9	提升税务师培训技能研修班	培训师的基本技能训练：走上讲台、驾驭讲台、设计讲台、改善讲台	通过培训，帮助参训学员强化其作为税务师行业培训师所具备的基本素质与技能，提升教学能力，并促进其开展涉税培训业务以及沟通、营销能力的提升。具体包括使参训学员具有传递自己业务专长的能力；使他们具有在任何环境中清晰准确表达自我想法的能力；具有与客户积极沟通的能力，以有效争取客户；能够建立与自身特点相结合的业务发展模式和盈利模式等	已经是兼职教师或者想成为兼职教师的税务师从业人员
		课件制作的规范与技巧		
		与客户有效沟通的技巧和艺术		
		税务师事务所大客户营销技巧与方法		
		培训技能与税务师事务所业务拓展分析		
		税务师师资试讲演练		
		培训沙龙：优秀税务师培训讲师成长经验分享		

2. 计划内高端人才培养对象培训（见表4－2）

表4－2　计划内高端人才培养对象培训

序号	项目名称	模块	主要培训课程	培训目标	培训对象
1	高端人才企业重组税务代理研修班	重组法律问题	并购重组中的相关法律问题，内容包括： 并购重组相关法律法规； 法律尽职调查清单； 交易过程中的法律问题及处理； 签约和接管中的法律问题及处理； 交易架构下各法律主体问题； 公司法、合伙法、信托法下主体的法律责任问题等	通过培训，帮助高端人才厘清企业并购重组相关法律问题，掌握企业重组会计与税收政策及并购业务代理实务，促进高端人才企业重组税务代理能力和水平的进一步提升	2016年中税协选拔（第三批）的，并已参加第一次高端人才培训班的学员
		企业重组会计与税收政策	并购重组企业会计报告问题（商誉、合并报表风险及会计策略选择）		
			并购重组税收管理政策盘点		
			公司并购与重组业务的税务筹划		
			并购重组案例涉税分析		
			并购的估值、定价模型及风险分析		
			企业合营安排税收问题分析		
			企业重组的税务代理		
2	高端人才“走出去”企业税务代理研修班	行业形势	税务师行业的发展与创新	通过培训，帮助高端人才了解国家宏观投资战略和境外投资框架设计，掌握“走出去”企业相关税收政策，提高“走出去”企业的税务代理能力和水平	2017年中税协选拔的（第四批）高端人才培养对象
		国家宏观投资战略	“一带一路”的经济战略研究		
			中国企业海外投资税务风险控制与优化		
		境外投资框架设计	海外架构搭建、资金筹集及监管问题		
			跨境服务贸易的税务处理（技术、特许权及EPC合同）		
			美国税改政策分析		
			“走出去”企业投资模式成功案例评鉴		
		税收政策	税收协定介绍及案例分析		
			《国别投资税收指南》解读		
			非居民税收管理（含《非居民金融账户涉税信息尽职调查管理办法（征求意见稿）》解读）		
			BEPS行动计划与我国的应对		

续表

序号	项目名称	模块	主要培训课程	培训目标	培训对象
		学员论坛	论坛讨论的主要内容包括： (1)“走出去”企业的收入（所得）类型及相关纳税义务； (2) 跨境电商O2O（Online To Offline）税收问题； (3)“走出去”企业的税务咨询需求； (4)“走出去”企业税收重点、难点有哪些？如何区分境外税额直接抵免、间接抵免？个人收入来源地的判定原则是什么？个人境外所得的申报及抵免等		

3. 专项业务培训（见表4-3）

表4-3 专项业务培训

序号	课程名称	课程模块	课程主题	培训目标	培训对象
1	企业IPO上市涉税高级研修班	企业上市常见税务风险及涉税规划	涉税专业服务业务规范基本准则		
			股权分红、清算及转让上市公司限售股时所得税涉税规划		
		企业架构设计常见的税务规划	企业组织架构、股权架构设计及节税规划		
			资产扩张（包括合并、分立、重组等）主要的财务处理及涉税规划		
		企业改制时涉税风险及规划	企业改制时常见的税务问题及风险和管理		
			股权激励涉税及合伙企业税收政策深度解读		
2	企业资本运作涉税高级研修班	企业并购重组常见税务规划	股权架构搭建、资金筹集及监管问题		
			企业并购重组税务规划与案例解读		
		企业投融资涉税业务规划	股权时代企业资本运作税收筹划及风险防范		
			房地产企业投融资税务规划与风险管理		
		最新政策的解读及运用	研发费用加计扣除新政策解读		
			关联交易、资本弱化及其税收规划原理		

续表

序号	课程名称	课程模块	课程主题	培训目标	培训对象
3	税务争议代理业务高级研修班	税务争议解决业务基本方法与技能	涉税服务行业发展动态与业务创新	分别介绍不同的税务争议程序解决的基本方法与技能，使学员基本可以完成税务争议解决业务。通过实践案例分享，拓展学员解决税务争议的思路，提升学员税务争议解决的实践能力	执业税务师120人
			税务稽查应对基本方法与技能		
			税务争议解决常见税法问题和实务操作要点		
			涉税刑事犯罪典型案件解析		
			增值税典型税务争议案件解析		
			企业所得税典型税务争议案件解析		
		税务争议解决综合能力提升	当前税制改革与税收立法前沿问题	分享税制改革和税收立法的前沿问题，并针对并购重组、国际税收等热点问题进行专题分析	执业税务师70人、律师70人、企业人员60人
			税务稽查与企业应对案例分析		
			近期典型税务争议案件深度剖析与税收司法改革		
			企业并购重组税务风险管理与案例分析		
			国际税收热点问题与税务争议解决		
4	税务师“五项能力”提升高级训练班		税收政策解读能力提升	通过训练全面提升税务师职业素养和综合能力	从中税协已结业的高端人才中招生，招生70人
			咨询报告撰写能力提升		
			企业账目税务审核能力提升		
			税收筹划提案能力提升		
			咨询现场沟通能力提升		
5	税务师“大客户开发能力”提升高级训练班		市场营销战略及构架安排	本次培训旨在提升税务师事务所的业务开拓能力，通过对税务师事务所合伙人、高级业务经理进行营销能力集中培训，分享顾问式营销方法，打开税务师事务所合伙人思维，从而提高合伙人的谈判能力，增加业务收入，促进税务师事务所转型升级	税务师事务所所长、副所长、总经理、经理等税务师事务所从业人员
			顾问式营销及大客户开发技巧与方法		
			谈判能力训练		
			互联网思维营销		
			沙龙分享会		

续表

序号	课程名称	课程模块	课程主题	培训目标	培训对象
6	建筑业与金融业税务咨询业务高级研修班		税务师行业形势分析与点评	通过分享行业内优秀企业专业税务咨询成功案例与经验，开拓涉税咨询领域视野，启发税务服务方案设计思路，并以此次培训为契机，探讨税务师事务所在后营改增时代的服务方向和机会	执业税务师
			合作与共赢——高端税务服务方案分享		
			PPP 项目合同谈判涉税风险规避与节税管理要点（投资协议、融资协议、基金协议、总承包合同）		
			PPP 项目各类型融资方式税收成本筹划管理（银团贷款、基金、信托、融资租赁、资产证券化）		
			PPP 项目投资测算与项目公司组织架构设计涉税考虑因素分析		
			PPP 项目建设、运营、移交管理模式涉税考虑与税务规划管理		
			使用者付费、缺口性补助、政府补贴的税务风险管理		
			全面营改增后金融业税务咨询需求分析及方案设计思路		
			金融业增值税实施要点与风险防控		
			金融业企业所得税管理要点与风险防控		
			金融业税务稽查风险防控思路		
7	海关委托稽查业务研修班		企业主动披露	通过培训，帮助学员了解海关稽查业务的常识及稽查后续处置的方式、方法，提高学员对海关稽查的认识	
			稽查处置常见问题介绍		
			估价方法	通过培训，帮助学员了解、掌握估价方法	
			减免税与不作价设备的申报手续及区别	通过培训，帮助学员了解减免税与不作价设备的区别	
			减免税设备专项稽查	通过培训，帮助学员掌握海关稽查作业流程、方法，提高学员稽查业务的技能与水平	

续表

序号	课程名称	课程模块	课程主题	培训目标	培训对象
7	海关委托稽查业务研修班		纳税情况审查业务准则解析	通过培训，帮助学员了解纳税审查业务，提高业务技能	
			AEO 新政解读	通过培训，帮助学员深入认识加工贸易平衡表，并掌握从平衡表挖掘出的加工贸易的常见问题	
			加工贸易核查实务讲解	通过培训，帮助学员了解海关加工贸易企业在核查过程中常见的问题	
			出境加工的基本知识	通过培训，帮助学员了解出境加工的基本知识	
			保税货物内控管理	通过培训，帮助学员深入了解海关加工贸易日常监管方式、方法	
			海关特殊监管区域与境内区外的区别	通过培训，帮助学员了解海关特殊监管区域的相关基本知识	
			进出口货物完税价格的确定	通过培训，帮助学员了解进出口货物完税价格的调整项目，以及如何审定完税价格	
			外发加工专项稽查	通过培训，帮助学员掌握海关业务基本知识，提高学员稽查业务的技能与水平。通过 AEO 经验分享，提高学员对 AEO 认证的认识，使之更加有效地服务于企业	
			出境加工专项稽查		
			企业 AEO 认证经验分享		

4. 计划外市场化项目培训（见表 4－4）

表 4－4　计划外市场化项目培训

序号	项目名称	主要培训课程	培训目标	培训对象
1	自然人税收管理高级研修班	当前宏观经济形势与热点问题分析 我国个人所得税制改革研究 自然人税收政策总览及案例分享 自然人税收征管中法律风险应对 自然人涉税风险控制 BEPS 约束下国际税收筹划的风险与机遇 外籍个人所得税政策与管理 股权激励涉税问题精要及案例分析 自然人投资税收案例分享（含家族财富管理与传承、全球跨境资产配置）	本项目以自然人税收政策与风险管理为主线，通过宏观层面经济变革、热点分析，中观层面税制变革、体系建设，微观层面政策难点、管理要点的解析，旨在帮助学员准确把握与自然人相关的税收政策疑点难点，并通过相关案例分享，提高参训学员从事自然人税收相关业务税务代理的能力和水平	税务师、业务助理或企业高级财务总监
2	IPO 税务代理相关业务高级研修班	企业改制上市业务流程与规划 企业 IPO 税务代理实务 IPO 企业会计报告问题（商誉、合并报表风险及会计策略选择） 企业 IPO 法律问题分析 企业估值技术及应用 新三板挂牌融资模式及税收问题分析 企业合营安排税收问题分析 IPO 被否原因解析 尽职调查（商、财、法）及风险处理经验分享	通过培训，帮助学员了解 IPO 可行性评估及改制要点和企业改制上市业务流程与规划，掌握上市前企业的财务、会计、审计、税务等问题及处理方法以及企业的法律规范问题及处理办法，提高参训学员从事公司 IPO 税务代理相关业务的能力和水平	执业税务师及企业财务主管

续表

序号	项目名称	主要培训课程	培训目标	培训对象
3	PPP 项目高级研修班	PPP 模式的背景及运行方式简介（含政策概要、风险评估、物有所值评价）	通过培训，帮助学员了解 PPP 模式的背景及运行方式，掌握 PPP 模式中的税收问题分析方法，并通过相关案例交流，提高参训学员从事 PPP 项目相关业务税务代理的能力和水平	税务师、业务助理或企业高级财务主管
		PPP 模式中的会计核算（含国际会计准则）		
		PPP 模式中的税收问题分析		
		PPP 项目融资方式与税收问题		
		“一带一路” PPP 模式中跨境税收问题分析		
		PPP 项目合同设计要领及相关法律问题分析		
		经典 PPP 案例点评		
		PPP 项目特殊业务的税务处理		
		政府 PPP 项目实务操作指引		
		拓展训练		
4	企业投融资专项业务培训班	“五证合一”背景下税收风险点的规避与内控	通过培训学习，使学员了解企业投融资的法律要求，重点掌握并购重组、借款成本相关的会计和税务处理，提高税务师代理相关业务的能力和水平	税务师、业务助理或企业高级财务人员
		企业走向资本市场的财税风险问题分析及应对		
		企业投融资法律风险及防范		
		借款费用的财务核算风险与纳税优化		
		企业合并、分立、对外投资业务的涉税税种及免税操作要点		
		企业合并、分立、对外投资业务中的财务核算要点及业务处理程序		
		培训沙龙：PPP 模式带给税务师事务所的发展机遇与启示		
		学员论坛：企业投融资业务涉税疑难问题交流		

续表

序号	项目名称	主要培训课程	培训目标	培训对象
5	出口退免税专门业务培训班	“放管服”背景下涉税专业服务创新	通过培训，探讨在“放管服”大背景下，税务师事务所如何抓住业务机遇；通过学习，详细了解最新出口退税政策及管理规定，熟练掌握出口退免税相关信息系统操作，利用信息化平台，解决实际工作中的疑难问题；熟悉出口企业账务处理要点，识别在出口企业日常代理工作中的风险点，有效提升出口退（免）税业务的代理水平和防范执业代理风险的能力	税务师事务所从事出口退税工作的业务骨干
		出口退（免）税政策疑难问题解析		
		出口企业退（免）税账务处理要点		
		出口退（免）税申报系统实训操作及疑点问题处理		
		出口企业退税检查应对		
		出口退税代理执业规范		
		出口货物通关审核与监管		
		出口收汇的形式与管理规则		
		学员论坛：如何拓展出口退税代理业务的广度和深度，为客户提供更多更有价值的服务		
6	“走出去”企业涉税风险防控人才培训班	中国“一带一路”倡议对企业和中介机构的影响	提升税务师事务所从业人员对“走出去”企业境外风险防控现实诉求的应对能力，帮助已开展或拟开展此项高端服务的税务师事务所拓展思路，团队合作发展	经中税协选拔确定的业内人才
		“一带一路”沿线国家（地区）与我国税收协定的现状与发展		
		企业海外并购（投资）程序和税务风险防控		
		企业境外业务会计核算、纳税申报、信息披露的规范处理和风险防控		
		“走出去”企业境外业务重复纳税风险防范与关联方交易同期资料准备		
		企业进出口业务海关环节操作流程及风险防控		
		“走出去”企业资金结算流程及风险防控要点与新互联网金融企业整体税收筹划		
		培训沙龙：“一带一路”给涉税服务带来的机遇与挑战		
		学员论坛：“走出去”企业涉税服务业务及案例交流		

除了常规的教育培训以外，中税协、地方税协及税务师事务所等组织团体还不断加强行业宣传和对外交流，开展多项活动。通过创办杂志、建立网站和微信平台、开展知识竞赛、举办税收大讲堂等多种方式向税务师行业从业人员、税务机关干部、企业财务人员以及广大纳税人，宣传党和国家的税收方针、政策，传播税务师行业理论研究成果和实践经验。

2018 年 5 月 18 日，中税协在京召开“服务‘一带一路’建设·助力经济高质量发展”座谈会，邀请专家学者、企业、涉税专业服务机构、社会团体、税务机关等各界代表参会，深入学习贯彻习近平总书记关于“一带一路”建设的重要思想，热议在哈萨克斯坦召开的“一带一路”税收合作会议，搭建起了税企双方和涉税专业服务机构沟通交流的平台。

通过这些活动，不仅保证了税务师个人的业务水平，也使得税务师行业的社会地位和国际影响日益增强。

二、税务培训工作的现状分析

（一）培训规模大，对培训需求和培训质效分析不够

近些年税务师事务所的发展势头强劲，从事税务师事务的业务骨干以及企业财务、办税人员的数量也在迅速增加。加之新时代下政策信息瞬息万变，对政策的解读、理解以及实操能力显得尤为重要。因此，全国各地的税务培训机构在 21 世纪也得到了急剧的发展，培训量比以前增长了十多倍。[①] 然而，与之相应的税务培训规模却没有得到根本性的突破，主要原因是培训教师人数缺乏，培训模式的变化与发展步伐远远不匹配，导致培训的质量和效率并不是十分理想。目前的税务教育培训，自上而下主要以短期集中面授培训为主，培训时间最长不过一个月，少则一天半日。大部分学员抱着满腔热情参加培训，但由于时间过于紧张，有的人刚刚知晓些门道，培训即已结束，从而使培训效果大打折扣[②]，而且缺少跟踪、统计和研究，对培训质效缺乏深度的了解、掌握和总结。

（二）培训方式的灵活运用和有机融合明显不足

对比初期，目前的税务培训在教学模式上的进步十分明显，在原有的课程基础上发展了包括情景互动、微课程和实训平台等模式在内的培训课

---

① 苗茁. 经济新常态下提高税务培训质效的研究 [J]. 现代商业，2016（17）：66 - 67.

② 李金胜，王建成，赵永春. 顺应形势发展结合行业特点创建与时俱进的税务教育培训体系 [J]. 税收与企业，2002（S1）：13 - 14.

程，通过理论和实际的加强融合，培训的实效性得到了很大程度的提升。但是，由于近些年培训学员数量的不断攀升，目前以面授为主、理实结合的教学模式中大量的资源人力都消耗在课前准备、课堂教授以及课后评估三大块，然而平均到每个学员身上时，资源利用的效果往往并不十分理想。除此之外，教学未实现理想效果还受迟滞、单一的教学方式的影响。在培训方法上，大都拘泥于课堂这种单一形式，沿袭“老师上边讲，学生被动听”的传统教学模式，教法缺乏生动性和灵活性。在网络智能化、信息碎片化、交流屏幕化发展的当今时代，仍以面授传授知识为主的培训方式难以满足人们快节奏的生活需求，没有形成多渠道、多模式的教育培训，缺乏有意识的模拟、轮流任职、角色扮演和讨论会等多种融合方法，造成参训人员学习兴趣不高，老师讲得累、学生听得乏、培训效果差的尴尬局面。

（三）高水平的培训师资队伍建设亟待加强

近几年培训机构发展过快、人才流动速度过快以及高水平人才结构断层，导致来不及构建完整的教学团队，这正是培训师资力量不足的重要原因。另外，由于对教师队伍建设不够重视，当前税务教育培训出现了管理上分工不明、职责不清、各自为政、重复培训的现象。这是造成税务教育培训效果不佳、资源浪费的主要原因。受训人员所期冀从培训中获取的是新政策新变化的解读与实操、理论具体运用到实际的能力。然而能高水平精确解读政策的权威凤毛麟角，能将理论与实际融合并能够授之以人的专业师资少之又少。师资队伍参差不齐，仅有一部分教师在能力上得到了学员认可，而其他教师多多少少有些欠缺。而且培训教师在管理上并没有明显的责任划分和竞争机制，导致教师的积极性没有得到激发，在教学过程中的自身能力提升也不明显。除此之外，教师缺乏深入基层锻炼、高层次进修以及与系统内进行合作交流的机会，导致教师的能力提升放缓，甚至落后于时代的发展步伐，影响教学质量的提高。

（四）没有形成有效的质量评价和持续改进机制

培训质效的提升是一项系统的工程。良好的教学实施、事后有效的质量评价以及改进机制都是其能够进行有效的良性循环的重要保障。因此，构建并完善质量评估体系是提高质效的重要手段。近几年来，培训数量规模不断增长，大多数培训机构也对参训人员的需求、课程设计和实施等方面进行了更多的投入，但是缺乏对培训后问题的研究，忽略跟进的了解、评估、反馈和改进的环节，导致难以对存在的问题采取有效的改进措施，对培训质量的提高和持续发展产生很大影响。

三、新常态下创建与时俱进的税务教育培训体系

税务教育培训与税务执业人员素质提升、税收事业发展紧密相连。税务教育培训要选准着力点，加快改革和创新，实现涉税服务与培训一体化、涉税培训平台化品牌化，以适应新常态下税收事业发展的需要。

（一）切实分析经济新常态，提高培训质效

经济新常态的税收工作对我国经济发展具有重要的调节作用。税收制度改革在法制思维的引领下不断完善深化，税收的组织结构和操作运行也产生了新的变化。目前，我国通过全面推进改革的深化、促进税收工作理念的转变、完善税务体制的改革来应对经济新常态所带来的“三期叠加”① 的影响。然而，职能的改革与调整需要专业职能水平加以助推，如征管服务水平、法律从业思维以及信息技术应用等方面。金税三期的全面应用，大数据综合治税战略的不断推进，对税收遵从合规要求的不断提高，亟须提升税务管理的规范性，也为涉税专业服务人员提供了前所未有的业务新契机。作为税务行业的教育培训机构，应当积极分析形势变化所带来的工作要求，全力提升培训的质效和适用性。运用全新的教学思路和模式，满足不同能力层次下的税务人员求学目标，使培训后的学员达到学用结合，知行一致。

（二）创新方式，增强培训的灵活性

创新是行业发展兴盛的源泉，也是教育培训质效提升的基础。任何事物要想发展必须不断推陈出新，否则就会落伍乃至被淘汰，税务培训也不例外。要想提升当前税务执业人员的综合素质，就必须创建与时俱进的培训模式。

一是培训方式多样化。培训教学应当体现其应有的价值，充分强调理实结合的重要性，综合各教学模式在实践教学中的应用，充分运用师生互动、生生互动等多种互动方式激发学员的学习热情。同时，教学内容方面根据所涉及内容进行规划，采用体验式、研究式、讨论式、实训式等行之有效的教学方式，通过短培训、常培训，使税务干部更新知识常态化，逐步转变传统的集中面授制的培训模式，开展贴近实际的人员培训，切实增

① “三期叠加”，即增长速度换挡期、结构调整阵痛期、前期刺激政策消化期。

强培训效果。

二是培训时间灵活化。信息化技术作为新时代的推动性力量，具有相当大的引领作用，不仅可以充分利用碎片式时间，还能够提供跨越地域限制的网络进修平台。税务执业人员完全可以根据自己的时间地点需求和自身的专业领域自由随时完成个性化的学习目标。充分运用“互联网+”、大数据等理念，积极探索“互联网+税务培训”的全新教学模式，完善网络培训制度，建立兼容、开放、共享、规范的网络培训体系。充分利用税务培训基地，将互联网的先进性和税务培训的实践性进行融合，为税务教育培训工作注入新的活力，从而实现学员课上自主学习、课后互动交流、稳固知识体系以及提升培训质效的目标。

三是培训渠道多元化。在师资选配上，选聘劳动模范、道德楷模等作为兼职教师，丰富培训师资结构，构建“内外结合”的师资团队。一方面强化内部的师资培训模式，另一方面组织教师积极参与到交流性学习和岗位实践的工作中。不断强化和提升培训机构教师队伍自身的能力和水平，鼓励教师进行教学交流，激励教师不断完善自身的教学体系，紧跟时代发展的步伐。

（三）建立健全质量评估和持续改进的机制

分析和评估是发现问题和实现改进的重要途径，有效的质量评估体系对提高培训质效有重要的参考价值。因此，质效评估手段成为关系到整个培训工作持续发展和改进的重要机制。除此之外，培训评估作为对投入产出的合理检验，对成本费用的节约具有重要的现实意义。因此，评估理念和体系的建立，是一项极具活力和动力的提升策略，需要构建完整的评估制度。首先，要明确评估工作的目标；其次，通过合适的工具和系统对选取收集的具体数据进行有效的数据处理和评估；最后，将整理所得的意见进行反馈和落实，调整和完善培训项目，将质量评估和持续改进的理念贯穿于培训过程的始终。

（四）跟踪问效，检验培训的实效性

质效提升是一项完整而系统的工序，是需循序渐进、逐步强化的管理工作。构建完善融合约束、考核与激励等特性的机制，首先需要对培训效果评估从目的与原则、对象及分工、主要内容、方法与程序、结果的反馈与应用等方面进行分析和规范，确保税务干部的教育培训效果评估工作可以朝着法定化、规范化和制度化的方向发展。其次是事毕之前的评估。也

就是说，在税务培训结束之前，需要以问卷形式对学员进行信息归集，将学员对培训内容、课程安排、时间利用以及教学模式等方面的意见进行归集和整理。最后是事后监督。这一部分是指在培训期结束之后，组织一项以参训人员为主的职业能力考核与综合素质测评的工作，对自身培训和进修的实效进行检测。将考核结果纳入个人绩效和年底评先的体系之中，从而提高学员对考核成绩的重视程度。此外，还可以实行积分制，在各类学习培训、学历教育、资格考试、知识竞赛等不同学习教育培训项目中设置分值，以个人取得的总积分为奖惩依据，按年考核奖惩。

第五章　涉税服务市场面临的新机遇、新挑战、新要求

第一节　新时代涉税服务市场面临的新机遇

一、新形势带给涉税服务市场的新机遇

当前，我国税制改革加速推进，税收领域“放管服”改革和优化税收营商环境持续深化，我国税务师行业发展迎来了重大历史发展机遇。

（一）全面深化改革

习近平总书记在党的十九大报告中以八个“明确”概述了新时代中国特色社会主义思想的核心要义。其中，简练精辟地表述了全面深化改革的总目标，即“完善和发展中国特色社会主义制度、推进国家治理体系和治理能力现代化”。

全面深化改革，为中国经济社会发展注入了新的活力，也为税务师行业创造了新的发展机遇。目前我国正在实施的税制改革和征管改革，税源专业化管理，营改增涉税服务和涉税复议案件大幅增加，综合与分类相结合的个人所得税制度改革，企业税务风险防范，政府购买涉税专业服务等，势必对涉税专业服务机构带来深刻影响，催生一大批新的涉税服务领域，为税务师行业带来巨大的机遇。

全面深化改革是习近平新时代中国特色社会主义思想的重要内容之一，要实现“完善和发展中国特色社会主义制度，推进国家治理体系和治理能力现代化”这个改革的总体目标，离不开社会组织的参与和积极作用的发挥。税务师行业要抓住这些新机遇，乘势攀登新台阶，要充分利用税制改革和征管改革的契机，以积极探索和创新服务模式，彰显税务师行业专业性，提振涉税专业服务的地位。新一轮深化改革开放中，税务师行业

党委应当站在新的历史方位，放眼国家治理体系的大格局，就税务师行业如何以新的视角、新的姿态参与到社会治理现代化之中，进行深入思考和科学谋划，积极为税务师行业在优化社会治理和推进税收共治中发挥作用，营造环境、创造条件、搭建平台。

（二）政府购买服务

党的十八届三中全会明确提出，推广政府购买服务，凡属事务性管理服务，原则上都要引入竞争机制，通过合同、委托等方式向社会购买。《国税地税征管体制改革方案》规定，探索政府购买税收服务。税务师作为纳税人与税务机关的桥梁，以前主要客户是广大纳税人，随着政府改革向纵深发展，税务机关逐渐会内生很多服务需求。《注册税务师行业“十二五”时期发展指导意见》（国税发〔2012〕39号）指出：可探索通过政府购买服务方式委托税务师事务所对涉及纳税服务、税源管理、纳税信用等事项提供涉税服务的可行性。这些涉税服务包括纳税情况鉴证、培训咨询、税务管理、协助税务检查和稽查、专业意见判断等，以后还可以进行12366咨询服务外包、行政服务外包等更深入的探索，一旦税务师的专业服务名声在外，甚至可以参与其他政府购买服务的竞争，比如社保核查、政府项目投资税务顾问、承接立法部门的研究项目等。①

（三）税收法定

“法”字是2018年涉税服务领域的三个高频字之一，“法”字就是税收法定。税收法定原则，又称税收法律主义，是指由立法者决定税收问题的税法基本原则，即如果没有相应法律做依据，政府不能征税，公民也没有纳税的义务。征税主体必须依且仅依法律的规定征税，纳税主体必须依且仅依法律的规定纳税。它是依法治国理念在税收领域的具体表现。

税收法定原则是党的十八届三中全会提出来的，党的十八届四中全会通过的《中共中央关于全面推进依法治国若干重大问题的决定》，又将制定和完善“财政税收”法律作为“加强重点领域立法”的一项任务。全国人大十二届三次会议通过的《立法法》明确规定，税种的设立、税率的确定和税收征管的基本制度必须由法律规定。《立法法》第九条、第十条规定，全国人大授权国务院，可以对没有制定法律的部分制定相关的法规，而且第十条规定这个授权不能超过五年。全国人大通过《立法法》是2015

---

① 王明强. 新一轮财税改革给税务师行业带来的机遇与挑战［J］. 中国总会计师，2017（09）：84－86.

年 3 月 15 日，到 2020 年 3 月 15 日授权将结束。我国的 18 个税种已有 6 部法律，这意味着剩余的 12 个税种的立法要在 2020 年 3 月 15 日之前完成，任务十分紧迫。落实税收法定原则已经成为全社会普遍关心的热点，税务律师和税务师要发挥自身的专业优势，做好税法宣传、解释、服务工作。

（四）国际税收服务

党的十九大报告提出“推动形成全面开放新格局”。2017 年年底召开的中央经济工作会议指出，要在开放的范围和层次上进一步拓展，更要在开放的思想观念、结构布局、体制机制上进一步拓展。

为适应我国进一步改革开放的要求，税务机关已用全球化视野加强对国际税收事项的管理，并着力解决国际税收监管方面的短板，全面深入参与 BEPS 行动计划，构建反避税国际协作体系。税务机关反避税力度前所未有，正建立健全跨境交易信息共享机制和跨境税源风险监管机制，未来将通过多渠道多手段获得跨国企业国际税收信息。①

作为我国对外开放的重大战略举措，“一带一路”倡议在推动形成全面开放新格局的过程中发挥着重要作用。习近平总书记在博鳌亚洲论坛 2018 年年会开幕式上指出，要把“一带一路”打造成为顺应经济全球化潮流的最广泛国际合作平台，让共建“一带一路”更好地造福各国人民。我国推动实施“一带一路”倡议、支持国内产能和装备制造业“走出去”。这种战略性的重要定位及其实际内容的确立与规划是税务师参与“一带一路”建设、扩展对外发展的指南，税务师行业的优势同“一带一路”所确定的重要地位相连接，并为税务师行业的进一步发展提供了广阔的空间。②

“一带一路”沿线有 65 个国家和地区，涉及基础设施互联互通、产业投资、资源开发、经贸合作、金融合作、人文交流、生态保护、海上合作等众多领域和项目。因沿线国家之间税法差异，税收协定、税收优惠大量存在，无疑给税务筹划业务提供了广阔的施展空间。在进行税收筹划方案设计时，税务服务执业者必须保持税收风险意识，全面应用税收法规和协定，合理设计方案，统筹规划，采用过程方法保证税收筹划方案成功。从跨境交易的角度，要特别关注所得来源、居民身份、境外税收抵免、常设

---

① 王明强. 新一轮财税改革给税务师行业带来的机遇与挑战［J］. 中国总会计师，2017（09）：84－86.

② 刘隆亨. 注重七个结合和转变，服务“一带一路”建设［J］. 注册税务师，2018（06）：17－18.

机构、股权转让征税、反避税规避等的设计，既要保证委托单位获取最大的税收利益，也要保护国家的税收主权。目前我国的税务服务一直以服务国内企业为主，面对“一带一路”带来的新业务新挑战，要求税务服务执业者对“一带一路”沿线国家和地区的税法进行深入的研究，成为某一国家或地区的税法专家，以提供更专业的税务服务。

（五）优化税收营商环境持续深化

2018 年持续推进“放管服”改革，优化税收营商环境。全国税务部门连续第 5 年开展“便民办税春风行动”，制定进一步优化税收营商环境 5 年行动方案和深化“放管服”改革 5 年工作方案，共计出台 120 条具体措施。各级税务机关下大力气破解企业“注销难”问题，10—12 月超过 88 万户纳税人享受了税务注销“免办”和“即办”服务；小规模纳税人自开票试点和取消发票认证范围“双扩大”惠及 1 100 万纳税人；电子发票开具份数首次超过纸质发票，便利了纳税人和消费者；部署开展“新机构、新服务、新形象”活动，出台进一步支持和服务民营经济发展的 26 条措施；认真落实两次提高出口退税率政策，提高退税服务水平，审核办理正常退税时间平均由 13 天缩短至 9.7 天。第三方机构开展的纳税人满意度调查结果显示，2018 年纳税人满意度得分 84.82 分，比上次调查提高了 1.21 分；世界银行发布的《2019 年营商环境报告》显示，我国纳税指标排名比上年提升了 16 位。

2018 年全面打赢国税地税征管体制改革攻坚战。国税地税征管体制改革力度规模之大、涉及范围之广、触及利益之深前所未有。各级税务机关均成立了改革工作小组和改革办，层层派驻 3 477 个联络（督导）组，国家税务总局相继下发 36 份联络督导清单对 350 项工作任务进行具体部署，统一制作了 420 份指导性意见、基本原则乃至操作模板等，编制了涵盖近 700 个具体改革事项的总台账，挂图作战、对表推进，确保改革平稳有序开展。全国省、市、县、乡近 2.3 万个新税务局（分局、所）逐级统一顺利挂牌，各级税务局和内设机构、派出机构、事业单位得到较大幅度精简，优化了机构设置和职能职责，初步构建起优化、高效、统一的税收征管体系，切实增强了纳税人和缴费人的获得感。国税地税征管体制改革是转变政府职能、优化营商环境、助力推动经济发展的国家战略部署，必将重塑今后税收管理的新格局。面对机遇与挑战，首先，税务师行业要提高思想认识，适应国税地税征管体制改革后的新形势、新任务；其次，税务师行业要及时调整行业规范，适应国税地税征管体制改革带来的新变化、新政策；再次，税务师行业要提升办税业务水平，适应国税地税合并后的全税种；最后，税务师行业要紧跟时代的步伐，适应大数据税收管理的改革。

二、新技术带给涉税服务市场的新机遇

（一）“互联网 +”大数据与税收的深度融合

“互联网 + 税务”时代，已逐步建成以国税总局网站为龙头，省级税务机关网站为主体，辐射地市级税务机关，分级负责、上下联动，发挥整体效用的税务网站群。目前在全国 70 多家省级税务网站的集中平台上运行着各地市 900 多个子站，再加上微博、微信、中国税法查询系统、12366 纳税服务网等网络平台的出现，使税收的相关法规、政策、制度等税收知识能高效率地传达到各级税务机关及纳税人。

信息化改变生活，“办税一网通”、“互联网电子税务局”、网站、微博、微信等税法宣传平台的普遍上线，方便了纳税人快捷办税，降低了纳税成本，为纳税人遵从税法、依法纳税创造了便利条件，实现了办税渠道的多途径化；“金税三期工程”的不断完善，“增值税发票系统”的不断升级，“内控机制信息化建设”的不断推进，为纳税人全力营造公平、公开、方便、高效的纳税环境，积极引导纳税遵从。随着纳税信用评级体系的不断完善，纳税遵从度会越来越高。同时，数据的不断分析积累必将提高税收风险管理的智能化水平，为相关管理部门提供实时的、精确的统计分析数据，为管理部门提供坚实的数据决策支持。①

“税源专业化管理模式”与“现代信息技术”深度结合，突破传统税务征管监督手段和方式的局限性，使税收征管体系监督智能化。随着组织结构和业务规程的调整，可以实时更新信息采集处理规则和预警指标，实现信息动态化管理。这也就意味着，未来税务师行业发展的巨大需求就在于信息化服务。税务师可以依托互联网技术搭建行业服务平台，对日常的税务服务制定和实施标准化的流程，并与税务局、企业进行平台联结，从而为广大纳税人提供优质而快捷的涉税服务。

2018 年 11 月 18 日，北京市税协与中税协联合主办的“个人所得税法公益大讲堂”，在向来自社会各界的纳税人代表及专业涉税服务机构代表 700 余人对新个税做政策解读的同时，特别介绍了个税神器——“航信办

---

① 袁显朋，赵联果. 万般税事 E 网收的企业应对策略［J］. 财会月刊，2015（26）：72 – 75.

税宝”。航信办税宝系统地提供了个税改革之后关于个税的咨询、计算、查询、申报、筹划等的落地解决方案，其一方面采用SAAS模式，较好地解决了批量的个性化个税服务需求；另一方面采用互联网技术手段，满足数据查询、问答、资料存档、管家线下服务、一键申报的共性服务需求，为涉税服务机构提供了强有力的个税服务工具。这在北京“互联网+涉税服务”发展过程中具有里程碑意义，必将加速财税咨询领域信息化的进程。

（二）区块链+税务

2017年6月，国家税务总局征管和科技发展司成立区块链研究团队，标志着政府在税务服务方面从国家层面对区块链技术的关注与重视。区块链技术是互联网技术未来发展的趋势，各个领域都在积极探索区块链技术的应用场景，税务管理也不例外。区块链通过块链式数据结构建立分布式账本系统，记录入该账本的数据区块采用分布式技术在全网参与节点中存储数据、在节点与节点之间直接传输，并通过共识机制和数学算法加密保证防止篡改和杜绝伪造，是实现实时共享数据的新型数据库。根据其设计理念，区块链技术具有去中心化、数据信息不可篡改、全网可见并可追溯、数据可信等特点，极大地缓解了征纳双方涉税信息不对称的局面，为高效率、高效益地防止税收管理风险提供了具有比较优势的途径。① 区块链技术为推进税收治理体系和治理能力现代化建设提供了契机，在税源风险管控、发票风险管理以及建立有效的纳税信用体系等方面都具有很大的应用价值。

（三）人工智能+税务

人工智能是一门利用计算机模拟人类智能行为科学的统称，它涵盖了训练计算机并使其能够完成自主学习、判断、决策等人类行为的范畴，它是知识社会中重要的技术手段与方法②，它对经济社会运行格局造成的影响正在逐步深入，也将越来越多地与税收治理的各个层面深度融合，并将推动税收治理从“专业分工”加速向“系统集成”转变，让更加精准的信用测度成为可能。同时，人工智能将助力税收治理走向信用监管，不但能有效降低税收征管成本，还会让税收治理结构更加扁平化，并由此影响税收结构的设置，让税收治理模式由标准化向个性化转变。人工智能通过引入自然

① 贾宜正，章莛今．区块链技术在税收治理中的机遇与挑战［J］．会计之友，2018（04）：142－145.

② 中国人工智能学会、罗兰贝格管理咨询公司：中国人工智能创新应用白皮书——人工智能的商业红利窗口期已经来临？2018－05－08。

语言处理、神经网络、深度学习、分布式计算等方法，自主学习、分析判断税收数据中的运行规律，完成自主决策，不但能让税收决策更加理性化、标准化，还可以有效降低不同人的专业能力对分析结果的主观影响。

人工智能一旦成为税收治理的重要手段，就需要更多有深度思考能力的创意型人才。同时，也要注重培养精通人工智能的技能型人才，在思想和创意引领下，让理念具体化为可操作的制度。

（四）供应链＋税务服务

供应链是以客户需求为导向，以提高质量和效率为目标，以整合资源为手段，实现产品设计、采购、生产、销售、服务等全过程高效协同的组织形态。国家鼓励相关企业向供应链上游拓展协同研发、众包设计、解决方案等专业服务，向供应链下游延伸远程诊断、维护检修、仓储物流、技术培训、融资租赁、消费信贷等增值服务，推动制造供应链向产业服务供应链转型，提升制造产业价值链，建设一批服务型制造公共服务平台，发展基于供应链的生产性服务业。

在提供税务专业服务过程中，往往会发现客户所产生的税务问题并不是其自身的原因造成的，而是由供应链造成的。所以，需要打通供应链设计税务解决方案，不仅对供应链中的一个环节提供局部的税务服务，更应采取“一个流”的观念，将整体供应链纳入税务服务范围，提供供应链整体的税收规划方案。在从事税务服务时，审核取证应不局限于客户本身的纳税申报资料和账务数据，以及董事会决议、营销方案、市场策略、规章制度、经济合同、营业数据等业务证据，还应包括客户上下游企业的交易数据、合同证据，证据之间需要相互印证，不被表面的数据所误导，在提高审核效率的同时，获取真实、准确的审核证据，以支持审核意见。在提供税务咨询、税务筹划等服务时，更需要从供应链角度考虑整条业务线的设计与操作，这就对税务服务的深度与高度提出了更高的要求。

第二节　新时代涉税服务行业的新挑战

新时代，税收在国家治理中的作用更加凸显，税收社会共治的基础越发坚实，给税务带来前所未有的新机遇。同时，税务还面临前所未有的新挑战，税制改革任务越来越重，征管服务方式优化迫在眉睫，信息深度融合，带好队伍的责任越来越大。

一、专业要求提高

税制改革的重点是逐步提高直接税比重，《国税地税征管体制改革方案》对纳税人实施了分类分级管理，提出建立自然人税收管理体系，尤其是对高净值纳税人进行税收风险分析，加大大企业税收征管的层级和力度，抓大放小，对重点大企业采取近距离贴身监管。因此，高收入自然人以及大企业将是涉税服务市场服务的重点对象。对于绝对的优质客户，税务师提供的服务内容需要更加专业，服务流程需要更加贴心，开发出附加值更高的专属服务。比如，结合最新税收征管法规重新设计税收内控管理制度，建立税收风险控制模型，代表客户与税务机关沟通和协调等。因此，提供更加专业、高水平的服务才能保持税务师行业的核心竞争力，才能在未来的竞争中脱颖而出。一些靠低价竞争赢得客户青睐的中小事务所，若不及时转变发展策略，不重视人才培养，无法形成自己的执业特色，将会在未来竞争中被彻底淘汰。

二、市场竞争激烈

《涉税专业服务监管办法（试行）》（国家税务总局公告2017年第13号）自2017年9月1日起施行，标志着税务机关将全面开放涉税专业服务市场，税务机关更加着重建立健全监管制度，优化服务措施，提高监管水平。第13号公告规定，专业税务顾问、税收策划、涉税鉴证和纳税情况审查四项业务，应当由具有税务师事务所、会计师事务所、律师事务所资质的涉税专业服务机构从事。其中最核心的涉税鉴证业务，第13号公告出台前一直由税务师行业专属，是税务师行业最主要的业务。第13号公告出台后，这一业务将由税务师行业、注册会计师行业、律师行业重新分配，市场将重构，税务师行业的标志性、独特性的属性淡化，竞争将更加激烈。在全面放开涉税服务市场新形势下，税务师行业核心业务——涉税鉴证业务进入税务师、注册会计师、律师“三强争霸”的格局，对市场将会产生深刻影响，税务师行业需要适应新时代、新格局的发展趋势，及时发掘自身优势，加快转型的步伐，避免在市场竞争中被边缘化。

三、执业风险加大

2018年，我国各级税务稽查部门持续开展打击骗取出口退税和虚开增值税发票专项行动，做到“保持打骗打虚高压不减、重拳治恶力度不减”。同时，推进国税地税联合稽查，全面推广“双随机、一公开”监管，税务检查结果与纳税信用等级评价相关，深入实施“黑名单”制度和联合惩戒。金税三期税收管理系统上线，依托大数据与云计算技术，实现全税种、工作环节、税务局和相关部门联网的三覆盖；“放管服”改革在简政放权上做“减法”，在后续管理上做“加法”，加快了税收征管方式的转变。但这一系列转变也使得企业面临更大的税收风险。加之税收管理重心后移，由主要依靠事前审批向加强事中事后管理转变，办事门槛变低，纳税人若守法意识薄弱或专业能力不够，事前管理出现空白，则违反税法风险会增加；而推行发票电子底账后，原来虚开发票的企业将无处遁形。以上税收风险也会加大税务师执业风险，税务师在服务中要提高自身水平，在提供鉴证类服务和代理记账服务时要更加谨慎。

四、信用风险凸显

《国税地税征管体制改革方案》提出加快税收信息系统建设，2018年实现征管数据向税务总局集中，推进涉税信息共享，由此打通了各方信息平台，纳税信息互通互联，纳税信用纳入统一信用平台。未来，银行与税务数据互通，使用个人账户逃税也属掩耳盗铃，纳税人的失信成本更高。

第三节　新时代对税务师行业的新要求

新的时代不仅给税务师行业的转型升级提供了巨大空间和重要机遇，也对税务师行业提出了新要求。这些要求主要体现在发展理念的转变、专业能力的提升和行业平台的建设等方面。

一、转变发展理念，创新服务内容

我国税务师行业要转变发展理念，不断创新服务内容，提升服务质量，需要将服务重点逐渐转向纳税人的合规性业务、高端业务和新兴业务。同时，大力拓展基于税务机关的涉税专业服务。唯有如此，我国的税务师行业才能适应新的时代，走出一条全新的、高质量和多元化的发展道路。

二、提升专业能力，开阔专业视野

税务师行业要实现转型升级，一个至关重要的条件就是提升税务师队伍的专业能力。税务师行业无论是从传统业务、基础型业务向合规性业务、高端业务的转型，还是开拓征纳双方的涉税专业服务，都需要强有力的专业支撑。新时代背景下税务师行业对专业知识和专业能力的要求比以往任何时候都更高，为此，需要精心打造一支专业基础扎实、经验丰富的税务师人才队伍。同时，由于涉税专业服务人才不仅需要具有税收专业的知识和能力，也需要具有较强的会计、管理、法律等方面的专业知识和能力，因此，在对税务师进行税收专业培训时，还需要开阔他们的专业视野，从而培养兼具多学科知识和能力、具有较高综合素质的复合型人才。①

① 曹静韬，巩笑缘．新时代背景下我国税务师行业转型升级的现实路径［J］．注册税务师，2018（01）：21－23.

第六章　新时代税务师行业的发展趋势以及措施

第一节　涉税专业服务进入了新时代

当前和未来一个时期，我国税制改革加速推进，税收领域“放管服”和优化税收营商环境改革持续深化，科学技术与税收不断深度融合，我国税务师行业发展迎来了重大历史发展机遇，发展进入了新时代。大数据以及“互联网+”利用科技的手段、金融的手段，赋能新税收新环境，未来业务会实现数据化、数据资产化、资产价值化，趋向业务真实性、闭环性和透明性。在数据信息可追、可溯、可控的链条之下，整个国家的税收体系也将趋于完善，无论个人或是企业纳税人都将无法逃税。

按照全国税务工作会议精神，2019年税务师行业将会更加突出确保党中央、国务院减税降费政策措施落地生根这个主题，聚焦服务国家税收改革这一主要任务，推动税务师行业发展质量变革、效率变革、动力变革，瞄准国际标准不断提高水平，开启税务师行业高质量发展新征程，建设高素质涉税专业服务人才队伍，更好发挥税务师行业在优化税收营商环境中的专业作用，进一步统筹实施好市场化、法制化、专业化、数字化、国际化、信用化发展战略，不断增强税务师行业的创新力和竞争力，为高质量推进新时代税收现代化做出新的更大的贡献，以优异成绩庆祝中华人民共和国成立70周年。

因此，在互联网快速发展、产业链迅速升级的背景下，政府以及税务机关如何更新税收政策以及税收管理政策，推动引领行业发展；行业协会如何引导涉税服务机构成为数据大脑，抓住数据能量的核心；税务师个人如何提升自身技能应对新形势新格局都是值得讨论的问题。

第二节　新时代税务机关要有新举措

新形势下要想充分发挥税务师作用，进一步做好涉税服务工作，应坚持以人民为中心，秉承税收共治理念，在以下三个方面加大工作力度。

第一，加大税收立法、执法、守法、司法和税法宣传的联动，构成一个整体，形成合力，不断扩大税收领域科学立法、严格执法、公正司法、自觉守法的综合效应，营造良好的税收执法环境。一是要提升税收立法层级，完善税收法律体系。加快增值税立法进程，简化税率、覆盖链条，便于征管；改革企业所得税和个人所得税，应对美国税改引领的新一轮全球税改。二是加强财税体制改革，界定中央和地方依据事权划分的财政收入比例，加强地方税体系建设。三是进一步强化立法、执法和司法之间的联系和配合，在相互作用中，促进法制化建设。四是加大执法与守法的宣传力度，不断提升纳税人的税法遵从度。

第二，通过立法等程序实现税务、政府其他部门以及具有社会资源的机构有关税收信息的共享。落实《国税地税征管体制改革方案》，提升国税、地税信息整合共享的程度，提高征管效率，减轻纳税人负担。要分步实施，推进立法，提升税收征收管理和纳税服务运用第三方信息的能力和水平。运用“互联网+”、大数据和人工智能等技术，创新征管方式，实现生态化管理。

第三，探索涉税专业服务组织参与税收共治的有效途径。在进一步界定权利义务、理顺工作边界的基础上，落实《涉税专业服务监管办法（试行）》（国家税务总局公告2017年第13号）要求，促进税务师等涉税专业服务组织参与有关税收服务，采取政府购买服务等措施，积极发挥其在税收共治中特有的专业优势。通过实名制管理、黑名单等制度，建立健全信用体系，加强监督管理，进一步形成良性机制，促进涉税专业服务组织依法执业，公平竞争，健康发展，使纳税人随着税收共治的全面推进，享受到更加快捷和优质的涉税专业服务。制度化建设的不断推进和税收共治的不断深化，可使税收现代化造福于人民，促进人民不断创造美好生活。纳税申报代理、税务鉴证和其他税务事项代理三项业务已扩大到八项，增加了一般税务咨询、专业税务顾问、税收策划、纳税情况审查和其他涉税服务五项，并且纳税申报代理、一般税务咨询、其他税务事项代理和其他涉税服务不限定执业范围，即放开市场准入。明确行业监管主体和监管思路，即税务机关对涉税专业服务机构及其从事涉税服务人员进行实名制管理。税务机关依托金税三期应用系统，建立涉税专业服务管理信息库。

第三节　新时代涉税专业服务要有新作为

凝聚共识，汇聚力量，新时代涉税专业服务要有新作为。税务师行业作为涉税专业服务的主力军，肩负历史使命和责任担当，要为建设国际先进、中国领先的涉税专业服务行业做贡献。

第一，开创涉税专业服务发展新阶段。中国特色社会主义进入新时代，放管服改革、税制改革和征管改革的深化，呼唤建立一个规范、健康的涉税专业服务市场，涉税专业服务进入一个新的发展阶段。税务师行业在深入贯彻党的十九大和全国“两会”精神的实践中，在深化改革的大格局中，要找准定位、认清地位、提高站位，党建统领、改革引领、人才率领，观念带动、创新驱动、科技推动，依法执业、诚信立业、专业兴业，为开创涉税专业服务发展新阶段而奋斗。

第二，构建涉税专业服务合作新体系。面对上亿的市场主体、数亿的个人所得税纳税人，涉税专业服务行业已成为税务机关不可或缺的助手、广大纳税人的帮手、税收共治的抓手。作为主力军的税务师行业一定要以改革开放的思维、海纳百川的胸怀、合作共赢的策略、智能互联的方式，凝聚各方共识，联合各类机构，广纳各路人才，构建涉税专业服务合作的新目标、新体系；要按照取长补短、优势互补的原则，引导税务师事务所与会计师事务所、律师事务所、代理记账机构、科技公司、咨询公司等涉税服务机构加强合作，融合发展；要积极与国内外相关协会、企业开展多种形式的合作，创造更加开放、包容的发展机会；要抓住经济全球化、“一带一路”的战略机遇，探索成立跨境企业税收服务联盟，举办“一带一路”税收服务等论坛，拓宽国际视野，开展国际合作。

第三，创造涉税专业服务治理新模式。深圳市以税务师行业党委为主体成立涉税专业服务行业联合党委，为加强行业党建和完善治理体系创造了新经验；国家税务总局2017年第13号公告和2018年第4号公告，要求税务师行业成立税务代理人分会，允许有条件的税务师事务所、科技公司、咨询公司担任税务师事务所的合伙人或者股东，为涉税专业服务行业自律管理和税务师事务所组织、模式创新提供了有利的政策环境；许多科技公司开始建设“互联网＋财税”服务平台、开发财税服务软件，为行业转型升级提供了科技手段。税务师行业要抓住机遇，迎接挑战，要推进党组织政治统领、税务机关行政监管、行业协会自律管理的行业综合治理新模式；要探索“T＋IT＋资本”的组织和业务形式，探索构建“互联网＋涉税专业服务”联盟，推动事务所互联互通；要推动移动互联网、云计算、大数据、人工智能、区块链等新技术与行业业务发展的融合，在完善中税协信息服务平台的基础上，逐步建立行业大数据中心；要引导事务所学习、运用最新知识、技术，提高业务拓展、专业服务、内部治理等核心竞争力，推动行业转型升级、高质量发展。

第四，营造涉税专业服务市场新环境。一个法治、诚信、公平的涉税专业服务市场环境，对纳税人、税务机关和服务机构都有利，需要大家共同去营造。税务师行业要自觉把法治精神、诚信理念、职业道德贯彻到各项服务和工作中；要举全行业之力精心拟制涉税专业服务规范（准则、规则），构建完备的行业业务标准体系；要按照国家税务总局第13号公告等系列监管新规，完善行业各项规章制度，推行行业诚信记录体系，强化自律管理；要在不断完善规范行业制度、行为的基础上，继续推动税务师行业立法；要采取多种形式加强税法宣传，办好全国办税技能竞赛等活动；要推进三方沟通机制和税收共治格局的完善与实施，建立落实税收政策问题收集、报送和反馈制度与平台；要探索成立税收法制研究院（税收智库），加强对税收立法和税收政策等课题的研究，积极提出行业意见建议；努力为推动涉税专业服务市场法治化、优化税收营商环境做出新贡献。

第四节　新时代税务师事务所要有新气象

党的十九大指出：“中国特色社会主义进入新时代。”在新时代税务师事务所一定要有新气象、新作为。“不忘初心，牢记使命。”税务师的初心，是为纳税人服务；税务师的使命，是促进税法遵从。税务师事务所应创新服务产品，创新服务领域，想纳税人之所需，谋深化税收制度改革之所需，不断增强税务师事务所的创新力和竞争力。

第一，创新模式，加强合并重组，实现合作共赢。新时代要有新举措，涉税专业服务，平台做大才能留住人才，事务所做大才能赢得客户和市场，业务做强才能赢得征纳信赖和社会认可。将各有专长、志同道合的税务师事务所合并起来，扬长补短、资源共享、业务互通、做大做强，是新时代提出的高要求。国内有多家税务师事务所经过充分协商，已迈出人、财、物融合到一起的实质性合并第一步，实现了合作共赢，共同应对挑战，共同创新涉税专业服务的新局面。

第二，创新业务，运用“互联网 + 财税”，拓展服务新领域。进入新时代，社会需求在升级，税收征管在转型，企业纳税理念在转变，为社会和纳税人提供服务的专业机构也必须跟着转型升级。面对新形势、新挑战，税务师事务所必须运用“互联网 + 财税”新模式，用新理念、新思维来细分市场，找准定位，运用大数据分析客户的需求，提供纳税人喜欢的定制服务和专项服务。充分发挥税务师事务所在涉税领域深耕细作的专长，以工匠精神和专业能力，挖掘新市场，拓展新客户。同时，转型升级还需要在以下两方面着力：一是业务端前移。随着金税三期、大数据和云计算的运用，纳税人非常需要税务师事务所提供前期的纳税风险识别和排查服务，并提供解决方案。因此，税务师事务所必须运用信息化手段帮助企业减少纳税风险，税务风险排查、企业健康诊断业务应运而生；同时，诊断纳税人存在的涉税风险，如何规避风险，进行税收筹划等新业务也自然而然得到了拓展。这些业务必须是在企业财务总监、总经理和董事长这个层面来交流协商解决的，高端服务含金量高，客户黏性大，赢得客户充分信赖后，很容易拓展其他相关财税业务。二是积极拓展代理申报服务业务。税务师事务所提供纳税咨询、纳税审核、申报代理三大类业务，现在纳税审核业务受到政策性限制，逐渐萎缩。所以，必须大力拓展纳税咨询和申报代理业务。在逐步开展技术含量较高的纳税咨询的同时，要加强申报代理类业务的人才储备，提高技术、积累经验。涉税服务将会是一个巨大的市场，当下是完成服务转型的最佳时期。

第三，创新保障，坚持人才培养和党建引领双管齐下，注重培养团队精神。税务师事务所的核心竞争力是人才，加强适应新时代行业发展的人才特别是高端人才的培养，是提高涉税服务的科技化水平和事务所核心竞争力的唯一手段。人才的培养，不仅仅在专业知识这一方面，更要注重人才的思想道德培养。加强税务师事务所党建和统战工作，形成党建与业务相互促进、和谐发展，逐步建立起“把优秀人才培养成党员、把党员培养成业务骨干”的双培养机制，发挥党员的先锋模范带头作用，树立主人翁意识，让更多的人才有展现才能的机会，用事业上升激励人，用高薪待遇留住人，打造一支专业精神和团队精神合二为一的优秀队伍，在涉税专业服务市场大潮中，勇立潮头，脱颖而出，发挥主力军作用。

第四，创新形象，注重事务所信用建设，赢得社会口碑。《涉税专业服务监管办法（试行）》（国家税务总局公告2017年第13号）明确规定，采用信用管理模式对涉税专业服务机构实施监督管理，并在税务局门户网站上公示。税务师事务所要想赢得纳税人、税务机关的信赖，就必须诚实守信地开展业务，用诚信赢得市场。如果在信用等级评定中获得较高等级，税务师事务所得到税务机关的高度认可，无疑会增大纳税人对事务所的信任，增加业务拓展的机会。反之，在信用被价值化的社会，等待事务所的只有被淘汰这一种可能性了。所以，每一个税务师事务所都要按照税收法律和行业协会制定的规则执业，严格落实质量体系，依法、依规、诚信执业。这是事务所健康稳步发展的保证。

第五节　新时代税务师自身要有新成就

新时代赋予了我国税务师行业全新的发展机遇，为我国税务师行业的转型升级提供了全新的空间。税务师行业已经成为依法治税、提升国家治理能力现代化不可缺少的重要组成部分。在新形势下，税务师要认真领会党的十九大精神，找准自身定位，充分发挥专业优势，为新时代中国特色社会主义条件下的市场经济发展做出新的贡献。①

一、找准自身定位

新时代、新形势下，税务师实现新作为的前提是找准自身定位，遵守道德规范，维护国家税收利益和纳税人合法权益，维护市场有序运行和监督税法正确实施。

（一）税收法律的严格遵从者

税务师姓“税”，在执业过程中必须严格遵守国家的税收制度，认真执行各项税收政策。遵守税法是税务师存在和发展的基础。

（二）客户利益的忠实维护者

税务师接受客户的委托，为客户提供专业服务，在遵守税法的前提下，要充分维护和保障客户的合法利益，做客户合法利益的保障者。在税务代理过程中，要坚持自愿、平等、诚信、有偿服务、为纳税人保守商业

① 向方德．对新时代做好税务师工作的几点思考［J］．注册税务师，2018（01）：25－26．

秘密的原则，以纳税人自愿委托和自愿选择为前提，实施双向选择。严格签订委托代理协议，明确各自的权利、义务以及法律责任。

（三）征纳关系的公正第三者

由于认知的不同，在国家利益和局部利益、个人利益之间还存在一些矛盾和冲突。税务师在征纳关系中，处于中间人的位置，必须具有独立性，要用专业知识作出职业判断，在征纳关系中保持客观公正、不偏不倚。

二、充分提升自身技能、发挥专业优势

税务师是具有税收专业知识和税收专业技能的人才。新形势、新环境下税务师行业越来越趋向市场化、法制化、专业化、数字化、国际化、信用化，为了应对未来的挑战，税务师不仅需要提高自身道德修养，更需要在工作实践中努力挖掘专业优势，充分发挥专业作用，提升自己的核心竞争力，做出令人信服的业绩。提升专业技能可以从以下五个方面人手。

（一）提供税收策划的可行性

在一定程度上，税收策划是否可行是关系投资是否成功的重要因素，是市场投资者最为关心的问题之一。税务师要根据国家鼓励、禁止和限制类产业发展目录，运用专业知识，在选择企业组织形式、确定行业及地点、运用会计方法、确定投融资方式及利润分配等方面为纳税人作出合理筹划，提出可行性建议，帮助他们降低税收成本，促进投资项目顺利起步和发展。

（二）保证涉税服务的专业性

中办、国办发布的《深化国税地税征管体制改革方案》中明确要求："规范和发挥涉税专业服务社会组织在优化纳税服务、提高征管效能等方面的积极作用。"纳税人要全面掌握并熟练运用数量众多、内容复杂的税收政策和程序规定，并非易事。税务师要为纳税人提供专业的涉税服务，规范办理计账、算税、报税等涉税业务，用活、用足税收优惠规定，保证纳税人充分享受到税收优惠政策。

（三）强化涉税鉴证的权威性

《国家税务总局关于发布〈涉税专业服务监管办法（试行）〉的公告》

（2017年第13号）中明确了税务师“涉税鉴证”业务，“税务师要按照法律、法规以及依据法律、法规制定的相关规定要求，对涉税事项真实性和合法性出具鉴定和证明。”这些“鉴定和证明”必须具有权威性，有权威性才有生命力。税务师通过良好的职业道德、职业纪律及专业知识作出鉴定和证明，并为其承担法律责任。这些“鉴定和证明”，一要经得起时间的检验，税收“鉴定和证明”作为历史档案，要经得起时间的考验；二要经得起税务稽查；三要经得起司法审查。

（四）严格税收风险的可控性

国家税务总局按照国务院的要求，取消了税务行政审批事项中非行政许可审批事项。这意味着减免事项的涉税风险完全由纳税人自身来承担，风险程度大大增加。这些都为税务师行业扩大服务需求和业务范围提供了机会。纳税人为了降低自身的风险，需要通过向第三方购买专业税收服务，以自查的方式降低税收风险。税务师可以充分利用自身经验准确预判税收风险的可能性，以及税收风险可能产生的范围，有针对性地规避、防范风险的发生；同时，在风险发生时，税务师也能够凭借丰富的阅历实现对风险的有效控制。

（五）增强承接服务的主动性

税务师事务所要积极主动地参与政府购买社会服务活动。当政府购买主体按照政府采购法的有关规定，发布公开招标、邀请招标、竞争性谈判等消息时，税务师事务所要积极参与投标、竞标。税务师事务所成为政府购买服务的承接主体后，要按合同要求履行服务义务，认真组织实施服务项目，按时完成服务项目任务，保证服务数量、质量和效果，主动接受有关部门、服务对象及社会的监督。通过广泛接受政府购买服务，用业绩扩大社会影响。①

参考文献：

[1] 卫雪鸥．我国注册税务师行业法规体系建设问题研究［D］．北京：首都经济贸易大学，2014.

[2] 夏俊峰．三方面加强税务人员职业道德建设［N］．检察日报，2015－11－17（008）.

[3] 李林军．新时代税务师行业要有新作为［J］．注册税务师，2018（01）：11－13.

---

① 向方德．对新时代做好税务师工作的几点思考［J］．注册税务师，2018（01）：25－26.

[4] 上海市注册税务师协会课题组. 新常态下对税务师事务所管理模式的探索：下 [J]. 注册税务师，2018（07）：63－66.
[5] 岳华. 提供专业涉税服务，助力“一带一路”发展 [J]. 注册税务师，2018（06）：28－29.
[6] 刘隆亨. 注重七个结合和转变，服务“一带一路”建设 [J]. 注册税务师，2018（06）：17－18.
[7] 新疆注册税务师管理中心课题组. 充分发挥涉税专业服务机构作用，为“一带一路”倡议服务 [J]. 注册税务师，2018（06）：13－16.
[8] 佘家金，满毅. 加强新时代行业党建工作、推动行业高质量发展，全国税务师行业党委书记会议在京召开 [J]. 注册税务师，2018（06）：4－5.
[9] 本刊特约评论员. 服务“一带一路”，构建国际涉税服务网络 [J]. 注册税务师，2018（06）：1.
[10] 本刊特约评论员. 凝聚共识、汇聚力量，新时代涉税专业服务要有新作为 [J]. 注册税务师，2018（05）：1.
[11] 佘家金，满毅. 提高办税技能、优化营商环境，首届“全国办税技能竞赛”在京启动 [J]. 注册税务师，2018（05）：4－5.
[12] 佘家金，满毅. 把行业建设成国际先进、具有中国特色的涉税专业服务行业，中税协五届九次常务理事会在京召开 [J]. 注册税务师，2018（05）：6－7.
[13] 王天明. 在新时代的舞台展示税务师风采——部分税务师事务所负责人谈新时代、新机遇、新作为 [J]. 注册税务师，2018（05）：13－16.
[14] 张殷红. 强强联合促进事务所高质量发展——访京洲联信税务师事务所集团总经理赵琳 [J]. 注册税务师，2018（05）：17－19.
[15] 李锐. 新时代税务师事务所的创新发展之路 [J]. 注册税务师，2018（05）：23－24.
[16] 张宁辉. 新时代更要提升税务师事务所的信誉和公信力 [J]. 注册税务师，2018（05）：25－27.
[17] 丁芸. 借助大数据提升涉税服务质量和效率 [J]. 注册税务师，2018（04）：60－62.
[18] 满毅. “税务师行业互联网联盟座谈会”在京召开 [J]. 注册税务师，2018（01）：2.
[19] 本刊特约评论员. 贯彻监管新规，完善诚信体系 [J]. 注册税务师，2018（03）：1.
[20] 许振谦. 王军在全国税务工作会议上指出税务师行业党建不断加强 [J]. 注册税务师，2018（02）：4－5.
[21] 张武. 抓党建重方向引领、促发展多措并举——湖北省注册税务师行业党委结合实际抓党建成效显著 [J]. 注册税务师，2018（02）：68－70.
[22] 本刊特约评论员. 推动新时代税务师行业高质量发展 [J]. 注册税务师，2018（01）：1.

[23] 罗联布. 新时代要求税务师事务所加强治理 [J]. 注册税务师，2018 (01)：23 - 24.
[24] 曹静韬，巩笑缘. 新时代背景下我国税务师行业转型升级的现实路径 [J]. 注册税务师，2018 (01)：21 - 23.
[25] 唐守信. 推动涉税专业服务在新时代取得新成就 [J]. 注册税务师，2018 (01)：18 - 20.
[26] 张洪文. 以党的十九大精神为指引拓展税务师事务所服务领域 [J]. 注册税务师，2018 (01)：16 - 17.
[27] 周苏明. 以新时代思维理念推动行业新发展 [J]. 注册税务师，2018 (01)：14 - 15.
[28] 秦凯. 学习党的十九大精神，提升税收思维理念 [J]. 注册税务师，2018 (01)：66 - 68.
[29] 徐国荣. 当前基层税务培训中存在的突出问题及对策思考 [J]. 现代经济信息，2018 (09)：433，435.
[30] 杨洁. 当前基层税务培训中存在的突出问题及对策思考 [J]. 扬州大学税务学院学报，2009，14 (06)：58 - 63.
[31] 贾宜正，章荩今. 区块链技术在税收治理中的机遇与挑战 [J]. 会计之友，2018 (04)：142 - 145.
[32] 杨金亮，孔维斌，孙青. 人工智能对税收治理的影响分析 [J]. 税务研究，2018 (06)：24 - 28.
[33] 李为人，李斌. 在税收风险分析中引入人工智能技术的思考 [J]. 税务研究，2018 (06)：29 - 34.
[34] 葛玉御，宫映华. 借势人工智能，实现税收现代化 [J]. 税务研究，2018 (06)：13 - 18.
[35] 杨志勇. 人工智能、税收政策与税收理论 [J]. 税务研究，2018 (06)：6 - 12.
[36] 翁武耀，倪淑萍. 人工智能促进税收征管现代化的方式与影响 [J]. 税务研究，2018 (06)：19 - 24.
[37] 马伟，陈纪元，金晓扬，方明. 互联网时代税收人工智能大有可为 [J]. 中国税务，2016 (11)：78 - 79.
[38] 邓蕾. 财务会计在人工智能时代所面临的机遇和挑战 [J]. 商场现代化，2018 (17)：139 - 140.
[39] 张华锋，罗联布. 税务师行业应积极应对全面开放涉税专业服务市场新挑战 [J]. 注册税务师，2017 (11)：67 - 68.
[40] 佘家金，赵成刚. 大数据时代涉税服务面临新的挑战和机遇——中国税收筹划研究会第十届年会在杭州召开 [J]. 注册税务师，2016 (11)：8 - 9.
[41] 杨诗雨. 大数据时代对税务工作的挑战与对策 [J]. 纳税，2018 (01)：21.
[42] 郑开如. 关于税务部门“放管服”改革与税收营商环境建设的若干思考 [J]. 税收经济研究，2018，23 (01)：34 - 38.

[43] 温彩霞. “放管服”改革提质升级，税收治理能力持续优化——访国家税务总局税收科学研究所所长李万甫 [J]. 中国税务，2018 (02)：27-28.
[44] 毕莹. 大数据时代下税务会计工作挑战与对策 [J]. 全国流通经济，2018 (27)：111-112.
[45] 王明强. 新一轮财税改革给税务师行业带来的机遇与挑战 [J]. 中国总会计师，2017 (09)：84-86.
[46] 刘剑文. 落实税收法定原则的意义与路径 [J]. 中国人大，2017 (19).

中国税收筹划研究会
第十二届年会论文集

一、税收筹划

1 “营改增”背景下同花顺公司的税务筹划*

王 琳 李 新

【摘要】营业税改征增值税是国家进行结构性减税、刺激经济增长和促进产业结构调整的一项重要举措，自2012年1月1日起已陆续在交通运输业、电信业、部分现代服务业中顺利实施。2016年5月，“营改增”全面推开，金融业改征增值税。作为一种新型的金融业态，互联网金融具有覆盖面广、业务繁杂、创新性速度快的特点，改征增值税难度巨大。那么改征增值税对互联网金融会产生什么影响？在新税制环境下，互联网金融企业又该如何面对？本文着眼于同花顺公司的税务筹划分析，对互联网金融行业在“营改增”后如何进行税务筹划进行剖析，并提出相应的建议。

【关键词】“营改增” 互联网金融 税务筹划

【作者简介】王琳，湖北经济学院MPACC硕士研究生

李新，湖北经济学院教授

随着市场化和经济全球化的不断推进，企业之间的竞争越发激烈，然而在营业税改征增值税（以下简称“营改增”）之前我国实施的税收政策下，企业存在重复征税的情况，从而导致税务成本较高。为了解决这一问题，我国顺势而为，开始实施“营改增”，将以前缴纳营业税的应税项目改成缴纳增值税。增值税只对产品或者服务的增值部分纳税，减少了重复纳税的环节，进一步减轻了企业负税，调动了各方积极性，促进了服务业尤其是科技等高端服务业的发展。从2012年1月1日起开始实行“营改增”，首先在上海交通运输业和部分现代服务业进行试点，随着时间的推

---

* 本论文受湖北省人文社科重点研究基地湖北地方税收研究中心课题基金资助，是sszx201703课题的成果之一。

移试点范围和区域不断扩大并向全国推广。从2016年5月1日起，全面推开“营改增”试点，将建筑业、房地产业、金融业、生活服务业全部纳入试点范围，至此，增值税全面取代营业税，营业税退出历史舞台（陈露，2018）。这是自1994年分税制改革以来财税体制的又一次深刻变革，也是政府在税收方面的一项重要、惠民的改革。

一、“营改增”对互联网金融信息服务行业的影响

金融服务行业的增值税税率和营业税税率的对比如表1所示。

表1　金融服务和保险行业税种变化情况

行业	现有营业税税率	增值税税率
金融服务和保险行业	5%	6%

资料来源：笔者根据税法总结。

由于增值税实际上是基于差额征税（销项减进项），而营业税是基于全额征税（仅销项），所以单纯将新税率和老税率直接比较是没有意义的。金融服务业的主要收入，如贷款服务取得的利息收入，包括手续费、佣金等在内的直接收费金融服务收入，保险费收入以及金融商品转让收入，都将适用6%的增值税税率；而增值税免税政策适用范围相对有限，主要适用于金融行业同业往来利息收入、联行往来利息收入、一年以上人身保险产品的保费收入；存款利息属于增值税不征税项目；值得注意的是，利息费用以及与贷款业务直接相关的佣金与手续费支出所产生的进项税额均不可抵扣，但是法规中未说明该项规定将来是否会一直适用。

2016年实施的“营改增”法规使我国成为世界上第一个对金融服务业征收增值税的国家。由于我国曾在很长时间内都对金融服务业征收5%的营业税，加之国有银行和保险公司的市场垄断程度较高，相较于其他国家，我国对金融服务业征收增值税可能会比较容易。

二、同花顺公司的案例分析

浙江核新同花顺网络信息股份有限公司是一家互联网金融信息提供商，该公司一直专注于为国内资本市场提供金融资讯、数据分析和软件系统服务，是国内最大的网上证券交易、互联网安全通信、互联网电子商务软件供应商之一；产品涵盖证券、期货、外汇、港股、黄金等金融产品的网上交

易、互联网安全、互联网通信、信息服务等技术领域，形成了具有自主知识产权的核心技术体系，提供证券公司网上交易和互联网安全电子商务及移动证券的全面解决方案，为证券投资者提供从网站、软件、交易、理财、社区、手机炒股一站式金融理财服务。2009 年 12 月 25 日，浙江核新同花顺网络信息股份有限公司在深圳创业板上市，股票代码为300033。2017 年7 月10日起，同花顺（300033）被深交所调入融资融券标的股票。

2016 年5 月1 日颁布“营改增”新规后，同花顺网络信息股份有限公司主要的收入之一的基金代销服务收入由按5%的税率计缴营业税改为按6%的税率计缴增值税。这是它的主要变化之一，而且不同的收入适用的增值税税率也不同。例如，软件产品收入按17%（2018 年5 月1 日前）的税率计缴；软件维护收入、增值电信业务收入（原先按3%的税率计缴营业税）、互联网金融信息服务收入（原先按3%的税率计缴营业税）和贵金属交易服务收入等按6%的税率计缴。这些不同业务的纳税处理都对企业的财务数据产生了较大的影响。

由表2 和图1 可以看出，在2016 年“营改增”税制改革后，增值税和营业税一改先前同向变动的趋势，相比2016 年的数据，2017 年的营业税呈现出下降趋势，而增值税呈反向增长趋势。这一点刚好印证了“营改增”对该公司在纳税方面的影响。在2016 年“营改增”税制改革后，营业税科目不再存在，只是仍然有“营业税金及附加”科目，主要反映房产税、土地使用税和印花税的发生额。不难看出，2016 年是一个转折点，在营业收入持续增长的2016 年，同花顺公司的营业税和增值税不增反减，而在营业收入突减的2017 年，该公司的增值税不减反增。

表2　同花顺公司部分财务数据

年份	2014	2015	2016	2017
营业收入（亿元）	2.66	14.42	17.34	14.1
利润总额（亿元）	0.63	11.20	13.20	8.06
净利润（亿元）	0.60	9.57	12.12	7.26
营业税金及附加（万元）	523.62	3 597.38	2 368.38	2 101.23
应交税费（亿元）	0.14	2.05	1.55	0.82
增值税（万元）	770.45	2 969.45	1 151.39	1 497.09

资料来源：同花顺公司披露的2014　2017 年年报。

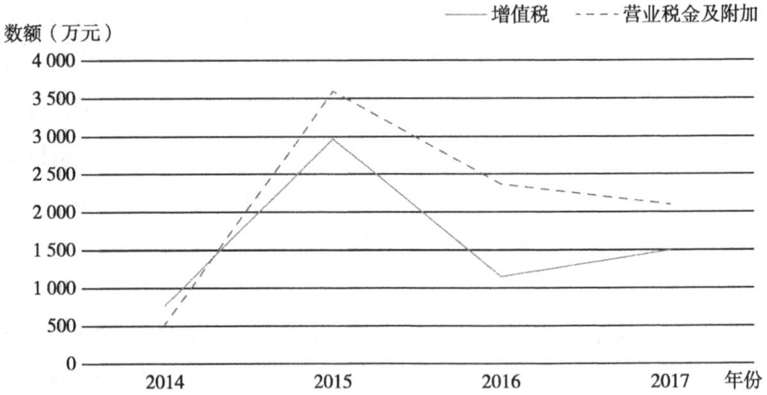

图 1　两大税种变动趋势

资料来源：同花顺公司披露的 2014—2017 年年报。

由此可以看出，“营改增”的税制改革对同花顺公司的计税基础、应纳税额以及相应业务的会计处理都产生了一定的影响。那么同花顺公司如何应对这一政策带来的影响？如何为了减少税负而进行适合该公司的纳税筹划呢？笔者以下将进行简要分析。

三、“营改增”背景下同花顺公司税务筹划的可行性方法

“营改增”，首先改变了计税依据（营业税是对全额进行征税，而增值税只是对增值部分进行征税）；其次改变了征收税率（陈礼祥，2015）。这一政策的实施，对同花顺公司的纳税筹划提出了新的挑战。笔者认为，该公司可以从以下几个方面进行税务筹划。

（一）不同税率变化带来的纳税筹划空间

研究同花顺公司的年报，可以基本得到同花顺公司近年的主营业务收入的主要构成结构：增值电信服务（60%）、广告及互联网业务推广服务（22%）、软件销售及维护（10%）、基金销售及大宗商品交易手续费（6%）等，它们在“营改增”之前分别按照 3%、17%、3% 以及 5% 的税率计缴营业税，而在“营改增”税制改革后，统一改为按照 6% 的税率计缴增值税。为应对这一税制的变化，同花顺公司可以顺应互联网的快速发展，在维持自身业务优势的情况下，适当扩大广告及互联网业务推广服务的收入占比，从而享受增值税 17% 变为 6% 税率的所减轻的税负，节约纳税成本。

（二）合理利用税收政策条件：采购业务

根据《营业税改征增值税试点实施办法》的规定，购进货物、加工修理修配劳务、服务、无形资产和不动产可以免征增值税。同花顺公司的固定资产、无形资产以及非流动资产相关数据如表3和图2所示。

表3　同花顺公司资产类相关数据

年份	2014	2015	2016	2017
固定资产（亿元）	1.34	4.06	3.90	3.62
无形资产（万元）	7 977.02	8 194.68	2 669.57	2 745.43
非流动资产合计（亿元）	3.11	4.43	5.19	4.67

资料来源：同花顺公司披露的2014—2017年年报。

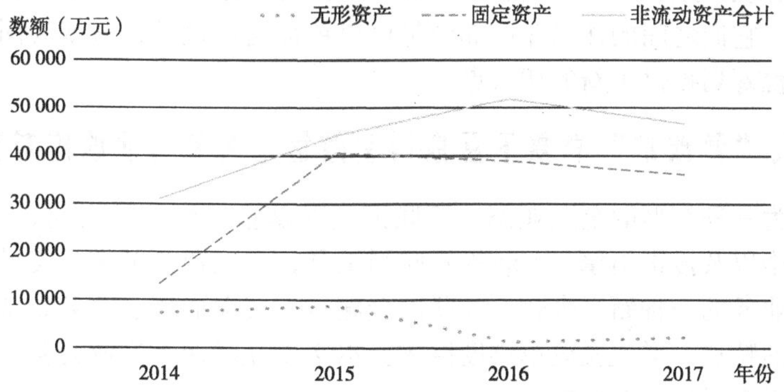

图2　同花顺公司资产类相关数据

资料来源：同花顺公司披露的2014—2017年年报。

因此，在资金和发展战略允许的范围内，同花顺公司可以加大上述免征增值税项目的投资，如购进无形资产——与某些App的合作经营权以推广同花顺公司自己研发的软件、作为第三方购进券商服务等，从而获得免征增值税的收入。

（三）混合销售与兼营业务的筹划：销售业务

同花顺公司是一家提供互联网金融信息服务的公司，它所经营的业务是多元化的，而这些业务之间的关系是错综复杂的，常常伴随着混合销售或是兼营销售。在“营改增”实施以前，混合销售、兼营销售的区别是前者基于不同税种进行混合，后者基于不同税率进行混合。而在“营改增”实施以后，这种情况不复存在。《营业税改征增值税试点实施办法》界定的混合销售是一项涉及货物和服务的销售行为；针对兼营，则规定试点纳税人的货物销售、服务、加工修理等涉及的无形资产与劳务不用征收或适用不同税率，这就要求纳税主体需对销售额进行差别化的核算（纪双晴，2018）。针对同花顺公司的混合销售与兼营业务，可以具体业务具体分析，对于那些低税率或是免税项目，可要求会计人员对多元化业务坚持区分不同税率、实行单独计税，从而实现纳税筹划较优的效果。

（四）免税项目带来的纳税筹划空间

根据规定，在已征收增值税的行业中，出口金融服务可以适用增值税免税。出口的金融咨询服务属于“咨询服务”的范畴，因此可以享受免税待遇。通常认为，金融咨询服务包括财务筹划和财富管理等服务。同花顺公司拥有境外业务，与美国、中国香港等都有一定的业务往来，从这一层面来说，它们之间的往来业务部分是可以免征增值税的，这就为同花顺公司的纳税筹划提供了新的切入点。

四、“营改增”背景下互联网金融信息服务行业的应对措施

作为一种新型的金融业态，互联网金融是指以依托于支付、云计算、社交网络以及搜索引擎、App 等互联网工具，实现资金融通、支付和信息中介等业务的一种新兴金融。互联网金融具有覆盖面广、业务繁杂、创新速度快的特点，增值税改革难度巨大。本文以互联网金融业为基点，从以下四个方面提出应对措施。

（一）正确选择纳税人身份

纳税人可以根据无差别平衡点增值率分为一般纳税人和小规模纳税人，两者在纳税上是有区别的。小规模纳税人缴纳的税费 = 销售额 × 税率，小规模纳税人税率一般为 3%，相比一般纳税人来说税率较低。作为一般纳税人的企业纳税税率分为 6%、9%、13% 三档，税率高于小规模纳税人，但一般纳税人实行的是抵扣制，即应纳税额 = 销项税 − 进项税，再在此基础上采用适用的税率计算应缴纳的税费。值得注意的是，一般纳税人有一些项目可以与税费相抵消。因此，两种不同身份的纳税人可以采用不同的纳税政策，在进行税收筹划的时候，可以结合企业自身情况选用较为合适的纳税人身份。

（二）善用优惠政策

“营改增”从 2012 年试点以来，增值税征收范围在不断扩大，部分行

业税负短期有所加重，有些行业税负略有降低。为了顺利推进“营改增”税制改革，国家层面也陆续出台了一些过渡性的财政扶持措施，以此来减缓此项改革给企业带来的较大税负波动。虽然金融服务行业并不像房地产行业和建筑业一样可以享受过渡政策，但是对于可抵扣项目是有一定的优惠政策的。例如，在已征收增值税的行业中，出口服务可以适用增值税免税；采购固定资产、不动产和无形资产即使部分用于应税项目的，仍然可以全部抵扣等。

（三）扩大增值税抵扣范围

对于一般纳税人而言，金融服务业的主要收入，如贷款服务取得的利息收入，包括手续费、佣金等在内的直接收费金融服务收入，保险费收入以及金融商品转让收入都适用6%的增值税税率。当税率由之前的5%（营业税）提升至6%（增值税）以后，在税基一定的情况下，金融服务企业所要上缴的税额有所增加。在这种情况下，金融服务企业需要适当扩大增值税抵扣范围，才能从“营改增”当中获益。首先，相关规定明确指出，金融服务企业的现有资产无法进行进项税额抵扣，只有新增资产才能作为进项税额进行抵扣。这就给纳税筹划提供了思路，即可以通过加快对内部固定资产计提折旧或是适当购入新的资产，从而获得更大的进项税抵扣额（梁占海，2018）。其次，在“营改增”税制改革的大环境下，增值税发票是企业进行税额抵扣的重要凭证。因此，金融服务企业应高度重视并加强对增值税发票的管理。最后，在采购环节选择供应商时，在条件允许的情况下，应尽可能从一般纳税人身份的供应商处进行采购，从而获得增值税发票以扩大进项税额的抵扣范围，以此来降低税负。

（四）提升财会人员专业素养

在“营改增”背景下，金融服务业税收环境发生了较大的改变，对财会人员也提出了新的要求和挑战。金融服务企业要鼓励和监督企业财会人员熟悉新政策，快速学习并掌握“营改增”税制改革内容，不断完善和提升财务技能水平，以适应税收新环境要求。税收筹划是一项全局性的工作，需要财务部门连同其他相关部门共同配合、互相促进。首先，可以聘请专业人士，对企业的财会人员进行实时培训，帮助他们系统性地了解“营改增”相关条例内容并快速适应税收新环境。其次，可以将税务筹划与绩效考评挂钩，鼓励财务人员不断深入学习税务知识，不断自我提升和完善。对于一些在税务筹划工作中有优秀表现的员工，可以给予一定的物质或是精神奖励；相反，对于个别因为筹划不到位而对企业经营、盈利产生不利影响的员工，可以扣除部分奖金或给予一定的惩罚。无论采取哪种方式，根本目的都是鼓励财会人员增强自身的业务技能，更好地进行纳税筹划工作。

五、结语

从长远发展角度来看，“营改增”的全面实施为金融服务业的纳税筹划创造了较大的发展空间，对整个市场稳定运行具有积极的作用。对于金融服务企业而言，在没有外国经验可资借鉴的情况下，适应新的税收环境还需要一个过程。在这个过程中，金融服务企业要重视税收筹划工作，通过一定的税务筹划手段，进行合理纳税，减少税负，节约纳税成本，增强自身的适应能力。

参考文献：

[1] 梁占海.“营改增”背景下现代服务业税收筹划探讨 [J]. 纳税，2018（08）.

[2] 陈露. 营改增政策背景下的企业税务筹划 [J]. 财会学习，2018（04）.

[3] 纪双晴.“营改增”下的企业纳税筹划与管理探析 [J]. 纳税，2018（05）.

[4] 刘学民. 集团财务公司强化金融中介服务研究 [J]. 经贸实践，2018（03）.

[5] 张雪琳. 同花顺网络信息股份有限公司财务战略研究 [D]. 北京：中国地质大学（北京），2016.

[6] 涂卓浩.“营改增”政策下的企业增值税筹划研究 [J]. 会计师，2016（05）.

[7] 陈礼祥.“营改增”背景下企业税收筹划的相关建议 [J]. 金融经济，2015（16）.

[8] 祁雁菲，付雷. 浅析“营改增”背景下企业的税收筹划策略 [J]. 现代经济信息，2015（14）.

[9] 康小齐.“营改增”政策下的企业增值税筹划分析 [J]. 经济问题，2015（07）.

[10] 王聪，于蓉. 美国金融中介资产管理业务发展及启示 [J]. 金融研究，2005（07）.

2　“营改增”政策下建筑企业纳税筹划研究——以葛洲坝集团为例*

蔡　洁　李　新

【摘要】随着我国经济的快速发展，税收作为影响国计民生的大事也越来越受到重视。近年来，作为税收的主力，我国第一大税种增值税一直在不断修改。自2016年5月1日起，建筑业等四大行业全部营业税纳税人正式纳入营业税改征增值税（以下简称“营改增”）试点，由缴纳营业税改为缴纳增值税，至此我国进入全面推进“营改增”阶段。建筑业作为中间行业，与上下游行业关系密切，所以关注建筑业的“营改增”情况十分必要。为了建筑行业未来良好的发展，在“营改增”的大背景下，建筑企业要抓住新的发展机遇，积极调整公司结构，进行合理的纳税筹划。

【关键词】“营改增”　建筑业　纳税筹划

【作者简介】蔡洁，湖北经济学院MPACC硕士研究生

李新，湖北经济学院教授

近年来，在“十三五”规划的指引下，我国经济呈现出日益稳健的增长态势。2016年的国民经济数据显示①，我国国内生产总值达到74.4万亿元，同比增长6.7%。同年我国国家税收收入总额达到13万亿元，其中增值税达到8万亿元。经济的快速发展离不开税收的支持。自2012年“营改增”试点以来，我国“营改增”的范围逐渐扩大。2016年5月1日起，包括建筑业在内的四大行业也加入增值税扩围的改革中。至此，“营改增”扩围到全国各个行业。

作为最后一批“营改增”的企业，建筑业的发展值得关注。据国家统计局数据，2016年我国建筑业总产值全年为193 567亿元，同比增长7.1%，占国内生产总值的25.73%，这直接显示了建筑业在国民经济中举足轻重的地位。近30多年来，我国建筑行业发展极快，为我国农村和城市

---

* 本论文受湖北省人文社科重点研究基地湖北地方税收研究中心课题基金资助，是sszx201703课题的成果之一。

① 数据来源：国家统计局。

剩余劳动力提供了大量的就业岗位，在一定程度上缓解了就业压力，对民生问题有重大意义，对我国经济发展具有导向性。面对与日俱增的建筑需求，我国建筑业在未来健康持续稳定的发展显得尤为重要。建筑行业一直都是税制改革的难点和重点区域。因为它上游关系到交通运输业、现代服务业，下游关系到房地产业。所以，其税种从3%的营业税改变为11%的增值税，这不仅仅是税率的变化，更重要的是对企业经营模式、组织架构、供应商选择等带来的调整和影响。这考验的不仅仅是企业财务管理能力，更是企业的税收筹划水平。如何通过适当的纳税筹划来规避风险，是建筑企业在“营改增”的大背景下需要思考的问题。因此，本文就建筑企业如何应对新的增值税税收政策提出纳税筹划方案，希望对建筑企业有效控制其税务风险有所裨益。

一、案例背景

（一）公司概况

葛洲坝集团公司成立于2003年6月10日。经营范围包括从事水利和水电建设工程的总承包以及勘测设计、施工、监理、咨询、技术培训业务等。公司在中国大型基础设施投资建设领域具有核心竞争力。通过投资建设和承包施工等方式，公司广泛参与电力、交通、市政、环保、水利等基础设施建设，在大江大河导截流、筑坝施工、地下工程、大型金属结构制造安装、大型机组安装等领域占据了技术制高点。公司的三大主业是：建筑工程及相关工程技术研究勘察设计及服务、水电投资建设与经营、房地产开发经营。2007年9月，集团公司成功实现主业资产整体上市，其控股上市公司——中国葛洲坝集团股份有限公司入选“2009年中国最具竞争力上市公司20强”，排名第七位。

（二）财务状况简介

葛洲坝集团作为湖北地区大型的建筑企业，其财务发展状况直接影响到其对地方税收的作用。由图1可知，2013—2017年葛洲坝集团的营业收入均呈增长态势，这表明公司的整体发展情况比较稳健。但是仔细分析2013—2017年的增长率情况（见图2）可知，公司的营业收入增长率不稳定，尤其2016—2017年营业收入同比增长率大幅下降，表明公司的增长速度放缓，这可能是受到“营改增”的影响，反映了公司在增值税抵扣方面还存在问题。

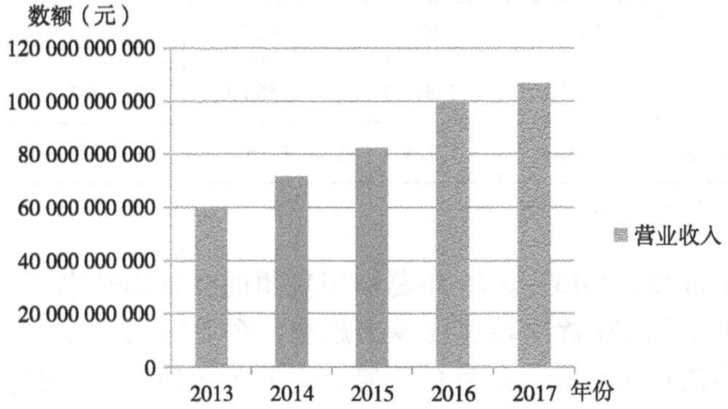

图 1　葛洲坝集团营业收入情况

资料来源：葛洲坝集团财务报表。

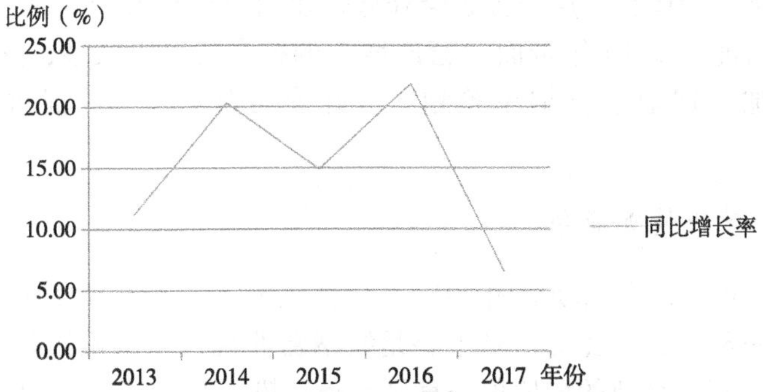

图 2　葛洲坝集团营业收入同比增长率

资料来源：葛洲坝集团财务报表。

表 1　葛洲坝营业收入情况

年份	2013	2014	2015	2016	2017
营业收入（元）	59 527 557 416	71 605 390 347	82 274 932 384	100 254 150 416	106 807 099 535
同比增长率（%）	11. 19	20. 29	14. 90	21. 85	6. 54

资料来源：葛洲坝集团财务报表。

表 2　葛洲坝集团流动性指标　　单位：%

年份	2013	2014	2015	2016	2017
存货周转率	2.207 4	2.394 9	2.558 3	2.586 7	1.803 3
流动资产周转率	1.210 7	1.239 7	1.157	1.113 2	0.954 8

资料来源：锐思数据库。

由表 2 可知，2013—2016 年葛洲坝集团的存货周转率都是不断增长的，这表明公司的存货周转速度越来越快，企业的销售能力很强，但是 2017 年存货周转率有较大幅度的下降，表明公司的存货可能存在积压情况。同时，公司 2013—2016 年的流动资产周转率均高于 1，表明企业流动资产周转速度快，利用好。在较快的周转速度下，流动资产会相对节约，相当于流动资产投入的增加，在一定程度上增强了企业的盈利能力。但是 2017 年流动资产周转率首次跌破 1，说明企业流动资金周转变慢，需要补充流动资金参加周转，这样势必会降低企业的盈利能力。企业营运能力指标的变化可能与 2016 年全面“营改增”的推广有重大联系，这就要求企业能够更加合理地进行纳税筹划，提升公司营运能力，促进公司良性发展。

（三）涉税情况简介

由表 3 可知，葛洲坝集团 2013 年增值税为负，当年的增值税进项较多且未抵扣完全，表明公司当时主要是缴纳营业税，增值税抵扣比较困难。2014—2017 年，企业的增值税一直呈上涨趋势，尤其是 2016 年和 2017 年税额巨大，说明“营改增”后公司的缴税情况仍然有可以筹划的空间。而营业税在 2013 年到 2015 年逐年增加，“营改增”后 2016 年和 2017 年基本只有少量以前年度业务需要缴纳营业税。所以，本文重点关注“营改增”后葛洲坝如何对增值税进行纳税筹划。

表 3　主要税种缴税情况　　单位：元

年份	2013	2014	2015	2016	2017
增值税	-156 585 725	63 233 088	64 788 230	789 488 963	1 322 155 935
营业税	155 946 937	363 491 246	470 042 988	23 082 375	14 996 594
企业所得税	100 577 577	364 762 498	354 488 243	681 578 557	784 960 073

资料来源：葛洲坝集团财务报表。

二、案例分析

（一）增值税纳税筹划

1. 购货渠道的选择

葛洲坝集团作为大型上市公司，其每项工程初始都会进行招标投资，选择适当的原材料供应商。2016 年葛洲坝集团前五名供应商采购额达到 125 070 万元，占年度采购总额的 2.41%。建筑行业的原材料采购通常不仅仅只有公司的一次采购，还有层层分包下工程各个项目的自行采购。由于市场地位不同，公司针对不同的供应商需要使用不同的采购方式。对于在生产某一产品上具有垄断地位的供应商，他们在整个建筑施工过程当中往往占有更高的主动权。公司在进行建筑安排时，应当与其签订年度采购协议，防止其在提供原材料时，由于费用问题出现纠纷，进而耽误整个工程的正常进行。在向垄断厂家进行原材料购买时，公司应当按照自身当前的销售状况制定相应的销售对策。在一些小的供应商选择上，由于建筑行业的特殊性，层层分包后可能很多供应商为个体户或者小规模纳税人，这样原材料的采购就不能很好地形成增值税的进项税额，不利于增值税缴纳。所以，公司应该尽量选择一般纳税人作为供应商，或者要求小规模纳税人申请代开增值税发票，这样才能形成完整的增值税抵扣链，帮助企业进行合理的纳税筹划。同时，供应商的选择可以使得公司形成更加良好的进货关系，提高公司的流动资产周转率，增强公司的盈利能力。

2. 利用税收优惠政策

“营改增”后建筑企业的税率从 3% 提高到 9%，但是针对一些特殊的项目还有一定的优惠政策。利用好税收优惠政策可以帮助企业更合理地进行纳税。葛洲坝集团作为一般纳税人，不能直接采用 3% 简易征收的办法，但是针对一般纳税人，主要有以下三个方面的税收优惠政策。首先，一般纳税人以清包工方式提供的建筑服务，可以选择适用简易计税方法计税。其次，一般纳税人为甲供工程提供的建筑服务，可以选择适用简易计税方法计税。最后，一般纳税人为建筑工程老项目提供的建筑服务，可以选择适用简易计税方法计税。

截至 2015 年底，葛洲坝集团共有在建工程 1 092 个，执行合同总金额为 4 180.91 亿元，剩余合同总金额为 2 045 亿元。这部分建筑工程老项目可以采用 3% 简易征收。同时，合同开工日期在 2016 年 4 月 30 日以前的项目也可以采用简易征收。简易征收的低税率可以帮助企业在一定程度上减轻税负，有助于企业的稳健发展。此外，葛洲坝集团还可以接清包工的项目和甲供工程的项目，这些项目可以减少企业的原材料和库存消耗，降低企业成本。通过简易征收办法，企业税负实际上只有2.91%，这样不仅大大降低了企业的税负，也可以增强企业活力，使得企业有更多的流动资金。

3. 利用延期纳税

葛洲坝集团作为建筑公司，很多时候需要本公司垫付一定的款项以保证工程的进度，不然会影响工期，造成严重的后果。但是公司的垫付款实际上是不利于公司缴税的，相当于上游公司的税负转嫁到了本公司。所以，为了解决这种情况，公司应该合理利用延期纳税，可以提前向项目方收取预收款项以保障后续工程的实施。同时，本公司在签订合同、交易及流程控制等方面应该严格控制时间，尽量延缓纳税，合理安排进项税额的抵扣时间和汇算清缴时间及额度，完善制度控制，合理推迟纳税，为企业的纳税筹划提供帮助。

（二）筹划方案实施的保障

1. 加强会计人员的培训

“营改增”政策全面实施后，葛洲坝集团财务部门对于税务的处理需要进行重大的调整，原来财务人员熟悉的3%的营业税税率需要转化为9%的增值税税率。为了保证企业税收的合理，并且尽可能多地为企业谋得更多税收福利，规避税收风险，企业需要对财务人员进行全方位的培训。不仅要认真学习并理解“营改增”第36号文件及其附件，后续的补充政策，如69号、70号、73号等文件也值得关注。

此外，税率变化也需要引起高度重视。增值税税率在“营改增”后增加到5档，2019年又减少一档变成4档。对于小规模纳税人和采用简易计税的项目，“营改增”后由3%的营业税税率改成3%的增值税税率。因此，在实体经济普遍存在困难的大背景下，企业需要开源节流，加强财务人员的培训工作，把纳税筹划和税务管理提升到一个更高的层次。相关培训不能仅局限于企业的财务人员，中高层管理者也需要对政策导向有所了解。

2. 规范企业内部会计流程

“营改增”后，关于增值税专用发票的使用需要进一步规范和严格要求。葛洲坝集团原来营业税的缴税与当前增值税的缴税存在很大区别，所以要对其会计流程进行细分。首先，从企业签订合同开始，关注企业的货款收到时间和应纳税时间；其次，在工程实施过程中，对于企业各项采购和支出严格收取相关增值税专用发票并核定真伪；最后，对于企业内部的增值税抵扣和简易征收按照合理的程序进行。通过规范企业内部会计流程，保证了会计上的真实以及纳税筹划的合理。

三、总结

“营改增”政策的施行给整个建筑行业带来了非常大的压力，虽然目的是降低企业的税负，但是实施起来仍面临着重重阻碍。总的来看，“营改增”给建筑企业带来了如下几个问题：一是“营改增”后企业缴税的税率由原来的营业税税率3%提高到增值税税率9%，一旦纳税义务发生就需要在一段时间内缴纳税款，这将对企业现金流量带来较大压力。企业在支付款项和收取增值税专用发票时，需要考虑两者的时间差，时间差越大，资金占用的机会成本越高，进而影响现金流量和资金成本。二是大多数建筑企业测算“营改增”对企业的收入和利润影响的结果表明，“营改增”会导致企业营业收入和营业利润减少。增值税作为价外税，企业在进行收入确认时需要扣除税额。而建筑企业流转环节众多，进项税额的抵扣不充分、不完全就会导致税负增加、利润下降。三是当下我国建筑企业普遍存在大而全的经营模式，即工程施工、劳务分包、物资采购、机电设备安装、装饰装潢等业务集于一体，建筑企业自身特点和其复杂性决定了“营改增”的难度，不同行业不同应税劳务之间的进项税额抵扣也存在较大的差异。建筑企业所用沙、石、泥土等建筑材料大多采购于小规模纳税人、个体经营户，而这些材料的提供商大多没有开具增值税专用发票的资格，进而导致进项税额抵扣困难。四是营业税是价内税，增值税是价外税，价外税的税收负担最终由消费者承担。“营改增”完全颠覆了以前的产品定价模式，企业建筑产品的价格构成需要重新调整定额，执行新的定额标准，相应的建筑企业需要调整企业内部预算。因此，“营改增”不仅导致企业产品定价发生变化，也导致国家基本建设投资、房地产价格、企业的招投标管理发生较大的变化。五是相对一般行业而言，建筑企业具有自身的独特性，通常其建设周期较长，企业在确认收入时需要根据专业测评确定其完工进度，专业测评往往具有一定的主观性和目的性，因而可成为企业推迟纳税时间、递延纳税收益的一种有效方式。另外，建筑业施工环境比较复杂，工程测量的程序也比较烦琐，对建筑施工的最后计量一般包括工程前的预算、施工中的核算和竣工后的决算，部分项目还需要外部第三方审计机构的介入，因此其纳税义务时间的确定具有复杂性和不确定性。

但是，正是由于建筑行业“营改增”有很多具体税收政策还有待考量，所以给建筑企业的纳税筹划提供了很大的空间。为了解决上述建筑行业存在的问题，纳税筹划势在必行。在“营改增”后，建筑企业要充分考虑增值税的销项税额、可抵扣进项税额及应纳税额。在各个环节把握“营改增”的筹划空间，充分学习和利用各项税收优惠政策，切实降低企业的实际税负，为企业创造更好的发展前景。

参考文献：

[1] 解秀秀．“营改增”背景下建筑业增值税的税收筹划［J］．中国管理信息化，2017，20（02）：10－11.

[2] 黄玉坤．营改增背景下建筑业增值税的税收筹划［J］．中国国际财经（中英文），2017（22）：216－217.

[3] 张维佳，徐素波．“营改增”后建筑企业在供应商选择中的纳税筹划［J］．农村经济与科技，2018，29（04）：122－123.

[4] 杨磊．“营改增”背景下我国建筑企业增值税纳税筹划研究［J］．现代经济信息，2017（02）：240.

[5] 赵俊．A 建筑企业增值税纳税筹划研究［D］．湘潭：湘潭大学，2017.

[6] 钟家恒．“营改增”下的建筑企业增值税税务筹划研究［D］．广州：广州大学，2017.

[7] 黄仕珍．建筑企业“营改增”后的税务筹划研究［D］．昆明：云南财经大学，2017.

[8] 赵长龙．建筑企业营改增后税务筹划及风险应对对策［J］．会计师，2017（02）：33－34.

[9] 薛婷．营改增政策下建筑施工企业税务筹划［J］．财会学习，2017（02）：160，162.

3 电子商务企业税收筹划分析：以天猫 B2C 税收筹划为例*

廖桂飘　　李　新

【摘要】当前，信息技术和网络经济飞速发展，整个社会经济都受到电子商务的影响。目前，网络环境越来越干净，企业逐渐运用电子商务进行交易并且使用效果较明显。与海外相比，我国电子商务起步较晚，因此，政府制定了许多税收优惠政策来支持电子商务的发展。此外，电子商务还具有无纸化、虚拟化和无边界化三个特征，这使得电子商务公司拥有宽广的税收筹划空间。本文首先论述了电子商务企业税收筹划的必要性和主要方法。其次分析了天猫 B2C 税收筹划方案。最后分析税收筹划存在的风险，并提出解决措施。这对于中国电子商务公司的合理节税具有一定的现实意义。

【关键词】电子商务　税收筹划　税收筹划风险

【作者简介】廖桂飘，湖北经济学院学生

李新，湖北经济学院教授

目前，电子商务高速发展，网络技术的发展使人类社会的交易方式从实地交易转向了网络交易。电子商务在发展的同时也给社会经济带来了许多问题，其中最重要的是税收问题。电子商务企业独特的运营方式有利于电子商务企业开展税收筹划，从而减轻税负、节约成本。

一、电子商务企业税收筹划的必要性

税收筹划是指纳税人为了达到减免税负的目的，在合法的基础上，预先安排企业的生产经营与投资等各项活动的行为。目前，人们对税收筹划内容的了解程度还存在一定的差异。学术界界定税收筹划内容主要有三种观点：

第一种观点是税收筹划是无限制条件的。无论采取何种手段，只要是可以使税负减轻的行为就是税收筹划。也就是说，税收筹划包括节税、避

---

* 本论文受湖北省人文社科重点研究基地湖北地方税收研究中心课题基金资助，是 sszx201703 课题的成果之一。

税、逃税和偷税。这是一个错误的理解，并且已经得不到理论界和实践界的认可。

第二种观点是税收筹划有一定的限制条件，其限制条件是不得违反法律法规。即税收筹划包括节税、避税、税收转移等没有违反现行税法，同时也减轻了企业税负的行为。

第三种观点是税收筹划不仅要符合税法的要求，还要符合税法的立法目的，也就是人们经常说的节税行为。这一观点被税务机关所接受。

从上述对税收筹划内容的界定来看，第一种观点基本上是不被接受的，因为不符合法律的规定。第二种和第三种观点仍然存在争议。两种观点的区别在于税收筹划是否只与税法的规定相符，是否也要符合国家税法的实质内容和立法意图。也就是说，我们经常说的避税是不是纳税筹划的一部分。目前，更多的人接受的是第二种观点。

税收筹划最先出现在实体经济中，也就是在传统的商业模式下产生了税收筹划，企业的财务活动包含税收筹划。到现在为止，许多企业运用电子商务获取了较大的利润，但是，有效开展税收筹划能使企业实现价值最大化的目标，企业依然有开展税收筹划的必要性，理由有以下五点：

第一，相较于传统经济，电子商务拥有较多的特点，这些特点为企业提供了较有利的节税条件。例如，电子商务企业具有无纸化的特点，现行税法很难界定电子商务交易的时间、地点、经销商、居民代理机构和产品形式，也就是说电子商务交易具有交易不确定性等特点。合理利用这些特点可以减轻企业税负。

第二，目前，经济趋向于全球化，电子商务同样也趋向于全球化，这不仅给企业带来了机遇，还给企业营造了更强的竞争环境。通过互联网平台，进入中国市场的外企逐步增多，他们与国内企业成为竞争对手。因此，电子商务企业应该重视降低税负，提高企业利润的行为方法，从而在电子商务全球化竞争中站稳脚跟。

第三，不管是在海外还是在国内，电子商务发展的高峰期均未到来，随着经济的发展，各国的法律法规将逐渐完善，法律中存在的漏洞将越来越少。因此，越早开展税收筹划，企业将越早获利。

第四，从税收征收的角度来看，我国电子商务的长远税收将受益于电子商务企业的税收筹划。税收筹划是不违反税收法律法规的、正当的节税行为，从长远来看，这将对我国的税收事业有所贡献。

第五，电子商务企业开展纳税筹划工作，不仅可以对我国的税收执法起到监督作用，而且可以促进并完善我国税法的立法。

二、电子商务企业税收筹划的基本方法

（一）利用税收管辖权的筹划

税收管辖权是一国政府的税收主权，主要包括政府对什么征税、征什么税和征多少税。一般情况下，税收管辖权包括地域管辖权、居民管辖权与公民管辖权。每个国家都有各自的税收管辖权，有的国家实施的是地域管辖，有的国家实施的是居民管辖，不同的管辖对征税有不同的影响。因此，利用各国不同的税收管辖权可以有效进行税收筹划。

（二）利用所得性质的筹划

首先，电子商务模糊了劳动收入与营业收入的差异。比如，一位居住在中国的医生，通过互联网给美国的病人看病，指导其手术，那么这位医生为此所获得的收入究竟是劳务收入还是营业收入？这就比较难区分了。其次，电子商务含混了劳务收入、特许权使用费和营业收入之间的差异。例如，从前购买软件产品时，通常需要到店铺购买，你所支付购买软件商品的钱也就是该店铺的经营所得，但现在你已经不需要到店铺购买了，而是直接进入网店购买拷贝，那么这种购买行为到底是购买商品还是购买权利？这也较难区分了。我国的税法对不同行业的企业提供了有差别的税收优惠政策，税收筹划可以利用收入性质的不同来展开。

（三）利用常设机构的筹划

一个国家的企业是否在另一个国家设有常设机构，这关系到该居民或者企业是否要在该国纳税。从目前的研究结果来看，最早提出常设机构概念的是1963年的OECD范本。该范本规定，企业必须满足以下条件才算设有常设机构：拥有固定的经营场所以及公司的全部或部分业务是在该场所开展的。非居民企业的互联网服务器能否构成常设机构，日前还没有国家对其作出准确的界定。从法律的确定性准则来看，互联网服务器还不是常设机构。所以，即便一个国家确认互联网服务器是常设机构，但是只要企业不在该国家建立服务器并进行必要的交易，这样的服务器就不会被认定为常设机构。对于电子商务企业来说，利用常设机构可以进行税收筹划。

（四）利用企业性质的筹划

从事不同行业的电子商务企业有着不一样的企业性质。目前国家为了

支持本国企业的发展，专门为国内企业出台了许多税收优惠政策，合理地利用这些优惠政策有益于税收筹划。但是，从事不同行业的电子商务企业有着不同的税收优惠政策。例如，制造企业与商业企业在增值税税额抵扣时间上有所不同；高新技术企业与普通企业享受不同的所得税优惠政策；当在全国范围内实行“营改增”后，从事电子商务的电信企业按6%的税率缴纳增值税，而从事电子商务的普通企业按13%的税率缴纳增值税。

（五）利用电子商务企业的无纸化操作进行税收筹划

电子商务企业的交易基本上是在互联网上展开的，其交易特征之一是无纸化。电子商务的电子合同与交易票据是因为无纸化操作而产生的，其事实上就是企业的数据记录。因此，电子账事实上就是数据库，我们很难区分哪些数据或者数据库是由于交易而产生的，或者用于企业内部管理的是哪些数据或者数据库。此外，互联网是否有纸质合同，是否纳入税收范围，目前还没有一个明确的说法。因此，利用电子商务企业的无纸化操作可以对印花税进行税收筹划。

三、天猫B2C税收筹划案例分析

（一）天猫B2C模式介绍

电子商务企业分三大类：B2B、B2C和C2C。其中，发展最早的是B2B模式；目前发展较快的是C2C模式，远远领先于其他电子商务模式，但该模式也面临许多问题，尤其受“A货”“假货”的影响，这是C2C模式的症结所在。与此同时，苏宁易购、国美商城等B2C网站进入了蓬勃发展的阶段。2010年，电子商务的大规模注资对淘宝网的市场产生严重影响。为顺应发展趋势、构建完善的电子商务系统，阿里巴巴于2012年成立天猫商城，大力发展电子商务B2C模式，天猫商城为淘宝网平台上的所有品牌、制造商、商家和消费者提供直接服务与优质的产品。2014年年初，阿里巴巴宣布天猫国际正式上线，天猫国际为消费者直接提供国内外优质的产品。天猫B2C业务飞速发展，其中最突出和具有标志性的事件便是“双十一”购物狂欢节。从2010年起，历年“双十一”的交易量均刷新上一年的纪录。回顾历年“双十一”的交易量，2010年“双十一”的交易量为9.36亿元；2011年的交易量则达到了52亿元，同比增长了约450%；2012年的交易量是191亿元，同比增长了约270%；2013年的交易量是350亿元，同比增长了约85%；而2014年的交易量达到了571亿元，同比增长了约65%；2015 年的交易量是 912 亿元，同比增长了约 60%；2016 年的交易量是 1 207 亿元，同比增长了约 35%；而 2017 年的交易量则以 1 682亿元收官，同比增长了约 40%。虽然“双十一”购物狂欢节每年的增长速度有所下降，但是拥有着极大的增长量，并且每年的交易量都在刷新纪录。历年天猫 B2C 在“双十一”的交易量如图 1 所示。

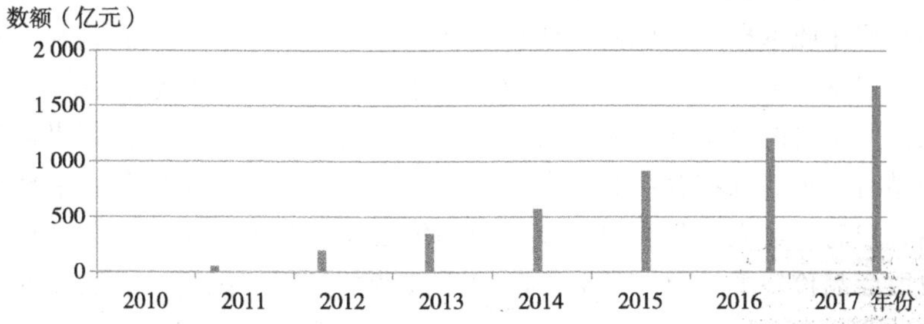

图 1　天猫商城 B2C 店铺历年“双十一”成交量

资料来源：阿里巴巴数据统计部门（https：//dt. alibaba. com/）。

（二）天猫 B2C 模式下某电子商务公司税收筹划案例分析

为了实现企业价值最大化的目的，某家进入天猫 B2C 模式的电子商务企业是这样操作的：在国内注册网站，在取得 ICP 许可证时更改营业执照的经营范围，将其改为电信第二类增值业务，网站主题设置为代购代运，为外国人购买中国特色产品并提供运输服务。这些网站的收入并不是从货物的价格中获得的，而是在货运中收取的，也就是从运费里收取服务费，这相当于现在所说的第四方物流，那么这家入驻天猫 B2C 模式的电子商务公司为何如此进行税收筹划呢？这家公司的税收筹划实际上结合了前面提到的几种税收筹划方法，具体分析如下。

1. 利用税收管辖权进行筹划

该公司在避税天堂建立了一家虚拟公司。因为电子商务具有较大的流动性，所以进行国际交易时，可以选择在低税国进行。例如，阿根廷和芬兰的税法都规定政府有权对在该国发生的行为征收行为税。在两国进行货物交换时，交货地点选在国际避税港，如开曼和巴哈马等。该公司利用避税地的税收优惠政策逃避阿根廷和芬兰的行为税。这也就是利用税收管辖权进行纳税筹划。

2. 利用所得性质进行筹划

该公司的主营业务改为代购代运。其实质是利用了上述所说的根据收入性质的不同进行税收筹划。我国税法对不同性质的收入提供了不同的税收优惠。因此，该公司的做法是将收入从高税率转移至低税率。该公司的具体做法是将利润转移至手续费。这里的服务费等于运费和服务费率的乘积。假如服务费用是根据商品价格计算的，那么该商品很可能被税务机关认为是增值了，从而需要缴纳增值税，但是运输费上收取手续费，税务机关便不会认为商品增值，从而避免了货物增值的高税率。因此，他们不从商品价格中收取费用。该公司还特别注意细节。如果客人需要代运，那么客人需要支付的总额 = 运费 + 运费 × 服务费率，如果客户想要代购，那么客人需要支付的总价 = 产品价格 + 运费 + 运费 × 服务费率，在帮助客户购买商品时要求商家将客户的名字作为发票的抬头。当电子商务企业将商品发给客户时，客人的包裹中应放有商品的发票。如此一来，该公司就无法开收取商品价格的发票，只能开收取手续费的发票。因此，在缴税时适用手续费①的低税率。总的来说，利用所得性质进行税收筹划，可以有效避开高税率的税收，从而到达减税的目的。

3. 利用常设机构进行筹划

在常设机构中，是否将非居民互联网网站认定为常设机构，迄今为止尚没有国家对其进行准确的界定。但是从法律确定性原则的角度看，互联网网站还不是常设机构。如果某国确定该互联网网站是常设机构，只要该公司不在该国设立网站，而只通过互联网与该国联系，那么该网站就不会被确定为常设机构，从而实现避税目的。

4. 利用企业性质进行筹划

该电子商务公司在国内注册了一个网站，取得了 ICP 许可证，并且对营业执照中的经营范围做了更改，将高税率的从事电子商务服务的一般企业更改为税率较低的电信企业，这是利用企业性质来进行税收筹划。在从事电子商务服务的企业中，只有电信公司按照 3% 的税率缴纳营业税，而其他的普通企业需要按 5% 的税率缴纳营业税，因此，该公司降低了两个百分点的税负。当然，在 2016 年全面实施“营改增”后便没有了营业税，该公司则按照相应的增值税税率来纳税。同样，从事电子商务企业的增值税税率比普通企业低。

5. 利用电子商务企业的无纸化操作进行税收筹划

电子商务企业执行的操作是无纸化操作，互联网是否有纸质合同，印花税是否纳入征收范围，目前还没有作出明确的规定。因此，该公司

---

① 手续费的税率是 6%。

可认定在互联网交易过程中没有签订纸质合同，也就可以不用缴纳印花税。

从上述案例可以看出，电子商务企业可以利用税收管辖权、所得性质、常设机构、企业性质以及电子商务企业的无纸化特征进行税收筹划，并且需要综合运用这些方法。因此，税收筹划并不是简单地使用某一种方法或者单纯地降低某一税种的税款，而是要综合运用多种方法进行筹划。由此可以看出，税收筹划是一项严谨且长期的工作。只有综合考虑，结合多种方法，权衡成本和收益之间的关系，才能设计出最好的税收筹划方案。并且，只有严格地对待才能确保税务筹划不会违反法律法规。另外，税收筹划还需要更多的创新组合，开发更多的新模式，这样电子商务企业才能健康长久地发展。

四、电子商务企业税收筹划风险分析

根据上述案例，笔者发现电子商务企业有较大的税收筹划空间。但是，电子商务企业在税收筹划中也存在着不容忽视的风险，这些风险是指企业在开展税收筹划后，由于外部因素的影响，企业存在收入不确定的情况。

（一）税收筹划风险类型分析

税收筹划的风险可分为业务流程中的风险和税收政策的使用风险两大类。具体又可细分为以下 4 种风险。

1. 公司信誉的风险

税务机关会对不讲诚信的企业加强审查力度。例如，如果公司的税收筹划不合适，没有合理地避税，而是被认定为偷税或逃税，那么在税务机关看来，该公司是一家没有信用的企业，税务机关就会加大对其的审查力度，提高申报条件。

2. 法律风险

税务筹划能够使企业的税收成本降低，但有时会由于对税法体系解读不全面而形成一定的误解，从而偏离法律，使合理避税变为偷税或逃税。因此，深入研究税收优惠政策并准确理解税收法律法规，对税收筹划来说十分关键。

3. 执法风险

我国的税收征收主体除了国税、地税等税务部门之外，还包括财政、海关。由于各部门的信息没有全部公开，因此，在税收征收上难免存在重复征税的问题，这加大了税收筹划的难度和风险。在上面的案例中，利用纳税管辖权开展税收筹划，交货地点选择在国际避税天堂，避免了行为税。但是，在货物运输过程中，必须经过海关，海关部门可以在货物经过海关时对其征税。这就加大了税收筹划的风险。

4. 财务风险

这主要是由于降低一种税负时所带来的另一种税收负担增加或者成本增加。比如，在降低税收负担时有可能会增加运费、机构设置费等。在上述案例中，该公司设立虚拟公司会增加机构设置费用和公司注册费用，并且在避税国家进行交易时会产生额外的运费。

（二）税收筹划风险原因分析

减轻税收负担是税收筹划最直接的目的。对于电子商务企业来说，税收筹划风险产生的原因有以下几个。

1. 依赖原有税法的宽松政策

中国的电子商务正处于快速发展时期，国家高度重视并将其作为拉动内需和调整经济结构的重要手段，因此，在制定政策时，给予了宽松的税收政策。这就为电子商务企业提供了税收筹划空间。例如，电子商务企业的印花税并未纳入税法，这便是宽松的税收政策。但这种情况并非一成不变，随着电子商务的深入发展，税法将进一步完善，减少税法的真空地带。

2. 税收筹划方案本身的设计存在问题

税收筹划是计划性很强的行为，依靠行业经验和知识水平，做出具有前瞻性的决策。税收筹划原本就是一项需要综合考虑的项目，它涉及很多复杂的因素，经常游走在法律的空白区域。一旦忽略某个点，公司将可能面临巨大的风险，甚至触及法律的底线，葬送企业的未来。在上述案例中，如果筹划不恰当，忽略某一点，将会变成偷税或逃税，给企业带来信誉方面的风险，该企业也会成为税务机关特别关注的“重点户”。

3. 税务机关对税法空白地带的解读问题

面对税法差异以及税法的真空地带，不同的人有不同的理解。在税收筹划过程中，主要还是看执法者对税收差异与税法空白地带的理解。但即使执法者有相同的理解，实施的行政手段也可能不同。如果公司和税务机关对税收制度有着相反的理解，公司将面临巨大的税收筹划风险。电子商务企业是否要缴纳印花税，目前还存在争议。法律没有明确规定电子商务企业必须缴纳印花税，企业可认为不需要缴纳，但税务机关可能认为需要缴纳印花税。因此，税务机关对税法空白地带的解读会使企业面临税收筹划风险。

五、加强风险管理，提高电子商务企业的税收筹划水平

尽管电子商务企业有很大的税收筹划空间，但也存在重大的税收筹划风险。因此，电子商务企业需要注重税收筹划的设计和实施，加强风险管理。对此，有如下建议：

第一，避免税收筹划风险。这是最彻底、最极端的应对策略。既然存在风险，我们就直接放弃。例如，对于企业信誉风险，直接放弃税收筹划就可以规避风险了。企业的信誉对企业来说十分重要，一旦企业失去信用，企业将会步履维艰。但是，在权衡利弊的情况下，除非对公司的信誉构成严重威胁或其他十分特殊情况，否则通常不支持这种极端的做法。

第二，控制税收筹划风险。这一策略可以降低税收筹划风险发生的可能性，是一种积极主动的风险应对策略。例如，对于法律风险，事先确保税收执法者对税法空白地带的理解与纳税人一致，然后再进行合理的税收筹划。做到事先控制，事后补救。

第三，分散税收筹划风险。众所周知，风险是可以分散的，同样，税收筹划风险也是可以分散的，我们可将整体的税收筹划风险分散成小单位的风险，以此来降低风险带来的损失。电子商务交易不是指单一的商品或者服务交易，而是一个系统的交易过程，所以应该从各个不同的角度进行考虑，制定不同的方案。然后根据企业所处的税收环境，采取相应的方案，这样才能更好地分散系统风险。面临执法风险时，由于不同部门对不同类型的税收进行征收，因此可根据具体税种采用不同的税收筹划方案来分散风险。

第四，保留一定的风险。纳税人应该积极应对税收筹划风险，但是并不是说企业不允许存在任何的风险，风险无时不在，在衡量收益和成本后，企业应允许存在一定的风险。对于财务风险，在税收筹划后对利润和风险进行权衡，选择小的风险，并最终实现公司价值最大化。

电子商务企业在税收筹划设计阶段，应邀请相关学者、专家以及行业资深人士共同探讨，制定最优的税收筹划方案；在税收筹划实施阶段，不仅要关注电子商务企业自身的变化，更要关注国家税收体系的动态；在税收筹划结束时，税收筹划者应积极总结税收筹划中出现的问题，并根据新情况和新风险调整策略。面对税收筹划风险，电子商务企业不应把它视为问题，而是要合理运用税收筹划风险，获得税收筹划利益。

总之，电子商务企业的税收筹划不是短期的简单节税，而是一个长期的历程。随着税收法律与政策的不断完善以及电子商务的快速发展，电子商务企业税收筹划的方法需要与时俱进，结合自身条件，制定最优的税收筹划方案。

参考文献：

[1] 包亚杰．我国电子商务企业税收征管与纳税筹划研究［D］．北京：华北电力大学（北京），2016.

[2] 郭丽霞．电子商务税收筹划探析［J］．河南税务，2003（23）：48－49.

[3] 黄舒文．电商环境下我国企业税收筹划存在的问题及其分析［J］．统计与管理，2017（07）：68－69.

[4] 刘羽．基于电子商务平台的税收筹划问题分析［J］．科技经济市场，2014（08）：35－36.

[5] 李学坤，张榆琴．基于电子商务平台的税收筹划问题分析［J］．中国集体经济，2011（10）：119－120.

[6] 秦琴．电子商务的税收筹划［J］．现代商业，2007（16）：86.

[7] 孙彦．我国电子商务可税性分析［D］．青岛：中国海洋大学，2008.

[8] 宋春丽．基于电子商务的税收筹划问题研究［D］．青岛：青岛理工大学，2013.

[9] 吴益军，廖跃华．浅谈企业电子商务运营下的税务筹划［J］．上海会计，2004（01）：35－36.

[10] 徐坡．电子商务为税收筹划增大空间［N］．中国税务报，2004－04－02.

[11] 夏存海．高新技术企业税务筹划案例分析［J］．财会通讯（理财版），2007（11）：101－102.

[12] 易亚兰．跨境电子商务零售进口税收新政对跨境网购的影响及对策研究［D］．杭州：浙江财经大学，2017.

[13] 于丽娜，杨旭辉．跨国企业实施国际税收筹划策略分析［J］．沈阳建筑大学学报（社会科学版），2006（04）：374－376.

[14] 周思伶．电子商务下的税收问题研究［D］．成都：西南交通大学，2006.

[15] 卓丽娟．电子商务企业的财务管理研究［J］．经济师，2015（11）：140－141.

4　河南 YX 房地产开发公司的税收筹划方案设计

李泽鹏

【摘要】随着我国经济下行压力的增大，我国宏观经济也迎来转型升级的新常态，在此大背景下，房地产开发企业的发展前景不容乐观。很少被企业重视的税收筹划也日渐进入企业管理层的视野，通过税收筹划，可以帮助房地产企业在激烈的市场竞争中站稳脚跟并促进企业的长远发展。本文首先介绍了河南 YX 房地产开发公司的基本情况，然后对其生产经营的各环节做出税收筹划方案，并对筹划方案的预计效果进行测算以证明筹划的可行性，最后对公司提出税务管理建议。

【关键词】税收筹划　房地产开发　税收风险

【作者简介】李泽鹏，中国社会科学院研究生院公共政策与管理学院研究生

一、选题背景与研究意义

由于房价的持续攀升，我国政府出台了多项宏观调控措施，如国税函〔2010〕220 号文①、税总发〔2013〕67 号文②、国家税务总局公告 2014 年第 2 号③、国家税务总局公告 2016 年第 18 号④以及财税〔2016〕140 号⑤等，给房地产开发企业带来了很大压力。

如今为了刺激经济发展，国家逐渐给楼市松绑，一些城市也陆续取消了限购规定。但是这只是短期效应，并不利于公司的长远发展，在国家的各项税收政策频频出台的背景下，房地产市场的机遇与挑战并存。房地产市场表面的繁荣很容易蒙蔽企业的双眼，如果房地产企业不能树立长远的发展眼光，就很难在竞争激烈的市场中生存下去。税收筹划作为一种节省税款、为企业带来经济利益的有效手段，理应得到企业应有的重视。实际

---

① 《国家税务总局关于土地增值税清算有关问题的通知》。

② 《国家税务总局关于进一步做好土地增值税征管工作的通知》。

③ 《国家税务总局关于纳税人开发回迁安置用房有关营业税问题的公告》。

④ 《国家税务总局关于发布〈房地产开发企业销售自行开发的房地产项目增值税征收管理暂行办法〉的公告》。

⑤ 《财政部、国家税务总局关于明确金融、房地产开发、教育辅助服务等增值税政策的通知》。

上，有效的税收筹划方案往往可以提高房地产开发企业在市场中的竞争力，是企业发展中的一剂良药。

二、河南 YX 房地产开发公司基本情况

（一）河南 YX 房地产开发公司简介

河南 YX 房地产开发公司于 2005 年 9 月在焦作市工商行政管理局登记成立，注册资金 8 177 万元，隶属于泰美嘉集团，是一家专业从事房地产开发与经营，具有房地产开发一级资质的地产企业。公司心怀“生态，让生活更美好”的集团品牌理念，信奉“建筑未来，构筑美丽人生”的企业使命，秉持“成为中国生态人居领先者”的企业愿景，着力打造符合消费趋势的生态人居地产。

公司先后在焦作、武陟、修武、新乡、南阳、济源等河南非省会城市开发多个知名项目。公司采取“农村包围城市”的发展战略，在深耕非省会城市市场的基础上，筹划未来 5 年将业务拓展至省会郑州市。经过 13 年的发展，公司已成长为当地知名的标杆型企业，先后荣获“中国知名房地产企业”“河南省房地产开发优秀企业”“全国物业管理示范住宅小区”“全国人居经典楼盘”“焦作最佳性价比楼盘”等荣誉。未来，公司将立足中原发力全国，在发展住宅、商业地产的基础上，进入产业地产、养生地产、度假地产、金融投资等领域，竭力打造知名品牌，为中国的城市发展和经济繁荣做出贡献。

2019 年年初，公司取得位于焦作市解放区的一块 45 730. 96 平方米的土地，计划开发焦作市 MALL 城项目，项目总建筑面积为 200 230 平方米，包括 3 栋高层住宅、1 栋 30 层写字楼和 1 栋商场楼，该项目住宅预计建成精装修房，住宅区配有 2 层地下室，地下一层用作配套房，二层用于建设地下停车场。本文主要以焦作市 MALL 城项目作为筹划对象。

（二）河南 YX 房地产开发公司税务管理情况

河南 YX 房地产开发公司由于规模较小，所以自成立之日起便始终将公司的发展重心定为拓展市场。但是公司管理能力欠缺，没有专门的税务部，涉税事项由财务部进行操作管理。由于公司知名度较低，难以吸引到外地优秀人才，所以财务人员都是焦作本地人，而且业务能力有限，对税收政策法规不能及时掌握，甚至对税法存在误解，导致公司不能充分享受税收优惠政策，时常多缴纳或者少缴纳税款，曾因缴纳税款不及时而受到税务局的处罚，急需专业税务人才对公司进行税收筹划。

河南 YX 房地产开发公司各经营阶段可能涉及的税种如表 1 所示。

表 1　河南 YX 房地产开发公司各经营阶段可能涉及的税种

经营阶段	具体活动	涉及税种	纳税人	计税依据	税率
建设施工	工程建设	印花税	书立设计合同或建筑安装工程承包合同的单位或个人	合同所载金额	设计合同 0.5‰，建筑安装工程承包合同 0.3‰
		城镇土地使用税	在城市、县城、建制镇、工矿范围内使用土地的单位和个人	纳税人实际占用土地面积	13 元/平方米
销售或持有	转让土地使用权或销售房屋	增值税	转让土地使用权、销售不动产的单位和个人	取得的全部价款和价外费用扣除当期销售房地产项目对应的土地价款，价税分离后的金额	9%
		城市维护建设税	负有缴纳增值税义务的单位和个人	纳税人实际缴纳的增值税	7%
		教育费附加			3%
		土地增值税	转让不动产的单位和个人	收入减去扣除项目金额	30% ~60%
		印花税	书立产权转移书据的单位或个人	合同所载金额	0.5‰
	出租房屋或土地	增值税	出租房屋或土地的单位和个人	不含税租金收入	9%
		城市维护建设税	负有缴纳增值税义务的单位和个人	纳税人实际缴纳的增值税	7%
		教育费附加			3%
		房产税	出租房产的单位和个人	租金收入	12%
		城镇土地使用税	在城市、县城、建制镇、工矿范围内使用土地的单位和个人	纳税人实际占用土地面积	13 元/平方米
		印花税	书立财产租赁合同的单位或个人	合同所载金额	1‰，不足 1 元按 1 元贴花
	自用房屋或土地	房产税	房屋的产权所有人	应税房产余值	1.2%
		城镇土地使用税	在城市、县城、建制镇、工矿范围内使用土地的单位和个人	纳税人实际占用土地面积	13 元/平方米

三、河南 YX 房地产开发公司税收筹划方案设计

（一）筹资环节的税收筹划

每一个房地产开发项目都需要巨额资金投入，而房地产公司的自有资金往往不足以支付这笔款项，所以房地产开发的第一步往往是资金的筹集。

1. 自发性筹资

通过预售商品房迅速回笼资金的方式即为自发性筹资，例如在预售阶段采取“一万抵三万”等促销方式来折扣销售。但是这一方式会使公司税收负担增大，因为售出商品房就需要缴纳增值税、土地增值税、城建税等一系列税款。因此，从税收角度看，自发性筹资并不是一种好办法，不应作为房地产开发企业的首选。

2. 权益性筹资

利用发行股票来筹资的方式即为权益性筹资。这种方式的成本比较低，公司的经济压力和税收压力都较小。但是这种方式需要企业从税后利润中拿出一部分来作为股息支付给投资方，不能给房地产开发企业带来税收方面的减免。因此，权益性筹资也不是最佳方案，况且河南 YX 房地产开发公司不是上市公司，无法发行股票，该方案不适用。

3. 债务性筹资

企业通过发行债券或向金融机构借款以及企业间拆借来进行债务性筹资。企业通过对外发行债券或者内部购买的方式实施债务性筹资，债券利息作为财务费用按照税法规定是允许在税前列支扣除的，从而降低公司税负、减少当期企业所得税税额。但是要提防出现资本弱化的问题，严重的资本弱化会招来税务局的稽查，会影响企业正常的生产经营活动。向金融机构借款比较有保障，借款的期限和利率稳定，而且金融机构借款以及利息也可以在企业所得税前据实扣除。企业间拆借这种方式无论是借款期限还是利率均比向金融机构借款更加灵活。但是由于国家对向非金融机构借款的利息支出有限制，不能高于金融机构借款同期同类利息水平①，因此，这种方式需要事先比较对应的经济利益与税收压力。

---

① 《中华人民共和国企业所得税法实施条例》第三十八条规定：“企业在生产经营活动中发生的下列利息支出，准予扣除：（一）非金融企业向金融企业借款的利息支出、金融企业的各项存款利息支出和同业拆借利息支出、企业经批准发行债券的利息支出；（二）非金融企业向非金融企业借款的利息支出，不超过按照金融企业同期同类贷款利率计算的数额的部分。”

综上所述，对于河南 YX 房地产开发公司而言，债务性筹资是最佳方案，尤其是发行债券，次优选择是向金融机构借款，最后是企业间拆借。

（二）获取土地环节的税收筹划

河南 YX 房地产开发公司通过政府的“招、拍、挂”方式从政府手里取得这块土地的开发权和使用权，在这一环节主要涉及耕地占用税①和契税②。

1. 耕地占用税

焦作市 MALL 城项目位于焦作市区，适用每平方米 45 元的耕地占用税税率，而且河南 YX 房地产开发公司取得的这一块土地也不在税法规定的四种免征情况③，所以此环节几乎无筹划空间，应按规定缴纳耕地占用税税款。

2. 契税

焦作市 MALL 城项目位于焦作市区，焦作市规定的契税税率为 4%，而且对于房地产开发企业取得土地使用权方面也没有减免税优惠。只有两种情况可能使得公司少缴契税：一是当公司原有的土地、房屋被县级以上人民政府征用、占用后，公司在另一地段重新承受土地、房屋权属时，可能可以减征或免征契税，要视河南省的规定而定④；二是公司的土地若是在企业改制重组过程中获得的，可以根据我国现行税法的规定，享受免征契税的优惠。

（三）建设施工环节的税收筹划

建设施工环节主要涉及城镇土地使用税、印花税、增值税、城市维护建设税和教育费附加。

1. 城镇土地使用税

由于焦作市 MALL 城项目的地块是二等土地标准，河南省城区城镇土

---

① 耕地占用税是对占用耕地建房或者从事其他非农业建设的单位和个人，依据实际占用耕地面积、按照规定税额一次性征收的一种税。

② 契税是以所有权发生转移变动的不动产为征税对象，向产权承受人征收的一种财产税。

③ 《中华人民共和国耕地占用税暂行条例》第七条规定，下列经批准征用的耕地，免征耕地占用税：（一）部队军事设施用地；（二）铁路线路、飞机场跑道和停机坪用地；（三）炸药库用地；（四）学校、幼儿园、敬老院、医院用地。

④ 《中华人民共和国契税暂行条例细则》第十五条第（一）项规定，土地、房屋被县级以上人民政府征用、占用后，重新承受土地、房屋权属的，是否减征或者免征契税，由省、自治区、直辖市人民政府确定。

地使用税现在规定为每平方米 13 元。河南 YX 房地产开发公司可以通过增加绿化[①]和利用免税期来享受税收优惠。通过大量修建绿化带和广场等公共用地，一方面，企业可以减少城镇土地使用税税额；另一方面，更多的绿化带往往意味着更好的居住环境，可以此促进该楼盘商品房的销量。此外，国家对于经批准开山填海整治的土地和废弃土地改造的地块也有一定时期的城镇土地使用税的优惠[②]。假如企业取得的是这一类型的土地，就应该在房地产建设时缩短工期，将工期减少至免缴期内。

2. 印花税

有合同就有印花税，房地产开发企业在工程建设阶段要与分包商、原材料供应商等上下游相关者签订一系列的合同。由于印花税税目较多且不同税目对应的税率不同，所以可以采取以下两种方式进行筹划。第一，拆分业务，把适用不同税率的业务分别记载。例如，购买建筑材料和工程勘察设计适用的税率不同，就应该把它们分别列支为不同的合同，以此适用各自的税率；否则，如果图省事，只在一个合同上标注一个总金额，就会使得所有合同事项都适用于该合同业务中的最高税率，造成不必要的印花税多缴[③]。第二，事前尽量低估合同金额。印花税税额是按照合同金额乘以税率来计算的，建设施工合同往往金额较大，税基较大。企业可以在签订合同时，保守估计将会产生的应税业务的金额，以此来减少印花税。在合同执行完毕后，如果实际金额小于或等于合同金额，就无须补税；如果决算金额大于合同金额，再补交印花税即可，即使不能少缴印花税，也可以取得这笔税款的时间价值。

3. 增值税

增值税作为房地产开发建设施工环节最主要的税种，可以利用拆分税基的方式进行筹划，具体包括通过分包合同降低税率和合作建房两种方式。我国目前的工程建设通常是许多承包商或者有资质的工程施工企业对一个项目转包和分包，增值税税基为总承包额剔除分包款后的金额。假如房地产开发企业从乙企业承包项目再转包给丙企业，如果合同约定金额为房地产开发企业收的中介费和支付给丙企业的款项总额，那么中介费也得

① 《中华人民共和国城镇土地使用税暂行条例》第六条第（四）项规定，市政街道、广场、绿化地带等公共用地免缴土地使用税。

② 《中华人民共和国城镇土地使用税暂行条例》第六条第（六）项规定，经批准开山填海整治的土地和改造的废弃土地，从使用的月份起免缴土地使用税 5 年至 10 年。

③ 《中华人民共和国印花税暂行条例实施细则》第十七条规定：“同一凭证，因载有两个或者两个以上经济事项而适用不同税目税率，如分别记载金额的，应分别计算应纳税额，相加后按合计税额贴花；如未分别记载金额的，按税率高的计税贴花。”

按照建筑业9%的税率来计算增值税。但若直接转包给丙企业建设，由乙企业向房地产开发公司偿付中介费，即可按现代服务业适用6%的税率。此外，房地产开发企业可以与其他有资质的企业合作建设，房地产开发企业提供土地使用权，另一方出资，双方成立合营公司共同建设，那么，房地产开发企业只需要对商品房销售收入计征增值税，该方法可以减少其未来环节的增值税税额。

4. 城市维护建设税和教育费附加

城市维护建设税和教育费附加作为一种附加税，本身并没有筹划的空间，需要提前对增值税税额进行筹划，通过减少增值税税额来少缴随之带来的附加税。

（四）销售环节的税收筹划

在本案例中，河南YX房地产开发公司取得预售许可证后便开始预售商品房并对外招租商铺。在该交易环节会产生增值税、城市维护建设税、教育费附加、企业所得税和土地增值税。

1. 增值税

由于房地产交易属于销售不动产，适用单一9%的税率计征增值税，所以房地产开发企业只能通过减少税基的方式来进行增值税筹划。第一，可以通过拆分价外费用的方式。在房屋销售环节，房地产开发公司收取的天然气开口费、燃气费、水电初装费等费用只是为其他部门代收代缴的，但是税务机关往往要求其将这些费用算作价外费用包括在增值税计税依据中。所以，房地产开发企业应该成立一家独立经营单独核算的物业公司来代收代缴上述各项费用，从而无须为这笔价外费用缴纳增值税。第二，房屋出租也属于广义上的销售环节，税法规定不动产租赁服务需要按照9%的税率计征增值税。实际上，房地产开发企业可以将房产作为固定资产对第三方投资入股，将租金收入变为股息红利，即可省去这一笔增值税支出。

2. 土地增值税

土地增值税是房地产开发企业独有的而且十分重要的税种，主要有以下4种途径可以筹划：

第一，不动产处置方式的改变。房地产开发企业并不必须将房子卖出去，其完全可以留一部分自用或者出租，房子产权不改变就没有土地增值税的纳税义务。在本案例中，焦作市MALL城项目的两栋商业楼与写字楼，河南YX房地产开发公司完全可以少销售多自已持有或者多出租来减少土地增值税的缴纳，或者先出租后销售来推迟土地增值税纳税义务，从长远来看，也是有利于公司发展的。

第二，增加停车场数量。无论是开发写字楼、商铺或者住宅，均需要一定比例的配套地下停车场，停车场是可以作为公共配套设施在增值税税前扣除的，不管其是盈利或亏损①。所以，更多的地下停车场往往代表着更多的土地增值税税前扣除额，从而可以缴纳更少的土地增值税。

第三，控制增值率。我国土地增值税规定不同的增值率使用不同的税率，在本案例中，焦作市 MALL 城项目完全可以降低三栋普通住宅的价格或者增大扣除项目金额从而避免土地增值税税率的提高，如果能将增值率降至 20% 以下，即可无须缴纳土地增值税②。

第四，对开发项目按性质拆分。有些房地产公司为了省事，往往把普通住宅和非普通住宅统一核算，但是按照我国税法规定，普通住宅增值率不超过 20% 是无须缴纳土地增值税的，而非普通住宅无论增值率是否超过 20% 都需要缴纳。在本案例中，焦作市 MALL 城项目的住宅楼由普通住宅和非普通住宅组成，河南 YX 房地产开发公司将性质不同的开发项目进行区分后，增值率不超过 20% 的普通住宅即可无须缴纳土地增值税。

3. 企业所得税

企业所得税筹划的主要方法是减少收入的确认。房地产开发公司设立独立核算的物业子公司后，即可将销售房屋时代收代缴的天然气开口费和水电初装费等从企业的收入总额中剥离出来，从而减少企业应纳税所得额。采取分期付款方式销售房屋时，作为预售账款的预计收入需要按照合同约定日确认收入，如果买方提前付款，就按实际付款日做收入实现，从而可以推迟收入确认时间，通过递延纳税来获取资金的时间价值。同时，房地产开发企业在计算本期所得税时，应按照完工成本或者完工进度计算预计毛利，并减除当期对应的三大期间费用和增值税等各项税额。关联企业利息支出也是一种筹划的思路，只要关联方债券性投资额不超过权益性投资额的 2 倍，即可在企业所得税税前扣除③，企业可以在限额内充分利

---

① 《房地产开发经营业务企业所得税处理办法》（国税发〔2009〕31 号）第三十三条规定，企业利用地下基础设施形成的停车场所，作为公共配套设施进行处理。

② 《中华人民共和国土地增值税暂行条例》第八条第（一）项规定，纳税人建造普通标准住宅出售，增值额未超过扣除项目金额 20% 的，免征土地增值税。

③ 《财政部、国家税务总局关于企业关联方利息支出税前扣除标准有关税收政策问题的通知》（财税〔2008〕121 号）第一条第二款规定：“企业实际支付给关联方的利息支出，除符合本通知第二条规定外，其接受关联方债权性投资与其权益性投资比例为：（一）金融企业，为 5 ∶ 1；（二）其他企业，为 2 ∶ 1。”

用这一政策。而且，根据我国税法的规定，实发工资总额14%以内的职工福利费、2%以内的工会经费、8%以内的职工教育经费都可以在税前扣除①，因此房地产开发企业就可以尽可能多地发放工资薪金，从而增加职工福利费等可在税前列支的金额。此外，鉴于广告费和业务宣传费支出不仅可以限额扣除，而且超限额部分可以结转以后年度扣除②，所以公司可以加大广告投放力度或向客户赠送礼品等，既扩大公司知名度又可以减少企业所得税。

（五）持有环节的税收筹划

房地产开发企业并不总是将所有房屋售罄，一般都会自己保有一些，留待出租或者自用。这一环节主要涉及企业所得税和房产税。

1. 企业所得税

企业所得税筹划方案和上一环节类似，主要是多列支出、少计收入。此外，还可以利用固定资产加速折旧法缩短固定资产折旧年限，把以后年度的成本费用迁移到当期来增加税前扣除，减少应纳税额③。而且，财税〔2014〕75号文④规定，单价小于等于5 000元的固定资产是可以一次性在当前企业所得税前扣除的。所以，如果有符合条件的固定资产，也可以增加税前扣除额，减少当期应纳企业所得税。

2. 房产税

房地产开发公司保有自用的房产需要按照1.2%的税率计算缴纳房产税⑤，没有筹划的余地，但是自有房屋出租的部分，却有筹划空间。首先，可以拆分房屋租金。房产的出租往往伴随着房屋设备和家具电器等的出租，多数企业为了省事，往往只签一份租赁合同，合同上只标注

---

① 《中华人民共和国企业所得税法实施条例》第四十条规定，企业发生的职工福利费支出，不超过工资薪金总额14%的部分，准予扣除。第四十一条规定，企业拨缴的工会经费，不超过工资薪金总额2%的部分，准予扣除。第四十二条规定，除国务院财政、税务主管部门另有规定外，企业发生的职工教育经费支出，不超过工资薪金总额8%的部分，准予扣除；超过部分，准予在以后纳税年度结转扣除。

② 《中华人民共和国企业所得税法实施条例》第四十四条规定，企业发生的符合条件的广告费和业务宣传费支出，除国务院财政、税务主管部门另有规定外，不超过当年销售（营业）收入15%的部分，准予扣除；超过部分，准予在以后纳税年度结转扣除。

③ 《中华人民共和国企业所得税法》第三十二条规定，企业的固定资产由于技术进步等原因，确需加速折旧的，可以缩短折旧年限或者采取加速折旧的方法。

④ 即《财政部国家税务总局关于完善固定资产加速折旧企业所得税政策的通知》。

⑤ 《中华人民共和国房产税暂行条例》第四条规定，房产税的税率，依照房产余值计算缴纳的，税率为1.2%；依照房产租金收入计算缴纳的，税率为12%。

总金额。但是房屋内的机器设备和办公桌、沙发、空调等并不需要缴纳房产税，所以应该将机器设备和家具、家电单独签订一份租赁合同，将其从租金中拆分出去，以此减少房产税从租计征的计税基础。其次，可以将物业服务费拆分出来。房地产开发公司提供给承租方的物业管理服务根本不属于房产税的征税范围，所以应该将物业管理服务单独由物业管理子公司签订合同，将其从房屋租金中剥离出来，从而减少房产税缴纳。

四、筹划方案的预计节税效果

（一）增值税预计节税效果

1. 拆分价外费用预计节税效果

河南 YX 房地产开发公司销售住宅时，并未将天然气开口费和水电初装费等费用分开核算。焦作市 MALL 城项目的住宅价款中，天然气开口费 3 000 元，水电初装费 2 000 元，住房维修基金每平方米 200 元，预计 2019 年焦作市 MALL 城项目销售 1 250 套，总销售面积 15 000 平方米，总住宅销售收入 79 772 万元。按照之前给出的筹划方案，若河南 YX 房地产开发公司成立一家专门用于收取天然气开口费和水电初装费等款项的独立核算的物业公司，并由该子公司负责后期的物业管理服务，河南 YX 房地产开发公司仅在销售环节收取住房维修基金和房屋价款，并把两项款项分开核算，则河南 YX 房地产开发公司 2019 年预计应纳增值税额为 79 772 ×9% = 7 179.48万元，比筹划前节省税款［1 250 ×（2 000 +3 000）+200 × 15 000］×9% =83.25 万元。

2. 精装修房屋预计节税效果

经过市场调研，河南 YX 房地产开发公司认为精装修房屋比毛坯房更具竞争力，因此打算将焦作市 MALL 城项目建成精装修房对外出售。河南 YX 房地产开发公司旗下成立了独立经营的装修子公司，这家独立核算的子公司负责该住宅楼项目的装修工程。预计 2019 年焦作市 MALL 城项目可销售 680 套住宅，销售收入大约 41 200 万元，不成立装修子公司时需要纳税 41 200 ×9% =3 708 万元。实际上根据成本配比原则，房屋价款约 35 315万元，装修费用大约 5 885 万元，筹划后购房者与河南 YX 房地产开发公司和装修子公司分别按照各自价款签订合同，河南 YX 房地产开发公司只需要缴纳增值税 35 315 ×9% =3 178.35 万元，预计节约税款 3 708 - 3 178.35 =529.65 万元。

（二）土地增值税预计节税效果

1. 降低增值率的筹划效果

河南 YX 房地产开发公司在销售商品房时，应该科学合理定价，把土地增值率控制在临界点内，这样既能获得最大的销售收入，也可以缴纳相同条件下最少的税收。具体有以下两个临界点：

第一，免税临界点。假设河南 YX 房地产开发公司的商品房售价均为 P，将土地增值税加成扣除后的单位成本为 C，缴纳的增值税及附加为 5.5%P，那么全部扣除项目金额为 C+5.5%P。《中华人民共和国土地增值税暂行条例》规定，普通住宅增值率不超过 20% 时可以享受免征土地增值税优惠。$P/(C+5.5\%P)<120\%$，得出 $P<1.2848C$，也就是说，河南 YX 房地产开发公司应该把销售价格定在成本的 1.284 8 倍以内才能享受土地增值税的免征优惠。

第二，价格增加收益提高的临界点。当住宅售价高于免税临界点时，我们依然可以找到缴纳土地增值税时的最优定价临界点。假设免税临界点售价为 P，售价提高幅度为 A，实际售价 P+A，应当缴纳的增值税及附加为 $(P+A)\times5.5\%$，可以扣除的金额为 $C+(P+A)\times5.5\%$，增值额为 $P+A-[C+(P+A)\times5.5\%]=94.5\%(P+A)-C$，则应纳土地增值税为 $[94.5\%(P+A)-C]\times30\%=0.2835(P+A)-0.3C$，只要税款的增加额小于售价的增加额，该筹划就是有意义的。令 $0.2835(P+A)-0.3C+5.5\%A<A$，得出 $1.382C<P+A$，所以当增值率大于 20% 小于 50% 时售价临界点为 $[94.5\%(P+A)-C]/[C+(P+A)\times5.5\%]<50\%$，即 $P+A<1.6349C$。同理可得，当增值率大于 50% 时，房地产销售的利润随着住宅价格的提高而增加。

综上所述，普通住宅的售价应该小于成本的 1.284 8 倍或者大于单位成本的 1.382 倍。

焦作市 MALL 城项目还未建设完毕，根据市场行情和已经发生的成本支出，预计考虑土地增值税加计扣除后该楼盘的单位建设成本为 3 800 元。也就是说，当普通住宅的售价小于 4 882 元（1.2848×3800）时，可以享受免征土地增值税优惠；而非普通住宅的售价大于 5 251 元（1.382×3800）时，可以获取更大的税后收益。考虑到附近的住宅小区均价约为 5 300元，所以建议河南 YX 房地产开发公司将普通住宅定价 4 880 元，将非普通住宅定价 5 500 元。

2. 拆分不同性质项目的预计节税效果

河南 YX 房地产开发公司的这一楼盘普通标准住宅和非普通住宅户数约为1∶2，虽然两者单位成本相同，也在同一栋楼里，但是普通住宅面积较小、售价较便宜。2019 年该项目预计售出普通标准住宅 420 套，销售面积约为 44 000 平方米，预计收入约 21 472 万元。如果不将两者分开核算，这部分普通住宅应缴土地增值税（4 880 − 3 800 − 4 880 × 5.5%）× 30% × 44 000 = 1 071.31 万元。将两者拆分后增值率（4 880 − 3 800 − 4 880 × 5.5%）/（3 800 + 4 880 × 5.5%）= 19.95% < 20%，可以享受土地增值税免征优惠。

（三）房产税预计节税效果

1. 拆分机器设备和办公用品的节税效果

河南 YX 房地产开发公司的焦作市 MALL 城项目中，有一栋写字楼和两栋商场用于出租，写字楼配备有办公桌、沙发等办公用品，写字楼和商场都配备有空调。两者的出租预计共取得 115 000 万元租金，预计需缴纳房产税 115 000 × 12% = 13 800 万元。但是室内的办公用品和空调是无须计征房产税的，可以将合同一分为二，一份房屋租赁合同，一份办公用品租赁合同，根据市场调研，三栋楼里面的办公用品租金约 200 万元。拆分合同后这 200 万元无须缴纳房产税，可节省税款 200 × 12% = 24 万元。

2. 拆分物业服务费的节税效果

河南 YX 房地产开发公司成立了一家独立核算用于所有开发项目的物业管理的物业子公司，但是在其对外出租房产时，为了省事却只签立了一份租赁合同，总租金中包括了物业服务费，而这部分费用是无须缴纳房产税的，应当从总租金中拆分出来。拆分了办公用品和家具等的租金为 114 800万元，不拆分物业费时应纳房产税 114 800 × 12% = 13 776 万元。根据市场调研，当地同水平的物业管理费约为 8 000 万元。拆分后，8 000 万元的物业管理费不需要缴纳房产税，只需要就 106 800 万元的房屋租金计征房产税，如此一来可节省税款 8 000 × 12% = 960 万元。

（四）企业所得税节税效果

1. 少列收入的节税效果

因为销售过程中房地产开发公司代收的天然气开口费和水电初装费等各项费用需要并入公司总收入来计征企业所得税，所以河南 YX 房地产开发公司已经成立了独立核算的物业子公司用于收取天然气开口费和水电初装费等，并由此节省了增值税和房产税税款。实际上，该方案在企业所得税筹划中也大有裨益，本案例中的住宅项目销售时，每户房屋均把水电初装费2 000元和天然气开口费3 000元包含在房屋价款中，预计2019年住宅项目销售1 250套房子，所以2019年可减少应纳税所得额1 250×（2 000+3 000）=625万元，从而可节省企业所得税税款625×25%=156.25万元。

2. 多列成本支出的节税效果

第一，河南YX房地产开发公司完全可以按照企业所得税法规定的三项费用扣除标准来发放工会经费、职工福利费和职工教育经费。2019年河南YX房地产开发公司预计共发放工资和三项福利费700万元，根据以前年度标准，预计工会经费、职工福利费和职工教育经费共140万元，职工工资560万元。而工会经费、职工福利费和职工教育经费的企业所得税前扣除限额总计为560×24%=134.4万元，超支的140－134.4=5.6万元不能在税前扣除，需要多缴纳5.6×25%=1.4万元企业所得税。经过筹划后，将工资发放标准进行变更，把工资发放额定为600万元，三项经费定为100万元，这样便小于扣除限额600×24%=144万元，三项经费可以完全在税前扣除，不会多缴企业所得税。

第二，河南YX房地产开发公司也可以采用加速折旧法来计提固定资产的折旧，将以后年度的成本费用前移到本期，减少企业当期的利润，从而节省当期企业所得税税款。此外，河南YX房地产开发公司建设的写字楼中配备的桌椅、沙发等家具和办公用品单项价格均未超过5 000元，根据财税〔2014〕75号文，这些办公用品均可以在计算当期企业所得税时在税前一次性扣除。这些办公用品总价约为1 000万元，如果不采取加速折旧法，3年期折旧对应的当期折旧额为1 000÷3=333.33万元，而加速折旧法可以在当期税前扣除1 000万元，可比筹划前节省（1 000－333.33）×25%=166.67万元企业所得税税款。

五、对河南YX房地产开发公司税务管理的建议

企业税收筹划是一项浩大的系统工程，并非企业财务部就能完成的，需要企业税务、法务和各职能部门的统一协调。此外，还会受到上游供应商、下游购买者和税务机关的影响。鉴于此，为了更顺利地开展筹划活动并保证公司的持久发展，河南YX房地产开发公司在税务筹划过程中，应当注意以下四点。

（一）培养正确的纳税意识

思想意识是第一位的，是行动的先导，只有正确的纳税意识才能引导企业正确地进行税收筹划，否则只会误导企业做假账错账、偷税漏税并受到税务机关的处罚，对企业发展有弊无益。因此，企业要建立牢固的税收观念，认真履行纳税义务，坚持诚信纳税；依法进行税务登记，按期进行纳税申报，足额缴纳税款；用足用好税收优惠政策，维护自身正当权益。

（二）及时全面了解相关法规

培养对于各项税收政策法规的政策敏感度对于公司财务、法务和职能部门工作者来说是非常重要的，公司各部门主管应当定期学习研讨税收法律文件和税法案件处理惯例，总结经验，吸取教训。只有全面熟悉企业生产经营各环节的相关法规，才能依据企业的实际情况来制定与优化筹划方案。否则，就无法制定出对公司切实可行的筹划措施，在筹划方案的执行中也会障碍重重、无法顺利实施。

（三）不断完善筹划方案

鉴于企业的经营是不断变化的，所以企业的税收筹划方案也不是一成不变的。如果筹划方案不能根据经营环节与企业战略的变化而及时调整，就会使筹划方案变成一纸空文、毫无用处。因此，企业应当保持敏锐的眼光，根据国家宏观政策和市场经营环境来调整自己的发展战略，同时比对本公司的筹划方案在新的形势环境下是否依然适用。如果方案已经无法发挥应有作用，就应及时进行调整，避免政策变化给公司利益带来损失。

（四）保持账证完整

税收筹划是一个企业与税务机关互相磨合的过程，税务机关随时会来企业进行税务检查，因此保持公司的账簿凭证完整就是非常重要的。如果账簿凭证不健全或者不完整，就会引起税务机关的警惕并容易引发更加严格的税务检查，严重的还会招致税务机关对企业的纳税调整，使得企业的税收筹划方案沦为一纸空文。所以，企业应当保持会计账簿和会计凭证的清晰与完整，如此才能顺利实施税收筹划方案，为公司带来经济利益。

参考文献：

[1] 蔡昌．税收筹划理论、实务与案例［M］．2版．北京：中国人民大学出版社，2018.

[2] 陈玉娇．试论“营改增”对房地产企业财务管理的影响［J］．现代经济信息，2015（03）：265，267.

[3] 计金标．税收筹划［M］．北京：中国人民大学出版社，2004.

[4] 李光玉．房地产开发企业财务管理研究［D］．成都：西南财经大学，2007.

[5] 李文，李畅．土地增值税纳税筹划——以房地产开发企业为例［J］．会计之友：中旬刊，2010（04）：40－42.

[6] 唐腾翔，唐向．税收筹划［M］．北京：中国财政经济出版社，1994：3－5.

[7] 田雷．税收筹划的成本－效益分析［J］．地方财政研究，2011（12）：49－52.

[8] 王小玉．房地产开发企业土地增值税的税务筹划［J］．经济研究导刊，2010（02）：87－88.

[9] 王艳丽．房地产企业纳税筹划［J］．会计之友，2012（08）：70－71.

[10] 王尤贵，李颖．房地产开发企业中主要税种的税收筹划［J］．中国房地产，2006（4）.

[11] 吴东秀．“营改增”背景下企业纳税筹划策略探讨［J］．当代经济，2015（30）：26－27.

[12] 吴小红．营改增对房地产企业税收的影响及其对策［J］．企业导报，2015（18）：32，38.

[13] 肖太寿．建筑房地产企业合同控税［M］．2版．北京：中国市场出版社，2017.

[14] 熊英，段玲卉．浅谈企业税务筹划风险及其防范措施［J］．知识经济，2013（02）：153－154.

[15] 尹芳．税收筹划中涉税风险防范策略探析［J］．财经问题研究，2010（04）：91－95.

[16] 应小陆，姜雅净．税收筹划［M］．上海：上海财经大学出版社，2018.

[17] 翟继光．房地产业如何进行税收筹划［J］．中国房地产金融，2005（04）：24－28.

[18] 支雪娥．关于企业所得税的纳税筹划［J］．财会月刊，2012，12（2）：27－29.

5 企业并购中所得税税收筹划问题研究

谢 冰

【摘要】 进入21世纪以来，我国持续深化经济改革，市场竞争日趋白热化，纳税环境越来越规范。为了更好地优化资源配置，节约成本，实现资本规模迅速扩张，提升企业市场竞争优势，更加稳健地适应经济的发展，并购成为企业最青睐、最常用的方式。随着并购应用范围的扩大，在纳税环境日益严峻、稽查要求日渐提高的当下，税收筹划能力俨然已成为许多企业不可替代的核心要素。企业纳税人要想合理优化纳税成本、减轻税收负担、实现经济利益最大化，制定与并购吻合的税收筹划方案就显得尤为重要。本文介绍了企业在并购活动中会涉及的税收筹划问题，并结合具体案例进行分析，最后针对企业并购的风险防范提出相应的建议。

【关键词】 企业并购　税收筹划

【作者简介】 谢冰，中国社会科学院研究生院公共政策与管理学院研究生

一、引言

自加入WTO以来，我国的经济体制一直不断地发展完善，经济市场化进程不断深化。企业并购活动井喷式的增长在助力行业改革中发挥了举足轻重的作用。企业并购活动不可避免地会涉及所得税的缴纳，此时合理的税收筹划就能帮助企业降低税负、创造更多价值。现如今，税收筹划已经成为纳税人不可或缺的基本权利。为了有效减轻企业税收负担，推动实体经济的发展，纳税人可通过合法、合理的方式对企业的经营活动、理财活动及投资活动等进行税收筹划。然而由于税收政策频繁变化、战略税收筹划思维缺乏、企业风险控制制度不完善等诸多问题的存在，在实际筹划操作中，多数企业的可持续增长能力并没有通过税收筹划达到最佳水平。

二、相关概念

（一）企业并购的概念

企业并购可分为兼并、收购和合并三种。所谓企业并购，是指两个或

者两个以上的企业为了提高综合竞争力，双方自愿平等地发生交易，一方企业付出一定的经济代价取得另一方的股权和资产，从而对其进行控制和管理的行为。

税法上认为，企业会通过一系列不属于日常经营业务的交易行为改变企业的经济与法律结构，这些商业交易行为可以看作并购。在实际业务活动中，并购一般指涉及股权层面的收购。①

（二）企业并购的类型

并购作为企业的战略活动，有利于并购方整合资源，打破现有的行业壁垒和束缚，快速在新市场站稳脚跟。同时，被并购企业能够获得资金保障，改善经营现状，提高研发水平，为其发展注入新的动力。因此，企业并购能够实现双方共赢、助力双方的协同发展，对双方均具有重要的战略意义。企业的并购活动以双方所在行业关系为标准可划分为三种形式：一是横向并购。是指两个或多个经营活动相似的企业为了实现规模经济，提高市场占有率，通过强强联合，提高企业自身的垄断势力。这种同行业内的并购，并购前后对双方的所得税产生的影响较小，不会造成大幅变动。二是纵向并购。从产业链的角度来看，纵向并购可分为前向并购、后向并购和前后向双向并购。前向并购是指企业并购其产业链下游企业，从而获取销售渠道，拓宽销售市场。后向并购指的是企业并购其产业链上游企业，从而便于原材料的获取，降低生产成本，提高生产能力。前后向双向并购是指向上下游企业的并购，既向本产品的原材料、零部件的企业并购，又向本产品的下游加工企业并购。前向并购、后向并购、前后向双向并购均减少了企业的纳税环节，实现对外部相关环节的有效控制。三是混合并购。是指企业为了分散经营风险、实现多元化经营，兼并原行业不相关的企业，从而便于进入新市场并提升企业竞争力。但由于跨行业并购涉及不同经营活动的融合，如果没有合理的税收筹划，有可能导致税种变化，从而导致企业税收负担增加，影响企业未来的发展。②

（三）税收筹划的原则

企业的税收筹划专员在进行税收筹划时，需要考虑以下原则：①合法性原则。合法不违规的筹划应当是税收筹划人员最基本的考虑，全面了解

① 徐冲．企业并购重组中的税收筹划探讨［J］．中国集体经济，2019（06）：100－101.

② 梁俊娇，何培伦．精准纳税大课堂　企业并购重组过程中支付方式的税收筹划［J］．中国建材，2017（06）：120－121.

并及时掌握税收政策和条款，时刻关注政策动态，用足用好税收政策。②适用性原则。在进行税收筹划时，要根据不同的企业在不同的发展阶段的具体情况来进行税收筹划。③针对性原则。不同的企业具有不同的性质、归属于不同的行业，在税收筹划时，不能一味地借鉴别人的税收筹划方案，需要有针对性地了解税收优惠政策。④节税效应相对最大化原则。在税收筹划的过程中，不仅要考虑节税带来的经济效益，还要考虑进行税收筹划可能存在的风险。在二者之间需要做好平衡，追求企业总体利益最大化。①

三、并购重组的税收政策

企业并购的所得税政策主要有两类，一类是一般性税务处理，另一类是特殊性税务处理。根据《企业所得税法》的规定，企业重组适用特殊性税务处理需要满足以下条件：①具有合理的商业目的，且不以减少、免除或者推迟缴纳税款为主要目的；②被收购、合并或分立部分的资产或股权比例符合规定的比例（收购资产比例≥50%）；③企业重组后连续 12 个月内不改变重组资产原来的实质性经营活动；④重组交易对价中涉及股权支付的金额符合规定比例（股权支付比例≥85%）；⑤企业重组中取得股权支付的原主要股东，在重组后连续 12 个月内，不得转让所取得的股权。

此外，居民企业出售公司股份所产生的利润适用 25% 的企业所得税税率；个人股东产生的利润，则属于个人所得税中“财产转让所得”这一税目的核算范围，适用的是 20% 的个人所得税税率。②

四、并购的支付方式选择

股权支付比例不得低于 85% 是判定并购重组是否符合特殊性免税重组的关键因素。并购重组根据支付方式分为股权支付、非股权支付和混合支付三种类型。不同的支付方式会有相应的税收政策。③

（一）股权支付

股权支付是指并购企业以自己的股份或以其拥有和控制的股份来购

① 朱姝．企业并购的税收筹划——以蒙牛并购雅士利为例［J］．中国管理信息化，2019，22（01）：48－51.

② 杨义莹．企业并购所得税税收筹划研究——以 KE 医疗为例［J］．中国管理信息化，2019，22（02）：37－38.

③ 李毅．企业并购中的纳税筹划研究关键探索［J］．纳税，2019，13（03）：62.

买、换取资产的一种支付方式。这种支付方式下，没有产生现金流出，因此并购企业财务风险几乎为零。从税收层面而言，若适用特殊性税务处理，则无须就股权收购、资产收购以及合并缴纳企业所得税，即免税重组。因此，在并购企业条件允许的情况下，可以通过股权支付的方式进行税收筹划，以享受免税重组的优惠政策。在股权支付方式中，被并购企业的原股东将手中原来的持股与并购企业的股份进行交换，不属于卖掉旧股票换新股票的方式，因此不需要缴纳个人所得税。股权支付具有自身的优势，但也需被并购企业具有较高的资产价值和良好的经营情况；否则，股权支付可能稀释弱化并购企业的控制权，给并购企业带来不利的影响。因此，具体的支付方式需要并购企业根据自身情况判断和处理。

（二）非股权支付

非股权支付是指并购企业以其货币资金和银行存款或以其控股企业的股权和股份以外的有价证券、存货、固定资产和其他资产以及承担债务等作为支付的形式。从税收层面而言，非股权支付不符合股权支付的比例限制的条件，因此采用非股权支付方式进行的交易活动都不适用特殊性税务处理，亦即都不能享受免税重组的优惠政策。虽然不能享受优惠，但非股权支付在保证企业控制权的方面具有自身优势。此外，非股权收购一定程度上还能产生抵税效应，因为在缴纳企业所得税后，收购方取得的资产或股权以公允价值确定计税基础，从而增大了折旧或摊销的数额。非股权支付不会改变企业原本的股权结构。但是，在税收筹划过程中节税效果不好。以承担债务作为收购方式的交易中，税收待遇也有一定的特殊性，根据税法的规定，在企业收购兼并过程中，如果并购企业承担了被收购企业全部的债权、债务和劳动力，则可以享受增值税的免税优惠；同时，如果被收购企业的净资产为零甚至为负，应纳税所得额为零，也无须缴纳企业所得税。但是由于并购企业承担对方的全部债务，可能会对自身的财务、经营活动产生一定风险，因此选择并购的目标企业时需要慎重考虑。

（三）混合支付

混合支付是指企业在并购中采取多种支付方式，即股权支付和非股权支付混合使用。大部分企业采用“现金+股票”的形式进行支付，也有企业采用可转化债券或者债务进行部分支付，这种支付形式不会使并购企业股权结构有较大改变，避免了被反收购的风险，并且也具有一定的节税效果。从税收角度看，如果混合支付的股权比例不低于85%，在满足其他条件的基础上，可以适用特殊性税务处理，就股权支付的部分免征企业所得税，而非股权支付的部分仍在交易当期确认相应的资产转让所得或损失，并调整相应的计税基础；如果股权支付的比例低于85%，则需按照一般性税务处理的规定，缴纳企业所得税。一般而言，特殊性税务处理对企业更具有吸引力。

五、案例分析

（一）阿里巴巴收购饿了么

1. 并购双方基本情况

并购方：阿里巴巴集团控股有限公司，国内最大的互联网交易平台，中国最大的电子商务公司，2014 年 9 月 19 日正式挂牌登陆纽约证券交易所。阿里巴巴集团经营的业务种类多样，也先后投资和收购了多家公司。阿里巴巴及其关联公司的业务包括：淘宝网、天猫、聚划算、全球速卖通、阿里巴巴国际交易市场、1688、阿里妈妈、阿里云、蚂蚁金服、菜鸟网络等。阿里巴巴致力于打造一个协同、开放、繁荣的电子商务生态系统。

被并购方：上海拉扎斯信息科技有限公司（饿了么），创于 2009 年 4 月，是线上外卖订餐市场较早的进入者。经过 8 年的发展，全国约 2 000 个城市都处于饿了么线下业务覆盖范围内，加盟餐厅共计 130 万家，用户量达到 2.6 亿，团队规模超过 15 000 人。饿了么整合了线下餐饮品牌和线上网络资源，建立了健全的外卖商业生态体系，搭建了强大的外卖物流配送网络，使得体验者足不出户就能够通过电子设备轻松享受身边的美食送餐服务。

2. 并购动因及过程

阿里巴巴在 O2O 领域的业务对接方面进展并不很顺利。阿里巴巴之前在淘宝以及支付宝下接入的口碑外卖发展速度确实较快，但与外卖零售业中市场份额占比较大的美团相比还有相当大的差距。美团与大众点评强强联手之后发展势头更强劲，加之美团被腾讯并购之后站到了阿里巴巴的对立面，所以为并购饿了么提供了市场环境。一方面，由于马云在 2016 年提出了“新零售”概念，阿里巴巴非常重视新零售新布局的规划。“新零售”的实现需要有一套完美的线上线下相结合的系统，0.5～2 小时内完成订单配送，从而打造一个 3 公里之内的理想生活圈。饿了么拥有的 300 万蜂鸟配送员恰能成为阿里巴巴新零售业务中至关重要的末端配送主力军。另一方面，外卖零售业竞争也进入了白热化的阶段。美团牵手大众点评实现业务深度融合，并且有腾讯作为投资方，发展得如火如荼。相比之下，饿了么就显得寡不敌众，而阿里巴巴的并购能够为其资金和技术方面注入新鲜的血液，同时可以继续保持独立运营，有利于饿了么的长远发展。

阿里巴巴对饿了么的并购早在计划之中，前期通过投资不断持股饿了么。2016 年 8 月，饿了么获得阿里巴巴和蚂蚁金服联合投资 12.5 亿美元，其中，阿里巴巴投资 9 亿美元。2017 年 4 月，阿里巴巴又投资 4 亿美元，进一步增持饿了么的股份。截至并购前，阿里巴巴对饿了么持股总占比已达 32.94%，超过饿了么创始人兼 CEO 张旭豪领导的管理团队的持股，成为饿了么第一大股东。阿里巴巴与饿了么于 2018 年 4 月 2 日正式签订收购协议，全资 95 亿美元完成对饿了么的收购。2018 年 4 月 2 日，双方正式公布并购消息。按照阿里巴巴的规划，将饿了么最有价值的两个部分设计了不同的融入方案：将饿了么外卖应用与口碑相协同；同时加强 3 公里物流基础设施建设。

总之，本次收购对于双方公司来说实现了双赢。饿了么作为“新零售”外卖领域的关键一环，能够使阿里巴巴的新零售版图成为闭环，从而为阿里巴巴进入更多细分场景提供了可能。而饿了么也获得了更充足的资金保障。

3. 并购方案评析

依据前文所述的相关条文规定，股权支付金额低于交易支付总额的 85%，应采用一般性税务处理。阿里巴巴这次的并购并不满足特殊性税务处理的两个关键要求，不能进行免税合并，而只能按照一般性税务处理的要求计算此次交易产生的所得税费用。

阿里巴巴对饿了么的收购共计产生的应纳税所得额应为饿了么净资产的公允价值（95 亿美元）减去饿了么净资产的原计税基础（未公开）。按 25% 的企业所得税税率缴税。但阿里巴巴由于没有产生任何资产或股权的转让利得，因此不用承担任何所得税负。阿里巴巴在并购饿了么时选择了现金支付（非股权支付），这种方式虽然不会弱化对原公司的股权，但会在短时间内产生较大的现金流，对被并购方而言不能产生节税效果。在不影响企业股权结构的情况下，采取“股权 + 现金”的方式，不仅可以具有一定的节税效果，更有利于实现双方利益最大化。

（二）一般性税务处理与特殊性税务处理的差异

1. 情形一：一般性税务处理

A 上市公司发布企业并购公告，B 公司是 A 公司实际控制人，A 公司以每股 6 元的价格向 B 公司定向增发 3 000 万股 B 股股票，向其收购所持有的70%的C公司股权。股权收购结束后，C公司的控制权由B公司变为了A公司。C公司的注册资本为7 000万元，其中B公司出资5 500万元，占比为78.57%。

分析：在此案例中，A公司并购采用股权支付形式，A公司对价支付为上市公司股权，股权支付比例达100%，然而由于A公司收购的股权只占C公司的70%，不满75%的规定要求。因此，该股权收购业务适用一般性税务处理。处理结果如下：

①收购方企业A公司：在一般性税务处理方式下，A公司收购C公司股权计税以公允价值为基础确定支付为：6×3 000=1.8亿元。

②被收购方企业B公司：B公司股权交易所得为获得对价的公允价值减去原计税基础，最终B公司股权转让所得为：（3 000×6－7 000×70%）×（1－0.25）=9 825万元。

③被收购企业C公司：对于C公司而言，只是发生了投资人变更，企业的经营模式仍保持不变，仅需要做变更税务登记。

2. 情形二：特殊性税务处理

案例背景和上一案例相同，但这次收购比例发生变化，改为B公司控制人持有的C公司股份全部被A公司收购，这样一来A公司收购股份占C公司股份达到78.57%，其他条件同上一案例相同。

分析：同上一案例相同，但由于这次满足了75%的规定股权交易条件，符合特殊性税务处理的方式，因此交易双方可以选择特殊性税务处理，其处理结果分别如下。

①收购方企业A公司：按照企业收购业务特殊性税务处理方式，A公司收购C公司股权－A公司需支付C公司原有计税基础5 500万元。

②被收购方企业B公司：按照企业股权收购业务特殊性税务处理方式，C公司股东获取A公司股权的计税基础按C公司股权原有计税基础计算，即B公司获取A公司股权支付仍为5 500万元。

③被收购企业C公司：同上一情况。

3. 对比

对比可知，通过股权支付方式收购时，对于收购方B公司来说，相比一般性税务处理而言，特殊性税务处理方式进行股权支付更有利，且能暂时避免支出巨额的所得税。例如，2010年特殊性税务处理的典型案例：为了实现专业化经营，锦江国际酒店集团收购了锦江股份全部资产的95.32%，股权支付比例89%，完成内部重大资产置换。这次交易由于符合特殊性税务处理的条件，因此享受了免税重组待遇，企业所得税少缴纳

9.3 亿元，实现了递延纳税的目的。①

相对于一般性税务处理，特殊性税务处理具有税收优惠上的优势，企业可以通过享受合法的优惠减免税收或通过税收递延方式节约成本，具有纳税筹划的功能。

六、企业并购的税收筹划风险防范

（一）企业并购的税收筹划风险

1. 并购前

并购之前对目标企业的选择、目标企业所使用的税率、目标企业优惠政策在并购行为发生之后的变化等，都是并购企业应该考虑到的要素。在并购之前，还要对目标企业的财务状况进行全面的考察，不良的财务状况不仅达不到并购的目的，还会影响并购企业的财务经营。

2. 并购中

如果税收筹划人员对税收政策掌握程度浅薄，或者出现解读错误，就会在并购中产生税务筹划风险。失误的税收筹划，小则导致税收成本增加，大则有可能使企业违反法律法规，从而影响企业经营。

3. 并购后

企业发生并购活动后，目标企业的全部财务数据才被并购企业得知，也许其中很多隐藏的风险会层出不穷，并购企业需要对其承担连带责任，如对目标企业过去的行为缴纳罚金或者滞纳金等。如果处理不当，就可能给并购企业带来税务信誉风险。

（二）防范税收筹划风险的措施

1. 密切关注相关税收政策的变化

国家税收政策的变化和更新会时刻影响税收筹划的发展和创新。税收筹划人员应该积极利用税收政策的变化，在合理的范围内对经营活动进行合理安排和重新规划，为企业寻求更大的利益。要时刻关注国家政策的变动，抓住为企业提高经济利益的机会。同时，应当充分学习税收专家对税收法律法规以及新的政策的解读，不断增强税收筹划的知识储备。

2. 保持税收筹划方案的适度灵活性

根据生命周期理论，企业在发展过程中所处的阶段不同，并购时双方

---

① 梁俊娇，何培伦．精准纳税大课堂　企业并购重组过程中支付方式的税收筹划［J］．中国建材，2017（06）：120－121.

企业所处的经济环境和税收政策也会不同。为了制定出更加适应双方具体情况的筹划方案，税收筹划方案要具有一定的灵活性，可以根据实际情况进行及时的调整，降低风险。

3. 加强与税务部门的交流

税收执法部门有一定的裁定权，当地税务部门的意见会直接影响到税收筹划能否真正得到实施。因此，税收筹划人员在税收筹划的过程中，应当加强与税务部门的交流，及时获取有用的税收信息，加强对征管的具体要求和限制的了解，将税收筹划方案充分报备税务部门，降低税收筹划的违规风险。

七、结语

依法税收筹划的时代已然来临，在合法合规的基础之上国家对企业纳税提出了更高的要求。在未来多元化发展的趋势下，市场信息更新迭代，企业的成长周期快速缩短，税收筹划需要更多地满足企业的发展需求。综合来看，税收筹划空间主要为是否满足特殊性税务处理的条件，是否能够通过免税重组的方式递延缴纳企业所得税。如果处理得当，还可以享受增值税、城市维护建设税、教育费附加以及契税和土地增值税的税收优惠政策。同时，在进行税收筹划时，应该关注税收风险，积极做好防范措施。

参考文献：

[1] 徐冲．企业并购重组中的税收筹划探讨［J］．中国集体经济，2019（06）：100－101.

[2] 朱姝．企业并购的税收筹划——以蒙牛并购雅士利为例［J］．中国管理信息化，2019，22（01）：48－51.

[3] 李毅．企业并购中的纳税筹划研究关键探索［J］．纳税，2019，13（03）：62.

[4] 杨义莹．企业并购所得税税收筹划研究——以 KE 医疗为例［J］．中国管理信息化，2019，22（02）：37－38.

[5] 赵文珍．企业并购重组中的税收筹划研究［D］．兰州：兰州理工大学，2018.

[6] 王婷婷．迪瑞医疗并购瑞源生物所得税筹划方案改进研究［J］．财会通讯，2018（32）：122－126.

[7] 黄宝连．新经济形势下企业并购的税收筹划方向研究［J］．财会学习，2019（02）：113－114.

[8] 刘兰．企业并购税务筹划及财务风险的应对分析［J］．财经界（学术版），2018（17）：127.

[9] 仲维峰．并购业务处理中涉及的税务筹划［J］．财经界（学术版），2018（13）：130.
[10] 史金涛．谈国有企业不同并购重组方式中的纳税筹划风险［J］．中国商论，2018（18）：20－21.
[11] 梁俊娇，何培伦．精准纳税大课堂：企业并购重组过程中支付方式的税收筹划［J］．中国建材，2017（06）：120－121.

6　我国个人所得税改革及简单筹划

赵冬玲

【摘要】 2019年1月1日，新的个人所得税法开始实施，相较于以前单纯地提高个人所得税的免征额，本次个税改革不仅提高了个税的免征额、调整税率之间的级距，还新增了六项专项附加扣除，首次引进了分类与综合相结合的个税征管新模式。从国际经验来看，将部分勤劳所得综合计征，可以优化税源结构，扩大税基；对一些收入来源多元化的纳税人，采用综合计征的方式能够增加税款的筹集，这可以说是我国个税改革历史上一次根本性变革。但是，专项附加扣除的设立是否合理，综合所得的合并是否符合纳税人的需求等，这些都是值得思考的问题。

本文首先对个人所得税变化前后的情况进行了梳理，其次分析了我国个人所得税法的现状以及存在的问题，并对我国未来个税改革提出了几点意见和建议。由于新个税法变化较大，以前的一些筹划方法已经不太适用，因此本文最后提出了几个简单的筹划方法。

【关键词】 个税改革　税收筹划　专项附加扣除　现状

【作者简介】 赵冬玲，首都经济贸易大学财政税务学院研究生

一、个人所得税概述

个人所得税的应纳税所得额是自然人取得的各项应税所得减除各项费用扣除标准之后的余额。一般来看，个人所得税具有调节收入分配、组织财政收入、提高公民的纳税意识等职能，部分学者认为个人所得税尤其在调节收入分配方面具有更加重要的作用。

个人所得税的筹划就是指在国家法律法规允许的情况下，根据政府制定的一系列税收政策，通过对纳税人取得的合法收入进行调整、对纳税人的纳税方案进行优化、充分利用政府提供的税收优惠政策等，达到减少缴纳税款的目的。

二、新旧个税法的几点变化对比

（一）个人所得税免征额提高

个人所得税法的修改对费用扣除标准的设计体现了量能负担的基本原则。随着我国经济的发展以及物价水平的不断提高，3 500 元的免征额已经不能满足现在基本的生活需求，而将3 500 元提高到5 000 元，直接降低了工资薪金的应纳税所得额。将综合所得的扣除费用设定为每个月 5 000 元（即每年6 万元），这一改变能够在一定程度上减少缴纳的税款数额。例如，某纳税人月收入 6 000 元，在旧个税法下，每月缴纳个人所得税（6 000 - 3 500） ×3% =75 元；而在新个税法下，每月缴纳个人所得税（6 000 - 5 000） ×3% =30 元，减少税款45 元。表1 为我国个人所得税税率表的调整情况。

表1　个税税率调整情况

调整前（按月）（减除标准：3 500 元）		调整后（按年）（减除标准：60 000 元）	
金额（元）	税率（%）	金额（元）	税率（%）
小于1 500	3	小于36 000	3
超过1 500 至4 500 的部分	10	超过36 000 至144 000 的部分	10
超过4 500 至9 000 的部分	20	超过144 000 至300 000 的部分	20
超过9 000 至35 000 的部分	25	超过300 000 至420 000 的部分	25
超过35 000 至55 000 的部分	30	超过420 000 至660 000 的部分	30
超过55 000 至80 000 的部分	35	超过660 000 至960 000 的部分	35
超过80 000 的部分	45	超过960 000 的部分	45

资料来源：刘剑文，胡翔．《个人所得税法》修改的变迁评介与当代进路［J］．法学，2018（09）：135 - 148.

根据“量能负担”的课税原则，国家征收税款，不能伤及税本，即不能影响纳税人的日常生活和正常消费。个人所得税在扣除生计费用（包括成本、费用和损失）之后，还有余额，才能够作为计税的依据。因此，提高个人所得税的免征额，能够在一定程度上减少纳税人缴纳的税款，增加纳税人的消费能力，提高纳税人的生活品质。在全面建成小康社会的背景下，个税的减少也贡献了关键的一分力量。

（二）新增六项专项附加扣除

本次个税改革，除了提高个税的免征额，还新增了六项专项附加扣除，包括子女教育、继续教育、大病医疗、住房贷款利息、住房租金、赡养老人。这一改变表明在税收法定的原则受到关注之后，我国的税制改革过程中也把量能课税原则纳入了考量范围。

因此，在征税过程中设定统一标准的扣除（即每人每月 5 000 元，每年 6 万元）和对不同情况的家庭实行专项的附加扣除（如子女教育等），这充分考虑了每个纳税人、每个家庭之间的差异，做到了相对的公平。大部分发达国家都是充分考虑不同纳税人之间的纳税能力差异，采取综合性、层次化的费用扣除标准；还有部分发达国家是以家庭为单位进行申报，因而也能够充分考虑到家庭的综合情况。例如，有 A、B 两个家庭，A 家庭丈夫和妻子都外出工作，两人每月月工资都是 4 800 元，均不需要缴纳个人所得税；而 B 家庭，妻子不工作，丈夫外出工作，每月收入 9 600 元，则需要缴纳个人所得税（9 600 - 5 000）×10% - 210 = 250 元。两种情况相比较，家庭的人均收入相同，但是第二个家庭却要缴纳 250 元的个人所得税。

（三）非居民纳税人由居住不超过 365 天缩短至 183 天

在本次个人所得税的修改过程中，借鉴国际经验，明确了纳税的主体，规定了“居民纳税人”和“非居民纳税人”的不同纳税身份。居民纳税人需要承担无限的纳税义务，即无论是来源于中国境内还是境外的所得，都需要计算缴纳个人所得税；而非居民纳税人承担有限纳税义务，只需对来源于中国境内的所得缴税。

而且在旧个人所得税法下，非居民纳税人是指在中国境内无住所或者在境内居住不满一年的人。新的个税法修改了这一时间，即由居住不满一年缩短至不满 183 天。这种调整使我国个人所得税的征管更加科学合理。以前，我国出台了大量的税收优惠政策来吸引外国居民来华工作，纳税人居住时间的缩短代表着负有无限纳税义务的居民纳税人覆盖面扩大，这也体现了我国综合国力的不断提高。

在这里需对一点作出说明，自从 20 世纪 80 年代起，随着改革开放的推进，我国政府出台了一系列的政策，吸引有实力的外资企业来华建厂以及鼓励国外人才来华就业，个税法为外籍人员提供了许多的税收优惠政策，这种做法不仅导致我国税源的大量流失，也迫使许多国内人才到国外就业。近年来，随着我国经济发展水平和综合国力的不断提升，我国已经不像以前那样需要依靠税收优惠政策来吸引高素质人才，而是进一步做到对纳税主体平等对待。在后续的个税法改革过程中，我国与其他国家的纳税主体之间的认定标准也会向着同一化的趋势发展，从而能够更好地行使属人管辖权和属地管辖权，完善我国税法的整体性。

（四）其他变化

我国现行的征税模式，由以前的分类计征变为现在的综合与分类相结合，工资薪金所得、劳务报酬所得、稿酬所得和特许权使用费所得四项并入综合所得之中，我国居民纳税人采取这种部分综合计征的方式。而非居民纳税人的工资、薪金的应纳税所得额是以每月收入额减除5 000元之后的余额；劳务报酬所得、稿酬所得、特许权使用费所得，以每次收入额为应纳税所得额。居民纳税人在个人所得税缴纳过程中，需要按月、按次预缴，年终进行汇算清缴。而非居民纳税人则不需要办理汇算清缴。表2为我国非居民纳税人的工资、薪金所得，劳务报酬所得，稿酬所得，特许权使用费所得适用税率，表3为我国居民个人工资、薪金所得预扣预缴适用税率。

表2　非居民个人工资、薪金所得，劳务报酬所得，稿酬所得，特许权使用费所得适用税率

级数	应纳税所得额	税率（%）	速算扣除数
1	不超过3 000元	3	0
2	超过3 000元至12 000元的部分	10	210
3	超过12 000元至25 000元的部分	20	1 410
4	超过25 000元至35 000元的部分	25	2 660
5	超过35 000元至55 000元的部分	30	4 410
6	超过55 000元至80 000元的部分	35	7 160
7	超过80 000元的部分	45	15 160

资料来源：根据国家税务总局发布的相关资料整理。

表3　居民个人工资、薪金所得预扣预缴适用税率

级数	累计预扣预缴应纳税所得额	预扣率（%）	速算扣除数（按年）
1	不超过36 000元的	3	0
2	超过36 000元至144 000元的部分	10	2 520
3	超过144 000元至300 000元的部分	20	16 920
4	超过300 000元至420 000元的部分	25	31 920
5	超过420 000元至660 000元的部分	30	52 920
6	超过660 000元至960 000元的部分	35	85 920
7	超过960 000元的部分	45	181 920

注：扣缴义务人向居民个人支付工资、薪金所得时，应当按照累计预扣的方法计算预扣的税款，并且按月预扣预缴，在年终进行汇算清缴。

资料来源：根据国家税务总局发布的相关资料整理。

三、我国现行个人所得税法的现状与存在的问题

我国于1981年全面开征个人所得税，但是当时我国居民能够达到每月收入800元的还很少，因此主要是针对外籍的工作者。个人所得税在调节收入分配、组织财政收入和稳定社会等方面做出了重要的贡献，但是随着经济的发展和我国居民生活水平的提高，各个行业之间的收入差距也在不断扩大，个人所得税调节收入作用的发挥也受到了限制，因此以下对我国个人所得税法存在的一些问题进行分析。

（一）课税范围和课税对象存在一定的盲区

随着我国经济发展水平的急速提高，市场经济的发展更加多元化，人们的收入也来自更多的方面，在传统的工资、薪金所得等基本的收入以外，各种其他类型的收入如期权、股权、可转换债券等不断发展扩大。我国现在征管比较好的是工资薪金所得、劳务报酬所得和稿酬所得等这类勤劳所得，而对资本所得这类收入较高的所得的征收能力较差。我国个人所得税法对这些新兴行业和一些隐性的收入尚没有制定一系列的配套措施，这不利于纳税人之间的公平，对勤劳所得征重税也会影响个人所得税调节收入分配职能的发挥，更会影响纳税人缴税的积极性，不利于财政收入的筹集。

（二）个税费用扣除标准缺乏弹性

个人所得税的应纳税所得额是以取得的总收入扣除生计费用之后的余额，现行采取的“一刀切”的费用扣除标准，没有考虑到中东部和西部地区之间的收入差距。例如，新个税法将免征额提高到了5 000元，并且新增了专项附加扣除，但是像西藏、新疆等地区，只有很少一部分人的收入能够超过免征额，实行专项附加扣除的目的没有很好地实现；而反观北京、上海和深圳等经济发达的地区，5 000元的免征额并没有解决实际问题，相对较高的收入对应着较高的消费水平。从这两方面来看，个税的费用扣除标准还是缺乏一定的弹性，并没有考虑到不同地区之间的差异，这也在一定程度上加剧了收入分配不公。

（三）公民的纳税意识淡薄

虽然我国征收个人所得税已有30多年的历史，但是我国纳税人整体的纳税意识并不强。税款的征收来源于居民的收入，也被用于提高公共服务

的质量之中，但是在我国，纳税人并没有直接参与到税款的缴纳这一过程中，工资、薪金所得由用人单位直接代扣代缴，稿酬所得、劳务报酬所得一般也是经过机构代扣。而且，我国个人所得税的现状很符合“二八定律”，即由20%的纳税人贡献着80%的税收，而在新个税法实施后，“二八”也在向着“一九”转变，即10%的纳税人承担着接近90%的税收负担。此外，纳税人在整个税款征收的过程中，参与度极低，这也不利于我国个税的发展。

四、个人所得税改革的几点建议

（一）扩大专项附加扣除的覆盖面

新个税法新增了纳税人的子女接受学前教育和学历教育的支出，每个孩子按照每个月1 000元的标准进行扣除，但是这一扣除标准并不包括0～3岁孩子的支出，相较于大学生、研究生，这一阶段的孩子花费并不低，在人口老龄化的背景下，即使已经放开了二胎政策，许多家庭也会顾虑到自身的经济情况。因此，建议将0～3岁这一年龄段抚养孩子的费用也纳入扣除范围。

（二）对费用扣除的标准进行优化

新个人所得税法仅仅增加了房贷、赡养老人等基本生活支出，而且采取的是“一刀切”的费用扣除标准，没有考虑到各个地区和各个行业之间的差异性和经济快速增长的持续性。建议建立一套全面的、可调整的费用扣除标准，充分反映人们的基本生活成本。

（三）增强纳税人的纳税意识

就我国来说，公民的纳税意识并不强，对征收税款的认识还没有上升到这是一项“取之于民，用之于民”的工程。在美国，房产税由地方征收，用于当地的教育事业，在这种情况下，税款的缴纳能够体现在孩子的教育中。从这个层面来讲，我国的税款尽管征收上去了，但是纳税人并不知道用在了哪些地方，税款的使用达不到公开透明的程度，纳税人自然就不愿意缴税，也使税收征管过程变得更加困难，而且缺乏效率。

五、新个税法下简单的纳税筹划

现行个人所得税的征税范围包括工资、薪金所得，劳务报酬所得，稿酬所得，特许权使用费所得，经营所得，利息、股息、红利所得，财产租赁所得，财产转让所得，偶然所得这九项。前四项收入所得称为综合所得，按纳税年度合并计算个人所得税。

（一）个税综合所得的税收筹划

筹划方法是将工资、薪金所得转换为劳务报酬所得。工资、薪金与劳务报酬两者最大的差别，就是纳税人与用人单位之间是否存在任职受雇的关系，如果两者之间不存在任职受雇的关系，即纳税人是以兼职的身份取得收入，则应该按照“劳务报酬所得”缴纳个人所得税。根据最新的个人所得税法，纳税人取得劳务报酬所得，应该以每次收入额减除20%的费用后计入当年的综合所得。也就是说，纳税人如果能将工资、薪金所得转换为劳务报酬所得，就相当于自己的收入打了八折之后再缴税。

案例举例：小李是A公司的总经理，每月收入50 000元，而A公司在其他地区成立了一家子公司——B公司，小李兼任B公司的董事长，小李每个月外出工作两天，处理B公司的相关业务，而B公司不支付小李的工资（此处不考虑社会保障费和专项附加扣除等项目）。

小李全年应纳个人所得税 = （50 000×12－60 000）×30%－52 920 = 109 080（元）。

在进行纳税筹划之后，将小李在A公司任职受雇取得的收入变化为30 000元，按照工资、薪金所得缴纳个人所得税；把B公司的职务设为兼职，每月支付20 000元，按照劳务报酬所得缴纳个人所得税。

根据新个税法，劳务报酬所得以收入减除20%的费用后的余额为收入额。

在进行税收筹划之后，小李全年应纳税所得额为30 000×12＋20 000×12×80% =552 000（元）。

应纳个人所得税 = （5 520 000－60 000）×30%－52 920 =94 680（元）。

（二）个人所得税专项附加扣除的筹划

以子女教育专项附加扣除为例。纳税人子女的学前教育和学历教育的相关费用支出，按照每个子女每月1 000元的标准进行定额扣除，学前教育包括年满3岁至小学入学前教育（0～3岁的孩子不在这一扣除标准之中）。学历教育包括义务教育（小学和初中教育）、高中阶段教育（普通高中、中等职业教育）、高等教育（大学专科、大学本科、硕士研究生、博士研究生教育）。

受教育子女的父母可以分别按扣除标准的50%进行扣除；经父母约定之后，也可以选择由其中一方按扣除标准的100%扣除。也就是说，对于父母一方而言，扣除比例有三种可能性：0%、50%、100%。

在职工选择子女教育支出的扣除比例及子女教育支出如何扣除时，应提醒职工注意做好纳税筹划工作：如果夫妻双方收入水平接近，可以考虑各扣除50%；如果双方收入差距相差悬殊，应选择由收入高的一方全额扣除。

案例举例：母亲每月取得工资收入5 500元，父亲每月取得工资薪金收入10 000元（此处不考虑专项附加扣除等情况）。

第一种情况：两人选择各扣除50%，即每人扣除500元，母亲应纳税所得额为5 500 - 500 - 5 000 = 0元，不需要缴纳个人所得税；父亲应纳税所得额为（10 000 - 500 - 5 000）×10% - 210 = 240元，两人合计纳税240元。

第二种情况：两人决定由父亲单方扣除1 000元，母亲应纳所得税额为（5 500 - 5 000）×3% = 15元，父亲应纳所得税额为（10 000 - 1 000 - 5 000）×10% - 210 = 190元，两人合计纳税205元（190 + 15），比税收筹划前节税35元。

参考文献：

[1] 杨志勇. 个税改革的前世今生 [J]. 中国税务，2019（01）：18 - 23.

[2] 吴旭东，王晓佳，宋文. 个人所得税专项附加扣除研究 [J]. 财经问题研究，2019（02）：79 - 86.

[3] 秦养珍. 新个税法实施后个人所得税筹划方案 [J]. 纳税，2019，13（06）：29,31.

[4] 任艳. 新个税改革后存在的问题及对策探讨 [J]. 纳税，2019，13（07）：26,29.

[5] 刘剑文，胡翔.《个人所得税法》修改的变迁评介与当代进路 [J]. 法学，2018（09）：135 - 148.

7 税务师事务所品牌管理问题研究

艾 华 王 薇

【摘要】 品牌的迅速发展和使用给商品生产者带来了巨大的经济和社会效益。税务师事务所作为中介服务机构，是税务机关与纳税人之间沟通的桥梁，应积极发挥自身优势，履行协税护税的义务，为国家保障税收，为纳税人维护合法权益。税务师的品牌建设与其他企业也有所不同，本文分析了税务师品牌建设的意义和存在的问题，并对我国税务师事务所发展提出了相应的建议。

【关键词】 税务师 品牌 品牌建设

【作者简介】 艾华，经济学博士，中南财经政法大学教授、博士生导师

王薇，中南财经政法大学财政税务学院博士研究生

一、税务师事务所品牌管理的内涵

品牌的迅速发展是在近代和现代商品经济高度发达的条件下产生，其得以迅速发展即在于品牌使用给商品生产者带来了巨大的经济和社会效益。1975 年，西德尼·莱维就提出“品牌形象”这个概念。该概念传入我国后，极大地推动了我国企业、事业、政府和社会单位的品牌意识。品牌背后的核心因素是质量、价格和服务，最后形成较高的经济和社会效益，即明确的品牌效应。

品牌效应是指由品牌为企业带来效益，是商业社会中企业价值的延续，在当前品牌先导商业模式中，意味着商品定位、经营模式、消费族群和利润回报。而树立企业品牌需要企业有很强的资源统合能力，将企业本质一面通过品牌展示给世人。品牌效应是品牌在产品上使用，为品牌使用者所带来的效益和影响。

税务师事务所作为中介服务机构，是税务机关与纳税人之间沟通的桥梁，应积极发挥自身优势，履行协税护税的义务，为国家保障税收，为纳税人维护合法权益。通过税务师事务所的业务服务，税务机关和纳税人实现了双赢的局面。一方面，对纳税人来说，将涉税事项委托给税务师事务

所，可以有效把握国家经济政策导向，防范涉税风险，优化经营决策，减少企业不合理的税收负担，最大化地扩大自身的利益。另一方面，对税务机关而言，经由税务师事务所处理的业务更加规范，有利于提高税务机关的征管效率，增加了国家的税收收入，减少了税款的流失，更重要的是降低了税务机关的征税成本。

税务师事务所作为专业服务机构，提供的是专业税收服务，其品牌建设特点与生产有形产品的企业存在明显的不同。

首先，税务师事务所品牌建设难以标准化。由于税收服务具有无形性特征，很难通过感官获得统一认知，即使是同一个人提供的同种服务，不同的用户的体验也会不一样。同时，税务师服务还具有复杂性和较强的专业性，无论是直接接受税收服务的企事业单位，还是间接接受税收服务的社会公众，都难以直观地评价。

其次，税务师事务所品牌建设具有长期性。由于税务师行业的特殊性质，税务师事务所是依靠自身独立、客观、公正的社会形象得以生存和发展的，这就注定税务师事务所品牌建设需要经过较长的时间，一个品牌从建立到成熟大概需要经历 4 个发展阶段，即品牌知名、品牌认知、品牌联想、品牌忠诚。由于税务师事务所不能进行广告宣传，其品牌很难在短时间内被消费者认同，因而税务师事务所品牌声誉形成需要的时间比一般企业更长。

最后，税务师事务所品牌维护具有风险性。不同于工业企业可以根据所生产的产品形成多个品牌，税务师事务所没有具体的产品作为品牌载体，而是提供各种专业服务来满足客户需要，所以它只能以统一的形象形成品牌。这就意味着税务师事务所品牌维护的风险更大，甚至可能会因为某次单独业务出现问题，就给整个事务所声誉带来毁灭性打击。

二、现阶段税务师事务所加强品牌管理的现实意义

在目前竞争日益激烈的市场环境下，加强税务师事务所品牌管理具有以下三个方面的现实意义。

（一）税务师事务所品牌建设有利于增强市场竞争能力

税务师事务所进行品牌建设，既可以通过品牌效应获得额外的溢价收费，也有助于拓展业务与市场。从这个意义上来说，加强品牌建设是税务师事务所增强市场竞争能力、做强做大的重要条件。

（二）税务师事务所品牌建设有利于维护国家税收利益

随着经济全球化趋势日益明显以及我国经济实力的不断增强，不仅越

来越多的外国企业进入我国市场，而且越来越多的中国企业走出国门，开始参与国际竞争。然而，由于我国税务师事务所品牌的国际认可度不够，虽然我国税务师事务所已具备一定的从事涉外税收业务的能力，但是，在解决国际税收争议方面，整体市场竞争能力并不强，导致我国的税收利益流失。因此，通过品牌建设增强我国税务师事务所的业务能力，有助于维护国家税收利益。

（三）税务师事务所品牌建设有利于完善社会信用体系

税务师鉴证与服务是市场经济监督体系的重要制度安排，对提高财务信息决策有用性、优化资源配置、推动经济社会可持续发展发挥着不可替代的作用。因此，税务师事务所品牌建设作为市场经济诚信链条的重要一环，对于社会主义市场经济的健康稳定发展和诚信价值体系的完善具有重要价值。

三、目前税务师事务所品牌管理存在的问题

改革开放以来，我国税务师行业规模不断扩大、收入不断增长。但是，与行业发展的速度和规模相比，我国税务师事务所品牌建设明显滞后，存在以下问题。

（一）品牌意识淡薄

与国际知名服务机构相比，目前我国许多税务师事务所，尤其是中小税务师事务所的品牌意识仍然十分淡薄，没有认识到品牌在事务所整体战略中的地位。

（二）品牌定位不清

事务所在品牌定位过程中应当充分考虑与品牌相关方的认知，可以从目标客户、服务地域、竞争位置和服务差异等方面进行品牌定位。按照品牌管理对品牌定位的基本要求，首先需要回答几个问题，即目标客户是哪些？目标客户的特点是什么？目标客户需要什么样的产品或服务？然而，我国税务师事务所对这些问题没有明确的答案，品牌定位不清晰。这种定位不清，使得我国事务所品牌“差异性”不足，提供的服务具有极大的相似性和可替代性，不能形成经营特色，在某种程度上已步入“同质化陷阱”。

（三）品牌缺乏内涵和品牌精神

税务师事务所的品牌内涵和品牌精神是一种文化和价值观的反映。与国际性专业事务所相比，我国税务师事务所品牌内涵比较空洞，诚实守信、专业胜任作为税务师行业的基本价值取向，还没有渗透到我国税务师事务所的品牌内涵之中。

四、优化税务师事务所品牌管理的建议

从外在讲，品牌就是形象，它影响着客户对税务师事务所的认知和信任。但事实上，品牌是由内在决定的。从内在讲，决定税务师事务所品牌的有诚信、质量、文化、人才等。品牌的内在和外在，综合组成税务师事务所品牌的整体。从某种意义上讲，内在建设比外在建设更加重要。

（一）品牌管理与诚信建设相结合

诚信是国家治理的基础，更是所有中介服务行业的基石。因此，税务师事务所应将诚信建设作为品牌建设的核心，并将其贯穿于事务所品牌建设的全过程。诚信建设的首要条件是，事务所的业务开展应符合国家的法律法规以及税务师行业的执业准则。税务师行业具有一定的风险性，一方面是由于利益的驱使，部分事务所为了眼前利益，容易丧失基本的执业谨慎性；另一方面是由于人情的驱使，出具不符合国家税收法律规定的鉴证服务报告，甚至帮助纳税人从事税收违法行为，侵害国家税收利益。其根本原因则是丧失了诚信的底线。

因此，事务所要将诚信理念植入品牌建设，用诚信文化铸造品牌之魂，把诚信执业作为品牌塑造的突破口和着力点，把诚信建设贯穿于品牌建设的全过程和各环节，这是品牌建设的基础和关键。

（二）品牌管理与质量建设相结合

事务所的服务项目质量是品牌的核心，只有向社会公众和客户提供高品质的涉税服务产品，才能形成有口皆碑的品牌效应。而税收服务质量又需要有良好的机制来保障。事务所要以规范合伙人利益机制、分配制度和决策程序为关键，建立合理规范的内部职能组织架构体系；通过人事、财务、业务、技术标准和信息管理一体化管理模式，全面理顺事务所决策、执行、监督和质量控制机制以及人性化的人才培育体系，实现业务流程层

面的良好控制，为事务所品牌建设提供重要的机制保障。另外，税务师事务所拓展业务时要有明确定位，不能盲目求全，应该根据自身特点结合客户需求选择自己擅长的领域重点发展，最终形成差别化的竞争优势，从而提升自身品牌的市场价值。

（三）品牌管理与文化建设相结合

税务师事务所一般采取合伙制，而合伙制的精髓在于各投资人之间地位平等、风险共担、资源共享，从而使得事务所能够充分发挥“人合”和“智合”的优势。这种“人合”更主要地表现为“人和”，实质上属于管理理念的融合，只有整体上具有相近的管理理念，才能保证整个团队高效健康地发展。这种趋于一致的管理理念最终将表现为“企业文化”。由于事务所中的各合伙人均是独立的个体，他们具有较高的文化素养、职业道德以及不同的价值观和经营理念，只有让各合伙人价值观和经营理念趋同，且都有发挥专长的余地，能感受到团队的力量，才能在长期的执业过程中逐步整合各合伙人的价值体系、文化意识和经营理念，形成被认同的企业文化，实现个人之间精诚合作，塑造出事务所整体的良好形象。

（四）品牌管理与人才建设相结合

税务师事务所是由专业人士组成的专家团队，人才是事务所的核心资源，也是事务所品牌的重要承载者，只有做到人尽其才、物尽其用，才能为事务所的品牌建设奠定人力资本。当今的社会是风险社会，在风险导向的涉税服务模式下，需要事务所人员保持相当强的专业胜任能力和职业怀疑态度，这也对事务所的人才需求提出了新的挑战。因此，事务所只有配备了一个个具备执行各项涉税服务所需知识和技能的专业团队，才能承接并圆满完成各项工作，以优质的服务打响自身与事务所的服务品牌。一方面，在人才培养方面，税务师事务所不仅应当根据自身情况，制定合理的人才招聘和发展规划，确保符合事务所需要的优秀员工能够加入队伍，还要根据员工的等级以及需求进行分阶段、分层次的职业培训，以谋求更长远的职业发展；另一方面，在员工考核方面，事务所需要设计出公平合理的薪酬制度，对表现较好的员工予以晋升、奖励，对表现欠佳的员工实施末位淘汰机制，从而鼓励员工积极进取，更好地为事务所效力。

参考文献：

[1] 岳凡宋. 税务师事务所规模化发展研究［D］. 成都：西南财经大学，2012.
[2] 骆国良. 中小会计师事务所品牌建设之实证研究——以浙江省为例［J］. 中国注册会计师，2015（01）：79－83.
[3] 盛乐乐. 浅谈税务师事务所的战略分析及选择［J］. 财会学习，2016（24）：164－165.
[4] 聂琳玉. 广东 JY 律师事务所品牌战略管理研究［D］. 武汉：华中师范大学，2017.

二、税收征管

1 大数据在税收征管与服务中的应用现状及发展建议

刘 荣

【摘要】 大数据技术对税收征管与服务工作既是挑战也是机遇。本文在总结我国税收大数据发展历程与现状的基础上，着重分析了影响税收大数据应用的不利因素，进而提出了推动税收大数据发展的一系列政策建议。

【关键词】 大数据 税收大数据 税收征管与服务

【作者简介】 刘荣，天津财经大学商学院教授

科技对人类社会发展的推动作用毋庸置疑，近年来世界范围内的人们更是感受到了依托于互联网发展的大数据技术的冲击。大数据时代的到来对税收征管与服务的影响日益显现，需要我们认真审视税收征管与服务面临的发展契机与挑战，构筑起有效的风险防控体系，以提升税收征管效率与纳税服务水平，进而提高政府税收治理能力。

一、大数据技术对税收征管与服务的影响

大数据、云技术等现代信息技术应用非常广泛，涉及各行各业。特别是当前的税务部门，正处在管理转型的关键阶段，大数据将对税收征管与服务工作产生巨大的影响。下面将从五个方面探讨大数据如何影响税收征管与服务工作。

（一）解决数据共享问题

大数据促进了数据内容的交叉检验，随着数据量和不同来源的数据种类的增多，数据判断预测的指向性会更强，准确率会更高。目前，无论是

税务机关内部还是外部，第三方涉税数据的流动性和可获取性都较弱，税务机关的信息获取渠道并不通畅。这主要是因为内部流程和环节没有理顺，信息的共享利用受到了制约；外部协调难度较大、政府职能部门与税务机关的涉税信息交换尚未制度化、常态化；对税务机关获取第三方信息的权利，以及第三方向税务机关提供涉税信息的义务尚缺乏明确的法律支持。大数据时代的到来将促使政府考虑建立统一的数据共享平台，解决各部门之间的数据共享问题。

（二）解决数据挖掘问题

数据挖掘一般是指从大量的数据中自动搜索隐藏于其中的有着特殊关系性的信息的过程。通过更深层次的挖掘和再运用，可最大限度地发挥数据的价值。但是，目前税务机关并未能有效利用和深入挖掘自身已有的数据，更未能有效获取和利用第三方数据。即使是利用，也更关注数据的基本利用。我们需要加大对数据的整合与挖掘力度，使信息管税的效能充分体现，让数据产生生产力、产生税源，从海量数据中发现有用的信息，深入挖掘分析，同时加大对征管系统数据的综合利用。

（三）实现税源精细化管理

大数据技术可以帮助税务机关搭建一个税源管理平台，通过预先设定触发条件，自动将系统采集的异常征管数据变为任务模式，主动推送给税收管理员，实现“工作找人”“信息找人”。这个平台“帮助”税收管理员清楚了解纳税人现有和潜在的不规范的纳税行为，增强税源管理的针对性和实效性，既实现了税源的精细化管理，也为纳税人降低了纳税遵从风险。

（四）促进风险管理提档升级

风险管理的核心是基于大数据的风险分析识别和多元策略的风险应对。在风险控制平台建设中，引入先进的数据分析工具，打造一体化、智能化的数据分析应用功能区，通过风险分析识别操作，为各级税务机关开展分层分类管理，实施多层次、差别化风险应对提供了精确“制导”的操作平台。

（五）提高税收服务水平

大数据可以帮助税务机关更加准确地了解纳税人的行为与需求，进而可以根据纳税人的需求提供个性化、针对性的服务，提高纳税服务的效率。

二、我国税收大数据发展历程与现状

（一）税收征管与服务信息化发展历程

所谓“税收大数据”是指通过多种渠道获取的与税收直接、间接相关的各类数据及经过加工、整理、整合产生的用以支持税收智能管理体系的具有海量、高增长率和多样化特征的信息资产。税收大数据是在多年来税收征管与服务信息化建设的基础上融合互联网、云计算等新兴技术而出现的新生事物，代表了未来税收信息化发展的方向。

2013 年党的十八届三中全会提出税收治理的概念，税收管理被提升到税收治理乃至国家治理的层面。2013 年金税三期主要征管应用系统在重庆市国家税务局、地方税务局成功实现单轨运行，统一了国税、地税征管系统，实现应用数据的集中管理；2014 年底金税三期工程建设第一阶段验收成功。在 2013 年全国税务工作会议上，国家税务总局提出到 2020 年基本实现税收现代化的目标要求。2015 年国家税务总局下发了关于《“互联网+税务”行动计划》的通知，以四个部分全面部署该行动计划，重点突出五大板块和 20 项行动计划。2016 年，国家税务总局印发《国家税务局、地方税务局合作工作规范（3.0 版）》，其中强调加强国税、地税之间的合作，推进互联网办税、共建联合办税大厅等项目，从而减少纳税环节、方便纳税人网上办税、避免纳税人“两头跑”问题，为纳税人提供更加便利的纳税服务，提高纳税人的满意度。《推进税务稽查随机抽查实施方案》也提出国税、地税开展联合抽查的要求。国税、地税联合开展随机抽查机制，共同随机抽取税务稽查对象，共同制定税务稽查预案方案，共同进行税务稽查，共同解决问题、互通信息，能够加强税务稽查工作的有效性和国地税合作的深度。

随着“营改增”的全面实施，金税三期工程在全国各个省市分批分阶段全部正式上线运行，国家税务局与地方税务局之间统一核心征管应用系统版本，制定统一规范的业务操作和执法标准，实现了全国数据大集中，加强了国地税合作、信息共享，促使税务机关更加及时全面地获取准确的信息。在国家税务总局的总体部署下，为实现我国税收管理的科学化、现代化、精细化和高效率，利用大数据和电子信息化技术构建“涉税信息管理系统”的工作，已经在全国税务系统有条不紊、深入扎实地展开。

（二）税收大数据来源结构及其应用现状

目前税收大数据的来源主要是税务机关在管理纳税人过程中自行取得的有关纳税人的涉税信息及少量通过第三方取得的信息数据。在涉税数据管理工作中，既需要拓展涉税数据来源，也应充分挖掘已有数据信息，盘活存量信息。对于征管服务中所需信息，尽可能地依靠纳税人报送信息或税收管理活动生成信息，并加以充分利用。应该将日常税收征管过程作为信息收集与应用的过程，通过信息的应用，提高税收征管的质量和效率，实现对税收征管全过程的监控。要立足已有数据，深入分析各行业海量信息，根据行业管理规律，逐步构建覆盖所有国民经济行业分类的评估模型和指标体系，预测经济与税收发展趋势，不断提升税源管理能力，更好地检验涉税数据信息质量。

为了适应税收现代化的需要，国家税务总局正在建设大数据云平台。目前在全面集中与整合全国范围内各类业务数据基础上，提供了增值税发票查询分析、纳税人关系分析、票流分析、风险情报系统、用户画像五大功能。

（1）增值税发票查询分析：提供全国的增值税发票信息查询分析，包括纳税人信息查询、发票明细查询、一户式纳税人发票流向分析（商品和服务税收分类编码分析）、一户式纳税人发票流向分析（企业流分析）、一户式纳税人发票流向分析（票种分析）、一局式增值税发票开具情况统计、一局式商品和服务税收分类统计。

（2）纳税人关系分析：纳税人关系云图基于关联图谱算法，依托税收大数据及其他外部数据，依据其投资关系、关联交易关系、涉税关系等建立各类关联关系，展现全国视角下的纳税人关系云图，开展纳税人关系网络分析。

（3）票流分析：通过票流分析模拟实现物流监控，理清纳税人生产经营的货物、发票上下游、全链条的来龙去脉，进一步分析其业务的真实性、各税种的申报准确性及完整性。

（4）风险情报系统：实现非正常纳税人、信用评级低的D级纳税人信息推送，满足各级税务机关跨省数据需求，建立纳税人跨省风险情报项目。

（5）用户画像：在全面集中与整合全国范围内各类业务数据基础上，借助互联网大数据领域“画像”“标签”等新思路、新技术，对税务领域的纳税人、自然人、税务机关构建标签体系，刻画主体特征，形成有价值的主体群体画像，从而更加便利、高效地辅助国家税务总局决策者、管理者、分析者对目标群体进行识别、分析，帮助他们对全国范围的纳税人、税务机关进行全面的、深入的了解，帮助各司局专职分析人员有效识别纳税风险、掌握纳税服务诉求，以满足日常管理的需要。

从应用情况来看，部分税务机关通过应用大数据技术，解决了许多过去难以解决的问题，但总体来看，尚处于初级阶段，互联网、大数据思维还没有全面深入到税务系统的各个领域。

三、影响税收大数据发展的因素分析

（一）税制不完善

我国的税收法律体系不够健全，税法中的一些制度、措施还不够规范，与国际上的通行做法有较大差距，地方法律法规等诸多规范不完整。且我国的税收立法行政化特征显著，税收立法形式偏重于行政法规和规章，层次较低，权威性差。此外，我国分税制的财政管理体制，容易导致中央和地方分工不明确，沟通不足，产生税收征管与服务风险。

（二）信息不对称

一是税务机关和纳税人之间的信息不对称问题。这主要体现在：一方面，税法的宣传与解释工作还需要加强；另一方面，税务机关难以准确地掌握纳税人所有的涉税信息，特别是对高收入行业和高收入个人，更是存在严重的信息不对称。

二是在税务机关内部，不仅上下级之间存在纵向信息不对称问题，国地税之间、同一税务机关内部各部门之间信息未能充分共享，也存在横向信息不对称问题。比如，货劳税部门与所得税部门之间、征管部门与稽查部门之间、稽查部门与纳税评估部门之间、征管部门与收入规划划算部门之间等，都可能存在信息不对称问题。

三是税务机关与外部机构之间的信息不对称问题。例如，税务机关与市监、银行、海关、房产管理部门、车辆管理部门等部门之间，由于法制保障不健全、缺乏畅通的信息交流渠道，税务机关很难完整掌握纳税人的注册登记、存款、房产、车辆等涉税信息。

（三）理念落后

大数据环境下的税收征管要求从业人员转变态度，善于利用数据资源。然而“集中征收，重点稽查”的征管模式在很大程度上给税务人员造成了认识上的错位，过分强调自身税收稽查的职能，而对税源认识不足，不善于利用数据。且税务、市监、审计等众多政府职能部门尚处于脱节状态，缺乏协作意识，难以做到数据的共享与利用。

（四）管理手段落后

尽管税务系统的信息化建设取得了一定的成效，但仍存在管理手段较为落后、不能充分利用大数据资源的问题。究其原因，症结在于税务系统内部由于信息化建设缺乏统一规划，各应用软件互不兼容导致了信息无法共享，以及受社会条件的制约，国税、地税、市监、银行、国库等部门的信息化建设程度不相同，不能实现税务与相关部门间网络互通和信息实时交换。

（五）管理行为不规范

从总体上看，税务干部的思想观念、业务能力、法制意识和综合素质未完全达到现代化征管的要求，与依法治税的要求也有一定的差距。个别税务干部对税收政策、税收规定重视不够，加之工作责任心不强，在税收执法过程中存在着严重的随意性，出现许多有法不依、执法不严、违法不究、以税谋私等渎职行为或腐败现象。管理行为的不规范在一定程度上打击了纳税人的积极性，降低了纳税征管与服务水平，增加了税收风险。

四、推动税收大数据发展的政策建议

（一）加快立法程序

没有立法的保障，税收征管服务和风险防范的很多工作就根本无法实现，因此应制定立法规划，推进涉税大数据法律体系建设。2015 年，国务院发布《促进大数据发展行动纲要》，在国家层面提出了“公共数据资源开放”的概念，并将政府数据开放列为中国大数据发展的十大关键工程。明确提出要在地方立法权限范围内，探索制定数据权益保护、大数据安全与管理等地方立法。为此，应围绕大数据的发展应用、开放共享、安全管理等内容，加快推进我国涉税大数据的立法工作，尽快在大数据立法领域建立一个体系性的构架。

在涉税数据安全立法方面，重点围绕数据采集、存储、流通、使用的安全以及数据盗用、篡改、滥用、销毁等问题，从数据安全技术、灾难备份、安全事件管理、安全治理等角度，对数据安全风险类别、危害程度、保护措施、惩戒等内容做出规定，构建大数据安全保障体系。

在涉税数据共享立法方面，对数据共享机构和其他具有数据共享业务的服务机构的设立、运行，相关行业主管部门的监管服务职能，政府及相关部门的支持扶持政策等进行规范，明确标准以及纠纷解决机制，推动数据共享合同的缔结主体、缔结、可交易的权益、履行、担保、违约、救济等方面形成规则，加强对数据共享服务机构的规范和监督。

在涉税个人信息立法方面，对个人信息的界定和保护、行业监管与自律、维权与责任等进行规定，明确个人信息收集、存储、利用、转移的方式、范围、程序，以及个人信息保护的责任主体和责任义务，加强对信息滥用、信息泄露、隐私侵犯等行为的监督和惩戒，推动个人信息保护，保障公民个人信息的安全。

在涉税数据资源管理立法方面，围绕数据资源分类分级管理，探索数据资源资产化管理路径，加强数据资源目录管理、整合管理、质量管理、安全管理，规范各类主体的管理、使用、交易等行为，依法规范数据采集、存储、流通、交易、使用等活动，提高数据的准确性、可用性和可靠性。

（二）建立政府信息平台

我国税收征管服务风险防控体系的建立，可仿效美国等发达国家的做法，建立国家层面的中国政府信息大数据管理中心平台，实现国务院主导的部门信息共享机制，设置统一的指标口径，通过信息平台的对接互通，将银行、市监、房管、土地、建设、发改等各个部门的涉税信息定期向大数据平台传递，构建一个社会化、全方位的信息沟通、交流、监管体系。制定相关条款，制约各个部门，收集、整合国内外社会经济信息数据，使政府各个部门成为国家级统一的大数据集散地，使用规范的格式，通过合法的渠道，收集、整理、分享国内外的大数据信息，给具有使用权限的第三方使用。此外，要加强在国际上的税收情报交换与共享，打击跨国偷逃税行为，以促进我国税收征管、服务和防范风险能力水平的全面提升。这项工作牵涉面广，需要从国家治理的视角，发挥政府不同部门的合力，做大量的协调推进工作，同时借助市场和社会的力量。

（三）加强税收信用机制建设

建议由国家税务总局牵头建立信用编号、税务登记编号、社保号码统一管理规则，建设信用档案记录、信用信息共享平台，建立失信行为联合惩戒制度，发展信用服务机构，完善法规制度标准等。根据纳税人的纳税观念、办税/申报质量、税款缴纳/发票购用情况、财务核算水平、发生的税务违法违章行为以及政府相关部门、中介机构提供的相关信息对纳税人信誉进行全面评价，把纳税人分为若干信誉等级，实施分类管理。此外，还应在国地税内部及政府部门之间共享纳税信用A至D级纳税人名单、重大税收违法案件信息，共同推动纳税信用和其他社会信用的联动管理。

（四）深度利用税源管理数据

信息化的税源管理过程，不仅仅是数据的采集过程，还是数据的处理和再利用形成新信息的过程。在税源管理方面，数据的深度利用体现在如下几个方面：

（1）充分利用电子商务平台的积累数据，强化风险管控。目前，我国的电子商务发展十分迅速，随着各种电子商务平台的交易量走高，平台内部积累的交易数据也开始海量地增长。然而这些数据都是非结构化的或者是半结构化的，传统的数据分析方法无法进行有效的利用，而这些数据背后都隐藏着一笔真实的交易，因而又是极具价值的。因此，利用大数据加强税收管理，就应当积极地探索从电子商务平台积累的数据入手，甚至包括各类团购网站、外卖网站、停车管理网站等，通过对这些网站的数据进行分析，不仅能够有效地对税源进行监控，更能够有效地管控税务风险。例如，在调查某餐饮企业的网上销售情况时，可以利用网络爬虫技术，用计算机代替人工完成相关的团购网站访问调查，定位和采集这些电商平台上的累计金额、数量等关键信息，然后通过语义分析技术对该餐饮企业在一定时期内的电子销售总量与同期的企业申报数据进行核对，从而找出可能存在的风险点。

（2）利用企业生产经营数据，防范企业税务风险。通过对企业已有的电子管理平台中的生产经营数据进行采集，并加以深层的挖掘和分析，为企业建立特殊化的风险管理模型，有助于防范企业的税务风险。

（3）完善税收遵从的指数分析，强化税务风险管理。当前的大数据应用领域，在经济、金融、民生等环节都开始探索指数分析的应用。例如，某电子商务网站运用的交易指数分析就是通过对海量的交易记录的分析和挖掘，分门别类地采用不同类型的交易指数来将消费者的消费行为量化、数据化，从而便于精准分析。

在税源管理领域也可以充分利用相关的指数，如纳税遵从指数，通过整合巨量的税收数据，利用大数据的关联性数据处理方式，充分地揭示不同的数据连接可能包含的纳税遵从信息，通过纳税遵从指数模型，能够在一定程度上解释可能存在的税务风险。

（五）明确税收治理与个人隐私权的边界

第一，对数据控制者实行目的限制原则。大数据时代的数据控制者作为数据收集、存储以及使用的主体，更了解数据的价值，税务机关使用、收集个人数据应坚持目的限制原则，并有告知纳税人的责任。假如超出收集数据的初始目的去使用数据，并且数据主体不明确这一目的，数据控制者应当获得数据主体的认可，从而确保纳税人对信息拥有控制权，使纳税人的个人自由、尊严以及安全不被侵犯。在大数据时代，必须强化数据控制者的责任。

第二，建立大数据发展与个人隐私保护的协调机制。大数据在推动科技进步、商业发展以及税收治理等多个方面可发挥重要作用。为此，税务部门在税收征管中需要强化内部管控机制建设，成立专门部门，负责信息的查询与保存工作，创建科学的管理制度，做好存储个人信息硬件及软件的检查与管理工作，对软硬件进行定期维护，确保设备的正常运作。而在人员的管理方面，更要明确不同岗位工作人员的职责，对侵害个人隐私权的，应承担相应的法律后果。

第三，建立完善的纳税人隐私权救济机制。为全面保障纳税人信息权利，需要适应大数据时代的发展趋势，进一步修订并完善纳税人隐私权救济制度，确定隐私权被侵犯的赔偿标准，假如受害方涉及的信息主体多，还应由适合的主体（如非营利公益组织），提起集体诉讼，帮助其主张权利。

（六）加大税务复合型人才培养与激励力度

大数据时代需要培养一批大数据的税务专家，深谙大数据规律，精通税收业务与计算机技术，熟练掌握会计、数理统计等知识，能够通过涉税数据之间的相关性分析探寻税收征管规律，深挖数据背后的价值，找出税收风险点，精确实施税收风险监控。大数据时代的到来实际上提高了对人才的要求，因此必须要提高基层税务干部的工作积极性，在法律法规允许的范围内，适当对基层税务干部工资、晋升等相关制度进行改革，以适应形势发展的要求。多年来，通过“金税工程”一期、二期、三期建设和省级数据大集中培养造就了一大批信息化专业人才，但在具体的业务实践中，真正熟悉企业各种 ERP 财务软件、能深入掌握数据分析编程乃至具有数据创新思维的人才少之又少，远远不能适应大数据发展的要求，税收大数据专业人才的培养仍有很长的路要走。

鉴于此，建议一方面对税务工作人员进行前沿知识的培训，积极推动高等教育机构与税务部门的合作，强化大数据思维在实际工作中的运用，全面提升税务服务人员的业务素质及能力；另一方面以更加宽容与审慎的态度鼓励人们在计算机业务技能、数据分析与挖掘、前沿技术等方面的应用探索与测试，将"万众创新"的精神融入税务系统内，通过物质激励与名誉激励相结合的方式，促进税务系统内的创新，营造适合复合型人才成长晋升的良好环境。

参考文献：

[1] 中国税务学会．大企业税收服务与管理［M］．北京：中国税务出版社，2016.
[2] 维克托·迈尔－舍恩伯格，肯尼迪·库克耶．大数据时代［M］．杭州：浙江人民出版社，2013.

2　税务机构改革对税收征管的影响分析

古建芹

【摘要】本文根据《国税地税征管体制改革方案》，从改革的意义、改革的目标和原则、改革的近期影响和远期影响三个方面，对这次国税地税征管体制改革进行了系统的分析。这次国税地税征管体制改革意义重大，是夯实国家治理基础和保障的重要举措，是实现国家治理科学化现代化的重要举措，是推进财税改革深化的组织保障，是降低征纳成本、和谐税收关系的重要途径。这次改革需要遵循“瘦身”与“健身”相结合、稳妥有序的原则。这次国税地税征管体制改革的近期影响是：强化税务执法的独立性，减少行政干扰；规范税费征缴工作，改善政府形象；规范税务执法行为，和谐税收征纳关系；提升税务干部素质，提高税收征管效率；影响纳税人税收负担变化。远期影响主要体现在：能够推进国家治理水平和效率的提升，推进财政制度改革的逐步深化，推进税制结构的优化，推进地方税体系的建设，促进规范纳税意识提高，优化税收环境。

【关键词】国税地税征管体制改革　税收征管效率　降低征纳成本

【作者简介】古建芹，河北经贸大学教授

2018年3月，中共中央印发的《深化党和国家机构改革方案》明确规定：“将省级和省级以下国税地税机构合并，具体承担所辖区域内的各项税收、非税收入征管等职责。……国税地税机构合并后，实行以国家税务总局为主与省（自治区、直辖市）政府双重领导管理体制。”由此可见，这次国税地税征管体制改革不仅仅是国税地税机构合并这么简单，而是我国税收征管体制的根本改革，其内容丰富，意义重大。正确认识这次国税地税征管体制改革的重要性，了解这次体制改革的内容，分析其将产生的影响，对国家治理水平的提升和财税制度改革的深入都有重要意义。

一、国税地税征管体制改革意义重大

2018年启动的国税地税征管体制改革，是以习近平同志为核心的党中央作出的重大决策，是深化党和国家机构改革的重要内容，是一项具有深远意义的重大改革。

第一，这次国税地税征管体制改革是党和国家机构改革的重要组成部分。这次《国务院机构改革方案》，涉及范围广，机构多。从改革方案中可以看到，分别涉及党中央机构20条、人大机构3条、国务院机构23条、政协机构3条、行政执法体制5条、跨军地6条。其中，仅行政执法体制就包括市场监管综合执法机构、生态环保综合执法机构、文化市场综合执法机构、交通运输综合执法机构、农业综合执法机构等。被誉为“系统性、整体性、重构性”的重大变革。显然，这次机构改革是党中央着眼全局作出的重大战略部署，而国税地税征管体制改革则是这次党和国家机构改革的重要组成部分。目前全国税务系统干部职工，正在国家税务总局统一领导和部署下，以习近平总书记关于深化党和国家机构改革的重要讲话为根本遵循，贯彻落实党的十九届三中全会审议通过的《中共中央关于深化党和国家机构改革的决定》精神，按照十三届全国人大一次会议批准的《国务院机构改革方案》要求，有计划、有步骤地贯彻落实《国税地税征管体制改革方案》。

第二，这次国税地税征管体制改革是夯实国家治理基础和保障的重要举措。我们知道，财政是国家理财之政，税收是国家财政的基础，财税是国家治理的基础。如果说国家治理是一只木桶，税收就是这只木桶的底。只有木桶的底结实坚固，不漏水不渗水，木桶的各个挡板才有意义，整个木桶的蓄水才能有效。也就是说，税收质量和水平高，国家治理才有坚实的基础和雄厚的物质保障，才能实现国家治理的高水平和有成效，才能实现国家的强大和人民生活的幸福。而这次税收征管体制改革正是增强税务服务国家治理作用的重大改革，是夯实国家治理基础和保障的重要举措。

第三，这次国税地税征管体制改革是实现国家治理科学化现代化的重要举措。作为国家治理基础和保障的财税管理，其机构设置的科学化程度、其征收管理的现代化水平、其税收治理的能力，都是推进依法治国战略进程、实现国家治理科学化现代化的关键。税务机构设置不科学不合理，税收治理的科学化就实现不了，就会影响国家治理科学化现代化的实现。所以说，这次国税地税征管体制改革，既是新时代坚持和发展中国特色社会主义的现实需要，也是规范政府行政行为、推进国家治理体系和治理能力现代化、深化依法治国的重要举措。

第四，这次国税地税征管体制改革是推进财税改革深化的组织保障。如果说，1994年国税地税税务机构分设是强化中央宏观调控能力、实现分税制财政管理体制改革目标的重要组织措施的话，那么2018年的国税地税征管体制改革，则是进一步深化财税改革的重要步骤，是筑牢我国税务事业发展根基的重大改革和组织保障。

第五，这次国税地税征管体制改革是降低征纳成本、和谐税收关系的重要途径。1994 年以来，纳税人经营过程中要面对国税地税两个税务执法机构，一些涉税事项要由两个税务机构共同或分别处理，造成税收执法成本和纳税人奉行成本的人为增加。在国际上一些机构或媒体的研究结论中，我国一度被列为税收成本高、纳税痛苦指数高的国家之一。虽然近几年来，我国政府和税务执法机构从提高纳税服务效率、降低纳税成本方面考虑，在制度设计、征管措施等方面不断进行修改完善，但治标不治本，我国的税收执法成本和纳税成本仍然比较高。这次征管体制改革将从根本上使这一问题得到解决，是和谐税收征纳关系、塑造为民便民利民的税务形象的重大改革。

二、国税地税征管体制改革的目标和原则

根据《深化党和国家机构改革方案》第 46 条的规定，这次国税地税征管体制改革的内容主要有：省级和省级以下国税地税机构合并；实行以国家税务总局为主与省（自治区、直辖市）政府双重领导管理体制；加强税务系统党的建设、思想政治建设和干部队伍建设；规范税费征缴工作；优化各层级税务组织体系和征管职责。

（一）国税地税征管体制改革的目标

1. 降低税收征纳成本，为纳税人提供更加优质高效便利的服务

这次国税地税征管体制改革方案的第一句话就是降低税收征纳成本，这说明国家税收改革的出发点发生了变化。一是体现了换位思考，虽然是国家税收改革，但却是从纳税人角度考虑而实施的改革。二是体现了税收治理理念的提升和转变。2001 年我国税收征管法修订后，税务执法部门和执法人员的服务意识逐渐增强，开始逐步由单纯的税收管理向服务纳税人转变。而这次国税地税征管体制改革方案中提出的则是要为纳税人提供更加优质高效便利的服务，即由一般的纳税服务向优质高效服务转变。

2. 理顺职责关系，建立健全职责清晰、运行顺畅、保障有力的制度机制

这次国税地税征管体制改革是对税务执法机构建设的总体考虑，而不仅仅是机构合并。其内容包括三个方面：税务执法机构党的建设、思想政治建设和队伍建设三位一体；岗位设置、岗位职责和人员配备协调顺畅；业务管理和人员管理制度化、高效化。

3. 构建优化高效统一的税收征管体系，提高征管效率

税收征管体系是指国家为了实现税收征管目标，在税收征收管理过程中对相互联系、相互制约的税收征管制度、征管组织机构、征管人员、征管流程、征管方法、征管技术等要素进行有机组合所形成的整体。税收征管体系是一项系统工程，其主要因素包括：明确的管理目标和战略目的；合理的组织机构和高素质的人才；现代化的技术手段；健全的征管法律制度；严密的纳税人自我申报机制；完善的司法保障体系和良好的治税环境。按照新时代的要求，我国税收征管体系建设必须要遵循现代管理的价值取向和理念。要努力实现税法的公开透明和准确实施；税收征管程序规范、管理流程的持续改进和完善；征管组织机构设置的科学合理；征管过程中的多元服务；技术手段先进，即有效运用信息技术；人员配置科学，即建设高素质人才队伍。

（二）国税地税征管体制改革的原则

1. “瘦身”与“健身”相结合

所谓“瘦身”与“健身”相结合，一是精简机构。通过这次国税地税征管体制改革，要彻底改变国税地税两家税务机构分设、一些相同或相近的税收业务分别由两家税务机构管理的状况。二是精兵简政。通过这次国税地税征管体制改革，要彻底改变国税地税两家税务机构业务量大小不一、绩效考核标准难以统一的状况，使税务执法机构人员精干，业务分工明确、责任清晰。当然，无论是“瘦身”还是“健身”，都需要有个渐进的过程，不可能一蹴而就。三是规范管理，强化管理。通过这次国税地税征管体制改革，要规范政府税收管理、非税收入管理和社会保障基金管理，把主要收入的管理规范起来，为强化国家治理能力和政府行政能力、规范政府收入体系打下基础。

2. 稳妥有序

所谓稳妥有序，一是收入稳妥有序。税收收入是国家财政的主要收入来源，改革不能影响国家财政的日常运转。在这次国税地税征管体制改革过程中，要始终做好税收收入的组织工作，保证国家税收安全足额稳定。二是政策稳妥有序。经济是税收收入的源泉，改革不能影响经济发展。在这次国税地税征管体制改革过程中，要保证各项税收政策尤其是税收优惠政策的贯彻落实，保证国民经济不因改革而受到负面影响。三是队伍稳妥有序。做好改革的宣传教育工作，让全体税务干部充分认识改革的重要性，从大局出发，正确对待改革带来的岗位变动等问题，保证税务干部队

伍的稳定。四是改革稳妥有序。在改革的过程中，要坚持党的领导，切实加强对改革的组织协调、统筹规划、监督检查等。坚定有序推进改革，确保改革有力有效。

三、国税地税征管体制改革的影响分析

（一）近期影响

1. 强化税务执法的独立性，减少行政干预

这次税收征管体制改革方案明确，国税地税合并后将实行以国家税务总局为主与省（自治区、直辖市）政府双重领导的管理体制。省以下税务局不再受地方政府的直接领导，不再只承担地方税种的征收管理工作。不仅中央税、地方税和共享税由税务局负责征管，而且非税收入和社会保障资金也将由税务局负责征收管理。这样，税收收入和非税收入均由一个征收机构负责征收管理，就可以强化政府收入组织管理的独立性，减少地方政府对税收和非税收入征收管理的干预，保证政府收入政策规范统一、有效落地。

2. 规范税费征缴工作，改善政府形象

税收和非税收入、社会保障资金收入属于不同的收入形式，有其各自不同的形式特征，征收管理的制度设计和管理方式也不同。这次税收征管体制改革前，国税地税分别管理中央税、共享税和地方税，非税收入和社保资金的管理各地也不一样，有的省份专门设立了社保资金经办机构或经办处，有的省份则是由地方税务局代征。在这种情况下，税收政策执行不一致、非税收入管理不规范、社保资金收缴管理不一样，容易引发对政府行政的不满。

这次税收征管体制改革后，各项税收、非税收入和社保资金都由税务局负责征收管理，既能规范税费征缴，保证政策执行的一致性，也能消除各种信息壁垒，降低征纳双方信息不对称的程度。也就是说，将规范政府收入，保证税收执法范围和力度的一致性，保证非税收入管理的规范性，保证社保资金收入的规范管理和稳定收缴，并改善政府形象。

3. 规范税务执法行为，和谐税收征纳关系

税收征管效率是个综合概念，包括税收的应收尽收、税收政策的落地、人均征税额、人均征税成本等。这次税收征管体制改革前，各税种由国税地税分别征管，执法尺度等不一致，导致执法不规范，纳税人纳税成本增加，税收征管效率不尽如人意。造成税收征管效率不高的主要原因

有：税收收入的“跑、冒、滴、漏”，税收政策的执行力度不统一，人均征税额不能反映执法规范性和努力程度，税收奉行成本高等。这些都与国税地税两家税务机构分设分管有一定的关系。

这次税收征管体制改革后，各项税收都由税务局负责征收管理，加上调整优化税务机构职能和资源配置，同一个执法机关，同一个尺度执法，势必大大减少征纳税成本，提升纳税人税收满意度，进一步和谐税收征纳关系。

4. 提升税务干部素质，提高税收征管效率

2016 年全面“营改增”后，地税国税业务范围此消彼长。地方税务系统原来的主体税种营业税退出历史舞台，地税系统原有的 1/3 的业务没有了，国税系统则增加了大量的新的税收业务。据统计，全面“营改增”后，国税系统征收了全国 75% 的税收收入。虽然有“金税工程”的技术支持，但大量的不太熟悉的税收业务，使国税局的工作人员难以轻松应对。这次税收征管体制改革后，所有税种征管集中到一个税务局，所有税务执法人员面对的税种业务均增加，要求税务执法人员必须加强业务学习，补齐短板，以适应合并后的工作需要。同时，要改进纳税服务，落实各项税收政策，优化营商环境，以展现新税务机构的新作为、新形象、新风采。

据统计，2016 年全国国税系统有 46 万人，地税系统有 41 万人。按照人力资源管理和国家公务员管理制度的基本要求，国税地税都应该实行岗位责任制，进行岗位职责分工和绩效考核。但在没有进行税收征管体制改革前，国税地税业务范围、业务量相差悬殊，一边有劲使不上，一边有活干不完，在国税地税采用统一的税收考核标准显然是行不通的。这次税收征管体制改革后，国税地税两家进行实质性合并，根据税收工作需要科学设置业务岗位，就可以制定统一的科学合理的岗位考核制度，激励税务执法人员自觉提升政治、业务素质，掌握现代化征管手段和技术，积极有效地开展税务执法工作，从而推进我国税收征管效率的提高。

5. 影响纳税人税收负担变化

由于改革后税务执法机关唯一、税收管理缝隙减少、税收政策执行一致、税收执法尺度一致等，即使税收政策不调整，纳税人的税收负担也会有所变化，即由于改革前后税收征管力度、严密性的变化造成纳税人纳税额增加或减少，税收负担提高或降低。

（二）远期影响

长远来看，这次国税地税征管体制改革对税收征管的影响，主要是为

实现税收征收管理制度的科学、规范、严密提供基础保障，为税收征收管理制度建设提供前提条件。

1. 推进国家治理水平和效率的提升

如前所述，财税管理是国家治理的基础和保障。这次国税地税征管体制改革，使我国税收征管体系上了一个层次，提升了我国税收治理水平和能力，相当于加固了国家治理这个大木桶的底，因而能够推进国家治理水平和效率的提升。

2. 推进财政制度改革的逐步深化

改革开放初期的财税改革主要是要解决市场主体的问题，让企业自主经营、自负盈亏，调动企业生产经营的积极性；1994 年的财税改革主要是解决政府之间的财税体制问题，在保证中央收入的前提下，调动各级政府组织收入、调节经济的积极性。应该说，之前的税制改革取得了很大的成就，收入规模日益增大，税收调控作用日渐显现，税收征纳关系日益和谐。但是，在税收征管体制不彻底改革的情况下，税收制度改革难以推进，政府之间的税收利益不便于划分，财税改革难以深入进行，并且引发了诸多问题。例如，在财政管理体制方面，怎样建立科学的激励机制，以充分调动各级政府的积极性？在国家预算制度方面，怎样使预算科学规范高效透明？在社会保障制度方面，怎样建立可持续的社会保障制度？其他如县乡财政建设等，不胜枚举。应该说，通过税收制度的改革，建立健全规范高效的征管制度是财政制度改革的关键。

3. 推进税制结构的优化

我国下一步税制改革的重点是税制结构的调整优化，包括降低货物劳务税比重、提高所得税比重；调整中央税、地方税和中央地方共享税的税种及其比例等。改革任务重，难度很大。这次国税地税征管体制改革，实行以国家税务总局为主与省（自治区、直辖市）政府双重领导的管理体制，便于对税收制度进行国家战略角度的顶层设计，使税制结构更具全局性和前瞻性，更有利于国家治理水平的提升。这次国税地税征管体制改革后，税制结构调整影响的是税务局内部各部门的工作，而不涉及国税地税两家税务局之间的工作。因此，税制结构优化的阻力会大大减小、难度会大大降低。

4. 推进地方税体系的建设

没有专设的地方税务机构，不等于说地方税体系就不用建设了。理论和实践都证明，规范的国家税收体系中，应该包括各级政府规范的收入体系。一般来说，政府级次越高，税收在其收入体系中的占比越大。因此，这次国税地税征管体制改革会推进地方税主体税选择和建设、地方税种设置和建设、地方税收征管制度建设等。

5. 增强规范纳税意识，优化税收环境

过去有些纳税人利用国税地税两家税务机构的管理缝隙，寻求税收利益；利用国税地税执法不一致，寻求税收管理效益，导致人情税、关系税等情况时有发生。这次税收征管体制改革的推进会促使纳税人加强对税收法律法规的学习，不断增强自觉纳税意识，使税收环境进一步得到优化。

3　税务机构改革后构建税收征管体系思考

丁绍庆

【摘要】深化国税地税征管体制改革，是国家治理体系和治理能力现代化的重要内容之一。构建优化高效统一的税收征管体系是深化国税地税征管体制改革的必然要求，是税务机构改革的核心要义。研究税务机构改革后的构建税收征管体系问题，迫在眉睫，意义重大。

【关键词】征管体系改革　治理能力　高效统一

【作者简介】丁绍庆，国家税务总局上饶市税务局党委副书记、副局长

一、当前国税地税征管体制存在的主要问题

（一）税务机构分设造成税收征管效能不高

1994年鉴于当时的税收征管实际，税务机构一分为二，有效地提高了中央和地方两个积极性。但随着税务征管内外环境的不断变化，两套机构客观上造成了征管成本过高、纳税人办税成本增加和总体征管效能低下。

（二）国税地税合作无法解决重复流程问题

两套税务机构的现实使得无论国税地税合作工作如何紧密协同、如何纵深推进，在实体和虚拟两个层面都客观存在法律主体、信息系统、业务流程双轨运行等问题，只有国税地税合并才能实现法律主体一元化、税收征管一体化。

（三）国税地税模式差异导致征管协同困难

多年来国税地税征管对象、工作内容、管理手段的差异性，造成同一地方的国税地税征管模式有着较大的差异，有的实施分类分级管理，有的实施行业集中管理，有的甚至设置不同的税务征管机构，导致征管协同难以同频共振。

（四）税收保障和大数据利用水平相对不高

纳税人主体是一元的，而税收征管主体是二元的，任何一家税务部门都不会全税种、全要素、全流程去审核、考察和评定一个纳税人，客观上造成纳税人可在两家税务机构间博弈，税收保障和大数据管理相对割裂和局域化。

二、税务机构改革后构建税收征管体系的原则

税务机构改革后构建税收征管体系，要以习近平新时代中国特色社会主义思想为指导，按照《深化党和国家机构改革方案》关于税务机构改革“瘦身”与“健身”相结合的总要求，统筹规划、因地制宜、积极稳妥推进实施。

（一）统一优化原则

国税地税征管机构合并，不是为了合并而合并，而是税收征管体制改革的现实需要，是提升税收征管效能的必然选择。税务机构合并后构建税收征管体系建设，要在党的集中统一领导下，遵循税收征管工作发展规律，做到全国“一盘棋”，各区域、各税（费）种“一盘棋”，统一设计、优化设置、有序推进。

（二）分类分级原则

面对经济类型多样、业务体量不一的众多纳税人，千篇一律、平均用力征管肯定是无法完成任务的。总局、省、市、县四级税务机关要强化其税源管理职能，发挥其对列名大企业、重点税源企业主导、专司行业性风险管理和个性化服务职能，与此同时按照“规模+属地”原则，实现分类施策、分域管控。

（三）远近结合原则

随着经济社会的不断发展，各类经济业态不断增加、衍生，税收征管科技水平也将不断与时俱进。在具体税收征管实施过程中，既要考虑不同区域经济发展水平的差异情况，也要考虑税收征管手段可能的发展趋势，做到既符合当前税收征管工作实际，又能随着征管环境的变化不断升级改进。

（四）内外协同原则

税收征管模式日益趋向大数据管理、社会化征收、无纸化流转和信息化监控，税务机构合并后应更加注重社会治税模式的构建，修订《税收征收管理法》，出台地方保障法规，构建联防联控机制。税收征管风控管理与税务机关内控管理建设要同步规划、共同设计、相互促进、一起推进，构建多层级、立体化防控体系。

三、构建优化高效统一的税收征管体系的建议

（一）不断提升税收征管法制保障水平

税务机构合并后，税收征管内外环境发生了深刻的变化，首先应从征管主体一元化入手，尽快修订《税收征收管理法》，明确纳税义务人、税务机关及协税义务人多方法定职责和程序；其次要不断简化、提升和固化各税种法律，为建立优化高效统一的税收征管体系创造条件；最后要提请各级人大机关尽快出台《税收征管保障条例（办法）》，明确政府部门、社会组织的协助义务和职责，构建大数据、大保障税收征管格局。

（二）尽快制定税收征管体系建设规划

凡事预则立，不预则废。税收征管体系建设是一项长期、复杂的系统工程，必须上升到国家治理体系建设重要组成部分的高度来顶层设计，特别是国税地税机构合并后，总局应适时出台国家税收征管体系建设规划，各地各部门以此为依据进一步细化安排、统筹推进。主要内容包括：建设目标、重点项目、实施步骤、科技支持、配套保障等。重点项目可以有：全国通用电子办税系统（PC端+移动端），国家税收大数据管理系统，企业代码、个人编码社会普适监管系统等。

（三）积极构建分类分级管理征管模式

与时俱进、因地制宜、科学动态地调配征管资源，实现征管效能最大化，是税务机构改革后的首要任务。建议在税务机构合并过程中，统筹重构各级税收征管体系：一是重构税收征管职能体系，按照中央税、地方税、非税收入三大职能来配置征管资源；二是机构上可条块结合、适度分离，稽查、风控区域化配置，其他按照“属地+行业”原则进行管理；三是动态规范纳税人分类分级管理标准，重点税源重点管理（规模列名企业

上升其管理层级），特殊税源特殊管理（园区税收、行业税收专业化管理），一般税源网格管理（划片而治、委托代征、综合治税）。

（四）整合优化税收征管信息管理系统

税收（非税收入）征管信息管理系统是税务部门税收征管、非税收入征收的总平台。税务机构改革后，要从税务部门全职能的角度，全面优化整合税收（非税收入）征管信息管理系统，系统宜少不宜多、宜合不宜分。通过系统整合、功能优化、流程再造，统筹设计开发和应用各类各项业务功能，做到一个平台、全面覆盖，一次操作、各项统计，一次刷卡、税费同缴。在非税收入征收接管扩围过程中可预留端口，成熟一项建立一项。

（五）大力推行办税自助自治和社会化

全面推行实名办税全覆盖，在公安联网、验明前置基础上，通过公告网上申请事项视同纸质签章法律效力，实现电子办税（征费）全程无纸化、电子化、社会化。实体办税、自助办税、虚拟办税（PC 端 + 移动端）逐步转型、此消彼长，最终实现纳税人办税自治、征纳不见面。大力推进依托邮政网点、银行网点、各乡镇（街道）便民服务中心等社会化网点，借船出海、合作多赢，腾出宝贵征管资源主司数据分析、风险管理和税务稽查，实现选择性、针对性精确制导、差别管理。

（六）积极构建社会治税协同联控体制

升级改造税收（非税收入）征管信息管理系统，增大主服务器存储量和运行速度，拓展外部社会数据导入、自动综合分析、事中阻断预警和风险任务管理等功能。同步研发 PC 端、移动端征管实时办公系统，实现实时在线移动审批办公。配套研发管理员手机定位巡查、业务轨迹 GPS 留痕管理、国土等部门电子遥感数据利用等辅助功能。

参考文献：

[1] 郭瑞轩．国税地税征管体制改革，我们一起走过［J］．中国税务，2019（01）：8－14.

[2] 梁瑞，陈素川．国地税合并背景下基层税务机构面临的问题及应对措施——以山东省济宁市鱼台县为例［J］．时代金融，2019（16）：43－46，49.

4 “营改增”背景下中央与地方税收立法权划分问题研究

万 莹　　熊惠君

【摘要】2016年5月1日全面推开“营改增”以后，中央与地方既有税收收入分配格局被打破，地方财政收入急剧萎缩，而地方支出责任并未随之成比例减少，这造成地方收支缺口进一步扩大。在这一背景下，中央与地方税收立法权划分成为各界关注的焦点。本文从国际和历史视角出发，对我国中央与地方税收立法权划分问题进行研究，提出赋予地方税收立法权符合社会发展趋势，应在保证中央宏观控制前提下，分步下放部分税种立法权，加快地方税体系建设，同时完善转移支付制度。

【关键词】“营改增”　税收立法权

【作者简介】万莹，江西财经大学财税与公共管理学院教授

熊惠君，江西财经大学财税与公共管理学院研究生

一、引言和文献综述

1994年的分税制改革，通过分税种形式，将已有税种划分为中央税、地方税及中央和地方共享税，使得中央和地方基本保持了一个相对稳定的税收收入分配格局，同时也推动了中国经济快速增长。2016年5月1日，“营改增”全面实施，造成地方主体税种缺失，地方收支缺口进一步扩大，而地方支出责任并未因地方财政收入萎缩而成比例减少。因此，加快健全地方税体系便成了当务之急。一部分人认为，短期内应该提高增值税的分享比例，以提高地方的财政收入；长期内应该将一些税源较大的税种划分给地方，使其成为地方独享税，从而满足地方财政支出需求。另一部分人则提出，可以向国外联邦主义国家学习，赋予地方一定的税收立法权，让地方根据当地的实际情况，自行开征或减免一些税种。关于应否赋予地方一定的税收立法权，学术界有不同的观点。部分学者从我国政体形式出发，提出我国属于单一制国家，地方政府是中央政府的派出机构，因此向地方政府赋予税收立法权与我国政体形式不符（吕冰洋，2009；朱青，2010等）；从北洋政府时期的财政分权与集权来看，中央对于财权的控制

并不是单纯的财政问题，而是政治问题，地方政府也并无独立财权可言，这样的制度设计主要着眼于政治安全（刘巍，2017）；而且，从国际上来看，无论是单一制国家，还是联邦制国家，没有一个国家的中央政府赋予地方完全独立的税收立法权（吕冰洋，2009）。这主要是因为赋予地方独立的税收立法权，必将削弱中央财政实力和对地方政府的控制能力，容易造成地方政府尾大不掉（吕冰洋，2009；刘巍，2017），这点也可以从我国1949年至1994年分税制改革期间的财政历史实践得以证实。因此，给予地方税收立法权限是否可行？能否解决地方财政收支缺口问题？中央与地方税收立法权划分会面临哪些挑战？本文将从国外已有经验和我国央地财税权限改革历史视角出发，寻求上述问题的答案。

本文接下来的安排如下：第二部分为国外经验借鉴，对单一制国家和联邦制国家的中央与地方税收权限进行归纳总结；第三部分为我国央地财税权限改革历程回顾，以史为鉴，总结经验教训；第四部分为赋予地方税收立法权的难点；第五部分为相关政策建议。

二、国外经验借鉴

根据中央政府与地方政府之间层级关系不同，可以将国家分为单一制国家和联邦制国家。无论是单一制国家还是联邦制国家，世界上主要存在三种典型的税收分权模式，即地方分权型、适度分权型和中央集权型，分别以美国、日本、法国最为典型。而通常所说的税权主要是指税收立法权、税收执法权、税收司法权和税收收入归属权。其中，税收立法权是首要的，是其他权利合法性的保障；税收执法权是税收立法权的直接落实；税收司法权是其他权利的终极性保障；而税收收入归属权则与各级财政利益密切相关，决定税收收入的财政归属（周俊鹏，2007）。因此，本部分以美国、日本和法国三个国家的税收立法权为研究重点进行分析，并提出值得借鉴之处。

表1　国际财税体制比较

项目	美国	日本	法国
税收立法权归属	联邦、州和地方	国会	议会
政权形式	联邦、州和地方	中央、都（道府县）和市（町村）	中央、大区、省和市镇
财政体制	地方分权型	中央集权与地方自治权相结合	中央集权型

续表

<table>
<tr><th colspan="2">项目</th><th>美国</th><th>日本</th><th>法国</th></tr>
<tr><td colspan="2">地方政府享有税权</td><td>独立的立法权、征税权和使用税收权</td><td>开征或停征地方税，对税率进行选择，制定地方税征收条例等</td><td>制定某些地方税的税率，决定开征必要的捐税和对纳税人采取一定的减免税措施等</td></tr>
<tr><td rowspan="3">税种归属</td><td>中央税</td><td>个人所得税、社会保障税（主要税种）、公司所得税、消费税、遗产和赠与税、关税等</td><td>所得税、法人税、消费税、酒税、香烟税、汽油税、石油税、天然气税、交易所税、关税、印花税、继承税等</td><td>个人所得税和公司所得税、增值税、消费税、登记税、印花税、工薪税、遗产税和关税等</td></tr>
<tr><td>地方税</td><td>州：销售和使用税（主要税种）、个人所得税、公司所得税、消费税、遗产税等；
地方：财产税（主要税种）、销售税、个人所得税和其他税种，以及规费等</td><td>都道府县：民税、营业税、地方特别消费税、汽车税、高尔夫球及场地及娱乐设施利用税等；
市町村：民税、固定资产税、轻型车辆税、汽车税、特定土地保有税、浴场（池）利用税等</td><td>建筑土地税、非建筑土地税、行业税、财产转移税、房地产税、专利税、娱乐税、居住税和电力税等</td></tr>
<tr><td>中央和地方共享税</td><td>税源共享、分率计征</td><td>交付税</td><td>无</td></tr>
<tr><td colspan="2">税制调整支付（转移支付）</td><td>自上而下的补助金制</td><td>地方交付税、地方让与税、国库支出金</td><td>一般补助与专项补助相结合的纵向转移支付制度</td></tr>
</table>

资料来源：国家税务总局税收科学研究所．外国税制概览［M］．4版．北京：中国税务出版社，2012.

付伯颖．外国税制教程［M］．北京：北京大学出版社，2010.

SHUNSUKE KIMURA. Japanese Local Tax System and Decentralization［J］. Decentralization and Development of Sri Lanka Within a Unitary State，2017（09）：329－364.

（一）美国税收管理体制

美国是一个联邦制国家，按美国宪法规定，美国政府分为联邦、州和地方三个级别，其税收由联邦、州、地方三级平行管理。具体特点如下。

1. 税收立法权分散于联邦、州、地方①

美国税收高度分权，联邦、州和地方分别享有独立的税收立法权，均可在联邦宪法规定范围内制定各自的税收法律制度，以保障地方政府拥有较为充裕的本级税收收入。但是，美国宪法规定联邦政府地位高于州和地方政府，这意味着美国州、地方两级政府的税收立法权受到联邦政府法律的制约，主要表现在以下五方面：①禁止任何州课征进出口关税；②不可歧视非本州居民；③不能对来自其他州的货物课税；④不得对联邦政府债券课税；⑤当州和地方政府存在不适当课税时，联邦最高法院有权作出停征规定。具体限制见表2。

表2　美国宪法与各州法律对州和地方税收立法权限的限制

条款	限定内容
最高条款	联邦宪法第六条第一项。 内容：州和地方税法与联邦法律发生冲突时，联邦法律优先适用
商务条款	联邦宪法第一条第三项第三款。 内容：任何课税不得对州际的通商产生阻碍；授权地方政府设定某些税目
一般授权及税率	州法律的规定。 内容：在一特定的类别之内，对所有纳税人或课税对象均按相同的税率课税；税收机构的划分应与政府的权益相符合
一致性条款	州法律的规定。 内容：在一特定的类别之内，对所有纳税人或课税对象均按相同的税率课税；税收机构的划分应与政府的权益相符合
平等保护条款	联邦宪法修正案第十四条。 内容：州政府的课税不得侵害纳税人的基本利益，不得对纳税人实行歧视
正当程序条款	联邦政府宪法修正案第五条、第十四条第一项，州法律的规定。 内容：允许对征税对象进行合理的分类并体现一定的差异；与平等保护条款相类似，禁止对任何纳税人的歧视待遇
公共目的规定	州法律的规定。 内容：征税的目的应是为政府的活动提供经费及提供社会福利

资料来源：付伯颖．外国税制教程［M］．北京：北京大学出版社，2010：348.

① 付伯颖．外国税制教程［M］．北京：北京大学出版社，2010：339－368.

2. 联邦、州和地方实行彻底的分税种

由于联邦、州和地方是对同一纳税人、同一税源征税，因此，避免导致三级政府间抢夺税源，在税种划分上，联邦税、州税和地方税自成体系，均有“主体税种”，且对同一税源采取税率分享办法划分收入，即税源共享、分率计征。如表1所示，联邦以个人所得税、社会保障税为主体税种，州以销售和使用税为主体税种，地方以财产税为主体税种，从而保证各级政府都有各自的稳定税源。此外，由于许多税种同时由联邦、州和地方征收，因此，三级政府间在税收征管过程中，通常采用税款代征、税收抵免、免征税收、税收扣除四种途径解决税源共享征收问题。

3. 税收征管权分散管理

与美国税收立法权分权相一致，美国地方税的税收征管权也很分散。联邦、州和地方政府各有一套税务征管机构。其中，联邦政府设立国内收入局（IRS），机构遍布美国全境，负责征收联邦税；州和地方政府也各自设立其征管机构，分别负责征收州税和地方税。此外，不同的州，其征管方式也存在差异。例如，有的州委托联邦政府国内收入局代征个人所得税，有的州则由自己的税务局征税，有的州则可能采取州和地方分征形式。

4. 完善的转移支付制度

由于各州和地方的税收政策差异很大，这可能造成不同州和地方存在较为明显的财政收支缺口，为此，美国设立了自上而下的补助金调整支付制度。联邦对于州和地方主要采取项目拨款、无条件拨款和总额拨款三种形式，以弥补州和地方财政收支缺口。其中，项目拨款占比较大，主要用以引导和控制州和地方执行产业政策目的；无条件拨款一般无具体使用限制；总额拨款用于资助教育部门。

（二）日本税收管理体制

日本是一个单一制国家，实行中央集权的政府管理体制，税收权限分为中央、都道府县和市町村三级，其中，都道府县和市町村采取的是中央集中领导下的地方自治体制，因此，其税收立法权、征收权相对集中，管理权、使用权相对分散，其中央与地方税收立法权特点可以具体归结如下。

1. 税收立法权高度集中

日本的税收立法权归属于国会，有关地方税收管理的相关法律规定，主要见于日本宪法、地方自治法和地方税法，并且地方税法制定权原则上归属于中央政府，即法律明文规定，税种的开征权和税法修正权仅归属于中央政府，地方政府不可擅自开征新税种或修正税法，地方政府征收的税种原则上只限于“地方税法”中所列的法定税种。此外，为了保障中央集权下宪法规定的地方自治原则，日本宪法和地方自治法对地方社会管理方面的内容赋予了地方政府较大裁定权限，地方税法则相应配套规定地方政府在规定的征税范围内对税基和税率的实施享有一定的裁量权①。

2. 地方具有一定的税收收入自主权

日本采取的是中央集权与地方自治权相结合的税收管理体制，在地方自治权方面，相比中央集权型政府，地方政府具有更多的机动自主性。这主要体现在，日本地方政府可以根据地方政府特殊需要，如财政收入不足、特定公益事业发展等，在法律规定之外开征税种，即自主开征法外地方税（法定外普通税）②（由地方将地方税提案提交内阁讨论，再由内阁报送国会，经国会批准后方可开征）。此外，根据日本中央立法规定，地方政府还具有诸如开征或停征地方税、自主选择适用税率及制定地方税征收条例等税收权限。

3. 税收征管权相对分散

日本的税权划分以大集中、小分散、适度分权为特征（税收立法权、征收权相对集中，管理权、使用权相对分散）。为了在保证中央集权下体现宪法所保障的地方自治原则，日本设国税、地税两套税务系统，国税由大藏省下设的国税厅及其分支机构负责征收，地方税由都道府县、市町村所属税务机构负责征收，地方税法明确授予地方如法定外普通税开征权、税率的自由拟定权以及权宜课税权等，如表3所示。

---

① SHUNSUKE KIMURA. Japanese Local Tax System and Decentralization [J]. Decentralization and Development of Sri Lanka Within a Unitary State, 2017 (09): 329 - 364. 例如，宪法第94条规定：“地方公共机构有权管理其财产、事务和行政，并在法律范围内依法行事。”地方自治法（Local Autonomy Law）第10条第二部分规定：“根据法律规定，居民有权享受当地公共机构提供的同等公共服务，并拥有自己的社区股份。”地方自治法第223条进一步规定：“根据法律规定，一般地方政府有权征收地方税。”

② 周俊鹏．中央与地方税权划分的国际比较与借鉴［J］．兰州学刊，2007（09）：98 - 100. 日本地方税根据征税依据不同分为法地方税和法外地方税。法地方税也由中央立法，最终由国会审议、批准。法外地方税，主要是指地方政府根据特殊需要，如财政收入不足、特定公益事业发展等在法律规定之外征收的税种。法外地方税由地方政府起草，并经本地本级议会审议、批准，然后报中央政府批准。

表3　日本地方税种税收立法权归属

<table>
<tr><th colspan="3">都道府县</th><th colspan="3">市町村</th></tr>
<tr><th>立法归属</th><th>普通税</th><th>目的税</th><th>立法归属</th><th>普通税</th><th>目的税</th></tr>
<tr><td rowspan="2">中央政府</td><td rowspan="2">都道府县居民税
事业税
不动产取得税
高尔夫球税
特别地方消费税
狩猎登记税</td><td>机动车取得税
狩猎税
轻油提取税</td><td rowspan="2">中央政府</td><td rowspan="2">市町村居民税
固定资产税
轻机动车税
遗产税
特别土地税</td><td>入浴税（温泉税）
事业所得税</td></tr>
<tr><td>地方可选择课税的税目：
水利地益税</td><td>地方可选择课税的税目：
都市计划税
水利地益税
公用设施税
宅地开发税
国民健康保险税</td></tr>
<tr><td>都道府县</td><td>其他项目（应经中央政府许可）</td><td></td><td>都道府县</td><td>其他项目（应经自治大臣许可）</td><td></td></tr>
</table>

资料来源：付伯颖．外国税制教程［M］．北京：北京大学出版社，2010：350.

4. 完善的转移支付制度

日本政府虽然赋予了地方政府一定的税收自主权，但是，日本中央政府仍然控制了较大比例的税源，拥有充足的税收收入，而地方政府的税收收入相对较小。在这一情形下，日本地方政府事权支出比例超过其税收收入占比，中央层级的事权支出比例相对较小。根据2014财年数据显示，地方政府支出占整个支出的比重为58.3%，而地方税收收入占总税收收入的比重不超过38.4%，存在较为明显的财政收支缺口①，这一缺口完全靠中央对地方的转移支付来进行调节。

（三）法国税收管理体制

法国是一个单一制国家，实行中央集权的政府管理体制，地方行政区分为中央、大区、省和市镇四级，但税收管理体制采用中央、省、市镇三级，其中央与地方税收立法权特点可以归结如下②。

① SHUNSUKE KIMURA. Japanese Local Tax System and Decentralization [J]. Decentralization and Development of Sri Lanka Within a Unitary State, 2017 (09): 329-364.

② 周俊鹏．中央与地方税权划分的国际比较与借鉴［J］．兰州学刊，2007（09）：98-100.

1. 税收立法权高度集中

法国宪法明文规定，“各种税收的范围、税率和征收方式一律由法律做出规定”。税收的立法权属于议会，各项税收法律必须得到议会的批准，才能颁布实施。中央税和地方税的法律和政策都是由中央统一制定。税种的设置、纳税人、课税对象以及开征新税、征收范围和如何分配税收收入等，都由国家统一在税法中明确地规定。具体的税收条例、法令则由财政部制定。

2. 税种划分彻底，地方具有一定的机动权限

法国的税收分为国税和地税两部分，不存在中央和地方共享税。其中，税源大的税种列为国税，如个人所得税、公司所得税、增值税、消费税、登记税、印花税、工薪税、遗产税和关税等；而次要零星税源则划归地税，如建筑土地税、非建筑土地税、行业税、财产转移税、房地产税、专利税、娱乐税、居住税和电力税等。在这一集权型税收管理体制下，地方的税权相对于单一制国家日本，机动权限较小，仅赋予了地方政府诸如制定某些地方税税率、开征必要捐税及对特定纳税人采取减免税措施等自主决定权限。

3. 税收征管权高度集中管理[①]

法国的征税权和税款分配使用权都集中于中央，税收法律和主要政策也均由中央政府统一制定，地方只能按国家的法律政策执行。因此，在税收行政上，法国税务机构实行自上而下的垂直领导，全国仅设立一套税务机构（只有国税局），即财政部设有税务总局和关税局，省和市镇设有税务机构，受税务总局领导，采取人、财、物高度集中管理制度，不受议会、行政区的干预，为地方高效实行税收政策提供保障。

4. 完善的转移支付制度

同样，作为集权型单一制国家，法国政府将主要税源划归中央政府一级，将次要税源划归地方政府一级，因此，法国税收收入的绝大部分集中在中央财政一级（2007 年，中央税收占全部税收的比例为 86%[②]；2013—2015 年，中央税收占全部税收的比例仍维持在 72% 左右，见图 1）。此外，从表 1 可知，法国实行的是彻底的分税制，不存在中央和地方共享税这一形式。因此，为了缓解税权集中、事权分散的矛盾，法国采取一般补助与专项补助相结合的纵向转移支付制度，作为税收调整制度。

---

① 付伯颖．外国税制教程［M］．北京：北京大学出版社，2010：339－368.

② 周俊鹏．中央与地方税权划分的国际比较与借鉴［J］．兰州学刊，2007（09）：98－100.

（四）经验借鉴

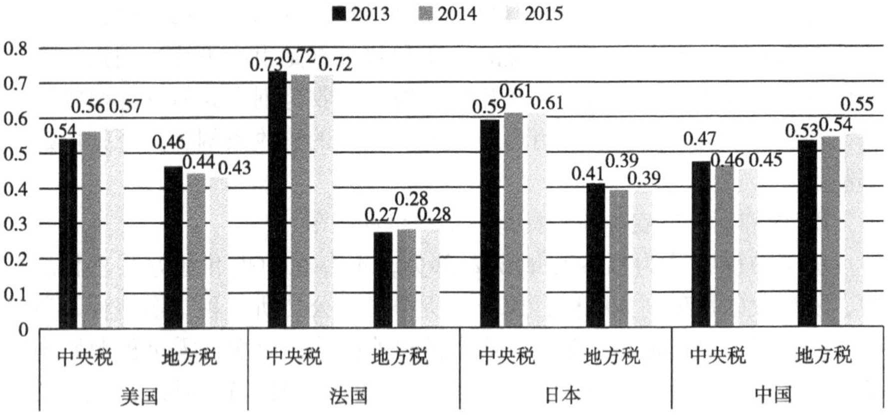

图 1　2013—2015 年中央和地方税收收入占总税收收入比重

注：税收收入占比是指单项税收收入占总税收收入的比重。

资料来源：OECD 数据库、EPS 数据库、IMF 政府财政统计数据库、White paper on local public finance（2014—2017）、国际统计年鉴（2016）、https：//www. usgovernmentspending. com/。

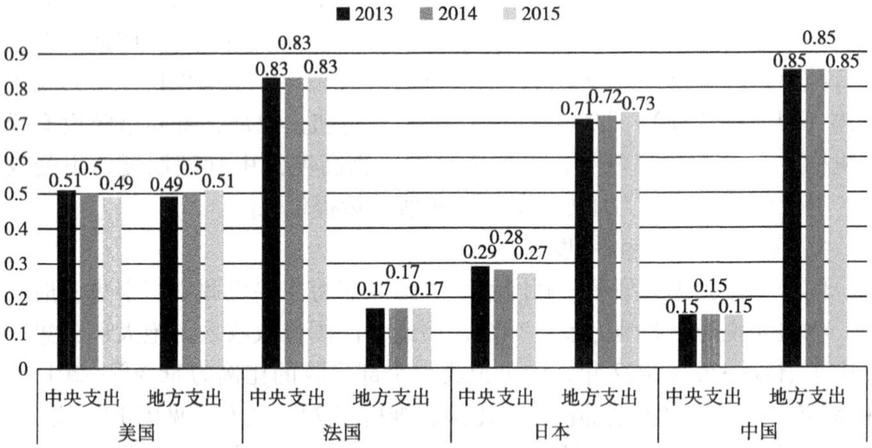

图 2　2013—2015 年中央和地方财政支出占总财政支出比重

注：财政支出占比是指单项财政支出占总财政支出的比重。

资料来源：同图 1。

图 1 和图 2 数据显示，分权型的美国和高度集权型的法国，其税权的划分充分考虑了各级政府税收收入和支出需求相互匹配的特点，而日本和

我国则存在税权与支出需求不一致的状况，且我国这一特征尤为突出，这造成我国地方政府严重的财政收支缺口。因此，结合美国、日本和法国的经验，关于税权划分，可以得到以下几点启示。

1. 税收立法权限划分要与国家政体相统一，且税收立法权集中在中央

无论是联邦制国家，还是单一制国家，其税收立法权限划分基本与其政体形式保持高度统一。例如，美国是联邦制国家，采取分权的政体形式，因此，其财政体制实行财政联邦主义，税权高度分散；日本是单一制国家，其采取单一制和地方自治相结合的政体形式，因此，其财政体制实行单一制和地方自治相结合；法国也是单一制国家，其采取中央集权型的政体形式，因此，其财政体制也是中央集权。这表明，税收立法权限划分与国家政体相统一符合社会经济发展规律。因此，我国在进行税收立法权限划分时，应当与我国政体形式保持统一。

此外，无论是联邦制国家，还是单一制国家，其税种开征、停征和缓征以及税法修正权限皆集中在中央或国会（议会）。当代社会，国与国之间的联系变得更为紧密，各国税制的趋同和税种协调是进一步开放的必要条件。这要求，国家（或地区）与国家（或地区）间在贸易往来时，税制要能相互协调和衔接。从美国税收管理体制来看，其税收权限高度分散，造成境内甚至同一州内税收政策差异较大，这一高度差异化的税收制度虽然在一定程度上满足了各地方发展的需要，但长远来看并不利于国际间更加开放的发展趋势。因此，单从这一点而言，税收立法权宜集中于中央层面。

2. 税权划分要以法律为保障，促进依法治税

税收是国家职能正常运行的保证，稳定税源和税收收入有助于我国经济的发展。我国税收立法权限划分存在立法层次较低的现况，这不仅提高了税收执法的难度，而且对税收收入的可持续埋藏了一定的风险。从税收适度分权的日本和税收高度集权的法国的经验来看，其均将中央和地方的税收立法权划分以及地方所具有的税权纳入宪法及相关法律中，由宪法及相关法律对地方的税权提供支持和保障。例如，法国各税收的征税范围、征税税率和征收方式一律由法律做出规定，这一法律明文规定形式不仅较好地规范了各级政府的征税权限，还较好地保证了政府征税的合法性。征税这一行为本就是公权干预私权的一种表现，表现出公民的财富中的一部分强制无偿地转移给国家（周俊鹏，2007）。因此，在依法治国的背景下，更需要以宪法或法律的形式明确规定中央和地方各自的税权。只有在法律层面上以法律明文规定的形式，而非仅以部门规章条例、地方规范性文件

等，对税权划分做出必要的规定，以保证税权划分的权威性、稳定性、连续性，才有可能实现依法治税和依法治国的美好愿景。

3. 赋予地方一定的自由裁量权

强调给予地方政府税收立法权的一个较具代表性的理由是地方相比中央更了解地方的具体情况，具有信息优势，因此可以有效制定最具帕累托效率的财政政策和税收政策。从美国来看，过度分权造成各地区税种，即使是毗邻地区也有较大差异，未必有利。而日本，以法律的形式明确规定了地方政府可以在法律规定范围外自主开征法外地方税，并给予与地方自治相适应的开征或停征地方税、对税率进行选择、制定地方税征收条例等权限，从而一定程度上发挥了地方政府的信息优势，提高了地方政府的积极性。此外，法国也给予地方制定某些地方税的税率、决定开征必要的捐税和对纳税人采取一定的减免税措施等权力。因此，我国可以从税率调整、地方税种的开征和停征、税收减免以及地方税征收条例制定等方面给予地方一定的自由裁量权，再逐步过渡到赋予地方政府部分税收立法权，从而缓解地方税收收入与支出需求不匹配的难题。

4. 加快地方税体系建设，完善转移支付制度

无论是单一制国家，还是联邦制国家，各级政府都有其主体税种。例如，美国中央政府以个人所得税、社会保障税为主体税种，州政府以销售和使用税为主体税种，地方政府以财产税为主体税种；日本中央政府以个人所得税和法人所得税为主体税种，都（道府县）以居民税和事业税为主体税种，市（町村）以居民税和固定资产税为主体税种；法国中央政府以所得税和增值税为主体税种，地方政府以房地产税为主体税种。2016 年 5 月 1 日全面“营改增”后，我国地方主体税种缺失，地方政府在没有充足税收来源的情况下，事权、财权和支出责任不一致的问题更为突出，这进一步造成地方政府通过其他渠道，如靠发行城投债、土地流转及 PPP 等项目筹措资金，埋下了较大的隐性财政风险。因此，加快地方税体系建设是解决这一潜在财政风险、规范财税体制的重要内容之一。此外，从美国、日本和法国经验可以得出，中央转移支付制度是弥补地方财政收支缺口、税制调整支付的重要手段，而当前我国转移支付制度和税收制度处于一种平级关系，尚未发挥转移支付制度的税制调整支付作用。因此，在调整和优化我国税制结构的同时，宜注重转移支付制度的配套改进。

三、我国央地财税权限改革历程回顾

以我国央地财税权限改革历程为鉴，可以为我国中央与地方的税收立

法权限改革提供经验教训。自 1949 年至 1994 年分税制改革为止，中国的财政发展可分为以下两个阶段①。

（一）1949—1979 年，中央集权管理向分权转变

在这一时间段内，我国采取的是“统收统支”和“划分收支、分级管理”的高度中央集权的管理体制。按大事件发展脉络，可以进一步分为新民主主义革命时期、社会主义改造时期、“大跃进”时期和“文化大革命”时期。

新民主主义革命时期，中国采取的是战时农村革命根据地的财政实践。当时物资较为匮乏，为了凝聚人民群众的向心力，在自己动手、自力更生和发展经济、保障供给的方针下，采取了统一调配、保障供给的集中管理模式。

社会主义改造时期，中国对农业、手工业和工商业进行了改造，对农业给予减免税，对手工业给予资金照顾，对工商业实行“区别对待，繁简不同”。这一时期，中国采取的是“统收统支”的财税管理体制，虽推动了经济发展，但平均主义抬头，打击了人民群众工作的积极性，经济增长有所放缓。

“大跃进”时期，为了调动地方发展的积极性，中央和地方关系上，实行“以收定支，五年不变”的新体制，合并税种，简化征税办法，试行“全额信贷”，全面发动“大跃进”，以钢为纲，并在农村中开展人民公社化运动，不仅造成农业生产力的巨大破坏，而且存在“假结余、真赤字”，国民经济遭受严重损害。

为了纠正“大跃进”时期的错误，中央提出“调整、巩固、充实、提高”八字方针，大力支援农业增产，压缩基本建设投资，坚持财政信贷统一平衡，调整经济结构，促使财政经济状况好转。然而在“文化大革命”时期，财政经济状况急剧恶化，财政管理工作大大削弱。这一时期，邓小平同志对财政管理工作进行了“全面整顿”，采取“统一领导、分级管理”原则，实行“定收定支，收支挂钩，总额分成，一年一定”的办法，中央集权模式逐渐走向分权。

（二）1980—1994 年，分权再次向中央集权靠拢

“文化大革命”给中国的经济带来极大的打击，外加 1977 年和 1978

---

① 邓力群，马洪，武衡．当代中国财政［M］．上册．北京：中国社会科学出版社，1988.

年，农业生产遭受到严重自然灾害，中央政府提出“调整、改革、整顿、提高”八字方针，使国民经济形势有所好转，但也潜伏着危险，主要表现为国家财政连续两年出现了巨额赤字，原因在于为了扭转“文化大革命”时期被“四人帮”破坏所造成的比例失调状况，用于改善人民生活的消费性支出大幅度增加，财政收入有所减少，基本建设投资没有控制住，国家预算内的基本建设拨款虽然有所减少，但减少得不够，而地方、部门、企业通过自筹和贷款安排的基建却成倍增加，存在明减暗不减的现象。此外，由于1979年和1980年，农业和轻工业发展较快，再加上国家利用外汇组织了一部分消费品进口，物资供应相对充足；并且城乡人民在银行的储蓄存款增加，国家有一部分财力转为地方和企业机动财力当年没花完，都转化为了银行存款，这些资金都为财政赤字的当期影响起到了缓冲作用。而这些资金背后所代表的潜在的购买力终究要转化为现实购买力，必然结果就是物价暴涨，整个经济发生危机。因此，国务院作出了关于平衡财政收支、严格财政管理的八项规定，实现了财政收支基本平衡。

党的十一届三中全会以后，中央认真总结历史经验，扩大地方和企业的权力，对经济体制逐步进行全面改革，并要求结合调整，以财政体制为突破口，改革先行一步。这次财政制度改革的指导思想是，既要有利于促进经济的调整和发展，又要有利于财政的平衡和稳定；既要有利于调节和保护各方面的经济利益，又要有利于使微观经济活动符合宏观决策的要求。

为了扩大地方财权，调动地方的积极性，从1980年起，除北京、天津、上海三个直辖市继续实行“总额分成、一年一定”的体制外，国家对各省、自治区实行“划分收支、分级包干”的新财政体制，由“一灶吃饭”改为“分灶吃饭”。具体为：①对四川、陕西、甘肃、河南、湖北、湖南、安徽、江西、山东、山西、河北、辽宁、黑龙江、吉林、浙江等省，实行“划分收支、分级包干”的办法。②对广东、福建两省实行“划分收支，定额上交或定额补助”的特殊照顾办法。③对内蒙古、新疆、西藏、宁夏、广西、云南、青海、贵州等省（自治区），仍然实行民族自治地方财政体制，保留原来对民族地区的特殊照顾，并作两条改进：一条是对这些地区也采取“划分收支、分级包干”的办法，划分收支范围，确定中央补助的数额，并由一年一定改为一定五年不变；另一条是地方收入增长的部分全部留给地方，中央对民族自治地区的补助数额，在一定期间内每年定增10%。④对江苏省继续试行固定比例包干办法。

地方财权的扩大，极大地调动了地方的积极性，地方经济日渐繁荣，税源日益丰厚。在财政“分灶吃饭”型包干制下，地方截留了大部分税款，而中央财力则日渐萎缩，一度需要靠向地方政府借钱维持，大大削弱了中央对地方的调控管理能力。因此，1994 年的分税制改革，通过和地方分税种的形式，将税基稳定、税源充足的税种划归中央或为中央和地方共享，从而使得中央拥有大量税收收入，进而扭转了中央和地方的关系，加强了中央对经济的宏观调控力度。

综上所述，在 1949 年至 1994 年分税制改革这一时期，央地财税权限经历了“统→分→统”的一个变化。这一历史经验教训表明：过度的中央集权，不利于调动地方的积极性，不利于促进经济发展；而过度的财政分权，则会造成地方财权过大，尾大不掉，不利于中央政府对经济的宏观调控。因此，只有适度把握中央与地方的税权划分，才有利于央地关系、财税政策和社会经济的协调发展。

四、赋予地方税收立法权的难点

党的十九大提出，要深化财税体制改革，发挥中央和地方两个积极性，兼顾短期和长期利益，建立现代财政制度，建立权责清晰、财力协调、区域均衡的中央和地方财政关系。这说明赋予地方税收立法权在一定程度上符合社会预期和经济发展规律。但是要打破我国集权传统，赋予地方税收立法权还面临以下几大难点。

（一）合宪性问题

2015 年 3 月《立法法》进行修改，地方立法制度中立法主体由“较大的市”立法模式改为“设区的市”立法模式，即“设区的市”的人大及其常委会可以制定“地方性法规”，并报省级人大常委会批准（第 72 条第 2 款）；设区的市的人民政府可以制定地方政府规章（第 82 条）（李少文，2016）。这一修订意味着地方立法主体的扩容，即但凡设区的市，其人大及其常委会有权制定“地方性法规”，其人民政府有权制定地方政府规章。然而，新《立法法》第 72 条和第 82 条规定，所有“设区的市”都普遍获得了地方立法权，可以就“城乡建设与管理、环境保护、历史文化保护等方面的事项”制定地方性法规和政府规章（郑磊、贾圣真，2016）。从我国《立法法》规定的内容来看，我国《立法法》主要赋予地方政府城市管理相关的立法权限，并未赋予地方政府税收方面的立法权限。因此，赋予地方政府税收立法权限面临合宪性问题。

（二）可能造成地方政府规模过大

是否赋予地方税收立法权，另一个难点在于赋予地方税收立法权可能会造成地方政府规模过大。从官僚主义理论可知，政府官员存在通过追求政府机构规模最大化来实现自身效用最大化的动机，因此，赋予地方税收立法权可能造成地方政府规模过大。此外，关于政府规模和税收分权的关系具体究竟如何，尚无定论。Shah（1999）、Weingast（2009）、Boetti 等（2010）认为，地方税收自治可有效促进资源的有效配置。Bahl 和 Linn（1992）、McLure（1998）认为，补助性分权制度会纵容地方政府错误行为，使得无效地方支出增加以及对投票人更不负责。Cassette 和 Paty（2010）则认为，分权可能会意想不到地扩大地方、中央和整体政府规模，即使当他们之间存在相互转移支付行为时也是如此。Paolo Liberati 和 Agnese Sacchi（2012）通过对 OECD 国家进行面板实证分析发现，地方税收自治对地方政府的规模短期内有显著影响，长期内没有很大影响。因此，赋予地方税收立法权是否会造成地方政府规模过大，也有待考虑。

（三）削弱中央对地方的政治控制

无数历史事实皆证明了保证中央财权对政治安全和政局稳定的重要性。通过我国央地财税权限改革历程的回顾可以发现，过度分权会造成中央财力减弱，使得对地方控制能力不强，不利于对整体经济的宏观调控，这也是 1994 年分税制改革的重要原因。康有为曾言：“若夫大权不集，皆分于外，欲运动而不能，欲振发而不可，犹夫废疾之人，其国殆可危矣。”[①] 由此可见，中央对于财权的控制并不是单纯的财政问题，而是政治问题，地方政府也并无独立财权可言，这样的制度设计主要着眼于政治安全（刘巍，2017）。因此，赋予地方独立税收立法权可能会面临削弱中央对地方的政治控制等问题。

（四）可能引发地方税收恶性竞争

赋予地方税收立法权还面临着可能引发地方税收恶性竞争。在以 GDP 为政绩衡量标准的政府官员考核体制下，不少地方政府曾采用诸如私下税收返还等隐性减免税手段来进行招商引资，追求地区 GDP 的最大化。因

---

① 汤志钧. 康有为政论集［M］. 上册. 北京：中华书局，1981：552.

此，如果赋予地方政府税收立法权，为了促进地方经济发展，增加税源，提升地方税收收入，可能会引发更加激烈的地方税收恶性竞争。

五、政策建议

尽管赋予地方税收立法权面临不少挑战，但从党的十九大所传达的深化财税体制改革的精神，以及社会预期和社会经济发展规律可以判断，赋予地方税收立法权限顺应时代的发展趋势。关于如何克服难点，消除隐忧，促进地方税收立法权顺利改革，本文提出以下几点政策建议。

（一）基本立法原则：在保证中央宏观控制前提下，下放部分税种立法权

现代中国是一个对外开放的国家，未来也将秉持更加开放的政策。国（或地区）与国（或地区）之间的税种结构和税收制度应当趋同发展，这有助于国（或地区）与国（或地区）之间的平等互利共赢贸易和经济往来。我国的资源分布和产业结构存在较明显的集聚性。例如，南方水资源较为丰富，而北方矿产资源较为丰富；京沪穗深高科技企业较多，苏浙服装制造业较多等。如果像美国联邦政府一样，将税种开征权完全赋予地方政府，地方从税源的可控性出发，则很可能会出现税种在不同地区存在明显差异，不利于区域间税收政策的协调。因此，应有选择性地将某类税种的税权下放地方。

此外，无论是联邦制国家，还是单一制国家，财产税均为其地方主体税种，这表明财产税具备成为地方主体税种的良好特性。而且根据我国《立法法》的相关规定，当前仅赋予地方政府诸如城市管理方面的权限。因此，在保证中央政府具有充足的基本财力前提下，可以分阶段、有选择地向地方政府下放税权，将一些由地方开征税收不容易导致税基发生较大流动的税种下放给地方。具体构想如下：短期内，可以将税基流动性不大但已较为成熟的税种（如城市维护建设税、资源税）、新开征的税种（如环境保护税）以及税基流动但相对稳定的终端消费税的税权下放给地方。长期内，仍然要加快房地产税的立法和制定，健全批量评估体系，并将房地产税税权下放给地方作为地方主体税种，以填补地方主体税种空白，缓解地方债务风险。

（二）建立地方税体系，赋予地方政府先行立法权和更宽松的自由裁量权

改革开放初期，邓小平同志就指出："现在立法的工作量很大，人力

很不够，因此法律条文开始可以粗一点，逐步完善。有的法规地方可以先试搞，然后经过总结提高，制定全国通行的法律。”《立法法》第七十三条第二款规定：“除本法第八条规定的事项外，其他事项国家尚未制定法律或者行政法规的，省、自治区、直辖市和设区的市、自治州根据本地方的具体情况和实际需要，可以先制定地方性法规……”此外，同属单一制国家的适度分权型的日本和高度集权的法国，均以法律形式规定了地方政府享有的自由裁量权。例如，日本规定，当地方出于财政收入不足和特定公益事业发展需要等，可在法律规定之外开征法外地方税，并且还可以开征或停征地方税、对税率进行选择、制定地方税征收条例等；而法国也赋予其地方制定某些地方税的税率、决定开征必要的捐税和对纳税人采取一定的减免税措施等权限。[①] 相比同属单一制国家的我国，地方的机动财权更大。因此，在我国税制结构逐步优化的发展阶段，可以通过以下几个步骤，培育地方税体系，逐步放宽并赋予地方政府先行立法权和更宽松的自由裁量权：

第一步：在既定税种和税基下，有控制地放宽税率自由裁量权。这是因为税率的影响相比税基等其他方面对整体经济的影响要小，改革的负面成本较低（朱为群、唐善永、缑长艳，2015）。例如，将城市维护建设税、资源税以及环境保护税等流动性不大的税种的税率决定权放给地方政府，由地方政府因地制宜制定最优税率，培养地方税源的同时，提高地方税务机关的征税能力。

第二步：待第一步取得较好的进展后，在既定税种下，有控制地放宽税基和税率自由裁量权，进一步拓宽地方政府的自由裁量权限。此时，可以进一步放开城市维护建设税、资源税、环境保护税等的征税对象和征税范围，由地方根据其资源分布和企业聚集特点，选择最适税基，培育“靠山吃山，靠水吃水”的“特色税基”（贾康、梁季，2014）。

第三步：在第二步取得较好进展的情况下，地方政府基本具备征收房地产税的征税能力。此时，可以推进房地产税税权下放，并考虑对我国缺失的以资产为税基的税种（财产税等）适当放权，由地方政府试点、培养税源，并将成功的试点经验推广至全国，最终形成统一的上位法。

最后，要保证上述三步骤顺利实现，应在法律条文中进行明确规定，赋予地方相应权限，以保证地方政府能“依法治税”。可以在相关税收法规条例中载明地方政府具备的相关法律权限，以作为地方税收立法权限的法律依据。

---

① 周俊鹏．中央与地方税权划分的国际比较与借鉴［J］．兰州学刊，2007（09）：98－100.

（三）完善转移支付制度

无论是单一制国家，还是联邦制国家，均存在地方政府支出超过地方政府收入、需要依赖中央转移支付的情况。从美国、日本和法国的经验来看，其转移支付制度是在地方自主财政收入不足以抵付地方财政支出之后予以拨付，或者中央对地方进行产业控制和引导时予以拨付。这一转移支付制度背后是地方政府有相对稳定和充足的自主性财政收入，不足才由中央补助。而我国自2016年5月1日全面推开“营改增”之后，地方主体税种缺失，税源萎缩，税收收入严重不足，加剧了对中央转移支付的依赖。此外，地方政府债务规模庞大，也更进一步加剧了地方政府的财政危机。因此，在进行税种结构优化、现行税制改革的同时，还要注意完善转移支付制度。未来应以税制的收入分配为主、转移支付制度的再分配为辅，建立良性循环的财税体制结构，从而维持中央与地方关系的长期稳定和谐。

参考文献：

[1] 阿计．地方立法权扩容：放与限的博弈［J］．公民导刊，2014（11）：42－44.

[2] 崔威．税收立法高度集权模式的起源［J］．中外法学，2012（04）：762－781.

[3] 邓力群，马洪，武衡．当代中国财政［M］．上册．北京：中国社会科学出版社，1988.

[4] 邓小平．邓小平文选［M］．第二卷．北京：人民出版社，2001：147.

[5] 樊勇，侯京玉．建立我国税收评定法律制度研究［J］．中央财经大学学报，2018（03）：3－10.

[6] 付伯颖．外国税制教程［M］．北京：北京大学出版社，2010：339－368.

[7] 高培勇．理解十八届三中全会税种改革“路线图”［J］．税务研究，2014（01）：3－4.

[8] 国家税务总局税收科学研究所．外国税制概览［M］．3版．北京：中国税务出版社，2009：174－185，370－387.

[9] 胡洪曙．构建以财产税为主体的地方税体系研究［J］．当代财经，2011（02）：27－35.

[10] 贾康，梁季．我国地方税体系的现实选择：一个总体架构［J］．改革，2014（07）：57－65.

[11] 李少文．地方立法权扩张的合宪性与宪法发展［J］．华东政法大学学报，2016（02）：63－73.

[12] 刘巍．北洋政府时期的财政分权与集权［J］．求索，2017（06）：188－195.

[13] 吕冰洋．政府间税收分权的配置选择和财政影响［J］．经济研究，2009（06）：16－27.

[14] 秦前红，李少文．地方立法权扩张的因应之策［J］．法学，2015（07）：11-18.
[15] 汤志钧．康有为政论集［M］．上册．北京：中华书局，1981：552.
[16] 王玉玲．“分税制”到“分级制”：财政管理体制的优化［J］．地方财政研究，2016（02）：16-22.
[17] 杨斌．关于我国地方税体系存在依据的论辩［J］．税务研究，2006（05）：32-38.
[18] 姚明伟．结合地方立法实际对不抵触问题的思考［J］．人大研究，2007（02）：20-22.
[19] 于兆波．从《立法法》看地方先行立法权［J］．法学论坛，2001（03）：20-24.
[20] 郑磊，贾圣真．从“较大的市”到“设区的市”：地方立法主体的扩容与宪法发展［J］．华东政法大学学报，2016（04）：86-99.
[21] 周俊鹏．中央与地方税权划分的国际比较与借鉴［J］．兰州学刊，2007（09）：98-100.
[22] 朱青．从国际比较视角看我国的分税制改革［J］．财贸经济，2010（03）：34-38.
[23] 朱青．完善我国地方税体系的构想［J］．财贸经济，2014（05）：5-13.
[24] 朱为群，唐善永，缑长艳．地方税的定位逻辑及其改革设想［J］．税务研究，2015（02）：51-56.
[25] BAHL R W, LINN J. Urban public finance in developing countries [M]. New York: Oxford University Press, 1992.
[26] BOETTI L, PIACENZA M, TURATI G. Decentralization and local governments' performance: how does fiscal autonomy affect spending efficiency? [D]. Working Paper No. 11, Department of Economics and Public Finance, 2010.
[27] CASSETTE A, PATY S. Fiscal decentralization and the size of government: a European country empirical analysis [J]. Public Choice, 2010, 143 (1-2): 173-189.
[28] PAOLO LIBERATI, AGNESE SACCHI. Tax decentralization and local government size [J]. Public Choice, 2013 (157): 183-205.
[29] WEINGAST B R. Second generation fiscal federalism: the implication of fiscal incentives [J]. Journal of Urban Economics, 2009, 65 (3): 279-293.
[30] SHAH A. Fiscal federalism and macroeconomic governance: for better or worse? [D]. Policy Research Working Paper No. 2005, World Bank, 1999.
[31] SHUNSUKE KIMURA. Japanese Local Tax System and Decentralization [J]. Decentralization and Development of Sri Lanka Within a Unitary State, 2017 (09): 329-364.

5　税收治理现代化视角下我国《税收征管法》的修订

丁　芸　　张　岩

【摘要】 税收治理现代化是建设现代税收制度的本质所在，税法制定和执行的法制化是税收治理现代化的核心内容，也是彰显税收法定原则的必然要求。现行的《中华人民共和国税收征收管理法》（以下简称《税收征管法》）已经难以适应目前社会经济发展的需要，本文以税收治理现代化为视角阐述《税收征管法》修订的紧迫性，并通过分析和借鉴国外发达国家在税收程序性法律方面的实践经验，为今后我国《税收征管法》的修订提出合理的政策建议。

【关键词】 税收治理现代化　程序法　《税收征管法》　修订

【作者简介】 丁芸，首都经济贸易大学财政税务学院教授，从事财税理论与政策研究

张岩，首都经济贸易大学财政税务学院研究生

一、引言

党的十八大、十九大相继提出，要实现国家治理体系和治理能力的现代化，加快建立现代财政制度，同时也明确了深化财税体制改革的主要任务和目标要求。回顾近几年财税体制改革的内容，以增值税为代表的间接税和以个人所得税为代表的直接税的改革均取得实质性进展，逐步与社会主义市场经济发展相匹配，而作为程序法的《税收征管法》则始终“裹足不前”。《税收征管法》的滞后导致我国税法体系不完善，无法最大限度保障纳税人的权益，对于征纳双方之间不断出现的新形式矛盾不能做到依法协调与平衡，最终使得政府征税无法获得纳税人的广泛遵从和认可。因此，以税收治理现代化为统领，加快《税收征管法》的修订工作，成为新一轮财税体制改革的重要一环。

所谓的税收治理现代化，实际上包含了“税收治理”和“现代化”两部分内容。“税收治理”是相对于“税收管理”来说的。“税收管理”通常是指税务机关对税收活动进行决策、组织、协调和监督等过程；而“税

收治理”的含义相对来说更加广泛，其主体不仅仅是税务机关或政府，而是包含社会组织、政府、公民等所有市场参与主体在内，通过相互协调、合作以达到对税收活动全过程进行决策、计划、组织、协调和监督控制，保证税收职能得以顺利实现的管理活动。面对新形势下信息技术的飞速发展，推动税收征管无差别管理向风险管理转变、经验管理向大数据管理转变都将成为现实。为进一步深化税制改革，要将“治理”的理念逐步渗透到我国税收征管工作实践中来，以先进理念作为引导，大力推进《税收征管法》的修订工作，实现依法治税，发挥税收在推进国家治理体系和治理能力现代化中的积极作用。

二、修订《税收征管法》的紧迫性

（一）《税收征管法》与新时代经济体系不匹配

现阶段，线下实体店的税负相对较重，大量的销售商选择线上销售，导致线下实体店经营举步维艰，线上交易蓬勃发展。虽然导致线下实体店倒闭的原因众多，如高昂的人力成本、不断增长的店面租金等，但线下线上之间的实际税负差异也是不容忽视的重要影响因素。不管是基于互联网平台的网络交易行为，还是线下实体店的购买行为，其本质并无实质性的差别，都应该照章纳税，公平竞争。现行的税收征管体系不能与市场结构变迁保持同步，会导致税收制度的公平性进一步丧失，在经济领域出现明显的“税收洼地”，由此产生扭曲市场价格信号、资源错配、社会不公等一系列后果。

新兴的互联网经济业态、互联网交易市场与互联网交易模式不断涌现，并迅速聚集起大量的用户规模和交易量，如果税务机关不与时俱进提高税收征管能力，网络销售商品或提供劳务将成为逃避税收的途径，这将威胁到税收制度筹集财政收入的能力。

（二）课税对象难以准确把控

从课税对象本身的性质来说，我国目前的税收政策大部分建立在传统的经济产业基础上，课税对象一般有明确的标的物。如货物和劳务税是在生产、流通和服务领域中，以货物和劳务为征税对象的一类税收，其课税对象基本是客观存在的“物（货物和劳务）”，对物的定义清晰明确。而互联网出现后，其打破了传统“物”的概念，融合了多个课税对象的特征，使得许多业务的归类变得模糊不清，课税对象使用的税收政策不具有唯一性，形成了税款流失的空间。比如在缴纳增值税时，企业利用业务分类出现交叉的特点，对本应按高税率进行申报的收入，采取低税率进行纳税申报，从而造成税款流失。而且，网络交易流动性、隐蔽性、虚拟性极强，税务机关根本不清楚辖区内网络交易经营者的身份信息、地址信息、经营范围与规模等，纳税登记环节的缺失，使得税务机关无法有效行使税收管辖权。现行的《税收征管法》无法将这种新的经济模式纳入税收征管的框架之内，在很大程度上造成纳税人之间的税负不均、国家也损失了大量的税收收入。

（三）难以适应税务机构改革的需要

2018 年全国范围内各省级（自治区、直辖市）以及计划单列市开展国税局、地税局合并统一挂牌，标志着我国税收征管体制改革迈出了阶段性关键一步。机构的合并，不仅可以简化税政、提高税收征管效率，更主要的是改变了以往隔离分散的征管模式，逐步打破信息壁垒，迈向集约化方向发展，这契合了税收治理现代化的内在要求。国地税机构合并后通过内部整合，进一步明确了征管流程及岗位责任，理清了中央和地方的征管权限、收入划分、争议处理等问题。可在此基础上出台新的税收征管法，设立一套完善的自然人税收征管制度及流程，构建科学规范的征管流程，并在较长时间内保持稳定。

现行《税收征管法》过度关注传统的法人税、间接税管理，随着《中华人民共和国个人所得税法》的修订以及未来开征房地产税，税收征管将面临以自然人为主要纳税人的税收环境，这也要求税收征管机制的革命性变革。

三、国外税收征管的经验借鉴

（一）重视涉税信息的采集及应用

澳大利亚信用体系覆盖广泛，缺乏信用记录或历史信用差的企业很难在业界生存，信用记录差的个人在消费、求职等方面会受到很大制约。澳大利亚没有专门的税收人员按户按人固定管理，税收征管的主要手段是有效采集和应用涉税信息。澳大利亚税务机关与政府的有关部门如财政、海关、金融、保险、法庭、行政裁判及大企业实现了互联，可以随时调阅所需资料，为全面评估和有针对性地开展审计打下坚实基础。税务机关会将纳税人的申报资料输入功能强大的信息系统，对纳税人申报的收入、抵免额等进行评估，并与往年的申报情况进行比对，筛选出高风险纳税人。

澳大利亚国内税收法规明确规定了企业、有关机构向税务机关提供涉税信息的责任义务，如雇主必须在每年的 8 月 14 日前向税务机关提供支付雇工工资的情况；银行等金融单位必须把个人投资、基金等收入情况提供给税务机关，如果个人开设多个账户，要按 TFN 汇总后全部报送给税务机关；房产管理机构、车辆管理机构必须把房屋、车辆注册信息向税务机关提供；社会福利部门向税务机关提供发放社会福利金的信息等。

（二）提高税收征管技术水平

当前，很多国家都正在加快推进电子发票应用进程，运用电子发票来方便信息的获取，防范偷漏税行为。在意大利，之前由于发票管理的松懈，导致税务机关稽查效率极低，其中一般性核查需要 3 至 6 个月，对大型企业或复杂税务问题的稽查通常需要几年。为了提高征管质效、防止偷漏税，意大利强制推行电子发票，2018 年 4 月宣布从 2019 年 1 月 1 日开始，所有的纸质发票全部取消。届时任何企事业单位、工商业主、自由职业者，都必须按照新的税务管理条例，统一使用税务局的电子发票管理软件开具电子发票，并与税务机关联网，及时反映企业的收支情况，以及企业商品营销利润、进货渠道和商品实际库存价值。企业必须如实向客户开具电子发票，严禁更改或补开发票，以便税务部门实时了解企业运营和纳税情况。此外，从 2018 年 7 月 1 日开始，意大利将全面禁止使用现金方式支付工资和报酬，企业的收支必须统一纳入银行结算系统。依托电子发票，意大利已经获取大量企业交易信息并应用于税收征管过程中。

（三）创新税收征管体系

德国税收管理体制有其自身的特色，即实行税务征收、税务稽查和税务违法案件调查分立的模式。征收局的主要职能是处理联邦、州、地方的税收管理工作和中小企业的稽查工作。征收局在日常税收检查工作中如果发现涉税违法现象，则要移交给稽查局处理。除此之外，稽查局还要负责大型企业的日常稽查。税务违法案件调查局，即税务警察的职能是侦查稽查局移送的重大犯罪案件和公民举报的违法犯罪案件。它拥有刑事侦查权，经过侦查，构成犯罪的案件由法院审理，未构成犯罪的案件由征收局处理。征收局、稽查局和违法案件调查局这三个机构的职能虽然有所不同，但是它们之间相互联系、分工合作。这样既避免了各机构之间重复稽查，节省了人力和物力资源，又提高了办案的效率和准确度。

四、关于《税收征管法》修订的建议

（一）坚持税收法定原则

税收法定原则作为现代市场经济条件下税收征管领域一项基本原则，可谓“税收征管法的统领灵魂和逻辑起点”，是指国家课税必须有法律依据且须严格依法征税和依法纳税。尽管随时代发展，税收法定原则已出现学理上的分野，对其具体内容可以说是见仁见智、众说纷纭，但该原则的核心要义暨精神实质仍是“征税应经纳税人同意”，同意的基本途径是经由人民参与或通过其代表制定法律。一是要求作为课税依据的税收法律必须完备，亦即课税要件应当法定；二是要求课税要件应当明确，以减少对行政机关的空白授权；三是必须确保纳税人或者其代表对税收立法的参与和掌控。而这一切都意味着一个强大的立法机构和纳税人的参与是不可或缺的。

此外，要真正落实税收法定原则，不能仅提高相关税法的立法层次、完善税收法制规定，更应关注的是如何将已制定出来的税法规定在税收实践中真正地贯彻实施。因此，除上述税收征管立法层面的规范化、精细化外，在税收征纳实践中，也要求征税机关等相关部门必须严格贯彻落实依法征税等执法理念并施以严格的程序保障，增强税收执法的统一性和规范性。

（二）贯彻以纳税人为中心并适度约束公权力

随着法治中国建设的深入推进与人民权利意识的觉醒，我国税收征管活动的基本理念正经历着从税收国库主义向纳税人权利保护主义跃迁的重要转折中。所谓纳税人权利，是指纳税人以宪法为基础，在税制设计、税收征管等活动以及相关部门对税款的使用过程中所享有的作为或不作为以及要求他人（主要是相关公权部门）作为或不作为的权利，具体可分为纳税人基本权利（亦可称为宪法性权利）、纳税人实体权利及纳税人程序权利。

在税收法治国家中，纳税人权利充分体现了纳税人在国家治理中的正当要求和合法权益。尽管现行《税收征管法》中规定了一些纳税人权利并在该法修订的征求意见稿中对此做出了一定程度的扩充，但我国由于近代史发展的独特性、文化观念（官尊民卑）的路径依赖及法定权利（如纳税人隐私权、诚信推定权、税收确定权等）的远未完善等因素的共同作用，致使我国纳税人权利义务不均衡的现象仍较突出。因此，充分保护纳税人权利理应成为我们修订《税收征管法》的重中之重。以纳税人为中心并据此设计税法制度，通过适度约束税收征管权等相关公权力，有效规范税收征纳行为，不但是税收治理现代化实现“良法善治”的必然要求，也是全面推进税收治理现代化、实现规范税收征管权与保护纳税人权利这两大目标协调互补、并行不悖的应有之义。

（三）体现平衡协调理念

尽管平衡协调理念普遍存在于许多传统法律部门中，但因《税收征管法》是一部关涉公民财产利益与国家税收利益的重要法律，该法中所体现的平衡协调理念更具鲜明性与独特性，即力促纳税人基本权益与税收征管秩序间平衡协调的实现系现代税收征管活动孜孜以求的理想境界，以此为统领寻求征纳双方主体角色定位、权义关系、整体利益等多方面的动态和谐统一。我国《税收征管法》在该理念的落实方面还有较大的完善改进空间，因此有必要在修订时对其予以凸显和阐发。

作为税收征管法的标志性理念，平衡协调理念应贯穿于税收征管法的各项制度与各个环节中，无论在其宏观全局抑或微观领域均应发挥基础性的调节与引导作用。在我国新一轮税收征管体制改革方兴未艾的大背景下，平衡协调理念不但是推动税收征管法不断发展的引擎和提升纳税人税收遵从度的“强心针”，也是调和国家与公民之间征纳关系的“平衡器”，若能充分发挥平衡协调理念的激励或导引功能，将对整个税收征管法的完善起到不可小觑的积极作用。

（四）加强对自然人的税收治理

面对直接税比重逐步提高，自然人纳税人数量多、管理难的局面，应从法律框架、制度设计、征管方式等方面构建以高收入者为重点的自然人税收管理体系。首先是建立自然人纳税识别号。建立自然人纳税识别号制度，是将互联网经济中庞大的自然人经营主体纳入税收征管，加以规范和引导的第一步。其次是普及纳税识别号的使用。鼓励或明确要求企业和个人在网络交易（如签订电子合同）中使用纳税识别号。最后是确定管辖权归属。当前线上线下相结合的经营模式使得纳税人住所地、实际经营地和虚拟商铺地址可能存在不一致，对于自然人而言尤其如此。因此，在《税收征管法》修订中需要明确管辖权归属，从属地管辖考虑，可以考虑以自然人的户籍地、经常居住地为准，确定主管税务机关。

（五）坚持立法的科学性和民主化

法律作为国家意志的体现，要为国家、社会以及普通公民确立一种合理的组织结构，一种规范的行为模式，一种正确的价值选择，这就决定了法律必须建立在科学的基础之上。《税收征管法》修订的科学性，首先表现为它的理性化方面，必须明确如何鉴别、判断、评价和认识各项经济行为的本质、运行以及意义；其次是合理化，合理性是对事物之间相互关系的恰当界定；第三是主观符合客观，法律既不是一种纯粹主观的现象，也不是一种纯粹客观的事物，是一种主观同客观、理性和经验相结合的产物。

同时，在法律的修订过程中，民主化是必不可少的理念。民主化除了维护民主自身的价值外，还为其他的一些法律的价值诸如平等、自由、契约乃至法治等奠定了一个基础。

参考文献：

[1] 陈少英，王一骁．论附加福利课税的程序法路径——以《税收征管法修正案》引入自然人纳税识别号制度为重点［J］．上海财经大学学报，2017，19（03）：109-117，128.

[2] 高培勇．中国财税改革40年：基本轨迹、基本经验和基本规律［J］．社会科学文摘，2018（11）：41-42.

[3] 黄凯丹．从征管体制改革看《税收征管法》修订之必要［J］．法制博览，2019（12）：212.

[4] 李胜强．税收治理现代化视角下我国《税收征管法》的修订［J］．齐鲁珠坛，2018（06）：47-49.

[5] 王隽，刘挺．以智慧税务力促税收治理现代化［J］．中国税务，2018（04）：77.

[6] 易文悦．浅谈C2C电子商务税收征管对策与建议［J］．农村经济与科技，2018，29（04）：86-87.

[7] 姚轩鸽，王建华．大数据视域的税收执法冲突、风险及其防范研究［J］．互联网金融法律评论，2017（03）：225-245.

[8] 姚轩鸽．《征管法》的伦理省察及其修订建议［J］．西部学刊，2017（02）：54-60.

[9] 张斌．推进税收治理现代化的思考［J］．财政科学，2018（08）：23-27.

6　关于《税收征管法》修订的几点思考

郑彦臣

【摘要】 在我国，现行的《税收征管法》扮演着实质税收基本法的角色，在经过了两次修订之后，大大丰富了我国税收法律制度的内容，但是它仍有许多方面需要修改和完善。本文主要从纳税人权益保护、规范征管行为、强化自然人征管三个方面探讨未来《税收征管法》修订的基本方向，以期为完善税收管理体系的构建提供参考，助力高质量税收现代化的早日实现。

【关键词】《税收征管法》　纳税人权益保护　自然人征管

【作者简介】 郑彦臣，中税网税务师事务所

《中华人民共和国税收征收管理法》（以下简称《税收征管法》）自1992年9月制定并于1993年实施以来，在加强税收征收管理、规范税收征管行为、保障国家税收收入、促进经济社会发展等方面起到了重要作用。然而，《税收征管法》作为我国税收程序性法律，自2001年修订后一直未再做大的修改，已难以与当前社会经济发展现状相匹配。一方面，市场经济活动由以法人组织为主体转变为法人与自然人并重的新格局，以现行《税收征管法》为基础搭建的税收管体系，无法适应对自然人进行税收管理和服务的需要。另一方面，现代化的电子商务交易模式一改传统商务活动的特点，具有高效性、扁平化、虚拟性等特征，依据原有的税收征管模式会导致税款流失严重，税收征管风险增加。本文拟就《税收征管法》在执行中存在的一些主要问题及《草案征求意见稿》所未涉及的制度安排进行探讨，并提出相应修订思路。

一、关于保障纳税人权益

从我国现行《税收征管法》第一条规定可知，保护纳税人合法权益是其立法目标之一。该目标的实现，既要赋予纳税人与其承担的纳税义务相一致的权利，同时又要有保证其权利实现的程序及救济机制。然而，现行《税收征管法》立法更多是赋予纳税人以程序性权利。例如《税收征收管理法》第11条规定："税务机关负责征收、管理、稽查、行政复议的人员的

职责应当明确，并相互分离、相互制约。”此条为纳税人要求程序主持者或者决定者的中立保障权。第 51 条规定：“纳税人超过应纳税额缴纳的税款，税务机关发现后应当立即退还；纳税人自结算缴纳税款之日起三年发现的，可以向税务机关要求退还多缴纳的税款并加算银行同期存款利息，税务机关及时查实后应当立即退还；涉及从国库中退库的，依照法律、行政法规有关国库管理的规定退还。”此为纳税人的税收返还请求权。第 59 条规定：“税务机关派出的人员进行税务检查时，应当出示税务检查证和税务检查通知书，并有责任为被检查人保守秘密；未出示税务检查证和税务检查通知书的，被检查人有权拒绝检查。”此为纳税人的保密权和程序抵抗权。进一步梳理，现行《税收征管法》规定的纳税人权利有十几项之多，涵盖了知情权、保密权、申请减免税权、申请退税权、陈述申辩权、申请复议权、提起诉讼权、请求国家赔偿权、控告检举权、请求回避权、举报权、延期申报权、取得代扣代收手续费权、申请延期缴纳税款权、索取完税凭证权、索取收据或清单权、拒绝非法检查权、委托税务代理权等。但总体来看，税收征管法中宣示性的粗略规定比较普遍，而真正切实有效的细化程序、保障措施则不多，从而导致在实践中这些权利更多地停留在静态的纸面。

虽然 2015 年 1 月的《草案征求意见稿》第 11 条又对纳税人的权利做了一定的扩充规定，如纳税人、扣缴义务人平等保护权，税法制定的参与权等，但总体而言有关纳税人权利的规定相对其承担的纳税义务、协助义务而言仍显单薄，纳税人应该享有的隐私权、诚实推定权、税收确定权等权利仍旧没有被列入其中。而已经做出规定的权利仍停留在宣示层面，缺乏相应的程序机制加以实现，纳税人权利义务规定严重失衡。对《税收征收管理法》的修订，不仅应当进一步充实纳税人应享有的权利，更应当从权利实现之正当程序及救济机制方面落实纳税人权利，以使保障纳税人权益的立法目的在税收实践中能够落地。

二、规范税收征收、管理行为

电子商务的交易活动是在没有固定场所的国际信息网络环境下进行的，现有的税收征管法实施过程对“互联网 +”经济的税收管理暴露出一些问题，致使税务部门对互联网经济的管理出现了税收管理真空和缺位，管理存在极大风险。一些企业利用电子商务规避税收义务，牟取暴利，造成税款流失的同时，也扰乱了正常的市场秩序，助长了企业公民守法意识的淡化。因此，对《税收征管法》的修订主要目的应放在规范税收征收、管理行为，完善税制体系。

（一）完善登记制度

注册登记是税务机关对纳税人实施税收管理的首要环节和基础工作。C2C 电商与实体店税负不公平的一个重要原因是登记制度的缺失。B2B 和 B2C 电商企业和一般企业一样进行了工商和税务登记，自然人经营网店的手续得到了简化，但许多人误认为自然人经营网店不需要办理工商登记，加之监管措施不严格，导致部分超过免税条件的企业以自然人网店的方式躲避税收征管。针对电子商务业主纳税地点难以确定及征税对象存在模糊性等问题，在加强小微企业税收优惠政策减免力度的同时，应完善网店登记和税收征管制度，维护线上线下公平交易环境。

（二）全面推广电子发票

虽然网络交易具有一定虚拟性，但是在大数据条件下，交易信息在资金支付和快递物流两个方面都留有痕迹，税务部门为获得电商的交易信息和经营数据，通过推广电子发票，在每一笔交易完成时自动产生电子发票，从某种角度来讲，比传统交易方式下更简单，是加强税收征管、降低征纳成本的重要手段。此外，电子商务交易中的订单、交易合同、销售凭证等票据都是以数据形式存在，与传统的纸质票据管理模式截然不同，还需及时对电子票据凭证赋予法律效力。

（三）明确电商平台的责任

电商平台掌握着交易的详细交易信息，税务部门往往要通过资金支付和快递物流两个方面来了解电商企业的经营信息，因此电商平台的积极配合是税务机关能否获取涉税信息和准确掌握计税依据的关键。明确电商平台的涉税数据提供责任及税务检查配合责任尤为重要，可以探索实施由电商平台代扣代缴税款制度。电商平台在结算每一笔交易款项时，根据相应的货款自动生成税款数据，实现税款的代扣代缴。这样可以提高税款征收的准确性，同时也有利于加强对电商企业的监督制约。

（四）确定电子商务交易的纳税地点及交易环节

“互联网 +”经济的纳税环节游移不定，交易双方可以通过网上订单、网上支付、网上发货等方式在瞬间完成交易过程，而且交易具有隐匿性，因此纳税环节难以确定、纳税地点难以把握，交易行为所涉及的买卖双方主体、网上银行、服务器、网络服务商等，都可能处于不同的地方。因此，到底是以电子商务的机构所在地或是注册登记地为纳税义务发生地，以营业行为发生地为纳税义务发生地，还是以服务器所在地为纳税义务发生地，税务机关在实际工作中很难正确把握。由此可见，确定电子商务交易的纳税地点及交易环节是解决电子商务交易税收征管难题的基础。

（五）建立电子商务过程的税务稽查相关制度

在具备税收管辖权，交易过程可追溯的前提下，电子商务稽查就成为保障电子商务税收的重要一环。电子商务的订购、支付，甚至数字化产品的交付都可通过网上进行，使得无纸化的程度越来越高，订单、买卖双方的合同，作为销售凭证的各种票据都以电子形式存在，且电子凭证又可被轻易地修改而不留任何线索、痕迹，传统的凭证追踪审计失去了基础，现有的税务稽查方式难以对电子商务行为实施有效的稽查。因此，建立有效的涵盖“互联网＋”经济的税务稽查相关制度是适应现代化税收的需要。

（六）明确税务区块链技术标准

区块链是一种按照时间顺序将数据区块以顺序相连的方式组合成的一种链式数据结构，并以密码学方式保证的不可篡改和不可伪造的分布式账本。随着区块链技术的推广应用，企业记账工作可从信息化向网络化云端推进，最终促使每一个企业的财务账本成为区块链中的账本节点。电子发票的推行将为云账本的应用奠定坚实的基础，纳税人可根据贸易实际，直接从不同区域、不同级别的税收管理节点开具发票，并借助电子发票和云记账技术，直接将所开发票记入云账本，降低违规开票的风险。由于区块链不可篡改的特性，可以确保线上、线下账本的一致性，有助于从根源上避免纳税人主观上进行违法的风险，同时也有利于开展实时税务稽查工作，避免重大案件的发生。这就需要有一套明确的税务区块链技术标准来保障。

三、关于自然人税收征管问题

过去我们所关注的纳税主体更多的是从事经营的企业，现行税收征管法对于自然人的税收征管并没有完整而规范的规定，而自然人税收征管制度的构建，对于优化税制结构、提高纳税人遵从度和满意度等方面均有积极作用。因此《税收征管法（征求意见稿）》中，笔者尤为关注的是我国自然人税收征管法律制度的建设情况。

纳税人识别号是税务机关对纳税人进行税务管理的身份识别工具。在新一轮的税制改革大背景下，尤其是新个人所得税法实施后，今后自然人纳税人识别号制度将成为自然人税收征管中的基础性制度。这也是我国新个人所得税法、现代税收征管体制建设和社会信用体系建设的要求。

目前的《征求意见稿》规定“自然人纳税人或者其扣缴义务人应当自首次纳税义务发生之日起，法律、行政法规规定的纳税申报期限届满前，向税务机关申报，税务机关登录其纳税人识别号”，并且规定纳税人在签订合同、协议，缴纳社会保险费，进行不动产登记以及办理其他涉税事项时须使用识别号。

在美国，因为没有户籍制度，居民没有所谓的身份证号码，税务代码同社会保障号合二为一，其又是银行开户、合同交易和政府服务的必备信息。没有纳税号码的自然人不能在银行开立账户、无法享受社会保险等待遇，其交易合同也被视为无效。因此，美国仅通过一个税务代码就将个人的经济行为串联起来，既能降低社会管理成本，又可以一定程度上防止个人偷逃税的行为。

澳大利亚的纳税人识别号即税收档案号，该号码一经确定终身不变，即使纳税人更换姓名、工作、居住地或者移居海外。所有澳大利亚公民及在澳工作的自然人，在就业或填报纳税申报单时，都必须到澳大利亚税务局申请或通过网站登记等方式获取识别号，即使外国人也不例外。

在瑞典，通过税务号码，税务机关可以随时查阅纳税人的缴税情况和个人不良信息，可以掌控纳税人的一切收入来源、经济活动情况和财产状况。

通过梳理国外自然人纳税人识别号码的实践经验我们可以发现，各国在选择号码时大致遵循这样一个原则，即只要一个号码对于本国居民来说是唯一的、终身不变的，通过该号码可以将个人经济信息联系起来，一般来说该号码就很有可能被作为自然人纳税人的纳税识别号。我国居民身份证号码所具有的唯一性、终身不变性恰好可以满足以上需求，因此可以考虑将居民身份证号作为我国自然人纳税人的识别号码。

但以居民身份证号码作为纳税人识别号在实际执行过程中或多或少又会遇到一些困境。因为目前国内极个别的居民没有身份证号，有的居民一人拥有多个身份证号码，有的居民的身份证号码与他人的相同，这就需要公安部门协助税务机关做好基础性工作。

因此，建立健全纳税识别号制度，实现身份证号、税务登记证号、社保号、社会信用信息账号等“多号合一”，并关联金融账号、商业保险账号、不动产登记等信息，形成公民税务登记信息库，这对于我国未来的现代化税制建设具有里程碑意义。

参考文献：

[1] 蔡金. 纳税人权利保护视角下自然人税收征管法律问题研究 [D]. 重庆：西南政法大学，2018.

[2] 高培勇. 中国财税改革 40 年：基本轨迹、基本经验和基本规律 [J]. 社会科学文摘，2018 (11)：41 -42.

[3] 黄秋霞. 基于 ZS 地税工作实践的自然人税收征管研究 [D]. 成都：电子科技大学，2018.

[4] 孙红梅，滕一良，郭明磊. 自然人税收征管法律制度的完善路径——以《税收征管法》修订为视角 [J]. 税务研究，2018 (07)：125 -128.

[5] 宋轶媛. "互联网 +" 背景下我国税收征管模式的研究 [D]. 北京：首都经济贸易大学，2018.

[6] 徐特. 基于电子商务的税征管理研究 [D]. 杭州：浙江大学，2018.

[7] 袁森庚. 对《税收征管法》修订思路的几点认识——兼评《税收征管法修订稿(征求意见稿)》的相关内容 [J]. 税收经济研究，2014，19 (06)：48 -55.

[8] 叶姗. 中国税收征管法的重塑与再造 [J]. 中国法律评论，2018 (06)：26 -34.

[9] 钟广池，林昊.《税收征管法》及其实施细则修订的若干问题的思考 [J]. 扬州大学税务学院学报，2009，14 (02)：6 -8，32.

三、税务人才培养

1 基于供给端高校税务硕士专业学位研究生培养模式研究——互联网+大数据背景下的思考*

解建立

【摘要】 互联网+大数据时代纳税服务需求的转变与升级对高校税务硕士专业学位研究生培养模式供给带来机遇与挑战，对我国专业学位研究生教育改革也将产生深远影响。本文通过分析互联网+大数据背景下高校税务硕士专业学位研究生培养模式供给端面临的问题，明确税务硕士专业学位研究生培养模式改革的关键问题所在，并提出完善的建议。

【关键词】 互联网+大数据　供给侧改革　税务硕士专业学位　培养模式

【作者简介】 解建立，博士，河北经贸大学财政税务学院教授、硕士生导师，从事财税理论与政策研究

一、引言

税务硕士专业学位是我国顺应大力发展专业学位研究生教育设立的一种专业学位。

2010年3月，教育部学位办发布了《关于印发金融硕士等19种硕士专业学位设置方案的通知》，明确了在我国设置包括税务硕士专业学位在内的专业学位硕士种类。首批获得培养资格的36家单位于2011年开始招收税务硕士专业学位研究生。与学术型学位培养相比，我国税务硕士专业学位研究生的培养尚处于发展初期，其培养目标、培养方式等尚处于探索阶段。

随着互联网、云计算等的快速发展，互联网+大数据已经成为时代发

* 本文系河北经贸大学教学研究项目“互联网+大数据背景下高校税务专业人才培养模式研究”（项目编号：2018JYY09）阶段成果。

展的趋势，各行各业的发展前景将更加广阔。互联网+大数据时代的到来对税务硕士专业学位研究生教育提出了更实际的要求，这就使税务硕士专业学位研究生人才培养面临着新的机遇，而人才供应方面如何与时俱进也成为当前我国高校研究生教育必须面对的问题。如何精准地对税务数据信息进行专业化的处理以满足不同纳税主体的需求，对税务硕士专业学位研究生教育提出了新的挑战。高校应迎合新时代发展需求，更新人才培养模式，深入探索互联网+大数据背景下高层次税务人才的培养模式，为社会培养出更多优秀的税务硕士专业人才。

党的十八届五中全会提出了“释放新需求，创造新供给”的指导方针。在2015年中央财经领导小组会议上习近平总书记提出，适度扩大总需求，着力加强供给侧结构性改革。“供给侧改革”一度成为高频词汇，在各个领域被广泛提及。党的十九大报告进一步提出要“深化供给侧结构性改革”。“供给侧改革”同样也可启发税务硕士专业学位教育改革的深度思考。在互联网+大数据背景下高校也应当紧跟时代发展步伐，结合市场发展的实际需要，坚持将“高质量产品对接社会需求”作为基本理念，探索符合时代要求的人才培养模式。

税务硕士专业学位教育改革是一项系统工程，一方面要从整体上把握税务硕士专业学位教育改革供给端困境的综合特点，从宏观层面找出破解困境的系统路径；另一方面也要抓准不同层次、不同类型结构性困境的要害，各个击破，从微观层面梳理供给端改革的具体措施。困境的破解要围绕高素质高层次复合型人才培养这一核心要义，从人才培养目标、课程体系、导师队伍资源配置等方面入手，破除税务专业硕士学位教育人才培养与市场需求间的结构性矛盾。

本文从当前税务服务需求的转变与升级研究入手，分析新时代对税务专业硕士人才的新要求，并结合税务硕士专业学位研究生教学和管理的实践，提出了新时代下从供给端完善税务专业硕士学位研究生培养模式的相应措施。

二、新时代下税务服务需求的转变与升级

进入21世纪以来，互联网在中国的影响日益加深，互联网+大数据对纳税服务提出了新要求。在国家税务总局《关于印发〈“互联网+税务”行动计划〉的通知》（税总发〔2015〕113号）中，对“互联网+税务”的行动目标做了说明：“推动互联网创新成果与税收工作深度融合，着力打造全天候、全方位、全覆盖、全流程、全联通的智慧税务生态系统，促

进纳税服务进一步便捷普惠、税收征管进一步提质增效、税收执法进一步规范透明、协作发展进一步开放包容。到2020年，形成线上线下融合、前台后台贯通、统一规范高效的电子税务局，为税收现代化奠定坚实基础，为服务国家治理提供重要保障。——至2017年，开展互联网税务应用创新试点，优选一批应用示范单位，形成电子税务局相关标准规范，推出功能完备、渠道多样的电子税务局以及可复制推广的‘互联网+税务’系列产品，在税务系统广泛应用。——至2020年，‘互联网+税务’应用全面深化，各类创新有序发展，管理体制基本完备，分析决策数据丰富，治税能力不断提升，智慧税务初步形成，基本支撑税收现代化。”① 满足纳税人需求是纳税服务工作的出发点，传统纳税服务需求包括一般税务申报、分业务税收筹划、分税种税务咨询等。随着“互联网+”、金税工程三期、增值税发票新系统和纳税申报表修订等各项工作的开展，纳税服务拥有的数据越来越丰富和庞大，纳税服务领域悄然进入了大数据时代。

在互联网+大数据时代，能否及时有效地响应和解决纳税人的需求，是检验纳税服务质量和效率的重要标尺。同时，对于纳税服务供给也会产生深远的影响。纳税人的需求呈现出多样性，处于不同纳税流程的纳税人有不同的需求，不同行业、不同性质、不同规模的纳税人也具有不同的需求，使纳税服务从“单一性”发展到“综合性”。纳税人类型广泛、税种税目繁多、税收政策多变、办税程序复杂等特点决定了纳税服务需求的多样性，使纳税服务需求呈现出从“局部性”拓展到“整体性”、从“事后管理”转变到“事前规划”、从“税收筹划”延伸到“操作系统落地”的转变与升级。在互联网+大数据的新经济模式下，纳税主体的多元化和国际化，税务服务需求的转变与升级，使得涉税服务的各种新问题、新现象不断出现，各种因素的影响对税务硕士专业学位研究生教育和培养工作提出了许多崭新的课题。

三、地方院校税务硕士专业学位培养模式存在的问题

（一）专业学位人才培养定位问题

专业学位培养制度是专门培养在某一专业领域具有较强的专业能力和职业素养的高层次复合型人才的学位制度。专业学位具有应用性、实务性特征，专业学位的培养目标是提高培养质量的前提。地方院校税务硕士专

① 《关于印发〈“互联网+税务”行动计划〉的通知》（税总发〔2015〕113号）。

业学位的培养目标一般为培养应用型高级专业人才，但在现实中有的培养单位对专业学位的实际培养与学术型学位的培养并没有本质区别，在教学过程中教学方式与内容存在倾向于学术型教育的现象，还没有完全构建完善、科学的专业学位硕士研究生培养模式，造成地方院校税务硕士专业人才培养与社会需求错位。因此，在供给侧改革的推动下，应明确税务硕士专业服务的对象，了解涉税行业对人才需求的质量标准，确定人才培养类型和人才培养体系，改革教育教学模式，使人才培养与社会需求相契合。

（二）人才培养方式问题

专业学位的人才培养方式应以专业实践为导向，重视实践和应用，培养在专业上受到高水平训练的高层次人才。因此，税务专业硕士的培养必须改变以课堂教学和教师讲授为主的培养方式，课程教学与实践教学相结合，使学生既具有扎实的理论基础，又能够适应涉税行业或职业的实际工作需要，以能力与技术培养为核心，重视实践教学。然而，在实际培养过程中，培养方式上尚存在课程模式与实践模式单一，学校与实际部门联合培养的开放体系还有待进一步完善。

（三）导师队伍建设问题

研究生导师在研究生的培养环节起着至关重要的作用，是高层次人才培养质量的决定性因素之一。双导师制是专业硕士与学术型硕士的一个重要区别，专业硕士既要有校内导师的基础理论指导，也要有校外导师的专业实践指导。但是目前仍有学校并没有实行双导师制，有的学校虽然实行了双导师制，但在实践中双导师制并没有充分发挥其实际效用。这主要体现在：一是校内导师虽具有丰富的教学科研经验，但在实践经历和专业实践教学能力上有所欠缺，影响专业学位硕士研究生实践能力的发展。二是校外导师落实不到位，还没有将双导师制落到实处。有的学校虽然安排了校外导师，但是由于校外导师通常在本职岗位上担负着工作事务而没有精力投入时间指导学生，通常只在其论文答辩之际给予些许指导，师生之间缺乏学业交流和帮助，双导师制在很大程度上形同虚设。

（四）教学的实践性问题

专业学位硕士研究生的培养，应该把实践教学放在特别重要的位置。一套切实可行的院校与税务实务部门的联动培养机制、一批长期稳定的实践教学基地、一支具有丰富实践经验的高水平兼职实务专家，是确保税务专业硕士研究生培养质量的基本保障，但在实际中税务专业硕士研究生的实习实践在基础设施和执行上仍显不足。虽然在培养方案中强调课程的应用性和实践性，但在实际教学过程中课堂教学与课外实践未能有机结合，理论教学与实践教学未能有效结合和转化，案例教学、现场教学未能有效落地。

四、新时代对税务专业硕士人才的新要求

互联网＋大数据时代的到来，不仅深刻影响着人们的学习和工作方式，也对税务专业硕士人才培养带来了机遇和挑战。在互联网＋大数据背景下，地方高校在进行税务专业硕士研究生教学安排上，需要对涉税服务领域技术、财税理论发展以及社会对税务人才需求进行深入分析，重视学生的个人价值定位、个人能力强化，对现阶段的教学方式、教学内容以及导师队伍建设进行深入的改革，增强税务专业硕士教育理念的科学性、适应性，有效保障教学内容的丰富性和教学手段的先进性。

中央财经大学财政税务学院樊勇教授承担的全国税务专业硕士教学指导委员会秘书处委托项目“基于社会需求的税收专业硕士培养模式改革研究”报告得出结论：“税收理论必须与实际结合，同时积极引入国际惯例及国际规则的教学；给学生提供更多接触前沿税收的机会；打造高质量的师资力量，提高课程内容质量。课程设置应围绕职业发展需要，以职业能力和综合素养的提高为核心。学校方面必须加大对硬件设施的投入，并进行硬件设施的完善。教师方面，可以大胆引入微信、软件或税务相关 App 等方式改变传统的授课方式，利用电子设备模拟税收实务的操作，进行授课创新。”报告的结论也显示出现实中无法回避的问题所在，即通过税务专业研究生学习培养出来的学生所具备的综合能力与实际岗位所要求的能力之间的结构性矛盾。具体来说，当前在税务专业硕士教学过程中，还存在着教学方法创新不足、学生实践技能锻炼不到位等问题，影响着学生就业技能的提升和人才培养质量的提高。这些问题共同作用，既形成了税务专业研究生人才培养与实际岗位需求之间的结构性矛盾，也在某种程度上暗示了税务专业硕士研究生教育改革的重点：如何在互联网＋大数据时代，精准定位培养税务专业硕士研究生的核心能力，并打通与之相关的师资配备、课程设置、实践学习等环节，使整个税务专业硕士研究生教育形成一个衔接有序且内容合理的体系。

全过程管理下产品的最终质量反映在研究生教育中即为培养质量，最终表现为研究生综合能力的提升、就业市场竞争力与服务社会能力的提

高。互联网+大数据时代涉税服务需求的变革对税务专业硕士人才的素质和能力提出了更高的要求，这就要求涉税服务从业者具备适应时代和技术发展的核心能力，特别是与数据相关的素质与能力。随着现代科技的迅猛发展，互联网+大数据意味着一种全新的思维方式，客观上不仅要求所培养的人才具有扎实的基本知识和实践技能，对于税务专业硕士人才来说，还要求其具备更高的适应新时代的综合能力素质，这种能力素质概括起来主要是创新意识和创新实践能力、知识的自我完善能力和具备更强的协调与沟通能力。

（一）创新意识和创新实践能力

互联网+大数据时代使我们的研究方式、学习方式、思维方式、决策方式等都产生了重大变化。创新是一种从无到有的创造，本身就包含着对现存的事物、现存的秩序、现存的观念的一种否定性理解，这种否定性理解就是怀疑精神，它的逻辑发展就是思想解放。如果对现存的事物、秩序及观念表现出认可、遵从和无保留的肯定，就不可能有任何创新。① 随着市场经济的快速发展与社会的不断变化，我国涉税服务高端人才不仅要熟练掌握税务行业与涉税业务的基本技能，还要掌握大数据方面精湛的技术。这就要求税务专业硕士研究生能够熟练掌握和应用所学知识，明确知识的系统性与贯通性，增强灵活运用知识的能力，并逐渐形成创新性意识与创新性思维，有效提高创新实践能力。在复杂的经济事务中抓住重点、热点、难点，利用掌握的税务信息和专业分析方法分析纷繁的经济涉税事项，从而发现实际问题并提出解决问题的合理化建议或措施。

（二）知识的自我完善能力

现代科技发展使学科和专业划分越来越细化，所涉及的理论越来越精深，不断有新概念、新理论、新技术手段涌现。创新能力已经成为新时代发展的主题，而创新成果大都是在不同学科彼此交叉、相互渗透的领域中产生的，所以不同学科的交叉是培养研究生创新能力的一种重要的途径。税务专业硕士研究生在校期间所安排的课程已经远远不能满足现代各种学科的相互交叉和相互综合对知识结构和知识体系的要求，这就要求研究生要具有较强的知识自我完善能力，突破传统财税学科的束缚和思维定式，熟悉相邻相关学科如政治学、管理学、法学、社会学等领域知识体系，在

---

① 赵彦生 当代研究生应具备的几种能力［J］. 太原理工大学学报（社会科学版），2002（03）：17－19.

学习过程中不断弥补短板，掌握自己所欠缺的各种基础理论知识，逐渐完善自己的知识结构和能力结构，培养从多学科、多角度分析和解决现实问题的能力，从而提高和培养创新能力。

（三）具备更强的协调与沟通能力

有效的沟通与协调能力不仅是新时代研究生综合能力的外在表现，更是整个社会走向和谐发展的桥梁与纽带。因此，在实务工作中，只有具备更强的协作能力才能处理好与各部门之间、上下级之间及单位内外之间的各种关系，才能善于协调自己的任务，在团队合作中找准自己的位置，提高自我认知能力和社会认知能力，并与别人合作高质量地完成涉税服务任务，共同实现工作目标。互联网+大数据时代是不断发展和不断创新的时代，更是实现人与人之间、人与社会之间协调发展的沟通时代。现代社会完成每一项涉税事项工作都会与方方面面的单位和人打交道，在处理过程中不可避免地会遇到各种各样的压力，这就需要在复杂的社会活动中承担社会的责任和应尽的义务，善于处理和解决好各种各样的关系。要承担起这份责任，就要具备有效的沟通与协调能力，通过沟通与协调能力的不断提高，彼此合作，共同为社会的发展做出贡献。

五、从供给端完善高校税务硕士专业学位研究生培养模式

（一）完善培养目标定位

遵循高等教育自身发展的客观规律，把税务专业硕士研究生培养目标与满足新时代下我国经济社会发展的需要、满足纳税服务需求的转变和升级、满足学生个性的发展和最大限度地发挥人的潜能相结合，进一步明确税务专业硕士研究生培养方面的培养目标和任务。只有培养目标明确且定位合理，才能为后续一系列培养应用型高素质复合型人才的行为和教学活动起到指导和促进作用。在真正向应用型高素质复合型人才培养模式转变过程中，高校还应该深刻理解互联网+大数据时代涉税服务发展的需求，深入探究目前社会对培养人才的具体要求，弥补在人才培养过程中的短板。在教学培养过程中将培养目标具体落地，落实到教学培养的每一个环节，同时还要针对现实中出现的新问题对培养目标进行及时、合理的调整。

（二）整合创新教学内容

在教学过程中遵循“理论—技能—实践”的逻辑思路来优化课程体系

的设置，创新丰富课程内容，根据社会发展需求和互联网＋大数据时代的要求，优化和调整课程体系设置，培养复合型税务人才。首先，开设或要求学生辅修、自修税收信息化等相关课程，将计算机应用类课程与税务专业课程结合起来，增加对学生软件开发、修改和维护能力的培养。其次，注重培养学生数据搜集、分析和整理的能力，提高挖掘数据的能力。

（三）创新改革教学方式

在教学过程中合理运用传统的教学方法和现代化的多媒体、网络平台、信息系统相结合的现代技术手段，引导学生独立地分析、思考和解决问题。理论教学与实践教学并重，鼓励学生主动利用所学知识和技能去解决实际问题。例如，通过以财税体制改革热点为目标导向启发学生深度思考，提出整体教学框架，培养学生创新思维以及进行课程之外的拓展学习。同时，加强对实践教学方式的研究和改进，以沙盘教学、仿真实验、实习实践等锻炼学生的实践能力，将理论知识与实际紧密结合。

（四）注重培养学生学习能力

在经济快速发展的当代，知识更新的速度越来越快，书本上和导师传授的知识远远不能满足社会的需求。税务专业硕士人才不仅应具备高级专业知识和创新应用能力，还必须具备高水平的综合素质。因此，应注重学生学习能力的培养，提高其在社会交往过程中主动获取新知识的能力，做到学习的永续性。一方面，需要建立财税网络教学平台，推荐网络其他财税学习资源，拓展学生的学习途径，提供丰富的学习资源；另一方面，充分调动研究生自主学习的积极性，从各种渠道获得知识和方法，引导学生从不同思路和角度观察问题，注重培养学生的学习能力、思考能力。

（五）加强校内外多方联动合作

互联网＋大数据下更加强调应用型人才的实践能力，在培养税务专业硕士人才的教学过程中，学校与税务实际部门及企业的合作是加强实践能力培养可行而有效的重要途径。因此，税务专业硕士人才培养要加强校内外多方联动培养机制。一是校内导师可以到税务师事务所、会计师事务所、税务局或企业中对相关的知识技术进行深入学习，从而提高导师的专业素质和实践能力；二是高校与税务局、事务所及企业达成协议，税收实务部门为高校学生提供实习基地，高校为税收实务部门培养和输送人才；

三是高校的讲学和授课配合邀请税收务实务部门参与，从而加强专业学术交流；四是由校内导师与校外专家共同完成研究生实习项目的设计、开发与建设；五是加强实习实践质量监控体系的制度建设，改革校内外实习实践基地的考核方式，从学生、校内外导师、实务部门等多方面完善实习实训教学效果的评价体系。

（六）加强导师队伍建设

进一步加强税务专业硕士师资队伍建设，以提高导师的专业实践能力和教育教学水平。一是从事税务专业硕士教育的师资结构应由校内专业教师和财税部门、司法部门、社会中介、企业涉税人员中的高学历、高职称专家两部分组成。为保证师资队伍的水平和质量，要定期对任课导师进行考核。二是理论素养和专业技能兼备是从事税务专业硕士教育的导师必须具备的知识结构。三是注重吸收来自税务实践领域的专业人员承担专业课程教学。对校内导师采取脱产或不脱产专业培训，或到财政税务部门挂职积累实践经验，提高教学水平。四是强化教育全程导师负责制。即导师负责指导学生确立研究方向、制定研究规划、进行论文设计、培养人格素质等，导师对学生培养的全程负责。

六、结语

总之，互联网+大数据时代对高校税务硕士专业学位研究生人才培养提出了新的要求，高校在供给端的人才培养模式上应结合时代背景和社会对高层次人才的需求，把培养富有创新能力、学习能力、协调能力、实践能力的高素质税务硕士专业学位研究生作为己任，积极进行教学探索，改善教学模式，加强各个培养环节的管理，大力推进对课程与教学方式的改革，提升教学的质量和水平，努力提高研究生的培养质量，以便培养出更多符合社会需求和互联网+大数据时代要求的高层次人才。

参考文献：

[1] 陈刚，司乃潮，赵玉涛．试论研究生培养中的问题与对策［J］．江苏大学学报（高教研究版），2004（03）：35-38.

[2] 张伊．以纳税人需求为导向优化纳税服务的研究——以南京市浦口地税局为例［D］．南京：南京大学，2016.

[3] 王亚静．全日制专业学位硕士研究生培养模式研究——以H省为例［D］．新乡：河南师范大学，2015.

[4] 毛道根．海关院校税务硕士专业学位研究生培养模式优化探索——以上海海关学院为例［J］．才智，2014（30）：233－234.

[5] 于超．全日制专业学位硕士研究生培养改革研究［D］．南宁：广西师范学院，2011.

[6] 张应春，吴永明，丁毅强．关于强化导师在研究生培养中的作用［J］．安徽工业大学学报（社会科学版），2006（04）：115－118.

[7] 李子江．我国教育硕士培养的学术化倾向及改革对策［J］．高等教育研究，2010（05）：62－66.

[8] 章晓莉，郁诗铭．我国专业学位硕士研究生培养模式的反思与改革［J］．学位与研究生教育，2012（10）：55－59.

[9] 张亚菲，刘文波．我国专业学位硕士研究生培养的六大问题［J］．当代经济，2013（05）：86－88.

[10] 赵彦生．当代研究生应具备的几种能力［J］．太原理工大学学报（社会科学版），2002（03）：17－19.

[11] 周谷平，章亮．我国硕士研究生培养的问题及对策［J］．清华大学教育研究，2000（04）：25－28.

2　我国青少年税法教育问题研究

贾绍华　　鄢志超

【摘要】 青少年是祖国的未来和希望，习近平曾说过，少年强、青年强则中国强。青少年的成长，不仅仅是青少年本身的问题，其背后是千家万户、亿万民众。本文通过列举一些青少年税法宣传和教育的案例，剖析我国青少年税法教育存在的主要问题，并借鉴国际经验，提出有针对性的建议。

【关键词】 青少年　税法教育　税法宣传

【作者简介】 贾绍华，经济学博士，中央财经大学税收教育研究所所长，研究员

鄢志超，中央财经大学财政税务学院税收学硕士研究生

一、引言

青少年是祖国的未来，是民族的希望。2014 年 5 月 4 日，习近平总书记在北京大学师生座谈会上曾指出，青年的价值取向决定了未来整个社会的价值取向，而青年又处在价值观形成和确立的时期，抓好这一时期的价值观念养成十分重要，这就像穿衣服扣扣子一样，如果第一粒扣子扣错了，剩余的扣子都会扣错。人生的第一粒扣子就要扣好。青少年的法制观念，是其人生观、价值观的重要基础，对于其未来的发展具有极为重要的指导意义。税法，作为我国法律体系的重要组成部分，是国家依法征税和纳税人依法纳税的行为准则，应当成为青少年法制教育的一个重要方面。2015 年，中共中央办公厅和国务院办公厅联合印发《深化国税、地税征管体制改革方案》，明确指出将税法作为国家普法教育的重要内容，把税法教育纳入国民教育体系，加强对青少年的税法宣传教育。2017 年，国家税务总局和教育部联合印发《关于加强青少年学生税法宣传教育的通知》，明确指出加强青少年税法宣传教育，对于促进青少年从小树立税收法制观念，增强全社会的税法意识，提高税法遵从度具有重要意义。为此，国家税务总局局长王军指出，青少年税法宣传教育应当"既让大手牵小手，也让小手牵大手"，激发动力、引发关注，税法宣传教育应当取得实效、入脑入心。

二、青少年税法教育的理论基础

（一）习近平治国理政：青少年教育与家风传承

党的十八大以来，以习近平同志为核心的党中央，高度重视青少年工作，亲切关怀青少年健康成长。习近平曾说过，少年强、青年强则中国强。青少年的成长，不仅仅是青少年本身的问题，其背后是千家万户、亿万民众。从这个意义上讲，抓好青少年的法制教育和道德教育，是全面提高青少年素质的一项德政工程。青少年是国家、民族的未来，他们的素质关系21世纪中国的命运，关系社会主义现代化事业的成败，关系中华民族的兴衰。看一个国家、民族的未来如何，关键是看现在的青少年的面貌。

党的十八大以来，习近平还多次谈及家风，并多次强调家风的重要意义。家庭是人生的第一个课堂，父母是孩子的第一任老师。孩子们从牙牙学语起就开始接受家教，有什么样的家教，就有什么样的人。家庭教育涉及很多方面，但最重要的是品德教育，是如何做人的教育。也就是古人说的“爱子，教之以义方”，“爱之不以道，适所以害之也”。青少年是家庭的未来和希望，更是国家的未来和希望。古人都知道，养不教，父之过。家长应该担负起教育后代的责任。家长特别是父母对子女的影响很大，往往可以影响一个人的一生。中国古代流传下来的孟母三迁、岳母刺字、画荻教子讲的就是这样的故事。作为家庭教育的重要方面，青少年的税法意识也应当成为家风的一项重要内容，父母长辈应当通过以身作则遵守各项税法要求，按时足额纳税，以此言传身教达到家庭税法教育的目的。

（二）社会学基础：青少年是祖国的未来和民族的希望

亚里士多德说，国家的命运，有赖于对青少年的教育。青少年是早晨初升的太阳，是含苞待放的花蕾，对于他们，祖国和人民寄予了无限的期望和关爱，因为他们代表了社会主义中国的未来，寄托着中华民族伟大复兴的希望，他们的健康成长直接关系国家的前途和民族的命运。加强青少年的税法教育，是青少年教育的应有之义。对学龄前儿童、小学生、初中生、高中生和大学生的税收意识和税法宣传教育是一项基础性、普及性、扎根性的法治教育。少年强则国家强，少年、青年是国家事业未来的接班人，是税收的创造者和依法治税的传承者。加强税法宣传教育意义重大，是全面贯彻依法治国基本方略的一项重要内容，是增强全社会的税法意识、提高税法遵从度的基础举措。特别是加强幼儿、青少年学生税法宣传教育，就好像树根深植土壤之中，吮吸税法知识，树立法制观念。

（三）法理基础：青少年税法教育有利于培养青少年的公民意识

公民意识属于社会意识的一种形态，是对社会存在的反映，是指公民对自身在国家中的地位和享有的权利、承担的义务的现实感受和应有认识。在内容上，公民意识既包括法律意识，也包括伦理道德意识。日本著名法学家川岛武宜在《现代化与法》中指出："近代法意识最根本的基础性因素是主体性的意识。"公民主体意识，主要指广大公民以主体者的身份对国家建设的积极参与，对国家前途与命运的高度责任感与政治热情。在我国社会主义法治国家的建设中，始终把增强公民的主体意识放在重要位置。纳税意识是公民意识的重要基础与表现之一，对青少年加强税法的宣传教育，有利于培养青少年的纳税意识，从而增强青少年的主体意识，提升青少年的权利意识和义务意识。

（四）法学基础：青少年税收法制教育是依法治国的一个重要方面

依法治国是发展社会主义市场经济的客观需要，是国家民主法治进步的重要标志，是建设中国特色社会主义文化的重要条件，是国家长治久安的重要保障。党领导人民制定宪法和法律，并在宪法和法律范围内活动。依法治国把坚持党的领导、发扬社会主义民主和严格依法办事统一起来，从制度和法律上保证党的基本路线和基本方针的贯彻实施，保证中国共产党始终发挥总揽全局、协调各方的领导核心作用。

党的十八届三中全会做出的《关于全面深化改革若干重大问题的决定》赋予了财政以"国家治理的基础和重要支柱"的特殊地位，并提出"国家治理的现代化"和"国家治理能力的现代化"。党的十八届四中全会做出的《关于全面推进依法治国若干重大问题的决定》又提出：全面推进依法治国，必须弘扬社会主义法治精神，建设社会主义法治文化，增强全民法治观念，并要求"把法治教育纳入国民教育体系，从青少年抓起，在中小学设立法治知识课程"。青少年是祖国的未来、民族的希望。从税收法治的角度来说，加强青少年税收法治教育，不仅是为了使广大青少年从小树立依法纳税意识，养成守法的思维模式和行为习惯，做个遵从的纳税人；更重要的是全面提升青少年的税法素养，成为税收法治的积极推动者。

（五）教育学基础：系统化、针对性的税法教育是青少年全面发展的基石之一

每一个青少年都是广义的纳税人，在日常的生活中已经是增值税、消费税等间接税种的负担主体，但青少年往往并不知道自己已经缴了很多税，所以培养青少年的纳税意识恰逢其时。青少年法律和道德水平在一定程度上代表着未来中国公民素质的高低。通过税法教育，青少年对纳税、征税和用税三个方面形成一体的法治意识，将成为他们未来自觉履行纳税义务的先决条件；而且青少年也是未来的立法者、司法者和执法者，这也为未来税收立法、税收诉讼案件审理和税收执法提供了具备基本素质的人才。在潜移默化的税法教育当中，青少年将对税法产生较高的认同感，在未来需要履行纳税义务时，能够更好地遵从税法的有关规定，有利于全社会税收遵从度的提升。税法教育促进税法“种子”扎根于青少年心灵，起到“教育学生、带动家庭、辐射社会”的效果。

（六）心理学基础：青少年时期是纳税意识形成的关键时期

阿根廷曾经进行过关于税收教育成果的测试。测试人员将教育对象分为小学和大学两组，每组各 10 个人分别进行税收宣传教育。跟踪了 15 年后发现，当年的小学生的纳税忠诚度在 80% 以上，而大学生的纳税忠诚度只有 20% 至 30% 。由此得出结论，税收教育和税法知识普及一定要从小开始。这就像把纳税意识植入一个人的血液一样，从小培养纳税意识，融入世界观、价值观中，等长大再培养世界观和价值观有很大难度。

心理学家告诉我们，孩子们心性纯洁，具有可塑性，教师因势利导，对培养、启发学生的学习兴趣和坚持真理的信念有促进作用。税法教育纳入中小学教学，可激发学生学习税法的积极性，引起学生对税收事业的关注。通过系统学习税收知识，学生心灵深处会打上深深的税收知识烙印，“纳税光荣”的观念将伴随终生，一旦他们长大成人，成为各行各业的企业家、经营者时，合法经营、依法纳税将成为他们的行为规范。

心理学家还告诉我们，青少年的健康心理会使家长及其他成年人在欣慰中得到鼓舞和启迪，在孩子面前成年人对不健康心理往往会感到羞愧。孩子在学校学习税法，回家后向家人宣传税法，共同探讨与税法有关的作业题和税收知识试题，教学相长，不知不觉中令家人在税法知识的海洋中遨游，陶冶全家人的道德情操，使“纳税光荣”观念不断在千家万户中生根、发芽。孩子们懂得税的本质后，会对家人的纳税行为进行监督，对偷

漏税行为促其改正；家人们也往往会乐于接受孩子们的善意规劝。

（七）历史学基础：源远流长的税收史是青少年了解历史的重要素材

税收是人类社会发展到一定阶段的产物，它伴随着国家的产生而产生。我国从夏代开始就有了税收的雏形。我国税收起源于原始社会晚期向奴隶社会的变革时期，形成于奴隶社会晚期向封建社会的变革时期。税收由不完全形态到完全形态，其发展演变经历了 1 600 多年的漫长过程。

1949 年后，我国建立了现代意义上的财政税收体系，并且经历了近 70 年的不断改革与发展，我国的税收体制有了很大的变化。2018 年，作为税收领域的重大变革，国税地税的合并也彰显了改革的力量。作为新时代的青年，学习税法不应该仅仅学习税法的相关规定，也应当结合时代背景，从历史的角度，深刻理解我国税收法制与征管体制的变革，从而更好地理解时代的发展，服务于祖国的建设与社会的进步。

三、我国青少年税法教育的实践案例

为进一步加强青少年学生税法宣传教育，促进青少年学生从小树立税收法治观念，增强青少年对税收取之于民、用之于民的感性认识，我国各地进行了形式多样、内容丰富的税法教育实践。通过对青少年学生进行有步骤、有层次、有特色的宣传教育，一定程度上有助于在全社会形成倡导依法治税和诚信纳税的良好氛围，同时也有益于对青少年税法宣传教育的长效机制进行探索。

（一）“互联网 +”下的青少年税法教育

2017 年 8 月 11 日，在国家税务总局的指导下，青少年税法学堂网站正式上线。该网站以让全国大中小学生学习税法知识、树立正确的纳税观念为宗旨，通过网络普及推广优质税法教育资源，利用教育部全国青少年普法网、网络普法活动、青少年普法刊物等载体，采取制作税收知识视频、绘制解读税收漫画和组织征文活动等方式，进一步扩大了税法普及教育的覆盖面和参与度。青少年税法学堂的开通，是税务、教育部门积极利用网络平台进行税法宣传的重要举措。该网站分为“税收资讯”“税法在课堂”“税法趣味角”等板块，将定期发布税收专题知识供全国学校在线学习。网站以青少年认知特点、理解能力和兴趣偏好为导向，采取多种形式普及税法知识。青少年税法学堂设计科学、形式合理，与学校课堂教学以及其他线下税法教育活动相结合，能有效提升青少年的税收法治意识和税收法律素质。

（二）税法教材助力青少年税法教育

中央财经大学税收教育研究所与国家税收法律研究基地共同组织编写了《青少年税法知识读本系列丛书》，并向税务系统、高校、科研机构、工商企业、中小学、幼儿园等单位赠送。丛书旨在通过生动活泼的故事和多样性的形式，将税法知识渗透到学龄前儿童、小学、初中、高中和大学的实践教学或活动中，使青少年学生在丰富多彩的税法宣传教育活动中潜移默化地接受税法知识，使尊崇税法、学习税法、运用税法成为青少年学生的共同追求和自觉行动。丛书以学龄前儿童、九年制义务教育和高中生、大学生高考择学和社会择业应知应会的税收知识为切入点，以学龄前儿童、小学生、初中生、高中生和大学生不同年龄段的心理特点和接受能力为依据，以青少年认知特点、理解能力和喜闻乐见的方式为导向，通过实践式、体验式、参与式教育，把社会实践活动和寓教于乐的多层次、多形式的趣味性活动结合起来，让青少年税法宣传教育活动更给力、更有效。可以说，丛书是一次理念上的转变，是一次思维的创新，是一次在互联网背景下从广度和深度上对青少年进行税法宣传教育的有益探索和拓展。

广东汕头东厦中学的互动式税法校本课程已嵌入日常教学，税校联合编写《税收知识精编通俗读本》《国税知识一点通》等校本教材，税务骨干定期进校授课，保证初一、高一年级新生入学第一学期有不少于4课时的税法学习。课外同步举办税法大讲堂、税收主题知识竞赛、“税务杯”微话创作、手抄报、税宣标语和书签设计等活动，形成生动有趣的税收“第二课堂”，已有逾5万名学生接受税法基础教育。在建立税法知识体系的基础上，学校固定于每周三、五下午开设研究性学习课程，学生在教师的指导下自主选择调研选题，对税收类选题则由税务干部担任课题辅导员，从选题角度、政策规定等关键环节给予专业性指导，并根据选题需要提供社会实践平台。近年来，对税收话题的研究越来越活跃，税收类选题占比从2007年的54%上升到2018年的70%，超过600名学生参与，发放调查问卷1.5万余份，先后形成了《中学生探究“营改增”税务改革与企业发展的关系》《探寻中学生税收宣教的有效途径及实施》等10多项研究成果。其中，《中学生探究“营改增”税务改革与企业发展的关系》在汕头金平区第11届青少年科技创新大赛中获二等奖。

（三）各地丰富多彩的“税法进校园”实践活动

1. 北京密云地税：多年深耕青少年税校

北京市密云区地方税务局积极探索将税收法治教育纳入国民教育体系的有效路径，于2005年与区教委、区内第一小学合作创办北京市首家少年税校——密云少年税校。税校以学校课堂教育为主要渠道，以社会实践为重要内容，由税务干部和学校教师共同担任“税法讲师”，开展智能互动、寓教于乐的税法普及教育。历经13载，少年税校已累计开课6 800余节，覆盖5 000余名学生，在密云全区40所小学全面推广。在积累了大量教学实践的基础上，少年税校将进一步拓宽教育平台，整合多部门及社会的法治教育资源，逐步凝聚国税、司法、教育、博物馆、志愿服务等多方力量，形成政府部门、学校、社会和家庭协调配合的青少年税收法治教育新格局。

2. 河北国地税：“我身边的税收故事”主题征文活动

为帮助青少年学生走近税收、了解税收，河北税务系统针对不同年龄段学生特点，结合学习生活实际，因材施教，通过动漫视频、互动提问、开辟黑板报税收知识小园地等多种形式，激发学生们学习税法的热情，用寓教于乐的方式让孩子们从小树立起税收法治观念。2018年3月，秦皇岛市国税局、地税局、司法局、教育局、法宣办五家单位联合举办了“我身边的税收故事”主题征文活动，共征集作品380余件，评选出57位获奖学生。4月18日，五家单位共同走进秦皇岛市第一中学，开展“我身边的税收故事”征文颁奖暨“税收普法进校园”活动。

3. 重庆国税：“当一天税官”换位体验

重庆市国税局在2018年税收宣传月积极开展青少年税收法治宣传教育大课堂专题活动。通过“当一天税官”换位体验、生动活泼的税收动漫、通俗易懂的税收知识课堂、“我眼中的税收”主题绘画等活动，让学生感知税收、体验税事。同时，与部分高校签订税收普法宣传战略合作备忘录，邀请教师代表、学生代表参观重庆税务税收陈列馆、12366纳税服务中心和邮政寄递处理中心等，税务人员还走进大学校园，重点宣传小微企业和大学生创业等税收优惠政策，帮助大学生了解、运用税法。重庆的小学六年级数学教材收录了税率问题，要求学生了解纳税和税率的含义，并能简单计算，部分学校也将税率、税额计算纳入试题范围。为帮助孩子们感知税理税事，理解依法纳税的内涵，重庆市国税局、地税局联合在南岸区珊瑚小学开设了税收课堂，集中教授相关知识。

4. 广西桂林高新区国地税："五位一体"税收宣传进校园

在2018年第27个税收宣传月来临之际，桂林高新区国税局与地税局在桂林理工大学"税企e+助创基地"联合举办了一场集文艺演出、税收政策宣讲、税收扶持"双创"动漫短剧、知识抢答和税收倡议"五位一体"的税收宣传活动。"税企e+助创基地"于2016年4月由桂林市高新区国税局、桂林高新（七星）区地税局和桂林理工大学三方共同创建，成立3年来，桂林高新区国地税不断探索和更新支持大学生企业发展的服务措施，进一步简化审批流程，优化办税服务，优化大学生创新创业纳税环境，激发大学生创新创业活力。由国地税业务骨干组成的讲师团还定期到校对大学生进行创业税收知识辅导，接受大学生关于税收知识和政策的咨询，实现税收宣传常态化。此次"五位一体"的税收宣传活动，精心编排了舞蹈、朗诵、独唱、税收政策的宣讲、税收扶持"双创"动漫短剧、知识抢答和税收倡议等环节，在轻松的氛围下将最新的企业所得税、个人所得税及增值税等最新税收政策传达给参与活动的企业与在校师生。在活动现场还设立了税收宣传资料发放处，向过往的群众发放了税收宣传资料以及手提袋等税收宣传用品。同时，为了给企业搭建更方便、更快捷的融资平台，在此次活动中还邀请了建设银行桂林高新支行参与其中，让参与活动的企业与在校师生进一步认识到纳税信用与企业金融支持的密切关系，有效诠释了"优化税收营商环境，助力经济高质量发展"的真正内涵。

5. 新疆昌吉国地税："皮影"文化进校园，税收宣传入童心

昌吉回族自治州国税局和地税局走进昌吉州第一中学开展税法进校园系列活动，通过皮影戏演绎税收知识，将税宣"春风"吹进校园生活。"锵锵锵，俺！林中之王老虎是也，凭借自己的诚信经营，被税务机关列为A级信用等级纳税人，不仅享受'绿色通道'快捷办税，还能获得'税银互动'专项贷款……"此时，学生们正目不转睛地盯着皮影戏舞台，精彩的故事情节与生动的角色造型，赢得了在场观众阵阵掌声。为了将税收进校园活动办得更加新颖，两局邀请新疆非物质文化传承人朱新贵及其团队，将税收故事融入皮影戏当中，现场为在校师生表演了原创皮影戏《动物园税事》，让师生在学习税收知识的同时充分感受中华传统文化的力量，获得了全场一致好评。一直以来，昌吉州国、地税高度重视青少年税收宣传教育，把税收知识教育方式从以往传统的定期开展税收讲座演变发展为现在的"税收义务辅导员"实时为学生解答税收问题，真正实现了全天候零距离交流。为了让青少年近距离接触税收、了解税收，昌吉州国、地税携手昌吉州第一中学共同举办了"昌吉州青少年税收普法教育基地"揭牌

仪式，为青少年学习税收知识、开展普法教育提供了更为广阔的平台。普法教育基地建成后，税务部门将与校方共同开展丰富多彩的常态化税收宣传活动，引导青少年了解和掌握税收知识。

6. 江西景德镇：全国首个“同心服务团班”在景德镇市少年税校成立

2018 年 6 月 1 日，江西省税协景德镇市服务部和江西同心税务师服务团景德镇市分团在梨树园小学“景德镇市少年税校”资源协助下，在梨树园小学四（6）班举办了景德镇“同心服务团班”成立仪式暨“六一”儿童节联欢会。

据了解，成立“同心服务团班”在全国尚属创举，它的成立让更多人知道同心服务团、了解同心服务团，让税法宣传从娃娃抓起，通过“小手拉大手”，孩子们传递诚信纳税的理念，让小小纳税人知法、懂法、守法，达到“教育学生、带动家庭、辐射社会”的社会效果。

江西同心税务师服务团景德镇市分团自 2017 年 8 月成立以来，践行“同心”思想，制定年度工作计划，热心投身公益事业，努力为景德镇税收服务、为纳税人服务，充分发挥税务师行业在构建和谐税收征纳关系中的专业优势，使得同心服务团能够走在全省前列，在全国具有一定影响力。

四、我国青少年税法教育存在的主要问题

（一）青少年税法教育的理论与实践存在脱节现象

理论和实践是辩证统一的，其中包含着三重内容：首先，实践是理论的基础，即实践对理论具有决定作用；其次，理论对实践有反作用，科学的理论对实践具有积极的指导作用，错误的理论则有阻碍作用；最后，理论和实践是相辅相成、缺一不可的，不能任意割裂两者的辩证关系，孤立地强调一个方面。但是当前我国青少年税法教育领域的理论与实践存在着脱节现象。从理论上而言，青少年税法教育与一般的税法教育最突出的不同就是对象的特殊性。青少年作为税法教育对象有其独特性，具体表现在两个方面：第一，青少年和成年人在心理上具有不同的特点，其接受能力、选择偏好以及行为方式都与成年人显著不同，因此应当采取与一般税法宣传不同的教育方式；第二，青少年内部各个不同年龄段也呈现出各自不同的特点，从幼儿到大学生，年龄跨度很大，因而也应当对不同年龄的受众采取不同的教育方法与手段。虽然各地针对青少年进行了丰富多彩的实践，但是我们仍应看到，部分实践完全遵照理论的指导，忽视了青少年本身具有的特点，造成了实践与理论脱节的问题，最终影响了青少年税法

教育的效果。

（二）青少年税法教育的顶层设计有待加强

青少年税收法治教育应该是自上而下推广，在全国范围内开展，根据教育实践中的问题和效果，不断改进。目前，青少年税收法治教育缺少顶层设计，缺乏全国性与长期性计划，缺乏教育部门、法治部门与税务部门的协调合作机制；教育形式主要为各个地区尝试性开展的中小学税收法治教育，开展的范围、形式、内容不一，教育水平与效果参差不齐。

（三）青少年税法教育未充分考虑不同年龄段的特点

青少年税收法治意识的形成和巩固是一个长期、动态的过程，需要根据各个年龄阶段的特点，分阶段开展教育。目前，有的地区将青少年税收法治教育集中在小学阶段，有的地区则集中在中学阶段，尚未形成覆盖青少年成长各个阶段的教育体系。而且青少年处于快速成长时期，高、中、低年级学生呈现出不同的特点。能否根据青少年在不同年龄阶段的认知能力、学习水平、接受形式等，准确设置不同内容、不同形式的税收法治教育课程，直接影响教育效果。

（四）青少年税法教育与现有课程教育融合存在难度

青少年税法教育存在课时少、师资缺、教材不健全的困难。如何将青少年税收法治教育加入学生课程，在不影响学生正常的课程安排、不增加学生课业负担的同时保证学习效果，需要综合调研、妥善处理。开展税收法治教育，还需要有懂得税收知识的老师和专业的教材，培养师资队伍和编订教材工作需要借助教育、法治、税务等多个部门的力量，存在一定挑战性。

（五）青少年税法教育教材内容存在“少、浅、空、错”的问题

一是涉税内容明显偏少，与税收在国家治理中所处的重要地位明显不符。在人民教育出版社的思想政治课初、高中教材，唯有高中教材的第三单元第八课“财政与税收”一章涉及税法教育的内容，而且仅有“征税与纳税”一节。二是内容浅显，缺乏科学的学理基础。现行初高中思想政治课仅仅将税收的一些最为浅显和基本的知识纳入了税法教育系统，而且只是罗列了一些当下正在开征的税种和政策，并未吸纳当代税收理论研究的最新成果。三是内容偏“空”，抽象性、概括性概念多，缺少与青少年生

活、阅历关系密切的具体税法教育内容。四是教材中的涉税知识陈旧滞后，2009 年就已经淘汰的“偷税罪”（被“逃避缴纳税款罪”代替）概念，至今依然出现在部分教材中。而且当下中学教材中涉税知识片面地强调了征税一方的权利，而忽视了纳税一方的权利；淡化了征税一方的义务，而夸大了纳税一方的义务。

五、青少年税法教育的国际经验

（一）美国

美国对于青少年具有较为完善的税收宣传教育体系，整个教育计划分为三个税收宣传教育课程。第一个为初中教育阶段，对于中学八年级的税收教学计划，安排在学生历史课程中，这被称为“美国的税收史”；第二个为高中教育阶段，设置“理解税收”教学计划，旨在让学生了解简单的纳税申报程序，讲述美国税制与政治、经济制度变迁的关系和历史等，这一计划安排在多种课程的教学当中，如政治学、经济学、社会学等课程中；第三个是针对毕业生的税收教育课程，被称为“你和税收”，旨在让学生了解税收的作用，引导学生树立自觉履行纳税义务的意识，并学习掌握纳税申报的具体过程和填写方式，为步入社会并成为具有纳税意识的公民打好基础。

此外，美国政府还帮助民间设立较多的免费报税志愿者组织，这些组织招募大量的社会志愿者参与，其中就包括了众多的在校大学生，他们通过考试取得相应资格后，帮助低收入者办理个人所得税的申报和退税，间接形成了一个庞大的税收教育宣传网络。

（二）法国

法国是经济发达国家之一，公民依法纳税的意识普遍较高，这与法国对青少年开展的税收教育是分不开的。法国在中小学阶段就开设了税务教育课程，并有统一的教材和教学计划。为了使税务教育与税收宣传联系得更紧密，在法国税务总局税收宣传信息处专门设有一个“税务教育指导委员会”。这是一个双重领导的机构，不仅接受法国税务总局的领导，也接受法国教育部的领导。该委员会由教育界和税收界的知名人士所组成，负责研究税务教育的发展方向，规划教学课程，指导教学大纲和教材的编写。除了中小学税务教育外，其他形式的税务教育与税收宣传的联系也颇为紧密，如为培训中小学税务教育课教师而开办的税务教育培训班。

（三）日本

日本非常重视对未来纳税人的宣传教育，税收宣传受众呈现低龄化特征，对中小学生积极开展税收宣传教育。日本国家、地方公共团体和有关教育部门组成了“租税知识教育促进协会”，从而健全了有关税收教育的基础。此外，还根据文部省的教学大纲，编写了《我们的生活和税收》等辅助教材分发给中小学生。为了增强税收教育效果，国税厅还编制了《你好！税收》等面向儿童的录音、录像教材，根据小学到高中各个年级的不同层次进行有关税收知识的教育。

六、对策及建议

（一）实现青少年税法教育理论与实践的对接

青少年税法教育要想达到理想中的效果，必须重视理论与实践的对接，让理论指导实践落地，将实践经验上升为理论成果。为此需要下功夫、花力气实现青少年税法教育理论与实践的对接，可以从以下三个方面入手：首先，应当注重夯实理论基础，集思广益进行理论创新。青少年税法教育是法学、经济学、教育学等各个学科兼容并蓄、共同发展的交叉领域，是一片具有理论创新价值的热土。因此，应当着力研究青少年税法教育的理论基础，从各个不同学科的角度出发，相向而行，汇聚各个学科的力量，共同助力我国青少年税法教育事业的发展。同时，还应当大力进行理论创新，用前沿的科学的理论，指导我国青少年税法教育的发展。其次，在实践过程中，应当遵循科学的理论指导，不能想当然地盲目实践。在面对青少年这一特殊群体时，应当时刻充分地考虑到其心理、行为、思维的特殊性，运用科学合理的教育教学方法，顺势而为，以达到税法教育的目的。最后，还应当注重实践过程中经验教训的总结，成功的经验要总结推广，失败的教训要反思溯源，利用科学合理的方式，将实践过程中的经验转化为理论，进一步指导未来的青少年税法教育工作。

（二）实现青少年税法教育理念的转变

首先，应当建立“要我学”到“我要学”的理念。对学龄前儿童、九年制义务教育的小学生、初中生因势利导，利用过程体验式、探究启发式教育活动，激发孩子们探究问题和学习知识的热情。

其次，应当建立“渐进性教育”和“长期性教育”的理念。对高中生、大学生的税法教育由浅入深、循序渐进，从税收常识着手、以树立纳税意识为主，培养学生的关注意识、学习意识和遵从意识，提高学习兴趣，进而树立一个长期受熏陶和终身受教育的理念。

最后，应当建立“学了什么”到“学会什么”的理念。无论是对学龄前儿童、九年制义务教育的小学生、初中生，还是高中生、大学生的税法宣传教育，不应仅仅停留在学习税收法律、法规知识层面上，更重要的是着眼于意识培养，无论在高考择校或者大学选专业乃至选择人生目标上，都对税收有一个基本的认知。

（三）完善青少年税法教育系统规划，强化顶层设计

建议国家税务总局建立专门的青少年税法教育指导委员会，统筹领导青少年税法教育工作，并将司法部门纳入指导委员会的合作单位，发挥其法治宣传教育经验与优势，指导制定青少年系统学习税收知识方案，提高全社会对税收宣传教育的关注度，以建立健全青少年税收宣传教育常态化机制。同时，建议由税务专家、法学专家与教育专家联手，从《青少年法治教育大纲》层面明确青少年税收法治教育的目标及评价体系，确保教育成果。一定要跳出“教育、中国、当下”三个意识的束缚，从国家、未来、世界以及历史发展的角度去思考青少年税法教育的目标，并从青少年的行为心理规律出发，设定科学的多层次的青少年税法教育体系。

（四）建立适应青少年不同年龄特点的税收法治教育体系

税法教育不仅要抓早，而且要适时抓巧，根据少年儿童和青少年不同发展阶段的特点循序渐进，将知识性、趣味性和可接受性相结合。在学龄前和小学阶段，重点是税法启蒙教育，让学生初步认识和了解税法；在初中阶段，引导学生了解税法常识；在高中阶段推动税法知识教育，让学生了解税法的性质与功能；在高等教育阶段，针对普通专业大学生，重点推动税法制度教育，让学生掌握税法制度体系，能将税法运用到自身学习、工作、生活中。

税法教育还要从细处着手，春风化雨。少年儿童和青少年是人生最为重要的时期，是树立人生观、世界观和价值观的重要阶段，面向少年儿童和青少年的税法教育要适应少年儿童和青少年的年龄特点，从更加细微的方面着手，从他们学习生活的具体场景出发，寓教于乐，生动活泼，用循循善诱的方式，用春风化雨的讲述，将诚信品格与纳税遵从相融合，将道德修养与法治意识相统一。

税法教育还要从方法突破，创新创优。中共中央办公厅、国务院办公厅联合印发的《深化国税、地税征管体制改革方案》进一步指出，要把税法纳入国民教育体系，加强对青少年的税法宣传教育。这意味着税法教育要“进学校”，但税法教育不同于一般的知识教育，和国家建设、城市发展和家庭生活紧密相关。因此，税法教育要创新方式，通过多媒体、互联网、漫画、动画、读本等多种新媒介体现，深化税法教育的实际效果。

（五）青少年税法教育教材内容要与时俱进

要尽快改变青少年税法教育教材内容存在的“少、浅、空、错”的问题。一是要增加青少年税法教育内容，凸显税收在国家治理系统中的基础和重要支柱地位。二是要引进最新的税收研究成果，更新陈旧的税法教育内容，丰富现代税收学知识。三是要尽快淘汰严重滞后的涉税知识。即要增加纳税人权利保障方面的内容，以及追求征纳双方之间权利与义务平等分配的税法教育内容；既要强调税法权威与强制的一面，也要增添税法合意性、公正性方面的内容，还要引导青少年对征税权力合法性问题的思考，培养他们的公民意识。同时，在中学思想政治课教材税法教育内容方面，要探索和倡导开放性教育及教学的新形式，培养青少年做一个合格公民的税法意识。

（六）加强青少年税收普法教育人才队伍建设

建议在全国范围内打造强有力的税法讲师队伍，配备专职或兼职法治教育课程教师，推进青少年税法教育专业化、常态化发展；司法部门、税务部门、教育部门共同建立税收法治课教师培训基地，制定面向教师的教育培训计划，做好税收法治课教师的日常培训及专项培训。调动社会力量共同参与青少年税收法治教育，引导法学专家、教育专家、税务干部及社会志愿者加入青少年税法宣传教育工作中，组建“普法顾问团”“税校讲师团”“税法课外辅导员团队”，完善课程设置与活动形式，提高税收普法教育水平。

参考文献：

[1] 习近平．习近平谈治国理政［M］．北京：外文出版社，2014.

[2] 李俊生．中国税务教育发展报告（1949—2012）［M］．北京：中国财政经济出版社，2013.

[3] 李俊生．中国税务教育发展报告（2013—2014）［M］．北京：中国财政经济出版社，2015.

[4] 李俊生．中国税务教育发展报告（2015—2016）［M］．北京：中国税务出版社，2017.
[5] 滕娟．税法教育“从娃娃抓起”，青少年税法知识读本闪亮税宣月［N］．财会信报，2018－04－16（A06）.
[6] 栾岩．青少年网络税法教育需要群策群力［N］．财会信报，2017－08－21（A02）.
[7] 姜学东，冷文娟，邹红娇，赵志威．税收法治教育应从青少年抓起［J］．中国税务，2017（11）：63－64.
[8] 刘映春，李正．青少年的纳税人权利意识培养［J］．中国青年社会科学，2016，35（02）：136－140.
[9] 陈少英．论中国青少年税收法治教育的目标——税收法治的积极推动者抑或被动接受者［J］．中国青年社会科学，2016，35（02）：122－128.

四、税制改革

1　国际税收竞争力指数（ITCI）与我国个人所得税改革的契合思考

刘　洋

【摘要】本文基于对我国“一带一路”倡议内涵的理解，分析我国现阶段对“一带一路”沿线国家（地区）投资占比、全球强劲复苏的FDI增幅中占比“两偏低”的现实。未来相当长的时期内OECD国家将是我国FDI主要来源国，在世界主要国家税制趋同与新一轮减税浪潮开启之际，本文以影响资本与人力资源的国际税收竞争力的个人所得税为研究对象。对标国际税收竞争力指数（ITCI），我国现行个人所得税制度存在免征额长期低位徘徊、无指数化机制、与实际负税能力脱节的“一刀切”税率、资本性所得调节盲区和不同类型所得的歧视性规定等问题。为了应对国际税收竞争力的挑战，我国需要基于ITCI视角审视我国个人所得税税制改革的契合度问题，并提出积极确立分类与综合相结合的个人所得税制、规范并减少工资薪金个税级距、降低最高边际税率、消除歧视性税率规定、免征额指数化、增加若干专项扣除项目等政策建议。

【关键词】国际税收竞争力指数　个人所得税　税制改革

【作者简介】刘洋，上海海关学院副教授，硕士生导师

一、引言

2016年，我国境内投资者全年共对全球164个国家和地区的7 961家境外企业进行了非金融类直接投资，累计实现投资11 299.2亿元人民币（折合1 701.1亿美元，同比增长44.1%）；其中，我国企业对“一

带一路”沿线国家（以非 OECD 国家为主）直接投资 145.3 亿美元，占全部对外投资的 8.5%。2016 年全年，我国实际使用外资金额 8 132.2 亿元人民币（未含银行、证券、保险领域数据），同比增长 4.1%，主要投资来源国以美国、欧盟、日韩等 OECD 国家为主。2015 年外商直接投资（FDI）强劲复苏，全球 FDI 流量跃升了 38%，达到了 1.76 万亿美元，为 2008—2009 年全球金融危机以来的最高水平。其中，亚洲发展中国家 FDI 流入量已超过 5 000 亿美元，依旧是全球最大的 FDI 接受地，大部分 FDI 流入了收入水平相对较高、规模较大的经济体，接受 FDI 最多的四个国家（地区）是：中国香港、中国、新加坡和印度。但是国别数据显示，在全球资本流入规模同比增速达 36.5% 的背景下，我国实际使用外资增长仅 5.61%①；服务业吸收的 FDI 占比已达到 61% 的新纪录，而制造业吸收的 FDI 占比则跌至 31%。“这不仅反映了全球资本流动向发达经济体偏移，也反映出中国吸引外资面临着巨大外部压力，亟待通过进一步改革开放有所突破。”②

与此同时，世界各国的税收制度呈现出一定程度的趋同化倾向，其中最典型的表现就是减税措施。从 21 世纪初开始，世界各国都在不同程度上对税制进行了改革，实行降税政策。到 2013 年止，OECD 成员国的所得税的平均税率降低了 12.2 个百分点，以争取在国际税收竞争中的主动权。根据 OECD 的报告，其成员国的边际企业所得税税率和个人所得税税率都已经明显下降。2017 年 4 月 26 日，美国正式公布了自 1986 年以来力度最大的减税计划，计划将美国企业所得税税率从 35% 降至 15%，对于美国公司在海外利润提取回美国进行一次性征税，个人所得税级数由七级降至三级，税率由高到低分别是 35%、25%、10%，向有孩子和家属照顾支出的家庭提供税务减免，废除遗产税等。可以预见的是，美国特朗普减税举措将引发新一轮全球减税浪潮。当前，我国正面临着由引入外资向逐步增加对外投资转变，在国际税收竞争驱动资本、技术等流动性生产要素从高税国流向低税国的趋势下，从微观上需要及时评估各税种对个人、企业的影响，从宏观上要认真研究国内企业对外投资活动和国外企业在华投资活动两个层面的税制改革与国际税收竞争力的契合问题。

---

① 资料来源：郭桂霞，李丽，等．中国外商投资发展报告（2016）[M]．北京：对外经济贸易大学出版社，2016.

② 资料来源：郭桂霞，李丽，等．中国外商投资发展报告（2016）[M]．北京：对外经济贸易大学出版社，2016.

二、国际税收竞争力指数的个人所得税一翼及影响因素

国际税收竞争是指在要素跨国界流动的条件下，一国（地区）的税收政策客观上对他国（地区）税基的外部性，以及各国（地区）主动运用差异性税收政策来吸引流动性要素的行为。由于国际税收竞争将驱动资本、技术等流动性生产要素从高税国流向低税国，在全球竞争中，税制是一国竞争力的重要方面。国际税收竞争争夺的主要对象就是资本和高科技人才，相应地，各国竞争的税种主要是公司税和个人所得税。低税负对想实现自我价值追求和经济追求的人才（特别是高科技人才）具有巨大的吸引力，当一国税制损害自身的利益时，他们可能会毫不犹豫地转向另外一个他们满意的国家。

“国际税收竞争力指数”（International Tax Competitiveness Index，ITCI）是美国税务基金会（Tax Foundation of USA）[①] 自2014年以来公开发布的国际税收领域新指标。“国际税收竞争力指数”（ITCI）由企业所得税、个人所得税、消费税、财产税与海外所得税5个税务指标构成。该指数衡量该国税收政策竞争力高下，税制结构是否符合中性原则，以及税制环境是否适宜投资与商业发展。通过对比、了解发达国家的税制模式判断标准，提供了在税制趋同背景下，我国未来税制改革择优的参考标准，并对税收政策设计提供了重要的参考。目前，大多数国家都是从个人所得税税（工资税）和增值税这种宽税基的税种中获取大量的财政收入。构成国际税收竞争力指数的个人所得税一翼的主要影响因素包括资本利得、收入、复杂性等。

三、基于国际税收竞争力指数分析框架下对我国个人所得税现状的思考

（一）我国个人所得税的宏观税负水平现状

我国个人所得税是以自然人所得为课税对象的一种所得税，主要针对个人的工资薪金、提供应税劳务或者服务、出租房屋、稿酬、偶然所得等进行课税。其中，对工资薪金、提供劳务或者服务是按累进税率征收，其他收入按照固定税率征收，有特殊规定的除外。

---

① 该研究会是一家成立于1937年的非党派、非营利组织，也是美国主要智库之一。该组织的税务研究及计划对美国联邦及州政府税收政策有极大的影响力，其发布的研究报告及数据也常被媒体、政府官员所引用。

表 1　2001—2015 年我国个人所得税的税负水平

年份	国内生产总值（B）（亿元）	各项税收（C）（亿元）	个人所得税（A）（亿元）	税负水平（A/C）（%）	税负水平（A/B）（%）
2015	689 052. 1	124 922. 20	8 617. 27	6. 90	1. 25
2014	643 974. 0	119 175. 31	7 376. 61	6. 19	1. 15
2013	595 244. 4	110 530. 70	6 531. 53	5. 91	1. 10
2012	540 367. 4	100 614. 28	5 820. 28	5. 78	1. 08
2011	489 300. 6	89 738. 39	6 054. 11	6. 75	1. 24
2010	413 030. 3	73 210. 79	4 837. 27	6. 61	1. 17
2009	349 081. 4	59 521. 59	3 949. 35	6. 64	1. 13
2008	319 515. 5	54 223. 79	3 722. 31	6. 86	1. 16
2007	270 232. 3	45 621. 97	3 185. 58	6. 98	1. 18
2006	219 438. 5	34 804. 35	2 453. 71	7. 05	1. 12
2005	187 318. 9	28 778. 54	2 094. 91	7. 28	1. 12
2004	161 840. 2	24 165. 68	1 737. 06	7. 19	1. 07
2003	137 422. 0	20 017. 31	1 418. 03	7. 08	1. 03
2002	121 717. 4	17 636. 45	1 211. 78	6. 87	1. 00
2001	110 863. 1	15 301. 38	995. 26	6. 50	0. 90

资料来源：中华人民共和国国家统计局网站，《中国统计年鉴》（2016）。

我国个人所得税占我国国内生产总值（GDP）的比例很小，在 1% ~ 1. 3%之间。从 2001 年开始，我国个人所得税占国内生产总值的比例呈现逐年递增的趋势，从 2001 年的 0. 9% 增至 2015 年的 1. 25% 。虽然增幅不大，但由于我国的 GDP 总值比较大，再加上我国的税制不够完善，收入高的人可能实际反而缴纳更少的税，造成中低收入者个人所得税负担加大。

个人所得税占各项税收收入的比例也不大，主要在 5% ~7% 。我国主要的税收收入并不是依赖于个人所得税，而是依赖增值税和企业所得税。我国个人所得税占税收收入的比重从 2001 年的 6. 50% 增加到 2005 年的 7. 28% ，2010 年减至 6. 61% ，2015 年底增加到 6. 90% 。同 2001 年相比，我国个人所得税的税收总额增加，占比加重，人们的税收负担增加了。目前，我国个人所得税的主要来源是工资薪金所得，个人所得税税收负担的加重使得他们的可支配收入减少，生活水平降低。

（二）我国个人所得税税率与累进程度

我国个人所得税税率是七级超额累进，免征额为 3 500 元，最高的边际税率为 45%，第二级超过 1 500 元至 4 500 元的部分（含税）的税率为 10%，而第三级超过 4 500 元至 9 000 元的部分（含税）的税率就变成了 20%，第四级超过 9 000 元至 35 000 元的部分（含税）却是 25% 的税率。这三个级距的差距对于收入超过 4 500 元的纳税人极为不公平，因为随着经济增长，即使收入超过起征点 4 500 元的纳税人也属于中低收入者，他们的收入有多方面的支出，同时个人工资薪金也要按月缴纳“五险一金”等费用，如果在北京、上海、广州等一线城市，这一部分收入也仅仅够维持生活。从 10% 的税率增至 20% 的税率是一个极大的跨越，累进程度太高，增加了中低收入者的个人所得税税收负担，既不利于中国的税制发展，也不利于实现扩大中产群体的目标。

我国没有资本利得税，对股息、利息、红利等按收入全额征 20% 的个人所得税，针对持有期在 1 年以上的股息红利有免税的税收优惠，一般不能税前扣除费用，从税率上看具有较强的税收竞争力。但是，我国的股息是“先税后分”，属于同一税基的二次征税，这样我国对股息征税的总的税率实际上是 45%。高的股息税会增加资金成本，减少投资，减缓经济增长速度；低的股息税会使人们在储蓄和消费之间做出更加中性的选择，使得对股息征税不具有原来的税收竞争力。

目前，我国个人所得税主要贡献者的工薪所得个税最高 45% 税率与资本所得 20% 的税率实质上存在税率歧视，45% 的最高边际税率对于月收入 8 万元以上的高收入者来说会严重影响其工作积极性，尤其是对我国改革开放所需的国际高端人才引进构成极大障碍；而获得股息和红利收入的纳税人仅适用 20% 的税率，这两类群体在获得同等收入的情况下却缴纳不同的税负，不利于鼓励社会优秀智力群体的工作热情。

四、基于国际税收竞争力指数的 OECD 国家个人所得税制借鉴

（一）OECD 国家个人所得税宏观税负

由表 2 可知，1998—2014 年，OECD 国家平均的个人所得税宏观税负在一个相对比较平稳的范围内波动，变化不大。在亚洲比较有竞争力的国家中，日本个人所得税占 GDP 的比重从 1998 年开始有增加的趋势，2008 年之后就明显减小，2012 年之后个税的税负增加；韩国从 1998 年到 2014

年这一期间，个人所得税占GDP的比重不断加大，从1998年的5.9%，逐渐增加到2014年的7.2%，个人所得税的宏观税负明显增加；而同时期亚洲中非OECD国家的个人所得税占国内生产总值的比重都明显低于OECD国家的平均税负水平，其中，印度尼西亚的税负最低，2014年只占GDP的5.2%，比OECD国家均值的一半都低。

表2　个人所得税宏观税负国际比较　　单位:%

国家 \ 年份		1998	1999	2000	2001	2002	2003	2004	2005	2006	2007	2008	2009	2010	2011	2012	2013	2014
日本		8.9	8.3	9.3	9.0	7.9	7.7	8.3	9.2	9.9	10.4	9.6	8.0	8.3	8.6	9.1	9.9	10.2
韩国		5.9	4.9	6.2	5.8	5.6	6.3	6.1	6.6	7.0	7.9	7.6	6.8	6.6	7.3	7.4	7.1	7.2
OECD国家平均		11.8	11.7	12.0	11.7	11.4	11.2	11.3	11.7	12.0	12.2	11.8	10.9	10.8	11.0	11.2	11.4	11.5
非OECD国家	印度尼西亚	3.6	5.1	4.1	5.7	5.6	5.7	5.2	6.3	6.3	6.0	6.6	5.7	5.2	5.5	5.4	5.3	5.2
	马来西亚	10.2	8.5	7.7	11.5	11.1	9.8	9.8	9.4	9.9	9.9	10.3	10.6	9.1	10.8	11.5	11.2	10.9
	菲律宾	5.7	5.6	6.1	6.1	5.8	5.8	5.8	6.1	6.4	6.6	6.6	5.8	5.8	6.3	6.5	6.7	6.6
	新加坡	—	—	8.2	8.3	7.0	6.1	5.9	6.1	6.0	6.0	7.1	6.2	5.8	5.9	6.2	5.9	6.2

注：本表中的宏观税负是指个人所得税占GDP的比重。

资料来源：OECD官方网站。

（二）OECD国家工资薪金个人所得税税率及累进程度

从面上数据来看，OECD国家中个人所得税税率超过50%的国家共有8个，分别为瑞典、葡萄牙、日本、以色列、希腊、法国、丹麦、奥地利。从累计程度看，边际税率最高的瑞典将近57%，但适用于最高边际税率的收入是平均工资的1.5倍，可见瑞典的个人所得税税级差距并不大，累进程度并不是很高。在美国个人所得税税率统计口径包括地方政府征收的个人所得税时，最高边际税率超过了46%，比OECD平均的边际税率高5个百分点，并且适用于最高税率的个人所得税收入是平均工资的8.2倍，在34个OECD成员国里排名居中，累进程度合适；墨西哥的最高税率是35%，适用于最高边际税率的工资收入水平是平均工资的28.4倍，但是这一税率仅为我国的第六级税率（我国还存在第七级45%的税率）；边际税率最低的匈牙利，只有16%的固定税率，且不实行累进的所得税税率；爱沙尼亚的个人所得税最高税率为20%，并且级数差距倍数为0.1倍，相差不大，可近似地看成是20%左右的固定税率。

最高税率超过45%的OECD国家有20个，虽然与之相比我国45%的最高个人所得税税率处于中等水平，然而我国仅仅是对薪资征税，其他各种保险、公积金、“五险一金”等费用未算在内。此外，OECD国家高税率与其高福利挂钩，我国个人所得税税率既定情况下没有提供相称的高水平福利待遇。因此，和 OECD 国家总体相比，我国个人所得税税率即使位于中位数水平，其个人所得税一翼的税收竞争力仍显不足（见表3）。

表3　OECD 国家薪资个人所得税税率对比

国家	Top marginal tax rates		Top statutory personal income tax rates	
	Personal income tax（%）	Personal income tax & employee social security contributions（All - in rate）（%）	Top tax rates（%）	Threshold（expressed as a multiple of the average wage）（倍）
澳大利亚	49.0	49.0	49.0	2.2
奥地利	50.0	50.0	50.0	13.7
比利时	45.3	58.4	53.8	1.0
加拿大	49.5	49.5	49.5	4.3
智利	40.0	40.0	40.0	11.3
捷克	20.1	31.1	15.0	0.4
丹麦	55.8	55.8	55.8	1.2
爱沙尼亚	19.7	21.3	20.0	0.1
芬兰	49.1	57.5	51.6	2.2
法国	54.0	55.0	54.5	14.8
德国	47.5	47.5	47.5	5.5
希腊	50.0	50.0	50.0	25.2
匈牙利	16.0	34.5	16.0	0.0
冰岛	44.4	44.4	46.2	1.4
爱尔兰	47.0	51.0	47.0	1.0
以色列	50.0	50.0	50.0	5.9
意大利	48.8	48.8	50.1	9.8
日本	55.7	56.2	55.9	8.9
韩国	39.3	43.2	41.8	4.2
卢森堡	43.6	45.5	43.6	2.9
墨西哥	35.0	35.0	35.0	28.4
荷兰	49.2	52.1	52.0	1.2
新西兰	33.0	33.0	33.0	1.2

续表

国家	Top marginal tax rates		Top statutory personal income tax rates	
	Personal income tax （%）	Personal income tax & employee social security contributions （All - in rate）（%）	Top tax rates （%）	Threshold （expressed as a multiple of the average wage）（倍）
挪威	39.0	47.2	39.0	1.6
波兰	20.9	38.8	32.0	2.2
葡萄牙	50.3	61.3	56.5	16.3
斯洛伐克	21.7	35.1	25.0	3.8
斯洛文尼亚	39.0	61.1	50.0	5.3
西班牙	46.0	46.0	46.0	2.5
瑞典	57.0	57.0	57.0	1.5
瑞士	36.1	41.7	41.7	3.3
土耳其	35.8	35.8	35.8	3.8
英国	45.0	47.0	45.0	4.2
美国	46.3	48.6	46.3	8.2

资料来源：OECD 网站，OECD 统计数据（2015）。

（三）OECD 国家针对资本利得征税程度

按照国别分析，OECD 国家中共有 23 个国家资本利得税率大于 20%，有两个国家和我国一样为 20%。2015 年 OECD 国家的平均边际资本利得税税率是 16.6%，丹麦拥有最高的边际税率 42%，美国 28.7% 的边际资本利得税也处于一个较高的水平。有些国家对于资本利得税都征收一个比一般收入低的税率，以满足特殊政策需要。例如，美国的资本利得税可以在特定的情况下减少（当个人从公开发行和转让市场取得的上市公司股票持股期限超过 1 年的）。有一些国家也会添加附加条款，减轻资本利得收入的双重征税，如英国规定每年 10 900 英镑的免税额，加拿大则是减半征收。2015 年爱尔兰股息所得税率为 48%，2016 年 51%。

2016 年国际税收竞争力综合指数排名第一的爱沙尼亚对股息实行免个人所得税政策（斯洛伐克也免股息税），征收个人所得税时除股利以外，统一适用 20% 的税率；只对土地征收相应的财产税，对于不动产和资本豁免财产税；采用地域管辖权，境内企业的所有境外利润入境时均享受百分之百的免税权，且对于资本的流动几乎没有任何限制。另外，新西兰个人所得税的税收竞争力位居第一，对股息也征收6.94%的个人所得税。值得注意的是，在OECD国家中有8个国家对股息征收个人所得税的比例超过企业所得税，分别是英国、瑞典、斯洛文尼亚、韩国、爱尔兰、芬兰、丹麦、加拿大，其中丹麦的比例最高，个人所得税收入占对股息征税收入的59.83%（见表4）。

表4　2016年OECD国家股息所得税率对比

单位:%

国家	PIT rate on（grossed - up）dividend	Net personal tax	PIT/PIT + CIT
澳大利亚	49.00	27.12	38.76
奥地利	25.00	25.00	42.86
比利时	27.00	27.00	34.40
加拿大	53.53	39.34	51.93
智利	40.00	21.05	40.00
捷克	15.00	15.00	39.01
丹麦	42.00	42.00	59.83
爱沙尼亚	0.00	0.00	0.00
芬兰	34.00	28.90	53.62
法国	44.00	44.00	43.47
德国	26.38	26.38	37.90
希腊	10.00	10.00	19.67
匈牙利	15.00	15.00	39.01
冰岛	20.00	20.00	44.44
爱尔兰	51.00	51.00	78.12
以色列	32.00	32.00	48.98
意大利	26.00	26.00	40.67
日本	20.32	20.32	32.19
韩国	41.80	35.40	52.58
拉脱维亚	10.00	10.00	36.17
卢森堡	40.00	20.00	32.64
墨西哥	42.00	17.14	28.57
荷兰	25.00	25.00	42.86

续表

国家	PIT rate on（grossed－up）dividend	Net personal tax	PIT/PIT＋CIT
新西兰	33.00	6.94	15.15
挪威	28.75	28.75	46.31
波兰	19.00	19.00	44.75
葡萄牙	28.00	28.00	40.09
斯洛伐克	0.00	0.00	0.00
斯洛文尼亚	25.00	25.00	54.97
西班牙	23.00	23.00	40.83
瑞典	30.00	30.00	51.54
瑞士	21.14	21.14	44.07
土耳其	35.00	17.50	41.18
英国	37.50	30.56	55.00
美国	28.52	28.52	30.91

资料来源：OECD 官方网站，OECD 统计数据（2016）。

五、提高我国个人所得税制改革与国际税收竞争力指数（ITCI）契合度的思考

从国际税收竞争力指数考量方面来看，我国在未来一段时间内虽然会继续坚持“走出去”的对外投资格局，但是对我国这样的发展中大国而言，外资流入的来源依然主要是 OECD 国家。对标国际税收竞争力指数，我国需要解决免征额长期低位徘徊，不考虑纳税人实际负担能力的“一刀切”税率，股息、利息、红利比例税率调节盲区与双重征税并存，全社会信息化低水平和个人所得税征管技术先进性之间的脱节等重要问题与挑战。具体完善思考如下：

（1）积极创造条件推进分类与综合相结合的个人所得税制，最终实现综合的个人所得税。所谓的综合与分类相结合的个人所得税制，也称混合所得税制，是指对同一纳税人在一定时期内（一般为一年）的各种所得依其来源的不同分为若干个类别，分别适用不同的税率；在纳税年度末，再将本年度各种不同来源的所得综合起来，在法定宽免扣除后，按照累进税率计税，对于之前已缴纳的分类所得税税额可以从纳税年末应缴纳的综合所得税中扣除。

（2）进一步规范工资薪金个人所得税级距，降低最高边际税率。2011

年我国工薪个税由九级超额累进变为七级，取消了15%的税率档次，使得前3个级距的税率差不同，应纳税所得额超过4 500元的纳税人适用税率直接从10%上升至20%，这一部分中等收入者的税负大幅度增加，不利于中等收入阶层的形成。这实质上背离了国际减税浪潮中对于智力劳动要素提供者的鼓励。

（3）与时俱进刷新免征额，增加有利于人力资本可持续发展的专项扣除。目前3 500元的起征点已经将几乎全部工薪阶层纳入了个税调节群体，建议对于免征额采取指数化办法并随着经济的发展进行动态调整；此外，我国应加快与国际接轨，在个税改革中应考虑将家庭的教育费用、住房贷款利息、社保资金等列为专项扣除项目，以吸引国际一流人才和促进我国人力资本的可持续发展。

（4）消除现行税制中不同类型所得的歧视性税率，努力实现税制中性特征。目前，我国个人所得税主要贡献者的税率，工薪所得最高45%、资本所得20%、劳务报酬20%税率，不同收入类型之间存在税率歧视，对于具备高技术、高技能的创造型高收入劳动群体来说，会严重影响其工作积极性。建议结合我国实际及国际个人所得税改革趋势，减少我国个税级次，降低最高边际税率，减少税率差异造成的社会劳动与非劳动价值观扭曲现象，实现所得税中性。

参考文献：

[1] 郭桂霞，李丽，等．中国外商投资发展报告（2016）[M]．北京：对外经济贸易大学出版社，2016.

[2] 罗涛．概论个人所得税制改革 [J]．税务研究，2015（03）.

[3] 李林木．综合与分类相结合的个税改革：半二元模式的选择与征管 [J]．财贸经济，2012（07）.

[4] 贾康，梁季．我国个人所得税改革问题研究——兼论“起征点”问题合理解决的思路 [J]．财政研究，2010（04）.

2　电子烟应征收烟草税

丁鹏钧

【摘要】电子烟是一种模仿传统香烟的电子产品，有着与传统香烟一样的外观、烟雾、味道和感觉。电子烟是将诸如尼古丁等传统香烟的成分通过雾化的方式变成蒸汽后，让使用者吸食的一种产品。近些年电子烟行业发展迅猛，世界卫生组织对电子烟开展了专项研究，得出如下结论：电子烟对公众健康有害，电子烟不是戒烟的手段，必须对其加强监管，尽量减少电子烟对青少年和非吸烟者产生的危害。2019 年央视“3·15”晚会曝光电子烟也会释放有害物质，对电子烟行业造成了一定冲击。本文认为，电子烟作为与传统烟草危害程度和危害方式极为类似的产品，也应纳入控烟范围并和传统烟草产品一样课税。

【关键词】电子烟　传统烟草　烟草税

【作者简介】丁鹏钧，首都经济贸易大学会计学院研究生

电子烟自从问世以来，就被商家冠以“有助戒烟”的幌子，被全球的烟民争相追捧。数据显示，截至 2018 年底，全球大约有 4 000 万人吸食电子烟。电子烟市场的总规模已经超过 100 亿美元。我国生产了全球超过 90% 以上的电子烟，但是我国目前对电子烟缺乏监管，无质量监管、无安全评价、无产品标准。近年来，多个组织机构研究表明，电子烟本身仍会带来社会健康的危害。作为世界第一的电子烟生产大国，我国应尽快完善电子烟及相关行业的立法，并将电子烟纳入控烟计划，通过征收烟草税的方法进行管控。

一、烟草税概述

（一）烟草税的概念

烟草税是世界各国为了减少、限制烟草及其衍生制品的生产和消费并增加政府财政收入对烟草及其衍生制品征收的特别税。烟草税主要包括增值税和消费税等。

（二）烟草税的历史

用征税的方法约束人们吸食烟草制品的习惯、增加财政收入，最早可以追溯到英国查尔斯一世和法国国王路易十三的大臣红衣大主教黎塞留。他们是最早向烟草征税以改善国家和王室收入的政治家。

（三）我国烟草税的征收情况

我国征收的烟草税以增值税和消费税为主。

增值税：根据《中华人民共和国增值税暂行条例》第二条的规定，烟草属于货物销售，增值税税率为13%。

消费税见表1。

表1　烟草消费税税率

项目	税率	征收环节
甲类卷烟（调拨价>70元/条）	56%+0.003元/支	生产
乙类卷烟（调拨价<70元/条）	36%+0.003元/支	生产
批发	11%+0.005元/支	批发
雪茄	36%	生产
烟丝	30%	生产

二、征收烟草税的原因

本文通过两个不同角度研究对烟草类商品征收重税的原因。

（一）公共健康角度

非传染性疾病是全球最主要的致死疾病类型。世界卫生组织预测，到2020年，每年由于非传染性疾病死亡的人数将达到4 400万例。非传染性疾病已经导致数百万人陷入贫困，逐渐变成了阻碍全球经济发展的负担之一。

导致非传染性疾病的主要原因就包括烟草及其衍生制品的使用。世界卫生组织2016年公布的世界十大死因，除去道路交通伤害一项，其余九项疾病（缺血性心脏病，中风，慢性阻塞性肺疾病，下呼吸道感染，阿尔茨海默病及其他痴呆症，气管癌、支气管癌和肺癌，糖尿病，腹泻病，结核病）中有五种与使用烟草及其衍生制品有关，占到半数。

根据世界卫生组织的数据，全球有超过10亿人吸烟，每6个非传染病人中，就有一个是使用烟草导致的，烟草制品每年直接或间接导致超过600 万人死亡。

医学和公共健康领域的研究都表明了烟草制品对人类健康的危害和对社会发展的阻碍。2015 年联合国发布的“2030 年可持续发展议程”要求所有国家加速对《世界卫生组织烟草控制框架公约》的执行。因此，世界各国政府都需要通过征收高额的烟草税来约束、控制烟草的消费，尽可能减少烟草对社会健康的危害。

（二）经济学和财政收入角度

从经济学的角度，可以通过需求弹性来研究一种商品消费数量和价格的变化关系。需求弹性表示在一定时间内，一个商品的需求量变化对于该商品这段时间价格变化的反馈程度，即需求量变化率与价格变化率之比的相反数。有的研究认为，因为烟草制品中含有尼古丁这种可以使人上瘾的物质，相比于其他不含致瘾性物质的普通商品，香烟的需求量对价格变动的反馈较弱，据统计，我国近 10 年平均香烟价格上涨 10%，香烟消费仅下降 1.5%。但是，国外大多数研究数据表明，若香烟价格提升 10%，香烟消费会下降 4% 左右。分析国内外经济发展的差异，本文认为，造成这一现象的原因可能是我国近 10 年经济发展迅速，在高速发展的国民经济面前香烟价格的提升就很难体现了。随着我国经济发展速度逐渐趋于稳定，通过提高香烟价格带来的消费额反馈将会日益明显，而不是像少数文章中说的，提高烟草产品价格对我国控烟无效。

从财政收入的角度，烟草行业的税收在我国整体财政收入中占据重要地位。

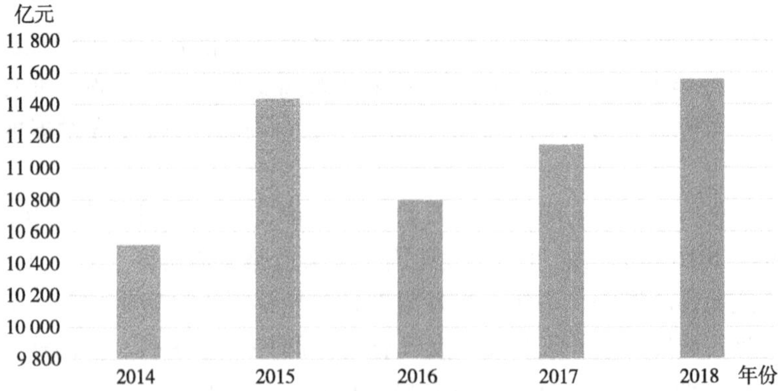

图 1　2014—2018 年中国烟草总公司纳税额

如图1所示，2014年至今中国烟草总公司纳税均超万亿元，占全国财政收入的比例在7%左右。

烟草制品的特殊性使其成为全世界极少有的对人类有极大伤害却仍可以合法生产和销售的商品。也正是因为烟草的这种特点，使其天然成为理想的课税对象，也成为保证财政收入的关键一环。

三、电子烟

（一）电子烟的概念

电子烟是使用电池供电的设备，也被叫作虚拟香烟，它是通过尼古丁传递系统给吸食者蒸发的尼古丁，包括模拟传统香烟的烟雾等特征。

电子烟有着与传统香烟相似的味道。近年来，电子烟的口味甚至要超越传统香烟。根据结构和吸食方法，电子烟主要分为一次性仿真电子烟、可换弹式电子烟、预注液式电子烟和可续液式电子烟。

（二）电子烟和传统香烟的异同

相比于传统香烟，电子烟是否有更小的危害，甚至能帮助戒烟，不同的机构和企业有着不同的说法和解释。有很多电子烟制造企业在宣传其产品时指出，电子烟相比真实烟草的危害要减少95%；甚至有的电子烟制造企业提出，电子烟可以帮助烟民戒烟。

然而，2014年世界卫生组织发布的关于电子烟的研究报告指出，电子烟中同样含有尼古丁、甲醛等传统香烟中的有害物质，甚至某些品牌的电子烟还会产生更多的致癌物质，相比于传统烟草对人体健康的损害更大。电子烟的吸食方法也与传统香烟类似，蒸发到空气中的尼古丁、甲醛等化学物质也会在空气中传播，给公共区域的人带来二手烟的危害。

（三）电子烟的征税与管理控制

目前的电子烟产品多作为电子产品销售和征税。本文认为，电子烟应纳入烟草类商品，和传统烟草征收同样的烟草税。首先，电子烟在危害程度和危害方式上与传统烟草相似度极高，并无本质差异。上文已经提及，电子烟同样会带来传统一、二手香烟的危害。由于缺乏对电子烟产品的监管和其中尼古丁等有害物质用量的标准，市场上的电子烟产品参差不齐，造成的危害可能还要超过传统香烟。其次，如果对电子烟产品不加以管理，可能会破坏多年来的控烟政策。全球已经有4 000万人在吸食电子烟，这一数字还在不断增长，我国作为全世界电子烟生产的第一大国，在这方面的政策制定尤为关键。有报告指出，吸食电子烟的青少年群体正在逐步增长。由于电子烟的吸食原理、产品面向的群体以及与其他普通商品的差异性均和传统香烟近似，所以本文认为应该将电子烟纳入传统烟草而不是电子产品的范围，应对电子烟统一征收烟草税并将其纳入控烟计划中，尽量减少吸食电子烟带来的危害。

四、建议

第一，把电子烟纳入烟草类商品，和传统烟草一样征收从价税。再根据电子烟吸食方法的区别（一次性仿真电子烟、可换弹式电子烟、预注液式电子烟、可续液式电子烟）制定不同征收方法的从量税，减少烟民通过更换不同价位的电子烟产品而继续大量吸食的情况。

第二，由国家烟草专卖局——中国烟草总公司统一管理电子烟的生产、销售和贸易。在产量和销量上统一制定标准，和传统香烟一起纳入控烟计划。

第三，电子烟中的尼古丁、甲醛等化学成分的剂量和传统香烟一样，由中国烟草总公司统一制定标准（例如，对传统香烟中焦油含量的限制等）。

总之，电子烟应纳入烟草类商品，与传统香烟一样，统一生产、销售、课税。

参考文献：

[1] 郑榕，王洋，胡筱．烟草税：理论、制度设计与政策实践［J］．财经智库，2016（06）．

[2] 邢凤美．浅谈我国烟草税收政策对卷烟消费的影响［J］．财会学习，2016（23）．

[3] 尹唯佳，王燕，高尧．烟草价税联动对实现控烟目标的影响研究［J］．财政研究，2012（09）．

[4] 毛正中．提高烟草税的必要性和可行性研究［J］．中国卫生政策研究，2009，2（03）．

[5] 朱祥波．电子烟也应纳入控烟范围［N］．光明日报，2019－02－20（002）．

3　对奢侈品征税的思考

赵佳宁

【摘要】随着我国经济水平的大幅度提高，人们的消费习惯有了很大的改变。奢侈品也逐渐步入大众的生活之中，不仅仅是富豪在消费奢侈品，奢侈品的消费群体已经逐渐变成普通的中等收入者。在2018年我国奢侈品消费实现了12%的增长的情况下，对奢侈品征税的呼声越来越高。本文针对我国奢侈品征税问题进行了分析。

本文第一部分在国内外学者研究的基础上介绍了奢侈品消费的背景；第二部分从理论研究的角度对奢侈品征收消费税的理论依据进行了阐述；第三部分则分析了我国奢侈品消费税的现状并指出其存在的问题；第四部分主要将选取的一些发展中国家对于奢侈品消费税的研究进行了比较；第五部分借鉴了国外经验，结合我国实际情况提出了一些针对性的建议。本文研究的奢侈品征收消费税的问题，无论从理论还是现实角度都有着非常重要的意义，体现了与时俱进，顺应了国家发展的方向与政策。

【关键词】奢侈品　消费税　炫耀性消费　征税范围　税率

【作者简介】赵佳宁，首都经济贸易大学财政税务学院研究生

一、导言

（一）研究的背景

随着“消费型经济”的兴起和我国人民生活水平的大幅提高，人们的消费形式和消费习惯也有了很大的改变。从《2018中国奢侈品报告》中可以看出，中国虽然在2018年经历了全球经济增长缓慢、人民币贬值和中美贸易等影响，但是我国的奢侈品消费已经达到了世界第二的水平，并且实现了12%的增长，奢侈品消费数额达到了1 457亿美元。

从现状来看，我国的经济增长主要靠投资，其中包括政府投资、外资等，经济的增长消费占比较低，但高端消费品消费的增长迅猛，规模与速度都不断增加。从我国居民目前的收入水平来看，东西部差距仍然较大。另外，改革开放以后，城市获得了迅速的发展，而相对而言，农村地区经

济发展较慢，从而造成了贫富差距扩大的现象。

中国奢侈品市场的迅速扩大引起了广泛的关注，奢侈品消费税的改革也重新回到学者的视野中。对此，本文将重点研究征收奢侈品消费税的正当性、征税范围和税率水平等问题，为我国下一步的消费税改革提出相应的建议。

（二）国外研究综述

17 世纪的法国国王路易十四在其宫廷中率先掀起了奢华之风，奢侈主义就此诞生。关于奢侈品，国外的学者们进行了大量的研究。阿道夫·瓦格纳（Adolf Wagner，1901）认为，对于奢侈品和不劳而获的所得应该加重课税力度以缓和贫富之间的差距。庇古（Arthur Cecil Pigou，1920）则提出了选择性消费税，倾向于利用选择性消费税的课征来解决奢侈品征税的问题。欧文·费雪提出了著名的"奢侈性支出税"的理论等。

（三）国内研究综述

国内的学者对奢侈品研究相对较晚。闻媛（2007）认为，中国的奢侈品消费群体主要分为顶级富豪、中产阶级和并不富裕但有购买欲望的群体三种。胡天瑞（2009）指出，奢侈品强调了物品满足人们需求程度的特性，而奢侈消费则强调了消费方式的特性。目前中国没有专门的税种来对奢侈品征税，所以要借助消费税。古建芹和鹿琳认为，如果从调节作用的角度来比较消费税与个人所得税，消费税调节作用更加突出。安体富认为，为了能够更好地调节收入分配，可以将高档消费行为纳入消费税的征税范围。单军宏和李建军认为，消费税不仅能促进经济增长，也能调节公平、缩小贫富差距。

二、奢侈品消费税的理论分析

（一）奢侈品的界定

要对奢侈品征税，首先要解决的问题就是奢侈品应当如何界定。对于奢侈品的定义，学者们众说纷纭。亚当·斯密在《国富论》中，是这样描述奢侈品的："在必需品中，我的解释，不但包括那些大自然使其成为最低阶级居民所必需的物品，而且包括那些有关面子的习俗，使其成为最低阶级居民所必需的物品。此外，一切物品，我叫作奢侈品。”① 笔者认为，奢侈品就是一种超出人们生存与发展需要范围的，具有独特、稀缺、珍奇等特点的消费品。

奢侈品是一种日常生活中不必要的消费品，如数量众多的名牌包、品质精良的名牌服饰、世间稀有的钻石珠宝。但大多数奢侈品都有以下几种特点：首先，奢侈品的价格和质量不成正比。奢侈品的价格远远超出其作为产品的实际价格，更多的是满足了一种心理上的需求；其次，奢侈品不只体现在物品本身，还蕴含着品牌、价值和品位等，是一种身份的象征；最后，奢侈品也代表了人们的消费水平和消费方式，消费者希望通过奢侈品来凸显自己的价值等。所以部分人对奢侈品热烈追捧。

因为对奢侈品的概念、范围等仍比较模糊，划分不明确，所以我国开征奢侈品消费税有很多亟待解决的问题。

（二）我国奢侈品消费现状

奢侈品市场规模越来越大。2018 年贝恩报告显示，中国奢侈品销售收入在连续三年低迷之后，2018 年开始有所回暖。目前，中国已经是全球第二大奢侈品市场。另外，从消费规模和消费场所来看，中国奢侈品的消费规模逐年增长，消费场所也越来越广泛。因此，有理由相信在未来五年内中国将会成为全球最大的奢侈品市场。

根据 2018 年贝恩报告统计的数据，我们可以看到人们购买的奢侈品主要有手表、手包和行李箱、服饰和配饰等，其中除了对高档手表征收消费税以外，其他的手包、行李箱、服装和配饰均没有纳入消费税的征税范围。目前我国的奢侈品消费者对于高档服装配饰已经有了越来越多的需求，这就使许多知名的服装企业进入我国，瓜分着中上游消费者，而我国的本土品牌则只能退而求其次，去争取普通消费者。这一方面影响了我国传统服装的发展，另一方面也流失了大部分的税源。

同时，购买奢侈品的群体范围也在不断扩大。目前，“70 后”“80 后”在中国的网络奢侈品市场中已占领一席之地，但报告显示，“90 后”和“95 后”从 2013 年到 2018 年在天猫奢侈品市场中占据的比重逐渐增大，人数逐年增长，尤其是在美容和奢侈品手表方面。此外，“50 后”和“60 后”在天猫奢侈品消费市场上也做出了贡献，成为奢侈品消费的新拥护者。可见，中国的奢侈品消费者规模有不断扩大的趋势。

---

① 赵林华．消费税中奢侈品征税探讨［J］．全国流通经济，2017（21）：11－12.

（三）我国对奢侈品课税存在的意见分歧

虽然我国奢侈品消费的水平有了大幅度的提升，但是我国目前的税制体系并没有与我国人民的消费水平相匹配。而且关于奢侈品的征税问题，各方一直无法达成共识，其中支持和反对的都大有人在。

支持者认为奢侈品的征税可以缩小贫富差距，调节收入分配。首先，根据税收量能负担的原则，富人的纳税能力比穷人强，尽管不能强行对富人征税，但我们可以通过限制富人的消费行为和奢侈品消费，间接地让他们承担更多的税收，从而缩小贫富差距。其次，征收奢侈品税对我国的税制结构也是一种很好的补充，高速增长的奢侈品消费不仅带来了大量的消费额，还能使政府的财政收入得到一定的补充。最后，对奢侈品征税，可以对消费起到导向作用，不仅能够抑制超前消费，还可以避免资源的浪费。就目前来说，在我国国民收入水平整体不高的情况下，如果对奢侈品进行盲目消费，不仅会造成资源的浪费，还会形成不良的社会风气。值得关注的是，奢侈品本身具有很高的可替代性，如果对其中的某些奢侈品课以重税，那么理智的消费者就会选择其他奢侈品来代替需要缴税的奢侈品。这在一定程度上会造成税源的流失，而且会削弱促进收入分配公平作用的发挥。因此，对于奢侈品的征税，应该大量地、广泛地进行，一定要做到面面俱到，这样才能在保证税源、调节收入分配的同时促进社会公平。

反对者认为奢侈品征税易产生界定不清、税率不易确定等问题。虽然征收奢侈品税会对社会公平具有一定的促进作用，但是奢侈品消费税被随意扩大容易给纳税人带来不确定性。而且，奢侈品的消费者大多是富人，也是税收负担的主要承担者，征收奢侈品税会引起消费者的负面情绪，可能会造成大量的偷税避税现象，如果因此导致消费行为发生锐减，对我国财政收入等存在不好的影响。

根据上述分析，笔者认为对奢侈品征税是可行且必行的。

三、我国奢侈品消费税的现状分析

（一）奢侈品消费税的历史

中华人民共和国成立初期，全国各大城市沿用之前的旧税法，征税办法混乱、不统一。我国现行的消费税是在 1994 年的税制改革中开始征收的，征税依据是《中华人民共和国消费税暂行条例》。

此后，2006 年对消费税的征税范围进行了调整，突出了消费税对环境的保护作用和节约不可再生资源、引导居民理性消费的作用；2008 年和 2009 年，为了抑制汽油、柴油等的消费，我国大幅度提高了成品油的税率。不难看出，消费税一直都在随着时代、国家政策和经济发展情况的变化而变化。

（二）奢侈品消费税存在的问题

我国对奢侈品课税需要面临的问题有很多。比如，目前消费税课税范围狭小、征税环节单一、消费税税率偏低等。再如，政府如何应对奢侈品征税过程中税源流失的问题以及税收征管方面遇到的难题等。

1. 奢侈品界定问题

随着经济的快速发展，新兴奢侈品不断出现。奢侈品的价格弹性和收入弹性不同于一般商品，因此在使用经济学工具进行分析时，结果与设想容易出现不一致。所以，新兴奢侈品的不断涌现对奢侈品消费税征收范围的界定提出了新的挑战。

从我国消费税现行的征税范围来看，课税项目只包括有形产品，而不包括无形产品。随着我国经济的发展，奢侈品也不仅仅局限于有形物品，奢侈消费行为的范围日益扩大，涉及生活的各个方面。所以，为了完善消费税对于收入分配的调节作用，对消费行为也应该征收消费税。

2. 奢侈品消费税税率问题

从税率设计来看，目前消费税的税率设置不合理，多采用比例税率。从征税环节来看，征税环节过于单一，一般仅就生产、委托加工和进口环节征税。对于具有奢侈品性质的高档化妆品征收 15% 的比例税率，金银首饰等贵重首饰珠宝也实行比例税率。为了更好地体现公平原则和发挥消费税的调节作用，可以奢侈度作为度量的标准，对不同的奢侈品实行不同的税率。但是，衡量奢侈度的难度很大导致其无法有效实施。因此，对奢侈品采用比例税率是最优的一种选择，由于地区差异等，可以考虑不同地区不同税率的方法，即采用幅度比例税率。

3. 奢侈品征税环节问题

我国消费税目前实行单一环节征税，虽然有利于提高征管的效率，但是不能很好地发挥消费税的调节功能。对奢侈品征收消费税的主要目的就是为了调节收入差距过大引起的贫富差距问题，但是单一环节征税限制了奢侈品消费税的调节作用。

四、奢侈品消费税国际比较

（一）征税范围方面

由表1可知，7个东盟国家对奢侈品都征收了相应的消费税，所以从其他国家的发展情况可知，对奢侈品征收特别消费税是大势所趋。除了印度尼西亚和缅甸，其他国家都将高档服务纳入消费税，主要高档服务有卡拉OK、彩票、赌场等。这些高档服务并不属于生活必需品，因此我国也可以借鉴并考虑将高档服务纳入征税范围。

表1　7个东盟国家奢侈品消费税征收范围比较

国家	高档商品	高档服务
印度尼西亚	私人飞机、游艇、公寓/豪华别墅/联排别墅、大型装饰物品、珠宝、古董、皮革服装及商品、手表等	无
菲律宾	珠宝、香水/花露水、游船等	非必要服务：旨在改善患者外表（非治疗疾病）的侵入性美容程序、手术
柬埔寨	化妆品等	SPA等娱乐
老挝	香水及化妆品、游艇等	酒吧、迪斯科舞厅、卡拉OK、彩票、赌场等娱乐服务
泰国	香水、游艇、水晶、大理石、地毯等	赛马等娱乐服务
越南	飞机、游艇等	迪斯科舞厅、按摩、卡拉OK、赌场、高尔夫球、彩票等娱乐服务
缅甸	玉石、红宝石、蓝宝石、祖母绿、钻石和其他珍贵宝石（成品和珠宝）等	无

（二）税率方面

由表2可知，2008年澳大利亚将豪华汽车税税率提高至33%，委内瑞拉提高了高档消费品和高档服务的增值税税率，印度对商品和服务税中最高档税率做出了相应的提高，韩国也对超过某一额度的高档产品征收专门的特别消费税。由此可以看出，对于奢侈品征税的趋势是税率逐年增加，也就是说对奢侈品征收更多的税额是符合发展规律的。

表2　近年来部分国家奢侈品消费税税率政策的变化

国家	税率变化	补充说明
澳大利亚	2008年豪华汽车税税率从25%升至33%	超额征税，起征点为63 184澳元（低耗油高能效汽车的起征点为75 375澳元），无论是公车还是私车
委内瑞拉	2014年高档消费品和高档服务的增值税税率从22%提高至27%	无
印度	2017年商品和服务税（GST）中最高档税率从26%提高到28%	GST共4档税率，其中最高档税率的课税对象包括奢侈品
韩国	超过200万韩元的高档照相机及其附件、高档手表、高档皮毛及其制品（不包括兔皮和未经加工的皮毛）和超过500万韩元每件或800万韩元每套的高档家具征收20%的特别消费税	无

（三）征税环节

消费税设计之初，大都是在零售环节向消费者进行征收，由零售商代扣代缴，并且零售时的价格就是其计税依据。但是由于税务机关在征收方面难以严格执行，所以在现实生活中，消费税一般在生产环节就开始征收，如美国对于高能耗汽车征税就是在生产环节；但仍有一些奢侈品可以在零售环节进行征收，如韩国对赌场、赛马场、桑拿浴室和高尔夫球场征收特殊消费税，就是按人头征收并且由场地经营者代扣代缴。由此可以看出，消费税征税环节受税务机关的征管水平的影响。

五、完善我国奢侈品消费税的建议

（一）合理调整征税范围

1. 将高档皮毛、高档手包纳入征税范围

服饰作为一种人类的必需品，其原本保暖的功能已经逐渐弱化，取而代之的是彰显个人品位和个性。如今，很多品牌抓住消费者的心理，利用品牌效应，将品位、个性等赋予到服饰身上，所以即使价格很高，有的人也热烈追捧。例如，爱马仕皮包，便宜的也要上万元，像这种高端饰品，并不是消费者生活必需品，而且价格高昂，符合征收奢侈品消费税的条件。所以，可以在消费税中设置一个新的税目，即“高档服装”，并且可以用价格作为标准来进行划分。此外，动物皮毛及其制品的价格大多非常高昂，而且不利于动物保护，违背人道主义。因此，对于动物皮毛及其制品也应该征收消费税，一方面可以鼓励人们保护动物，发扬爱心；另一方面，也可以运用消费税对消费皮毛的行为作出规范调节。

2. 增加“高档住宅”税目

住房作为一种满足人们生存居住需要的必需品，随着经济的发展，逐渐转变成一种带有“炫耀”功能的商品。奢华的住宅也成了一些人追求的目标，住宅也被分为了高档住宅和普通住宅。

高档住宅是相对于普通的一般住宅来说的，该类住宅的特点是价格高，占地面积大但建筑密度低。从作用来看，它不仅仅是为了居住，更是为了满足人们的特殊需求。由此来看，高档住宅兼具非生活必需品和奢侈品的特征，因此应当对高档住宅征收消费税。

对高档住宅征收奢侈品消费税具有重大的意义。首先，我国国土资源有限，人多地少。尽管国家一直对别墅、大户型住宅有所限制，但是由于人们的过度追捧，高端住宅的消费市场依然火热，并且热度只升不降。此外，就算是普通住宅，由于投资炒作等原因，也经常供不应求，此时如果能够对高端住宅征收奢侈品消费税，就可以有力地调节贫富差距，将此税款用于满足低收入人群的住房需求。其次，利用征收高端住宅奢侈品消费税，可以体现国家对奢侈消费的限制导向，降低住房空置率，充分实现调节消费的效果。

3. 增加部分奢侈消费行为

奢侈品不仅是指具备奢侈品特征的商品，还包含了具备奢侈品性质的服务。因此，可以对那些能够满足消费者的特殊需求和非必要且价格高昂的服务，征收奢侈性服务消费税。

改革开放以来，我国居民对于精神文化层面的需求日益提高，所以娱乐业随之兴起，其中一些较为高档的娱乐活动应该引起我们的关注，如私人会所、KTV、酒吧、按摩房、棋牌室等，这些场所消费水平偏高，颇受一些中高收入者的青睐，而且在一些发达的大城市里，高档娱乐场所的收入呈爆发式的增长。所以，对这些消费行为征收消费税，既不会影响到大多数居民的生活，又能调节收入分配，还充足了税源。

奢侈消费行为还包括近几年发展起来的高端旅游服务等。当前，我国居民的休闲方式越来越呈现出多样化的趋势，在休闲旅游中，逐步发展出了许多高端化的服务，如蒸桑拿、骑马、跳伞等，越来越多的高端休闲方式展现出巨大的市场潜力。

因此，笔者认为对于奢侈性服务征收消费税是有必要的，不仅可以扩充税源，还可以调节收入分配，避免贫富差距过大。

（二）制定合理税率

根据以上分析，借鉴国外的经验，笔者认为应根据地区发展情况不同实行有差别的幅度比例税率，这样既兼顾了税法的统一性和灵活性，地方政府还能发挥一定的裁量权，这也为地方政府提供了一种新的税收竞争的途径。在这个过程中，通过税法或者其他的法定程序赋予地方政府一定的税收裁量权，由各地政府根据自身发展以及实际情况选择适当的税率，幅度区间可以为10%到30%。比如，我国对高档手表征收20%的比例税率，既能很好地保证国内高档手表行业的发展，也能有效防止消费外流。因为国内市场中的高档手表主要来源于进口，所以对其征收奢侈品消费税能在一定程度上保护本土企业的发展。

而且从国际水平来看，各国针对奢侈品征收的消费税税率都会高于一般消费品，因此我国将奢侈品消费税税率酌情定为10%到30%之间，是合情且合理的。

（三）优化征税环节

由于奢侈品消费税具有选择性，所以不能在多个环节实行普遍征收。但是随着奢侈品范围的不断扩大及其选择性，其征税环节也应该有所变化。消费税发挥调节功能的一个前提是其价税传导机制的有效性。如果价税传导机制不完整或者失灵，那么消费税的税负就无法进行有效的传导，其调控作用就难以发挥。而政府在价格管制和设置征税环节等方面影响着价税传导，因此优化奢侈品消费税的征收具有重要意义。

目前，我国的消费税大多采用单一环节征收的方式，这种方式虽然降低了税收征管的难度，但也导致了税负无法体现在价格上、税款征收不透明、消费者无法监督生产企业等问题。所以，为了有效地解决这些问题，可以借鉴国外的经验，将消费税的征税环节向后推移。比如，可以选择在零售环节对奢侈品进行征税。由于奢侈品购买的渠道相对单一，在零售环节征收具有可行性。而且在零售环节征税可以使消费者明确其所缴税款，透明度较高，这样可以很好地达到调节居民收入分配、促进社会公平的目的。

参考文献：

[1] 赵林华．消费税中奢侈品征税探讨［J］．全国流通经济，2017（21）：11－12.

[2] 朱为群，陆施予．我国奢侈品消费税改革探讨［J］．税务研究，2018（07）：28－34.

[3] 马懿莘．奢侈品消费税研究［D］．大连：东北财经大学，2013.

[4] 刘爽．我国奢侈品税问题研究［D］．大连：东北财经大学，2012.

[5] 包智勇，王庆．我国奢侈品消费税制度的完善建议［J］．天水师范学院学报，2014，34（05）：45－48.

[6] 涵默．奢侈品税理论与制度研究的文献综述［J］．内蒙古财经学院学报，2012（04）:64－68.

[7] 郦平华．浅析我国奢侈品消费税［J］．经济研究参考，2013（17）：39－40.

[8] 孟宪唯．完善我国奢侈品消费的税收政策研究［D］．长春：吉林财经大学，2016.

4　混合所有制改革、税收与产权保护*

蔡　昌　　沈　静

【摘要】本文首先分析混合所有制改革对深化税制改革的新要求，然后从企业并购重组、员工持股计划、资产评估增值等方面阐述推进混合所有制改革的税制突破点，并探索税收收入效应、产权保护与税权公平、混合所有制改革的行业选择等深层次税收问题。

【关键词】混合所有制改革　税收收入效应　税权公平

【作者简介】蔡昌，中央财经大学财税学院教授、博士生导师，税收筹划与法律研究中心主任，国际税收研究会学术委员

沈静，中央财经大学财税学院税收学学术研究生

一、混合所有制改革：中国产权改革的战略方向

混合所有制改革是我国20世纪90年代提出的一种国有企业产权制度改革方案。在20多年的改革实践中，通过不断吸引民营资本和外资参与国有企业改组改制，混合所有制经济获得快速发展，实现了国有企业产权结构调整、国有资本配置和运行效率的提高。

（一）混合所有制改革的内涵与战略方向

混合所有制思想可以追溯至凯恩斯的政府调控理论，后来经过新古典学派的萨缪尔森、瑞典学派的林德伯克、产权经济学家科斯与诺思等人的理论探索，逐渐形成今天的混合所有制理论。马克思的产权理论也并非强调单一的所有制形式，马克思曾深刻地指出："要想把所有权作为一种独立的关系、一种特殊的范畴、一种抽象的和永恒的观念来下定义，这只能是形而上学或法学的幻想。"①

在中国，混合所有制改革既是我国经济领域一个重大的理论与实践问题，又是新时代中国产权制度改革的战略方向。《国务院关于国有企业发

---

* 本文得到中央财经大学税收筹划与法律研究中心、中财－鹏元地方财政投融资研究所的资助。

① 卡尔·马克思．马克思恩格斯全集［M］．4卷．北京：人民出版社，1958：180.

展混合所有制经济的意见》（国发〔2015〕54号）指出："国有资本、集体资本、非公有资本等交叉持股、相互融合的混合所有制经济，是基本经济制度的重要实现形式。"党的十八届三中全会提出："要把发展混合所有制经济作为重要载体和主要抓手，深入推进产权制度改革，实现不同所有制资本的混合，使大多数国有企业转制为混合所有制企业，成为真正的市场竞争主体和独立法人，实现国有经济与多种所有制经济相互融合和优势互补，促进发挥市场在资源配置中的决定性作用。"党的十九大报告明确提出："深化国有企业改革，发展混合所有制经济，培育具有全球竞争力的世界一流企业。"从改革开放以来我国所有制结构的变化来看，在宏观层次上，单一的公有制已经发展为以公有制为主体、多种所有制并存、共同发展的基本格局；在企业层次上，多种所有制成分之间相互渗透、相互融合，已经形成一种新的产权配置结构和经济形式。

混合所有制改革是深化国有企业改革的重要推动力。混合所有制改革的内在价值在于通过非国有资本对自身利益的保护和最大化诉求，使公司治理结构中的"制衡动力"得以真正发挥，解决国有企业因出资人（全民）不到位或虚拟到位而发生的内部人（管理层）控制问题①，推动国民经济持续、健康、快速发展。混合所有制改革依托所有制的多元产权架构及其运行机制，发挥国有资本对其他非公有资本的辐射功能，是增强国有经济活力、控制力、影响力的有效途径。混合所有制改革能够调动和组织更多的社会资本，放大国有资本功能，促进国有企业治理结构的完善和体制机制的转换，提高国有企业的市场竞争能力和盈利水平。混合所有制改革也有利于各种所有制资本优势互补、相互促进、共同发展，全面服务于新时代中国特色社会主义事业。

（二）辩证地认识和推进混合所有制改革

推进混合所有制改革，必须树立辩证思维。一方面，坚持和完善中国特色社会主义基本经济制度，不但要在宏观领域坚持公有制经济的主体地位，促进多种所有制经济共同发展，而且要在企业层面坚持公有资本的控股地位或支配地位，加快建立现代企业制度，夯实国有企业的微观经济基础，发挥国有经济的主导作用。国有经济的定位应从质和量两个方面来把握：从质的方面看，国有经济在国民经济中的主导作用应体现市场经济规律，它不仅是实现政府目标的基本手段，还是保证和引导整个经济协调、

① 李敬，陈容．积极发展混合所有制经济［N］．经济日报，2015－05－07.

稳定发展的基本条件；从量的方面看，国有经济的分布和量的比例要体现其质的要求，做到在关键行业和领域起到“领头羊”作用，在地理分布上要实现搭配合理、均衡布局。另一方面，推进混合所有制改革必须鼓励、支持、引导非公有制经济发展，大力引进民资和外资等形式的非公有资本参股国有企业，发挥不同所有制产权的激励机制，形成多种所有制共生共融的社会经济生态。从现阶段国内情况来看，民营企业参与国企混合所有制改革，不仅仅追求单纯的资本投资，还希望获得决策的话语权或者一部分经营权，这也是发挥混合所有制激励机制的一个侧面。

二、混合所有制改革对深化税制改革的新要求

我国自 1994 年实行分税制改革以来，已初步建立起社会主义市场经济税制架构，但是随着宏观经济形势的不断变化和微观层面混合所有制改革等多项改革方案的推出，政府还必须不断深化税制改革，调整产权、土地、劳动等方面的财税政策，以适应混合所有制改革等方面的迫切要求。

（一）税收制度的多样性与多层次性

我国公有制产权制度以国有经济为主体，具有开放性和包容性特征，基本实现了产权主体的多元化，产权主体涵盖国家、集体、法人、自然人，甚至还有境外股东，这恰好与混合所有制改革的要求相一致。税收依附于产权而存在，没有产权，就没有税收。从表面上看，税收的课税对象是财产、所得、货物或劳务的流转额，但税收真正的目的物是产权①。基于产权税收观的理论认知，混合所有制改革要求税制改革必须适应多元化产权主体及其经济行为的课税要求，设计出具有现实适应性的多样化税收政策。在公有制产权主导和混合所有制多元化产权结构下，税收的征收内容、形式以及制度细节必须因国有资本、集体资本、民营资本、境外资本等不同性质资本的要求而具有多层次性。

（二）税收制度的包容性与公平性

混合所有制是一种多元化产权结构，其实质是实现国有资本、集体资本、非公有资本等交叉持股、相互融合的一种新型所有制运作模式。混合所有制的本质是产权结构多元化的实现方式，它要求税制对不同产权一视

① 蔡昌．构建产权型税收体系——基于产权保护与税收立法权的回归的思考［J］．税务研究，2013（06）．

同仁，赋予同等税收待遇，以实现对不同所有制经济模式征税的包容性和公平性。税收制度的包容性体现于在特定条件下对不同所有制经济实施不同的税收政策和征税手段，但包容性并不排斥公平性，二者是辩证统一的关系。混合所有制改革的目标在于改善国有企业治理结构，提高国有资本的配置效率和收益率，它客观上要求税制必须能对产权交易、控股关系的变化进行严密监控，并能对不同所有制产权主体的收益生成、流转与分配过程进行科学界定与公平征税，以体现公平、效率的赋税思想。

（三）税收制度的产权保护性与激励性

混合所有制改革有两大目标：一是鼓励、支持、引导非公有制经济健康发展；二是把非公有资本引入国有经济内部，发挥非公有资本的“鲇鱼效应”①，即利用混合所有制来克服国有企业的弊端。用混合所有制的方法深化国有企业改革的实质是产权制度改革，这是探索公有制与市场经济紧密结合的具有中国特色的独特模式，在某种程度上，它有效、成功地解决了国有企业与市场经济相融合这一世界性难题②。推进混合所有制改革，在强调多元化产权结构融合的同时，必须切实保护各类所有制产权主体的权益，这就要求构建产权型税收体系，使税制具备产权保护功能；混合所有制改革在公有制产权之外融入其他性质产权，产生“杂交优势”，形成产权制衡机制和激励机制，这就要求税制也必须引入产权激励与制衡要求的相关税收条款，进一步强化混合所有制的产权激励效应，调动各类不同产权性质的资本参与发展混合所有制经济的积极性。正如一位学者提出的东北国企混合所有制改革对策就是在我国税制中引入支持混合所有制改革的税收激励政策：“在当前东北经济下行压力下，需要一种税收激励政策稳定和带来投资者参与国企混合所有制改革的利益预期，降低投资者参与改革的成本，吸引各类资本参与东北国企混合所有制改革进程之中，这是东北国企改革取得实质性突破的关键。”③

三、推进混合所有制改革的税制突破点

混合所有制改革中的税收问题是关乎国计民生的重要问题，税收政策

① 鲇鱼效应，是指在一个沉闷的鱼群中，放入一条鲇鱼，就会搅动整个鱼群的生存环境。鲇鱼效应喻示混合所有制改革会刺激国有企业的市场活力，使之成为提振国有经济的动力源。

② 唐任伍．混合所有制实质是产权制度改革［N］．企业观察报，2013－11－19.

③ 倪红日：东北国有企业改革需要“精准税收刺激政策”——在“国有企业改革——东北振兴的重头戏”论坛上的发言，http：//people. chinareform. org. cn/N/nihongri/Article/201704/t20170414_ 263878. htm。

的含混不清或滞后将可能成为国企混合所有制改革道路上的“拦路虎”。因此，必须清除混合所有制改革中的税收障碍，在改革的关键环节实现特殊限定条件下的税制突破。

（一）企业并购重组的税制突破点

我国混合所有制改革主要有三种模式：一是实施有限制的员工持股计划；二是通过股权收购、增资扩股等企业重组方式引入战略投资者；三是实施国企整体上市方案。在现实运作中，混合所有制改革或采取上述模式中的一种，或同时采取两种或两种以上模式的组合。不论采取哪种模式，都会涉及头绪复杂的并购重组问题。根据《财政部、国家税务总局关于企业重组业务企业所得税处理若干问题的通知》（财税〔2009〕59号）的规定，企业重组方式包括企业法律形式的改变、债务重组、股权收购、资产收购以及企业合并、企业分立等。而混合所有制改革通常采取股权收购方式，即通过增资扩股或老股转让的方式引入战略投资者，这种操作只是股东控股关系的改变，一般不会引起太大震动。譬如，号称国企混合所有制改革第一股的联通公司采用的就是“定向增发+老股转让+员工持股”的组合模式。

国有企业与其他非国有资本以并购重组方式进行混合所有制改革，主要涉及两个方面的税收问题：其一，特殊性税务处理的适用条件①，即并购重组必须满足“一个目的，两个连续性，两个比例”的苛刻条件，才能采取特殊性税务处理。其中，“一个目的”是指并购重组活动符合商业目的原则，不以避税为目的；“两个连续性”是指资产经营的连续性和权益持有的连续性；“两个比例”是指“被收购、合并或分立部分的股权比例不能低于被收购企业全部股权的50%”以及“收购企业在该股权收购发生时的股权支付金额不低于其交易支付总额的85%”。但是，对于混合所有制改革来说，国有企业规模往往十分庞大，普通民营企业或战略投资者单支力量难以满足收购资产或股权比例达到50%的基本门槛，因此也就很难适用特殊性税务处理，结果是巨额税负往往成为阻碍民营资本进入混合所有制改革领地的藩篱。这是妨碍混合所有制改革的一大“堵点”，必须在税制上予以突破，否则很难吸引非国有企业参股国有企业。笔者认为，上述问题有以下两个解决思路：一是适当降低特殊性税务处理的政策门槛，

---

① 按照财税〔2009〕59号、财税〔2014〕109号文件的规定，企业并购重组满足特殊性税务处理的适用条件允许递延纳税，即并购重组发生当期不确认重组资产或股权的增值，无须缴纳企业所得税。

如单一民营企业参股国有企业比例达到20%即可适用特殊性税务处理规定①；二是参与混合所有制改革的民营企业数量在限制范围内，允许多家民营企业参股比例之和达到50%即可适用特殊性税务处理规定。而另一个85%的股权支付比例，也会阻碍参与方适用特殊性税务处理而最终导致混合所有制改革方案搁浅。其二，民营企业现金认购股份方式。目前，国有企业混合所有制改革方案大多限制民营企业以现金认购方式参与混合所有制改革，这会增加民营企业筹措资金的压力，从而抑制其参与混合所有制改革的热情。

因此，随着混合所有制改革逐渐进入“深水区”，必须允许非国有资本采取无形资产（技术专利、知识产权、商誉）、不动产（包括土地使用权）、股权等非货币性资产形式进行投资，甚至允许以认购可转债、股权置换等方式参与混合所有制改革，拓宽民营企业的投资范围，降低参股国有企业的难度。按照现行税收政策，以非货币性资产对外投资，如果不能满足特殊性税务处理的适用条件，就应该缴纳企业所得税。但这种投资交易中并没有发生现金流，投资方取得的对价是股权而非可以用于缴税的现金。在这种情况下，若对非货币性资产投资征税，就需要投资方额外筹措资金缴纳税款。财税〔2014〕116号文件规定，“居民企业以非货币性资产对外投资确认的非货币性资产转让所得，可在不超过5年期限内，分期均匀计入相应年度的应纳税所得额”，即允许非货币性资产投资所得递延纳税。但是，递延纳税毕竟不等于不纳税，依然会在资源优化配置上造成不必要的税收成本，妨碍民营企业参与混合所有制改革。目前，国际上对于非货币性资产投资在一些特定情况下规定了可以享受免税待遇，这一做法值得我国借鉴。

（二）员工持股计划的税制突破点

从近年来混合所有制改革实际落地方案可知，员工持股计划不仅多见，而且备受青睐。员工持股计划不仅解决了国有企业投资者缺位问题，而且将员工利益与企业利润和股价绑定，能够有效激励经营管理人员、科研人员和业务骨干等公司核心层的工作热情，实现个人利益、企业利益与国家利益的“激励相容”。

在员工持股计划方面，必须保证持股方案在股票价格、持有比例、持有期限、退出机制等方面具有科学性和可操作性。国资委、财政部及证监

---

① 企业会计准则规定，企业投资具有重大影响的控股比例为20%。

会于2016年8月联合发布了《关于国有控股混合所有制企业开展员工持股试点的意见》（国资发改革〔2016〕133号），对国有控股混合所有制企业开展员工持股试点提出了指导意见，但在税制方面，尚未出台针对混合所有制改革的员工持股计划的系统性政策，相关规定散见于各种税收规范性文件①之中。

员工持股计划涉税问题主要包括两个层面：一是员工个人层面，主要涉及员工持股的个人所得税问题；二是企业层面，主要涉及员工持股的税前扣除问题。员工持股计划形式多样，主要包括股票期权、股权期权、股权奖励、科技成果入股等。员工以不同形式持股，其所适用的税收政策及面临的涉税问题也不尽相同，表1比较了上市公司和非上市公司股票期权适用税收政策的差异性。

表1　上市公司与非上市公司股票期权适用税收政策的差异性

阶段/时点	上市公司	非上市公司
预留股票阶段	尚无政策规定	
授予阶段	按“工资、薪金所得”税目缴纳个人所得税；延长纳税期限：不超过12个月内缴纳个人所得税	符合条件的，暂不纳税
行权前转让股票期权时点	按“财产转让所得”进行税务处理	转让净收入按“工资、薪金所得”征税
行权/股票解禁时点	不计算缴纳个人所得税	实际购买价低于购买日公平市场价的差额按“工资、薪金所得”计税
持有阶段（股权分红时点）	按“利息、股息、红利所得”税目缴纳个人所得税，适用股息、红利差别化政策	按“利息、股息、红利所得”税目缴纳个人所得税
转让阶段	按“财产转让所得”税目适用20%税率。目前，个人转让境内上市公司股票暂免征收个人所得税	按股权转让收入减除股权取得成本以及合理税费后的差额，按“财产转让所得”税目，以20%税率缴纳个人所得税

① 员工持股涉税规范性文件主要包括财税〔2005〕35号文、国税函〔2006〕902号文、财税〔2009〕5号文、国税函〔2009〕461号文、财税〔2016〕101号文等。

从员工个人层面分析，混合所有制改革中的员工持股计划主要存在四个亟待突破的税收问题：第一，缺乏体系完备、界定清晰的员工持股计划税收政策。第二，上市公司和非上市公司在员工持股计划方面的税收政策尚不统一。比如，对非上市公司而言，仅限于股票期权、股权期权、限制性股票和股权奖励可以享受税收优惠，而股权出售以及员工持股计划尚未列入税收优惠范围。第三，对于员工持股计划的解禁期和解锁期①的征税问题，尚未做出明确的规定，但解锁期一般在解禁期之后若干时日，故应以解锁期作为征税的基准日期。第四，对以科技成果入股行为尚未构建科学的纳税评估体系，目前所执行的递延纳税政策力度不够，客观上导致了科技成果转化动力不足。

从企业层面分析，向核心员工授予限制性股票等行为可能面临缴纳印花税和企业所得税等问题，但目前税收政策不甚明确，这也可能成为影响混合所有制改革的障碍之一。

（三）资产评估增值的税制突破点

税法规定，企业因改制进行资产评估时，若评估后该项资产的所有权仍属于原企业，其资产的计税基础不变，资产评估增值额不缴纳企业所得税；如果评估后该项资产用于对外投资、抵债、非货币性资产交换等产权转移情形，则应按资产的公允价值确认收入、按历史成本减除应扣除的折旧、摊销、准备金等后的余额作为税前扣除项目，计算缴纳企业所得税。目前民营企业土地、房产、股权等账面价值与评估值差异较大，按照现行税法规定，参与混合所有制改革的民营企业实施资产交易、并购重组时，若产生评估增值额，往往需要负担较重的企业所得税、土地增值税等税负，这必然会降低民营企业参与混合所有制改革的积极性。对此，笔者建议对评估增值额的税务处理应突破原有的税制框架，即区别评估增值额的性质和内容给予不同的税收待遇：若企业是为了完成混合所有制改革而产生的资产评估增值，则应给予免税待遇；但当企业以后再次出售该项资产时，就必须对其评估增值额计算缴纳企业所得税。

国有企业和民营企业在改制上市过程中发生的资产评估增值，目前税收政策不一致，即允许国有企业改制上市应缴纳的企业所得税可以不

---

① 解禁期是指某股票限售期满，该股原非流通股可以开始上市交易的日期。解锁期是指解除股票锁定的日期，即自该日起允许持股人卖出股票。

征收入库，作为国家投资直接转增该企业国有资本金（含资本公积）[①]，而民营企业改制上市应缴纳的企业所得税则必须依法征收。对此，笔者建议国有企业和民营企业改制上市的税收政策应保持一致，并遵循“不因改制增加企业税负”的原则，尽快修订资产评估增值的税收政策，对符合条件的混合所有制改革中涉及的资产交易、并购重组活动产生的评估增值额，采取免税、递延纳税或降低税率等方式，合理控制混合所有制改革的税收成本，提高非国有资本参股国有经济的吸引力。

四、混合所有制改革引发的深层次税收问题

混合所有制改革涉及多方面、多层次问题，可谓“牵一发而动全身”。那么，混合所有制改革是否会成为影响国民经济的多米诺骨牌，推进混合所有制改革是否会引发诸如税收收入效应、产权保护与税权公平、行业选择等一系列问题？下面，笔者对这些问题进行深入剖析。

（一）混合所有制改革的税收收入效应

笔者研究发现，我国国有企业与民营企业对政府税收收入的贡献度不同，即不同所有制企业存在不同的实际税负率[②]。2006—2015 年的 10 年间，国有企业纳税绝对量不断增加，占全国税收总量的 30% ~40%，因此国有企业对政府税收收入的贡献具有不可撼动的主体地位；民营企业纳税总量也在不断增长，其纳税比重呈逐年上升趋势，占全国税收总量的 11%左右，已经成为我国税收收入贡献的新兴力量。从增长相对值来看，2012 年之前民营企业更具活力，纳税增长率远高于国有企业，近年来所有企业的纳税增长率都稍显疲软，但国有企业纳税增长率稍高于民营企业[③]。比较 2006—2015 年国有企业和民营企业的资产净利率与实际税负率（见表 2）可知，国有企业的资产净利率低于民营企业，而国有企业却承担着高于民营企业的实际税负率，这违背了高盈利能力高税

① 《财政部、国家税务总局关于企业改制上市资产评估增值企业所得税处理政策的通知》（财税〔2015〕65 号）规定：①国有企业改制上市过程中发生的资产评估增值，应缴纳的企业所得税可以不征收入库，作为国家投资直接转增该企业国有资本金（含资本公积），但获得现金及其他非股权对价部分，应按规定缴纳企业所得税；②国有企业 100% 控股（控制）的非公司制企业、单位，在改制为公司制企业环节发生的资产评估增值，应缴纳的企业所得税可以不征税入库，作为国家投资直接转增改制后公司制企业的国有资本金。

② 蔡昌，李倍蕾．不同所有制企业实际税负比较研究［J］．南方经济，2017（11）.

③ 蔡昌，李蓓蕾．不同所有制企业实际税负比较研究［J］．南方经济，2017（11）.

负的原则，反映出在现实经济实践中，不同所有制企业效率的高低与其实际税负率大小存在着不匹配状况。

表 2　2006—2015 年国有企业、民营企业资产净利率与实际税负率比较①

年度	资产净利率（%）		实际税负率（%）	
	国有企业	民企（500 强）	国有企业	民企（500 强）
2006	3.14	4.72	8.62	3.46
2007	3.74	7.52	8.95	3.71
2008	2.62	6.15	8.80	3.61
2009	2.52	6.48	10.98	3.75
2010	2.78	8.00	8.72	3.92
2011	2.64	6.43	8.72	4.40
2012	2.20	5.03	8.85	4.10
2013	1.98	4.95	8.11	3.59
2014	1.78	4.77	8.28	3.90
2015	1.45	4.48	9.01	3.97

资料来源：民企（500 强）数据来源于全国工商联发布的不同年度的《中国民营企业 500 强调研分析报告》，国有企业数据来源于《中国财政年鉴》《中国税务年鉴》《中国统计年鉴》。

由于民营企业实际税负率低于国有企业，且存在产权制衡机制的微观作用效应，如果实施混合所有制改革，混合所有制改革后的国有企业的实际税负率应该介于混合所有制改革前的国有企业实际税负率与民营企业实际税负率之间，这在一定程度上降低了混合所有制改革国有企业的实际税负率。因此，最为社会各界担忧的是广泛推行混合所有制改革是否会直接减少政府税收收入总额。

从产权制衡角度分析，混合所有制融入其他性质的产权，增强了产权制衡度，不同产权主体出于自身利益的考虑，迫使混合所有制改革企业加强纳税管理、科学控制税负，使其实际税负率呈下降趋势，最终体现为政府税收收入总额的减少。其实，这个逻辑推理结论只是一个局部的短期效应，随着混合所有制改革的逐步深入，改革成效不断显现，混合所有制改革企业的资本收益率会逐渐提高，其实际税负率也会不断提高，政府所取得的税收收入总额就会不断增长。诺贝尔经济学奖得主、哥伦比亚大学教

① 表中的国有企业，按照财政部的界定，是指全国国有及国有控股企业（包括中央企业和 36 个省、自治区、直辖市、计划单列市的地方国有企业）；表中的民企（500 强），是指民营企业 500 强，这些企业规模较大、实力较强，是民营企业的典型代表。

授菲尔普斯也曾表达了类似的观点："改革中国的国有企业（极端的情况是拆散国有企业）并不会减少政府的税收收入，反而会使分配更加高效，甚至由于资源分配更加高效反而会增加政府的税收收入。"①

（二）产权保护与税权公平问题

企业产权是所有制的核心内容，实施混合所有制改革的前提就是要确保产权明晰，保护不同产权主体的正当权益。早在150年前的洋务运动中，中央集权的清政府就尝试过混合所有制，这被后人称为"官商合办"，最有名的是招商局轮船，先是纯国营，随后经历了官商合办。在民国政府时期，所谓的官商合办却成了政府依托混合所有制掠夺民间财富的政策手段，特别是一些持有官股的部分利益集团不尊重法律和产权制度，使得民营企业最终被剥夺产权，甚至丧失了所有的财富和股东权益。这是历史上出现的产权未能得到有效保护的悲惨一幕。由于历史原因，改革开放以来，我国依然存在一些对非公有制产权保护弱于对公有制产权保护的现象，导致公有制经济和非公有制经济的地位不对等，非公有制经济无法得到与公有制经济相同的地位和待遇。如果没有对私有产权严格保护的法律规定，民营资本必然缺乏参与混合所有制改革的勇气和胆量。同时，在混合所有制改革中还存在国有资本、集体资本保护机制缺位问题，多种形式侵犯国有产权的现象屡禁不止，国有资产流失时有发生。党的十九大报告对此明确要求："要完善各类国有资产管理体制……有效防止国有资产流失。"因此，政府必须解决产权保护不到位的问题，完善产权保护程序和制度，切实保护不同性质产权的资产与收益。

关于混合所有制改革，学界流传着这样一句话：现代企业制度只要不存在所有权歧视，天然就是混合所有制。混合所有制改革的关键是彻底消除所有权歧视。混合所有制改革完成后，还要把国有企业的实力与民营企业的活力结合起来，这必须以完善公司治理结构、依法保护各类股东权益为根基和依托。基于上述改革要求，其实产权保护也需要来自税制方面的支持：一方面，国家必须对不同所有制产权主体赋予公平税权，防止各类产权流转出现避税和税收歧视问题，防止公有制产权主体和非公有制产权主体出现税负不均衡现象，防止各种形式的国有资产流失和民营资本被剥夺或侵蚀问题；另一方面，政府必须以发展的眼光客观看待和处理改革开放以来各类企业特别是民营企业经营中存在的不规范问题，对于各类企业

---

① 参见博鳌亚洲论坛2014年年会博鳌对话5："对话菲尔普斯：新兴市场如何规避中等收入陷阱?"

存在的税收不规范问题必须在尊重客观历史事实的基础上妥善处理，对于一些涉税冤假错案问题必须予以彻底纠正，以保护各类产权主体的正当权益。

（三）混合所有制改革的行业选择问题

混合所有制改革的行业选择是一个关键性问题，必须引起国家和社会的高度重视。笔者建议，在国有企业实施混合所有制改革过程中，政府应当有针对性地选择和引入不同性质的非公有资本。从行业角度出发，必须衡量实施混合所有制改革的国有企业的绩效水平和税收贡献度变化情况，划分出适于混合所有制改革和不适于混合所有制改革的行业类型，然后根据行业特征和内在规律分而治之，有效推进国有企业的混合所有制改革。

1. 适于混合所有制改革的行业类型

（1）制造业。除国防、军工制造业外，制造业领域一般竞争性比较强，在这类行业中，民营参股比例越高的国有企业越能在治理结构、管理透明度、税务管理等方面发挥优势，越能发挥其市场竞争优势，实现合法控税、提升绩效水平。因此，竞争性制造行业的国有企业适于混合所有制改革。

（2）房地产业。房地产业处于竞争性领域，在这类行业中，产权越明晰，企业股权归属越明确，越能适应高度竞争的市场环境。国有股权的所有者是国家，往往存在产权主体缺位和监管缺位问题。因此，通过适度的混合所有制改革，降低房地产行业国有企业的国有股权比例，充分发挥不同性质产权的制衡作用，就能够有效提升房地产国有企业的绩效水平。

（3）公共保障类行业。公共保障类行业是关系国计民生、正外部性比较大的行业，主要承担保障国民经济安全与提供公共产品的职责。这一行业的国有企业大多属于中央国有企业，政府对该行业通常出台较多的税收优惠政策，因此该行业的国有企业实际税负普遍偏低，且长期处于垄断地位，几乎不参与市场竞争，企业关注的并不是自身业绩，而是提供公共产品的社会贡献，其经营业绩与税负水平一样，通常居于较低水平，因而有相当大的提升空间。因此，对于这类行业的国有企业，应该在保持国有资本绝对控股的前提下适当引进非国有资本，实现股权多元化，不断优化公司治理结构，有效提升其经营业绩和税收贡献。此外，这类行业的国有企业也可尝试通过购买服务、特许经营、委托代理等方式，鼓励非国有企业参与经营。

2. 不适于混合所有制改革的行业类型

（1）自然垄断行业。自然垄断行业是一个比较重要的领域，在这类行业中几乎没有市场竞争的存在。这一行业涉及的细分行业与领域较多，主要包括通信基础设施、枢纽型交通基础设施、水利水电航电枢纽、跨流域调水工程，水资源、森林资源、战略性矿产资源等开发利用领域，江河主干渠道、石油天然气主干管网、电网等领域，核电、气象、测绘、水文等领域，粮食、石油、天然气等战略物资国家储备领域，国防军工等特殊产业以及其他前瞻性战略性产业、生态环境保护、共用技术平台等领域。由于自然垄断行业在国民经济中居于重要战略地位，其中涉及的国家安全和重点战略产业，必须实行国有独资或绝对控股，虽然可以探索政企分开、政资分开、特许经营等具体改革模式，但不宜深度推行混合所有制改革；不涉及国家安全的一般垄断行业可以实行国有独资或控股，部分领域尝试以准入方式吸收非国有资本参与投资或建立竞争性采购机制；电网、管网等带有公共资源性质的垄断行业，根据行业特点实行网运分开、放开竞争性业务。

（2）农林牧渔业。农林牧渔业是一个比较特殊的行业。首先，农林牧渔业属于需求刚性行业，企业绩效水平的差异性不太明显；其次，企业的经营管理水平与企业绩效的关系并不密切；最后，我国税法给予农林牧渔业较多的税收优惠，这使得该行业的实际税负率比其他行业明显偏低，虽然这会减轻农林牧渔业的税收负担，但是过多的税收优惠不仅会造成行业间的不公平，还会造成其他因素对企业的影响不再显著，从长期来看反而不利于该行业国有企业的产权结构和治理结构的优化。因此，农林牧渔业不适于进行混合所有制改革。

参考文献：

[1] 蔡昌．构建产权型税收体系——基于产权保护与税收立法权的回归的思考［J］．税务研究，2013（06）．

[2] 蔡昌，李蓓蕾．不同所有制企业实际税负比较研究［J］．南方经济，2017（11）．

[3] 李敬，陈容．积极发展混合所有制经济［N］．经济日报，2015－05－07．

[4] 唐任伍．混合所有制实质是产权制度改革［N］．企业观察报，2013－11－19．

5 我国个人所得税费用扣除制度改革研究

刘植才

【摘要】本文从剖析影响个人所得税费用扣除制度选择的主要因素入手，论及我国个人所得税费用扣除制度及其改革的得失。在此基础上提出了进一步改革我国个人所得税费用扣除制度及完善相关配套措施的构想。

【关键词】税制改革　个人所得税改革　个人所得税费用扣除

【作者简介】刘植才，博士，天津财经大学珠江学院教授

个人所得税是以纳税人在一定时期内取得的净收入——应纳税所得额为税基的税种。应纳税所得额的计算，须以毛收入为基础，扣除必要的费用。其费用扣除内容大致应包括两部分：一是纳税人为取得收入而必须支出的相关成本费用；二是纳税人及其家庭必要的生活开支，亦即维持劳动力再生产所必需的生计费用。在应税收入既定的前提下，费用扣除制度的选择直接决定个人所得税税基的宽窄，因而是影响税收负担的一个重要因素。在税收实践中，受各种主客观因素的影响，不同国家和地区个人所得税的费用扣除程序及具体方法存在着较大的差异。

一、影响个人所得税费用扣除制度选择的主要因素

无论从个人所得税制度各构成要素之间相互协调的角度来看，还是就税收制度与税收征纳管理的相互适应与配合而言，个人所得税费用扣除制度的选择都会受到诸多因素的影响和制约。

（一）费用扣除制度必须与个人所得税的计征模式相适应

个人所得税的计征模式可分为综合计征、分类计征、综合与分类结合计征（亦称混合型所得税或二元所得税）三种基本类型。不同的计征模式，对个人所得税费用扣除制度设计有着不同的要求。比较而言，生计费用扣除比成本费用扣除受计征模式的影响更为直接。一般而言，在分类计征模式下，通常只能针对纳税人的各项应税收入分别制定费用扣除办法；综合计征模式最适宜针对纳税人家庭总体收入及生活开支状况设计生计费

用扣除办法，而在综合与分类相结合的计征模式下，要采取这种办法则面临相当多的挑战。

（二）费用扣除方法应当与个人所得税纳税单位的选择相协调

从国际视野观察，个人所得税纳税单位的选择大致分为“个人申报制”与“家庭申报制”两种基本类型。前者以取得应税所得的每一位居民或非居民为个人所得税的纳税单位；后者则以每个家庭为纳税单位，对全部家庭成员的应税所得汇总申报缴纳个人所得税。税务实践经验表明：在分类计征模式下，多以个人为纳税单位；而在综合计征或分类与综合相结合的计征模式下，采用“家庭申报制”的概率更高①。当然，也有一些国家或地区在综合计征模式下，允许纳税人自由选择以整个家庭或者以个别家庭成员为纳税申报单位，以避免产生“婚姻歧视”效应。

（三）费用扣除内容及标准应与社会经济发展水平相适应

为保障物质资料和劳动力的再生产能够顺利实现并且得以持续，个人所得税的费用扣除应以补偿纳税人为取得收入而必须支出的相关成本费用及其必要的家庭生活开支为基本目标。其中，成本费用扣除方法的设计应以足额补偿相关经济活动的实际耗费和合理、必要开支为原则，生计费用扣除则应当能够满足一定社会经济条件下维持纳税人家庭生活基本支出的需要。这就要求费用扣除内容及其标准的制定应当与一定时期的社会经济发展水平及与之密切相关的人民生活水平相适应，并且随着经济的发展和人民生活水平的提高而进行适时、适度的调整，以满足扩大再生产的需要，并使纳税人得以分享经济发展的成果。

（四）费用扣除制度应当有助于实现政府的社会治理目标

在现代社会条件下，个人所得税不仅是政府财政收入的重要来源，也是其用以调节社会经济生活的政策工具。因而，个人所得税的费用扣除制度应当符合并体现政府的社会治理理念和社会核心价值观，贯彻政府的相关经济政策和社会政策，有利于正确处理公平与效率的关系，有助于实现国家的社会经济发展目标。当然，也应避免使个人所得税的费用扣除制度因承载过多的政策目标而过于复杂化，导致征纳管理困难、增加税法的奉行成本，而影响其征收效果。

---

① 刘荣，刘植才．我国个人所得税课税单位选择问题研究——基于社会公平的视角［J］．财政经济评论，2016（02）：31.

（五）费用扣除方法应与一定时期的相关制度衔接、配合

由于个人所得税的费用扣除涉及纳税人及其家庭成员住房、教育、医疗、生育、养老等诸多方面的问题，因而，费用扣除方法的设计必须与一个国家或地区一定时期的住房制度、教育制度、医疗保健和社会保障制度衔接、配合。鉴于我国目前还处于经济转型时期，上述各项制度多在改革完善进程之中，变化比较频繁，我们在个人所得税制度改革过程中应当格外注意使费用扣除方法与上述相关制度相契合，与其内容的调整、改革相协调。

（六）费用扣除制度应与政府税收征管能力及治税环境相匹配

无论个人所得税的费用扣除方法，还是与之密切相关的计征模式和纳税单位的选择，都需要相应的税收征管能力和治税环境与之相匹配。在当今我国个人财产形式多样化、收入来源多元化、不同家庭之间生活费用支出差异日益显著的社会经济背景下，构建个人所得税费用扣除制度绝不能忽略税收征管水平和治税环境因素的影响。一方面，税务部门必须建立起比较完善的居民个人财产与收入信息系统、纳税人户籍及纳税档案信息系统；另一方面，纳税人也应当养成依法取得、妥善保存涉税收支凭证的习惯，建立必要的家庭收支记录，甚至家庭财务簿记，以便能够向税务部门申报真实、准确的涉税信息；此外，来自民政、医疗保健、社会保障、教育、银行等部门的“第三方”信息的支持也必不可少。我们虽然并不否认设计适度超前的税收制度对征管水平的提高和治税环境的改善具有一定的促进作用，但是，个人所得税费用扣除项目划分粗、细，扣除程序及计算方法繁、简，都应力求与税务机构现实的税收征管能力及治税环境基本匹配，而不能完全忽视这些因素对个人所得税费用扣除方法选择的制约作用。

二、对我国个人所得税费用扣除制度的基本评价

（一）个人所得税现行费用扣除制度的利弊得失

我国的个人所得税长期采用分类计征模式，对纳税人取得的各项应税收入分别扣除费用、分别计算应纳税额。这种计税方法虽有简便易行的优点，但也存在着比较明显的缺陷。首先，由于在分类计征模式下，不能对纳税人的各项所得汇总计税，这本身就容易降低个人所得税的累进性，因

而削弱了其调节收入的功能。其次，在分类计征模式下，多渠道取得收入者还可能因享有更多的费用扣除机会而承担较轻的税负，而收入来源单一者则往往税负较重。加之在分类计征模式下选择以个人而非以家庭为纳税单位，因而使费用扣除很难顾及不同家庭之间生计费用支出的差异，这显然不利于充分体现“量能负担”原则，从而妨碍税收负担的合理化。当然，我国个人所得税选择分类计征模式自有其特定的历史原因，对分类所得税及与之相匹配的费用扣除制度也不可一言以蔽之。

在分类计征模式下，我国个人所得税根据不同应税项目的特点分别采用了“定额扣除”“定率扣除”“定额扣除与定率扣除相结合”“限额扣除”“据实扣除”等多种费用扣除方法，并随着经济社会发展、人民生活状况及相关制度的变化加以调整、改进。总体而言，这套费用扣除方法基本上适应了分类计征模式和以“源泉扣缴制”为依托的税款征收方式，也与这一时期的税收征管水平和纳税人遵从税法的能力大体匹配。但是，如果具体分析就会发现，其各个应税所得项目适用的费用扣除方法利弊互现，效果不一。而且，相对于社会经济的发展和治税环境的变化，现行个人所得税费用扣除制度的局限性日渐明显。简析如下：

（1）劳务报酬所得、稿酬所得、特许权使用费所得采用的定额扣除与定率扣除相结合的费用扣除办法，能够较好地兼顾应税收入与相关固定成本及变动成本之间的关系。并且，这种费用扣除方法实际上对800元以下小额收入具有免征个人所得税的实效，与单纯采取“定率扣除”办法相比，带有明显的对低收入者实行税收宽免的政策意图。对此是应当给予充分肯定，并且使之在今后的税制中得以保留、加以完善的。但其800元的最低费用扣除定额38年来一成不变，显然忽略了物价变动因素对税负的影响。

（2）个体工商户的生产、经营所得，以每一纳税年度的收入总额减除成本、费用以及损失后的余额为应纳税所得额。税法针对个体工商户规定的成本、费用及损失的减除方法与企业所得税的相关规定类同，但更为简便。应当说这本是一种科学、合理的费用扣除制度，但它的有效实施是以相对健全的会计信息为依托的。而我国的《会计法》却恰恰没有把个体工商户纳入调整范围。这意味着，依照我国的《会计法》，个体工商户无须向企业那样建立账簿。涉税会计信息的缺失无疑会给税务部门对个体工商户的税收征管带来非常不利的影响，在税务实践中不得不大量采用“定率征收”方式。其结果是使《个人所得税法》针对个体工商户的生产、经营所得制定的规范的费用扣除办法往往因“定率征收”而失去用武之地，在很大程度上形同虚设。

（3）财产租赁所得和财产转让所得适用的费用扣除方法总体而言是比较合理、可行的，但是也存在着改进、优化的空间。比如，对属于资本利得性质的不动产转让所得，在扣除费用时如果仅仅以其实现的收入减除应税资产的账面历史成本，而全然不考虑物价变动因素对所得额计算的影响是值得商榷的。

（4）对目前占据个人所得税收入总额66.65%[①]的“工资、薪金所得”采用的按统一定额标准扣除基本生计费用的方法招致了较多的批评。论理而言，目前对“工资、薪金所得”所采用的费用扣除标准是根据纳税人的平均“赡养系数”和全社会人均消费支出水平测算确定的，其中应当涵盖了各项必要家庭生计费用的内容。但是，由于其采用的费用扣除标准过于笼统、单一，加之我国个人所得税并非按家庭申报纳税，因而导致这种费用扣除法不仅难以顾及不同纳税人之间因赡养人口数量、年龄结构、健康状况等因素导致的生活费开支差异，而且未能妥善处理教育、医疗、住房等大宗专项支出的扣除问题，致使其合理性大打折扣。此外，由于现行基本生计费用扣除标准尚未建立起与物价指数“联动”的调整机制，在因物价变动因素引发居民生活费支出不断上涨的背景下，如果不能及时对费用扣除额进行相机调整，极易导致费用扣除不足而加重税收负担[②]。

（5）对企事业单位承包、承租经营所得采用的费用扣除方法因承包、承租方式的差异而具有多样性特点，分别选择“定额扣除”、比照工资薪金所得扣除或比照个体工商户生产经营所得扣除。不言而喻，前文中已经论及的这几种费用扣除方法的优点和不足都会分别在企事业单位承包、承租经营所得项目的费用扣除中不同程度地存在着。

（二）新计征模式下个人所得税费用扣除制度的简要分析

基于分类计征模式存在的缺陷，我国税收学界围绕个人所得税计征模式改革问题的讨论可谓旷日持久。在此过程中，建议采用“综合与分类相结合计征模式”的观点渐成共识，而且对政府决策产生了重大影响。早在1996年3月出台的国家“九五”计划中就提出了“建立覆盖全部个人收入的分类与综合相结合的个人所得税制”的改革目标；此后，从国家“十五”计划”到“十二五”规划，以及党的十八届三中全会的决定等纲领性文件均将“建立健全综合与分类相结合的个人所得税制度”作为税制改革

① 根据《中国税务年鉴（2017）》，中国税务出版社2017年版第584页数据计算。

② 刘植才．个人所得税制度改革研究［J］．天津经济，2011（10）：57.

目标。2018年8月31日，第十三届全国人大常委会第五次会议通过了关于修改《中华人民共和国个人所得税法》的决定，将个人所得税的应税所得调整为九项，分别为：工资、薪金所得，劳务报酬所得，稿酬所得，特许权使用费所得，经营所得，利息、股息、红利所得，财产租赁所得，财产转让所得，偶然所得。其中，第一项至第四项所得（简称综合所得），按纳税年度合并计算个人所得税；其余五项所得，依然分别计算个人所得税。至此，我国个人所得税采取"综合与分类相结合"计征模式终成定局。与此同时，对个人所得税的费用扣除制度也进行了相应改革。择其主要内容简析如下：

1. 关于居民个人综合所得的费用扣除

修订后的税法规定，对劳务报酬所得、稿酬所得、特许权使用费所得以收入减除20%的费用后的余额为收入额；稿酬所得的收入额减按70%计算。笔者认为，这种被新闻媒体和社会公众理解为对收入额"打八折"的规定实质上并不是一种税收优惠，而是对纳税人未取得应税收入而发生的相关成本、费用的"定率扣除"。当然，"稿酬所得的收入额减按70%计算"的规定则应另当别论。

与计征模式改革相配合，对综合所得以每一纳税年度的收入额减除费用60 000元以及专项扣除、专项附加扣除和依法确定的其他扣除后的余额，为应纳税所得额。其中的专项扣除包括居民个人按照国家规定的范围和标准缴纳的社会保险费和住房公积金等；专项附加扣除包括子女教育、继续教育、大病医疗、住房贷款利息或者住房租金、赡养老人等支出。这种"定额扣除+专项扣除+专项附加扣除+其他扣除"的生计费用扣除模式得以确立是此次税制改革的一项重要成果。

首先，此举把工资、薪金所得费用扣除的定额标准由改革前的每月3 500元提高到了平均每月5 000元，可暂时缓解长期稳定不变的费用扣除定额与物价变动之间的矛盾；其次，由于增设了"专项附加扣除"，从而使个人所得税原费用扣除制度未专门列举的教育、医疗、住房、赡养老人等生活费用支出项目被单独列入扣除范围，此举不仅有利于降低纳税人的税收负担，而且能够使家庭人口结构不同的纳税人之间税负更趋公平；最后，由于在新的计征模式下对四项劳动性所得实行综合计税，因而使原本为工资、薪金所得项目所独享的"定额扣除""专项扣除"和新增设的"专项附加扣除"等生计费用扣除的适用对象扩展到了包括劳务报酬所得、稿酬所得和特许权使用费所得在内的所有劳动性所得，必将在较大范围内产生明显的减税效果，增强纳税人的获得感。

但是，笔者认为，囿于诸多因素的制约和影响，上述费用扣除方法仍存在着一定的局限性。首先，改革后对纳税人及其家庭的基本生计费用扣除依然采用单一的定额标准，扣除额度虽提升至每年60 000元，但此举无助于消除纳税人赡养家庭成员人数、健康状况（如是否有残障人员）等因素导致生活费开支差异对税负承受能力的影响；其次，由于此次改革后至今仍未确立对生计费用扣除标准采取何种具体的“指数化”调整办法，因而可以预判，随着时间的推移和物价水平的持续变动，因费用扣除定额调整时间和幅度问题引发“争吵”仍将难以避免；最后，由于改革后的个人所得税仍然沿用了“个人申报制”，这将使主要针对纳税人家庭而非个人设置的专项附加扣除在实际操作层面面临不可低估的挑战。

2. 关于分类计税所得项目的费用扣除

此次改革之后对经营所得、财产租赁所得、财产转让所得、利息、股息、红利所得和偶然所得等项目依然分别计征个人所得税。其中，经营所得以每一纳税年度的收入总额减除成本费用以及损失后的余额为应纳税所得额。财产租赁所得每次收入不超过4 000元的，减除费用800元；4 000元以上的，减除20%的费用，其余额为应纳税所得额。财产转让所得以转让财产的收入额减除财产原值和合理费用后的余额，为应纳税所得额。利息、股息、红利所得和偶然所得，以每次收入额为应纳税所得额，不扣除任何费用。

单从字面上看，上述规定中对“经营所得”沿用了原“个体工商户生产、经营所得”的费用扣除办法，其他各个所得项目的费用扣除办法与改革之前似无明显差异。然而，基于现阶段我国居民财产性收入逐渐增加，谋生手段日趋多元化的状况，按照上述规定，那些没有取得“综合所得”而仅靠上述“分类所得”维持生计的纳税人能否享受到合理的基本生计费用扣除、专项扣除和专项附加扣除，这是一个值得认真思考的问题。

首先，就新的经营所得项目而言，如果比照原个体工商户生产、经营所得的费用扣除办法，在减除成本费用时不得扣除经营者（业主）本人的工资，但允许按标准扣除一定的费用（原为每月3 500元），并允许扣除其本人按规定标准缴纳的“五险一金”和企业年金。如果税制改革后这些规定得以延续，即使将经营者本人的费用扣除标准提高至每月5 000元，也意味着新增设的专项附加扣除规定对经营所得的纳税人并不适用。

其次，我们姑且将通常属于非持续性所得的财产转让所得和偶然所得排除在讨论范围之外，仅就财产租赁所得来说，对其每月800元或20%的扣除标准的内涵应如何解析？其中除相关成本费用之外是否涵盖了“专项扣除”和“专项附加扣除”以及“其他扣除”等成分？对本身就属于纯收入性质的“利息、股息、红利所得”在个人所得税征收环节不再扣除成本费用似乎毋庸置疑。但是，在改革开放40年后的今天，财产租赁所得和利息、股息、红利所得等财产性、资本性所得完全可能成为某些家庭的唯一生计来源。一旦遇到这种情况，对这两项非劳动所得是否扣除、如何扣除生计费用也会成为一个难以回避的问题。这当然会涉及政府对劳动所得与非劳动所得的税收政策以及由此决定的对不同性质应税所得的税负安排等诸多问题，有待进一步讨论和研究。

而从境外情况看，在综合计征模式下，在个人所得税汇缴环节，对取得财产性、资本所得的纳税人，其家庭的基本生计费用和类似我国专项扣除、专项附加扣除等生活开支通常都能享受与其他纳税人一视同仁的扣除待遇。这对我国在新的社会发展阶段如何处理非劳动性所得的费用扣除问题不无借鉴意义。

三、进一步完善我国个人所得税费用扣除制度及配套措施的构想

（一）进一步完善我国个人所得税的费用扣除制度

1. 尽快建立个人所得税费用扣除标准“指数化”调整机制

自20世纪中叶起，由于“赤字财政”政策被广泛采用，加之全球经济快速增长产生的需求拉动，各国物价水平普遍持续上涨，通货膨胀成为物价变动的常态。我国自1979年施行价格制度改革以来，除1998年（-0.8%）、1999年（-1.4%）、2002年（-0.8%）、2009年（-0.7%）出现过物价负增长之外，物价总体水平的变动基本处于上升状态①。而我国个人所得税采用的定额（绝对数）费用扣除标准一直未建立起与物价指数联动的调整机制。在因物价变动造成居民生活费用支出不断上涨的情况下，如不及时对费用扣除额进行相机调整，极易增加纳税人的税收负担。而费用扣除标准的调整又须经过复杂的法律修订程序，付出比较高昂的成本，因而长期存在着费用扣除标准修订时滞问题。

为此，应当尽快建立费用扣除标准与物价指数联动机制，在税法中规定：当物价指数变动累计达到一定幅度时，须对采取绝对数形式的个人所得税费用扣除标准做出相应调整，以消除或缓解物价变动对税收负担的影响。其他国家和地区的个人所得税普遍采用这种费用扣除方法。例如，我

① 资料来源：中华人民共和国国家统计局网站统计数据。

国台湾地区的“综合所得税”对采用“绝对数”形式的费用扣除标准，均采取了“指数化”调整办法。每当“消费者物价指数”累计上涨幅度超过3%时，必须对费用扣除标准或限额进行调整。这种做法对我们是具有借鉴意义的。

2. 进一步细化基本生计费用的扣除标准

成熟的个人所得税费用扣除制度应充分考虑纳税人的婚姻状况和家庭人口数量、结构情况等因素，力求使费用扣除额尽可能接近每个纳税人的实际生活费用支出。我国修订后的《个人所得税法》对“综合所得”仍采用无差别的单一定额标准（每年60 000元）扣除基本生计费用，无论纳税人的婚姻状况、抚养人口数量及其健康状况如何，一律按相同标准扣除。仅在专项附加扣除中增设了赡养老人的费用扣除项目。这种费用扣除方法在很大程度上忽略了家庭状况差别对纳税人生活费用开支的影响，难免造成不同纳税人之间税收负担失衡。在此费用扣除模式下，无论将费用扣除标准提高到什么水平，都无助于解决不同家庭结构的纳税人之间的税负公平问题。

为此，建议细化基本生计费用的扣除，应与纳税人赡养、抚养人口数量“挂钩”，除赡养老人的费用已安排在“专项附加扣除”环节外，在此应考虑纳税人的未成年子女或虽成年但在校就学、因身心障碍无谋生能力须由纳税人扶养者的人数；以及纳税人及其配偶的未成年同胞兄弟、姊妹或虽已成年而因在校就学、因身心障碍无谋生能力须由纳税人扶养者的人数。并且应适当增加对身心残障赡养对象的费用扣除标准。这是许多国家和地区个人所得税制度通行的做法，据笔者了解，我国香港特别行政区和台湾地区的税制均有对受纳税人抚养的身心残障家庭成员加计扣除费用的规定。

3. 专项附加扣除的操作方法应力求繁简得当

专项附加扣除包括子女教育、继续教育、大病医疗、住房贷款利息或者住房租金、赡养老人等支出，与境外国家或地区相比，其内容虽然不算复杂，但由于我国个人所得税的征纳双方均缺乏相关操作经验，其实施难度不可低估。笔者认为，为适应纳税人在经济状况和奉行税法能力方面存在的差异，在操作层面，专项附加扣除手续的设计应繁简得当，在不违背税法的前提下，针对不同类型的纳税人采取有区别的技术措施。有些国家和地区对此类费用的减除设置了“标准扣除”和“列举扣除”两种方式，由纳税人自主选择。“标准扣除”是对专项附加费用制定一个综合的扣除标准。选择这种减除方式的纳税人，无论其有无此项相关开支、实际开支多少，一律按法定标准进行扣除。选择“列举扣除”方式者，则须按照税法列举的扣除项目及相关限额标准和限制条件分项减除纳税年度实际发生的费用支出，且其申报的各项费用开支均须以合法的凭证为依据。这种可选择的扣除方式，具有较强的适应性和可操作性，且有利于生活水平较低的纳税人，是值得我们借鉴的。

（二）相机推进与个人所得税费用扣除制度相关的配套改革

前文述及，个人所得税的计征模式和纳税单位的选择是影响其费用扣除制度设计的主要因素。因而，在我国未来的税制改革中，这两个因素作为决定个人所得税费用扣除方法改革的基本前提条件，必须相互配合，进行互动改革。

1. 进一步推动个人所得税计征模式改革

论及我国个人所得税计征模式改革，最流行的观点是以“综合所得税制”为改革的最终目标，考虑到征收管理条件的制约，近期内应先选择“综合与分类相结合”模式作为过渡形式。此种观点大致是出于这样的判断：“综合与分类相结合”的税制模式比“分类所得税制”更为公平，比“综合所得税制”简便易行。但是，有研究结果表明，与“综合所得税”课征模式相比，“综合与分类相结合”模式的公平性大为逊色；而与“分类所得税”模式相比，其“税制更加复杂”，“给征纳双方都带来不便”。并且“对所得课税模式的选择与经济发展水平无关”，“综合与分类相结合”的所得税制“并不是所得税制发展过程中必不可少的阶段”。[①] 此外，从国内实践层面看，我国在1987年至1993年期间征收个人收入调节税的经验、教训也印证了上述论断。

笔者认为，从追求税负的公平性、增强个人所得税调节功能的角度出发，将“综合所得税制”模式作为我国个人所得税改革的最终目标显然是正确的。鉴于我国目前的税收征管水平和征管条件，近期选择“综合与分类相结合”的所得税模式作为改革的过渡性形式也是具有合理性的。但是，鉴于“综合与分类相结合”税制模式的局限性，我们应当积极创造条件，尽快推进个人所得税计征模式向“综合所得税制”转变。

目前，劳动性所得仍是我国个人所得税收入的主要税源。根据2016年的统计数据计算，来自工资、薪金所得，劳务报酬所得，稿酬所得和特许

---

① 各国税制比较课题组．个人所得税制国际比较［M］．北京：中国财政经济出版社，1996：74－79.

权使用费所得等四项所得的收入占个人所得税总额的比重高达70.3%①。这意味着即使将原“对企事业单位承包、承租经营所得”全部归入新设立的“经营所得”项目，此次税制改革后实行分类计税的五项所得对个人所得税收入的贡献率也不过30%左右，其中绝大部分税源来自财产性、资本性收入。鉴于目前我国的资本市场、金融系统、房地产和知识产权交易机构的信息化管理均已达到较高的水平，因而，只要打通税务机关与这些部门和机构的信息渠道，将这些应税项目纳入综合计征范围，在税源监控方面应当不存在特殊的困难。据此，建议尽快将这部分应税项目纳入综合计税范围，尽早使个人所得税实现完全的综合课征模式。这一目标如能实现，前文提到的非劳动所得项目纳税人生计费用扣除存在的问题自然迎刃而解。

2. 将“家庭申报制”作为个人所得税征管改革的重要选项

我国的个人所得税一直采用“个人申报制”。这种申报纳税制度与个人所得税的分类计征模式相适应，具有简便易行的优点。但是，随着经济持续高速发展，我国居民的收入水平不断提高，收入来源、形式日趋多元化，居民家庭生活支出内容随之发生了显著变化，不同家庭之间的收支状况及承受税收负担能力的差距逐渐加大，“个人申报制”的局限性逐渐显露。尤其是在个人所得税计征模式改革目标确定之后，改行“家庭申报制”的呼声日渐强烈。

笔者认为，如果未来我国个人所得税仍采用“个人申报制”，其费用扣除制度也只能是主要针对纳税人个人而非其家庭进行设计，必然无法充分考虑纳税人家庭整体收支状况对其纳税能力的影响，从而难以获得理想的公平效应。为此，我们不仅应正视以家庭为个人所得税纳税单位目前存在的困难，而且应当看到近年来我国在税务管理信息化方面取得的成果，并对信息化、“大数据”快速发展给税务管理带来的良好前景有一个合理的预期。积极创造条件，力争在个人所得税纳税单位选择方面有所突破。以便增强生计费用扣除对纳税人家庭情况的针对性，以利于平衡不同家庭的税收负担，实现税负公平。

3. 优化征收管理环境是个人所得税制度改革效果的重要保障

个人所得税计征模式及费用扣除制度的改革对其征收管理工作提出了新的要求，同时也需要进一步优化治税环境，为新税制实施提供有力支持。修订后的《个人所得税法》第十五条第一款规定：“公安、人民银行、

① 根据《中国税务年鉴（2017）》，中国税务出版社2017年版第584页数据计算。

金融监督管理等相关部门应当协助税务机关确认纳税人的身份、金融账户信息。教育、卫生、医疗保障、民政、人力资源社会保障、住房城乡建设、公安、人民银行、金融监督管理等相关部门应当向税务机关提供纳税人子女教育、继续教育、大病医疗、住房贷款利息、住房租金、赡养老人等专项附加扣除信息。”这无疑将是对个人所得税费用扣除制度改革的有力保障。笔者认为，除此之外，还须对纳税人提出相应的税法遵从要求。比如，可考虑将达到一定经营规模的个体工商户等经营实体纳入《会计法》调整范围，以利于促进经营所得的纳税义务人建立会计核算制度，提供准确的涉税信息；同时，通过对《税收征管法》的补充、修订，要求或引导个人所得税的纳税义务人建立必要的家庭收支记录，以适应税收征纳需要。这对于提高个人所得税费用扣除制度的可操作性以及加强税收征管无疑是有益的。

参考文献：

[1] 刘植才．个人所得税制度改革研究［J］．天津经济，2011（10）．

[2] 刘荣，刘植才．我国个人所得税课税单位选择问题研究——基于社会公平的视角［J］．财政经济评论，2016（02）．

[3] 各国税制比较课题组．个人所得税制国际比较［M］．北京：中国财政经济出版社，1996.

[4]《中国税务年鉴》编委会．中国税务年鉴（2017）［M］．北京：中国税务出版社，2017.

6　我国个人所得税改革路径探究

张　岩

【摘要】2018年8月31日，第十三届全国人大常委会第五次会议表决通过了《全国人民代表大会常务委员会关于修改〈中华人民共和国个人所得税法〉的决定》，这是《中华人民共和国个人所得税法》自实施以来的第七次修订，也是目前为止最大规模的一次结构性改革。从改革角度来看，此次修正案具有里程碑意义，它引入了"综合所得"的概念，使我国个人所得税制由分类向分类与综合相结合的模式迈出了历史性一步，强化了个人所得税在调节收入分配等方面的作用。本文在概述2018年我国个人所得税改革基本内容的基础上，充分借鉴国际发达国家个人所得税税制设计理念，提出今后我国进一步完善个人所得税制度的政策建议。

【关键词】税制改革　个人所得税　完善对策

【作者简介】张岩，首都经济贸易大学财政税务学院研究生

个人所得税是针对个人凭借自身劳动禀赋或财产所获取的市场价值和必要成本之间的差额课征的一种税款，具有筹集财政收入和调节收入分配的作用，是世界各国复合税制结构中的重要组成部分。我国于1980年首次颁布《中华人民共和国个人所得税法》，1986年全国人大和国务院先后发布了《中华人民共和国个人收入调节税暂行条例》和《中华人民共和国城乡个体工商业户所得税暂行条例》，在处理个人分配关系上形成了税收法律、行政法规并存实施的格局；1993年，我国对个人所得税法进行了第一次修正，将原先分设的三大法律、法规合并为统一的个人所得税，并重新调整纳税项目、免税项目、费用扣除标准和税率；1999—2011年，我国又先后对个人所得税法进行了五次修正，不断提高工资、薪金所得的费用扣除标准，完善了相关征税规定，逐步建立起了适应社会主义市场经济体制的个人所得税制；2018年6月，《中华人民共和国个人所得税法修正案（草案）》提请第十三届全国人大常委会第三次会议审议并向全社会公开征求意见，2018年8月第十三届全国人大常委会第五次会议表决通过《中华人民共和国个人所得税法修正案（草案）》。本次修订首次提出对部分所得综合征税的概念，实现了分类所得

税制向分类综合所得税制的转变，同年12月正式发布的《国务院关于印发个人所得税专项附加扣除暂行办法的通知》进一步明确了子女教育、大病医疗、继续教育、住房贷款利息或者住房租金、赡养老人等6项专项附加扣除的税前扣除标准。

进入21世纪以来，我国个人所得税收入总量不断提升，2017年达到11 966.37亿元，占全国总税收收入的比重为8.29%，这也是我国历史上个人所得税收入比重首次突破8%（如图1所示）。随着居民收入水平不断提升，个人所得税税基不断扩大，因此个人所得税收入总量不断增长。个人所得税作为直接税，相较于筹集财政收入来说，通过再次分配，调节社会财富的结构性、促进社会公平是其更为重要的职能所在。在个人所得税收入总量不断提升的基础上，有效发挥个人所得税调节收入分配的功能，实现“扩中、增低、调高”的目标成为今后改革的重点工作，为此要不断推进个人所得税改革纵向深入，促进我国税制结构的进一步优化。

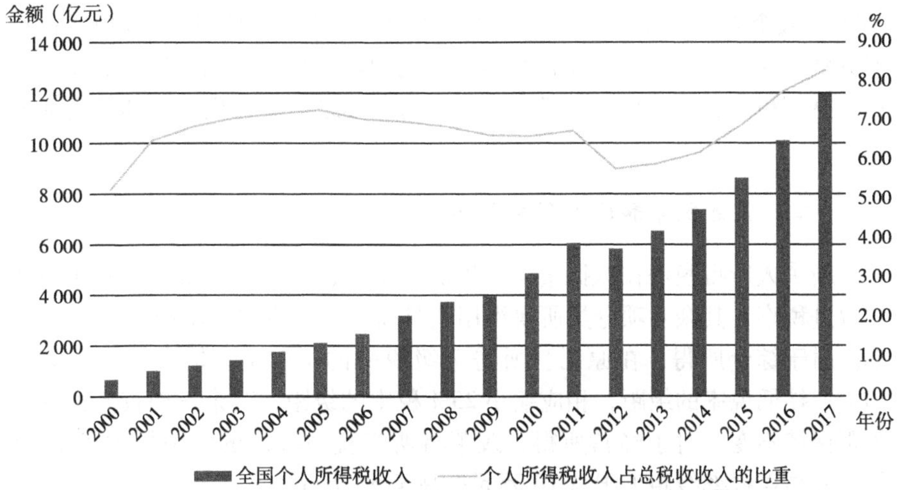

图1　2000—2017年我国个人所得税收入及占比情况

资料来源：根据相关年份《中国统计年鉴》的数据整理而得。

一、2018年个人所得税改革的主要内容

新个人所得税法从居民纳税人确认标准、课征形式、费用扣除标准、适用税率、申报方式以及反避税规则等多个角度完善了个人所得税征管制度，体现了公平税负的基本原则，减轻了中低收入群体的税收负担，顺应了国际税制改革发展趋势。

（一）完善有关纳税人的规定

改革前的个人所得税法所区分的不同形式纳税人实际上就是新个人所得税法所规定的居民个人和非居民个人，只是缺乏概念上的明确。为进一步划分不同类型纳税人所承担的义务和责任，便于各项税收法律法规的执行，新个人所得税法借鉴国际上大多数国家的做法，引入居民个人和非居民个人的概念，这也是我国税制与世界接轨的体现。新个人所得税法将在中国境内居住的时间作为判定居民个人和非居民个人的标准，并且将之前的是否满 1 年调整为是否满 183 天，以更好地行使税收管辖权。

（二）综合与分类相结合的征税模式

新个人所得税法将税目分为 9 项，其中：将工资薪金、劳务报酬、稿酬和特许权使用费归拢在一起，以综合所得的形式适用 7 级超额累进税率计税；将“个体工商户的生产、经营所得”调整为“经营所得”；删除了 2011 年版个人所得税税制中的“承包经营、承租经营所得”，该项所得按实分别并入经营所得或者综合所得；其他的收入项目，如利息、股息、红利，财产租赁，财产转让，偶然所得，仍延续之前的计税方法和分类征管模式。

（三）累进税率和比例税率的组合

新个人所得税法在依据量能负担的原则下，将综合所得和经营所得适用累进税率，其余 4 项分类所得沿用改革前的计税方法，使用 20% 比例税率。对于综合所得，在原工薪所得 7 级税率的基础上，扩大 3%、10%、20% 三档低税率的级距，相应缩小 25% 税率的级距，其余三档较高税率的级距保持不变；对于经营所得，改革将所有税率级次的级距扩大了 1 ~ 5 倍，最高档税率级距下限从 10 万元提高至 50 万元。

（四）综合扣除与专项扣除相结合

新个人所得税法采取了两类扣除，一是提高综合所得基本减除费用标准，对中国公民在境内外取得的综合所得以及外国公民在中国境内取得的综合所得，其基本扣除标准为 6 万元/年（5 000 元/月）；二是设立专项附加扣除，除了“三险一金”以外，还增加了子女教育、继续教育、大病医疗、住房贷款利息或者住房租金、赡养老人等 6 项专项附加扣除项目。

（五）实施纳税人识别号制度

实行统一的纳税人识别号，有中国居民身份证号码的以身份证号码作为纳税人识别号；没有中国居民身份证号码的，税务机关应该对该纳税人重新编定唯一的纳税人识别号。并且扣缴义务人在为纳税人代扣代缴税款时，必须录入纳税人识别号，否则将不能成功申报。

（六）代扣代缴与自行申报相结合

新个人所得税法施行后，“代扣代缴”仍然作为个税征收税款的最主要方式，辅之以自行申报的征收方式。应当自行申报纳税的6种情形分别为：一是取得综合所得的纳税人，在年度终了时需要办理年度汇算清缴；二是取得经营所得；三是扣缴义务人未扣缴税款；四是从境外取得所得；五是因移居境外注销中国户籍；六是非居民个人在中国境内从两处以上取得工资、薪金所得的纳税申报。

（七）多部门配合加强税收征管

《个人所得税专项附加扣除暂行办法》第二十六条规定了公安部门、民政、医疗保障等部门针对6项专项附加扣除所掌握的涉税信息，有责任和义务向税务机关提供涉税信息或者给予必要协助，确保专项附加扣除所涉及的各项信息准确无误。

（八）增加反避税条款

新个人所得税法在反避税立法方面，初次设立特别纳税调整条款。按照独立交易原则（ALP规则）、受控外国企业（CFC规则）、一般反避税（GAAR规则）的相关规定，严格规制个人的关联交易等行为，构建出国际上所共同遵循的特别纳税调整原则，分别为独立交易原则、合理商业目的原则和实质重于形式原则等。在该法律条款的支撑下，税务机关获得了合法的纳税调整权力，这预示着我国个人所得税法在反避税方面实现了巨大跨越。

二、个人所得税制设计的国际经验借鉴

个人所得税作为政府重要的政策调节工具，西方发达国家对其采取的改革举措具有相同之处，主要包括：降低中低收入者的税收负担，规避对资本所得项目的偷漏税风险，逐步凸显税制的简单化和包容性，使税收政

策在促进经济增长的同时最大限度地维护社会公平。

（一）整体降低个人所得税税率

OECD 在 2018 年发布的报告《税收政策改革（2018）：OECD 成员国及特定伙伴经济体》[①] 显示，大多数国家选择通过降低个人所得税适用税率，以进一步减轻纳税人的税收负担。在美国联邦政府新一轮的税制改革政策中，个人所得税在保持 7 个税率级次不变的基础上，不仅降低了最高边际税率，也降低了其他档次税率，最高边际税率从 39.6% 降为 37%；其他档次税率中 15%、25%、28%、33% 的税率分别下降至 12%、22%、24%、32%。

为了进一步缓解社会分配不公的现状，拉脱维亚从 2018 年 1 月 1 日起，将原先 23% 的个人所得税单一税率转变为 20%、23%、31.4% 的三级累进税率，即 20 004 欧元以下的部分适用 20% 的税率，20 004 ~ 55 000 欧元的部分按 23% 的税率，55 000 欧元以上的部分按 31.4% 的税率计税。虽然税率有增有减，但对于中低收入群体来说，整体税负下降了。

从 2020 年 1 月起，希腊预计将 22% 档的税率降至 20%，以达到减轻非法人小型微利企业税负的目的。

（二）提高免税额和税收抵免额

在提高免税额方面，2017 年特朗普税改规定，个人单独申报的标准免税额由 6 350 美元调整为 12 000 美元，家庭联合申报的标准扣除额从 12 700美元调整至 24 000 美元，并规定暂时取消个人宽免扣除项目；日本政府为进一步减轻税制对纳税人工作选择的影响，计划将原仅适用于工薪阶层的 10 万日元的额外基本扣除额在社会范围内进一步扩大，推广至所有纳税人；土耳其政府对于净所得低于最低工资，但被划分为第二个税阶的纳税人，计划提高其最低个人扣除额。

在提高税收抵免额方面，芬兰宣布自 2020 年起，税收抵免的金额将从 1 420 欧元提高至 1 540 欧元；意大利在 2018 年将税收抵免额从 24 000 欧元提高至 24 600 欧元；美国将每名不超过 17 岁儿童的税收抵免额提升了一倍，定为 2 000 美元，同时新增 17 岁及以上被抚育人的税收抵免额，给予每人 500 美元的税收优惠；为照顾那些需要抚育子女并且收入单一的家庭，爱尔兰将税收优惠的抵免额从 1 100 欧元增加到 1 200 欧元。

---

① OECD：Tax Policy Reforms 2018：OECD and Selected Partner Economies，https：//doi.org/10.1787/9789264304468 – en。

（三）着重提高资本所得税率

从世界范围看，主要发达国家在个人所得税改革领域不断提高资本所得税率，其原因是为了实现社会公平和增加税收收入。拉脱维亚政府为提升资本所得税收入的比重，将资本所得（利得）的税率从10%和15%提升至20%；冰岛将资本所得的税率从20%提高到22%；阿根廷不仅取消了对金融收入所得的税收豁免，而且对股息所得计征额外的预提税；韩国则将3亿韩元以上的资本所得部分的适用税率由20%提高到25%；荷兰计划从2021年起，对于境内法人或个人的大额持股所得的税率从25%提高到28.5%。

（四）以家庭为征税主体

在法国个人所得税税制设计中，丈夫、妻子和子女可以组成正常的家庭单位，除此之外，单身、离婚或寡居的个人也可以构成家庭单位进行纳税。在此基础上，根据纳税人的婚姻状况、育子数量等因素适用不同的参考系数，称之为“家庭系数体系”，对每个纳税家庭的总应税收入进行档次划分，按既定的累进税率进行计税，以使纳税人的负担水平与赋税能力相匹配。

在我国台湾地区，“所得税法”规定各类收入所得在减除必要的成本和费用之后，以其净额加总为个人综合所得总额，在此基础上再次减除免税额和扣除额，得到应纳所得净额，按照适用的超额累进税率征收个人所得税。

美国现行的个人所得税制度，实行个人课税和家庭课税并存的模式，适用不同的税率和费用扣除方法，纳税人可以自行选择。

（五）综合与分类相结合的课征模式

美国个人所得税采取以综合为主、分类为辅的制度，即除特定资本利得类所得外，其余所得全部汇总适用统一的计征方法和税率结构。依据资本持有期限长短而适用不同的计征方法，即对于短期资本的销售利得，视同普通一般所得，与其他所得汇总，适用相同的征税办法；对于长期资本的销售所得，适用低的优惠税率。这里所说的长短期年限的界限为一年，即持有期为一年以内的为短期，超过一年的为长期。

法国现行个人所得税实行综合与分类相结合的课征模式，对一些资本所得，适用其特定的比例税率；其他收入所得，扣除一定的成本、费用之后，以各项净所得加总为综合所得，按照适用的税率计算纳税。

三、今后实施个人所得税改革的政策建议

随着社会经济不断发展，个人所得税制也要通过不断完善，实现与经济社会的同步发展。个人所得税的改革应基于经典税收理论，遵循“宽税基、低税率、简税制、强征管”的原则，强化“扩大中等收入者比重，提高低收入者收入水平，调节过高收入”的属性，使收入分配制度更趋于公平、高效。

（一）以家庭作为纳税主体

综观世界各国，主流发达国家的个人所得税大多数都是以家庭为单位申报纳税，而目前国内则主要是以个人为申报单位。[①] 谢俊（2013）将家庭课税制和个人课税制进行了比较，并提出中国应选择走家庭课税模式之路。刘成奎等（2018）认为，实行综合分类课税模式，以家庭为计征单位，不仅能够考虑地区城乡家庭生活水平差异，对必要生活支出合理扣除后，更有利于缓解纳税人的税负。随着分类与综合相结合个人所得税改革方案日趋完善，以家庭课税替代个人课税有了更好的实施基础。在实行以家庭为纳税主体时，可以按照“相同家庭模式扣除标准统一，不同家庭模式扣除标准差别化”的原则，确定合理的费用扣除标准。纳税时以整合后的全体成员收入为计税基础，以实现承税能力和税收负担相匹配，体现税法的公平性。

（二）采用“反列举”方式扩大税基

从目前国际税收结构来看，发达国家个人所得税收入总量占政府财政收入总额的比重为30%左右，而我国不到10%，究其原因便是我国目前个人所得税税基相对过窄。目前，我国的个人所得税法采用“正列举”的形式对征税对象进行规定，对于不在税法列举范围内的所得，不必缴纳个人所得税。但随着社会、经济的发展，居民收入来源不断多样化，许多尚未纳入税法征税范围的所得在实质上都应该是计征的对象，这在一定程度上导致税收缺口的形成，不仅影响财政收入，也违反税收公平原则。鉴于此，在未来个人所得税税制设计中，可采用“反列举”来规定应税项目，即税法只规定免税和不征税的收入所得，对于不属于上述规定范围的所得都应依照税法纳税。在多元化收入、隐性收入和福利有效规制的前提下，

① 陈舒．中外个人所得税存在的差异与借鉴：以中美两国为例［J］．经济研究导刊，2018（03）．

反列举的方式能够最大限度地扩大税基，同时保障了个人所得税调节收入分配、筹集财政收入功能的实现。

（三）进一步完善费用扣除制度

过去几次个人所得税改革，更多地集中于对基本扣除标准的不断提高。据统计，本次改革后纳税人数约为 6 400 万，占总人口的比重不足 5%。纳税人数量决定着个人所得税的调节效果，如果只对极少数纳税人征税，那么即使实行非常高的超额累进税率，其调节收入分配的效果也受到很大的制约。因此建议，一是运用科学的方法，根据物价上涨指数对各项基本费用扣除标准进行调整，减轻通胀因素对税收的影响程度；二是适时进一步扩充专项附加扣除项目的范围，如可将养育子女费、意外损失未获赔偿部分以及与工作相关费用支出等逐步纳入其范围。

许多国家在照顾国内低收入群体时普遍采取的税收优惠政策是对劳动所得进行税收抵免。我国也可以引用这种方式，在现行的个人所得税优惠政策中加入劳动所得税收抵免。此外，对于特殊群体或特殊支出项目，也给予专门的税收抵免优惠政策，最大限度地减轻中低收入者的税收负担。

（四）减少税率级次，降低边际税率

李香菊、郑春华（2018）运用赛斯的“最优非线性所得税”理论，以家庭为纳税单位，以年收入为研究对象，分析个人所得税最高边际税率及其影响因素，认为兼顾效率和公平的社会分配目标下现行 45% 的最高边际税率存在下调空间。新个人所得税法综合所得适用 7 级超额累进税率，在实际征管过程中，常用的是前 3 个低税率，后面 2 个高税率几乎很少用到。与国际其他国家个人所得税税率水平相比较，目前我国综合所得和经营所得的最高边际税率，均高于本国的企业所得税税率以及其他国家的所得税税率。过高的边际税率不仅不利于居民个人的财富积累，也会挫伤劳动和创新积极性，对于引进国际优秀人才也会产生阻碍。因此，在未来的税制设计中，要逐步合并现有的税率级次，降低边际税率。

（五）加强部门配合，提高税收征管水平

由于综合所得征税办法、专项扣除、专项附加扣除、自主申报等改革措施的推行，对于税务机关和纳税人来说，都将是无法避免的挑战。因此，税务机关除了应该做好税法的宣传和辅导工作，还应该提升征管的技术水平，通过开发合适的征管软件和纳税申报软件等，简化纳税程序，降

低缴税成本。特别是要加强与教育部门、卫生部门、医疗保障部门、住房城乡建设部门、各类银行机构、金融监督管理机构、不动产登记等相关单位的联系，通过互联网等现代技术手段，实现各部门间的信息共享，准确掌握纳税人各项专项附加扣除信息，解决专项附加扣除中的扣除凭证问题，尽量减轻纳税人的额外负担。

（六）借助互联网技术防范税收风险

在互联网技术快速发展的背景下，以电子商务为代表的新兴经济参与主体在税源监控、税款追缴方面给税务征管部门带来挑战。同时，税务部门对明星等高收入人群的真实收入掌握手段有限，通过“阴阳合同”等非法手段偷税漏税的情况时有发生，税收风险较大。因此，通过“金税三期”等“互联网+”技术加强税务风险管理变得尤为重要。税务机关要在全面分析纳税人税法遵从状况的基础上，针对纳税人不同类型、不同等级的税收风险，合理配置税收资源，综合运用纳税评估、税务稽查、反避税管理等手段，防控税收风险，提升纳税人税法遵从度，巩固税务机关的监管水平。

参考文献：

[1] 蒋震．从经济社会转型进程看个人所得税改革［J］．河北大学学报（哲学社会科学版），2019，44（01）：34－39.

[2] 闫坤．个人所得税改革的思路和政策建议［J］．中国财政，2018（10）：36－38.

[3] 谢飞，雷良海．个人所得税改革对居民消费的影响研究［J］．经济研究导刊，2018（23）：148－150.

[4] 张京萍，刘晶晶，李楠楠．个人所得税改革国际发展趋势研究［J］．国际税收，2018（11）：21－26.

[5] 于树一，杨远旭．国际视野下我国财产转让所得个人所得税制设计思路［J］．税务研究，2018（10）：63－67.

[6] 李香菊，郑春华．基于赛斯模型的最优个人所得税最高边际税率研究——以工资、薪金为例［J］．财经论丛，2018（12）：21－27.

[7] 梁季．美国联邦个人所得税：分析、借鉴与思考［J］．河北大学学报（哲学社会科学版），2019，44（01）：40－49.

[8] 白彦锋，王中华．我国个人所得税教育费用扣除经验借鉴［J］．地方财政研究，2018（09）：19－24.

[9] 武晓芬，耿溪谣．我国个人所得税税制模式改革及其完善对策——基于实现税收公平的视角［J］．税务与经济，2019（01）：79－85.

[10] 郑春荣，张麟琳．我国实施家庭课税制的改革前景——基于世界主要纳税单位模式的讨论［J］．税务研究，2018（10）：58－62.
[11] 刘成奎，王梦琪，任飞容．中国个人所得税计征方式比较研究［J］．财政监督，2018（17）：85－93.
[12] 宋慧萍．我国个人所得税改革历程简述［J］．纳税，2019，13（01）：21＋24.
[13] 童锦治，冷志鹏，温馨．《个人所得税法修正案草案》的意见和建议——兼谈我国个人所得税的下一步改革［J］．财政科学，2018（08）：117－120，130.
[14] 杨志勇．中国个人所得税改革的理论影响因素分析［J］．税收经济研究，2018，23（05）：10－16.
[15] 黄凤羽，韩国英，辛宇．中国个人所得税改革应注重三大关系的协调［J］．税务研究，2018（11）：29－37.

7 我国绿色税收制度研究

秦 仪

【摘要】伴随着经济的快速增长，资源环境问题越发突出，二者之间不协调不平衡的矛盾日益严重。税收作为国家宏观调控的重要手段之一，理应在可持续发展中发挥其应有的作用，故研究中国绿色税收制度具有重大意义。本文分析了我国现行绿色税收制度的发展现状并指出其存在的问题，最后提出几点建议，以期对完善中国绿色税收制度有所裨益。

【关键词】绿色税收 环保税 绿色发展

【作者简介】秦仪，首都经济贸易大学财政税务学院研究生

一、引言

现如今我国经济迅猛发展，综合国力和国际地位不断提升，但问题也随之而来，其中，环境问题不容忽视，社会各界也越来越重视环境污染。如何保护人类赖以生存的环境，如何实现可持续发展已成为我国当下面临的重要问题。所以，发展绿色经济成为我国保护环境、节能减排的必由之路。近些年，我国陆续出台了许多政策来控制环境污染。而税收政策作为国家宏观调控的重要手段，应当在经济发展中发挥作用。在现行的税收制度中，许多税种都体现了绿色环保、可持续发展的理念。

2018 年 1 月 1 日《环境保护税法》开始实施，这是我国环境保护事业向前迈出的一大步。《环境保护税法》是我国第一部推进生态文明建设的单行税法，也是第一部专门的绿色税制，对加强生态环境保护有积极意义。随着环保税的征收，我国绿色税收制度得到了进一步的完善，绿色税制在鼓励节能减排、引导绿色生产、调整经济结构、促进绿色发展、优化财政收入等方面的效应得以凸显。但是目前我国的绿色税收制度仍然存在一些不足，如征收分散、针对性不强、税收优惠不完善等，这些不足很有可能成为我国绿色发展的桎梏。故研究我国目前的绿色税收制度是非常有必要的。

二、我国绿色税收制度发展现状

为了促进绿色税收制度的发展和完善，中国在现阶段实施了一系列促进税收制度“绿化”的政策，虽然成效显著，但仍存在一些问题。本文主要从专门为环境保护设立的绿色税种的现状、相关税种的现状和促进绿色发展的税收优惠政策三方面来予以分析。

（一）专门为环境保护而设立的绿色税种

在设立环保税之前，我国主要是通过对污染物征收排污费的方式来达到治理环境污染的目的。2016 年，中国通过了《中华人民共和国环境保护税法》，于 2018 年开始征收环境保护税。环保税法的实施，标志着中国有了一个专门以环保为目的的税种，表明我国绿色税收制度向前跨出重要的一大步。

环境保护税法以大气污染物、水污染物、固体废物和噪声作为征税对象；纳税人为原来排污费的缴纳人；应税大气、水污染物的计税单位为每污染当量数，对固体废物以每吨为计税单位，噪声以超标分贝值作为计税单位。环保税的主要职能就是用经济的手段来保护环境，对促进绿色经济发展有重要的推动作用。

（二）现行税制中其他具有环保性质的税种

1. 消费税

消费税是对特定消费行为或消费品而课征的税种，改善环境质量是设立消费税的目的之一。对产生高污染的行为或物品进行征税不仅可以为治理污染筹集资金，并且能倒逼生产者通过各种方法来减少污染，如采用改良的较为环保的技术等，这样就可以起到保护环境的作用。自 2006 年起木制一次性筷子和实木地板被加入到了消费税的税目，这样会鼓励企业减少滥用森林资源，允分体现消费税的绿色环保理念；2015 年，电池也被加入了消费税的税目中；随后，2016 年对超豪华小汽车在零售环节加征了一道消费税。消费税税目的调整充分体现了节能环保的理念，对于引导消费者合理消费、节能减排具有积极意义。

2. 资源税

资源税可以说是很有代表性的保护生态环境、促进资源合理利用的税种，体现资源有偿使用是设立资源税的主要目的之一。我国资源税的征收范围主要包括矿产品和盐两大类，征税方式已基本上由从量计征改为从价计征。为鼓励对水资源的节约和保护，我国目前已将水资源纳入资源税的征税范围试点，这样资源税就会进一步“绿化”。

3. 车辆购置税和车船税

车辆购置税和车船税在初始的设计目的上基本不涉及环保。直到2012年，为了积极响应绿色发展理念，中国开始逐步推进车船税与车辆购置税的“绿色”转型，鼓励新能源、小排量及环保车辆和船舶的发展。例如，免征新能源车的车辆购置税的优惠政策从2017年末起延续3年；2012年起开始实施的《中华人民共和国车船税法》减免征收节约能源和使用新能源车船的税额。这些举措有利于机动车节能减排，体现车船税和车辆购置税绿色环保的功能。

（三）促进绿色发展的税收优惠政策

近些年来，我国实施了一系列税收优惠政策来推动绿色发展。除上述已提及的开征环境保护税和其他相关税种的绿色税收优惠，我国增值税与企业所得税也在税收优惠中体现环保的特征。例如，综合利用资源的企业，符合规定的可享受增值税即征即退政策；对符合环境保护、节能节水优惠项目的所得，在企业所得税方面也享受优惠。这些优惠政策可以激励企业综合利用资源，积极使用环保设备、生产低碳产品。

三、我国绿色税收制度存在的问题

（一）环保税仍需完善

2018年1月1日开始排污费被环保税取代，对于绿色税收制度的完善意义重大，但仍存在一些问题，包括四个方面。第一，我国环境保护税主要对四类污染物进行征税，二氧化碳未纳入环保税的税目，因此税收的环保功能显然会有所降低。此外，环保税不仅要对排放的污染物进行征收，而且要对污染生态环境的行为进行征收。第二，从机动车等流动的污染源排出的应税污染物被列为免税项目，不利于节能减排，与节能减排目标不一致。第三，税率设计偏低。环保税的税率水平基本保持原来的排污费收费水平，这是由于考虑到费改税后保持企业的负担不变。但是，较低的税率水平很可能使得企业不会积极地节能减排，这是由于过低的税率可能使得企业治污减排的成本远远高于污染环境所需缴纳的税费。第四，未对环保税的税收所得做出专款专用的规定。环保税法对税收收入的使用情况并未做出明确规定，排污费改环保税后，这部分收入成为一般财政预算，各地一般财政预算是否还能保证这部分环保资金投入环保项目便成为悬念，这必然会导致短缺的环保资金更加紧张。

（二）现行相关税种的“绿化”程度不高

消费税、资源税、车船税和车辆购置税在一定程度上起到了保护环境和节约资源的作用，但是由于设置它们的初衷不是以环保为主要目的，所以这些税种在发挥绿色功能时就具有一定的局限性。

1. 消费税

我国现行消费税的征税范围较窄，其对环保的贡献仅限于对一次性筷子等影响环境的少数产品征税，并没有涵盖那些高消耗和高污染的产品，其征收范围的过于狭窄制约了消费税在环境保护中的作用。另外，消费税中出于节能环保目的而设计的税目所对应的税率偏低，所能产生的节能环保作用有限。生产者将税负转嫁给最终消费者，由于税额较小，对消费者的影响很小，因此在抑制消费方面很难发挥作用。

2. 资源税

关于资源税的征收范围方面，目前针对的主要是矿产品和盐，对于很多其他的资源都未给予明确规定，如森林、草场、滩涂等，由地方自行决定，提出方案，向国务院进行报备，国务院批准后方可实施。这种方式在现实中操作难度非常大。由于缺乏对于某些绿色资源的保护，一些无良企业对于这种尚未进行保护的资源肆意妄为地开采，完全不顾及这些绿色资源的浪费，造成大量绿色资源没有得到合理的使用与保护。

3. 车船税和车辆购置税

车船税的税收政策没有细化。现行的车船税中对于车船的分类是按照船的种类、大小等来确定的。但是有很多别的因素影响车船对于环境的影响，如尾气排放量、油耗等，这些都没有被考虑进车船税中，所以并不能对大气污染等起到针对性的减缓作用。

目前，车辆购置税的功能定位中有促进使用清洁能源、减少排放和引导绿色消费的倾向。然而在现实中，车辆购置税是统一按照10%的税率来进行征收，没有将车辆油耗、尾气排放量等因素考虑在内，这就使得车辆购置税节能减排的功能未充分得到发挥。

（三）绿色税收优惠政策亟须完善

虽然我国采取了一系列税收优惠措施来推进绿色发展，但是优惠政策制定得不系统，如增值税优惠方式的多样化和分散化加剧了税收征管的难度和偷骗税行为的风险，影响了税收激励的效果。加之税收优惠力度不够大，有些税收优惠政策与环境保护理念相悖。因此，亟须对绿色税收优惠政策进行完善。

四、完善我国绿色税收制度的相关对策

（一）继续完善环保税

第一，逐步将环保税的征税范围扩大到更多高能耗产品和与绿色发展理念相悖的行为领域，如引入二氧化碳税、垃圾税。一方面，将二氧化碳排放纳入征税范围，采用行业间有差别的浮动定额税率，纳税环节分为生产环节和消费环节，符合减排目标的行业或企业可享受减税和免税政策。为了减少企业税收负担，在增加二氧化碳税的同时应适当降低其他税种的税负，使纳税人的总体税负保持平衡，二氧化碳税收入定向用于绿色环保技术的创新和治理生态环境。另一方面，目前垃圾污染问题越发突出，尤其是不恰当的焚烧或填埋处理，又会带来严重的二次污染，这些问题阻碍着我国的绿色发展，受到各方的高度关注。故可考虑开征垃圾税，计税依据为垃圾的重量，并且可按照一定的标准将垃圾进行分类，对应不同的税率。税收收入可用于研究垃圾分类与处理技术，这样就可从根源上减少垃圾的污染，同时为后期垃圾的处理提供资金保障。

第二，取消机动车等流动污染源免征环保税的政策。鉴于此种情况，企业会采取一些新的技术手段来减少使用高碳燃料或采用新的清洁能源来替代这些高碳燃料，从而达到降低碳排放量的目的，促进绿色经济的高质量发展。废除该优惠，企业将会结合针对机动车征收的这几种税，统一设计节能环保的机动车及航空器等，确保税收在控制流动污染源方面的功能得以有效发挥。

第三，适当提高环保税的税率。目前，环境保护税的税率偏低，其税额与以前排污费的标准比较吻合。这样设置的初衷是在开征的初期，避免立刻给企业过多的负担，减少对行业的冲击和对经济的影响。但是，当初的排污费只是考虑了治理污染的费用，没有考虑对其他方面的影响，收费标准显然是偏低的。故我们要综合考虑各地的情况，适当地提高环保税的税率，切实发挥环保税在生态环境保护方面的作用。

第四，加强监督，确保税款专款专用。环保税税收收入，要定向用于环保方面，除了用于对污染的预防、治理和研发低碳技术等方面，还可以返还给企业作为污染治理资金。同时，建立适当的环境税收回报管理制

度，对于尚未进行污染控制的企业，采取双重罚款制度。这些都可以在环保税法中予以明确。

（二）完善与环保相关的税种

第一，完善消费税，拓展税目，优化税率结构。可考虑将造成“白色污染”的一次性塑料制品、高污染难以降解的电子产品、污染土壤的农药等加入消费税的税目。此外，提高部分税目的税率，如提高木制一次性筷子、实木地板的消费税税率，发挥其调节功能，从而使得消费者减少对这些产品的购买。

第二，完善资源税，扩大征税范围，调整纳税环节。首先，将水资源税征收试点范围从9个省份扩展至全国；将资源税的征税范围延伸至森林、草原、湿地、滩涂等更多自然生态领域，并根据森林实际砍伐量、草原、湿地及滩涂的占用量来征税。其次，调整纳税环节，完善计税依据。为了避免或降低资源浪费，采矿部门的税收应以其实际采矿或生产数量为依据计税。这样纳税人会同时考虑自身利益及市场需求，从而合理利用资源，使相关资源得到最佳的开发利用，防止浪费，同时也易于控制源头，防范税款流失。

第三，完善车船税和车辆购置税，发挥它们的绿色功能。可考虑按照车辆的性能和排气量等来设计车辆购置税的税率，以现行税率10%作为标准，根据车辆的尾气排放量设计差别税率。减免税的优惠税目中可继续保留环保车辆，以此来鼓励车辆购买者选购小排量车或节能环保车。同理，在设计车船税税率时应考虑车辆和船舶的性能、排气量等。

（三）完善与环保相关的税收优惠政策

第一，进一步完善扩大税收优惠方式，运用各种形式的税收激励措施，如投资额减免、即征即退等，对防治污染、研发与环境保护相关的新技术、使用绿色能源等绿色环保行为给予支持。例如，在企业所得税方面，对于生产低碳环保产品的专门设备，可采用加速折旧法来计提折旧等。

第二，改革当前税收制度中与环保理念相悖的优惠政策。比如，废除对土壤具有严重污染的农药、化肥的税收优惠，适当减少高污染高能耗小微企业的税收优惠政策等。

五、结语

总之，税收政策是促进绿色经济发展的重要政策手段。通过完善现行税制和相关配套措施，建立以环保税为核心的绿色税收体系，是加强环境保护和实现可持续发展的必由之路。

参考文献：

[1] 国家税务总局税收科学研究所课题组. 构建绿色税收体系促进绿色经济发展［J］. 国际税收，2018（01）.
[2] 徐会超，张晓杰. 完善我国绿色税收制度的探讨［J］. 税务研究，2018（09）.
[3] 周凌飞. 基于环境保护税的我国绿色税收制度研究［D］. 上海：上海海关学院，2018.
[4] 张媛，王静. 环境保护税利弊效应分析及改革优化建议［J］. 现代商贸工业，2019（07）.
[5] 吴佳强. 关于构建绿色环境税体系的研究［D］. 北京：财政部财政科学研究所，2013.
[6] 王庆丹. 我国绿色税收体系问题及对策研究［J］. 纳税，2018（21）.
[7] 赵弘. 环境保护税与其他环境相关税种的协调［J］. 税务研究，2017（09）.
[8] 汪成红，胡翔. 绿色税收理念下我国消费税制改革研究［J］. 税收经济研究，2015（01）.
[9] 杨素琴. 构建我国绿色税收体系研究［D］. 长沙：湖南师范大学，2010.
[10] 李旭红，郑贞. 我国环境保护税污染抑制效应的实证研究［J］. 税务研究，2015（11）.
[11] 杜春燕. 可持续发展的环保税效应分析及税制设计［J］. 当代经济，2011（23）.
[12] 刘芳雄，李公俭. 税制绿化问题研究［J］. 税务研究，2017（09）.

8　限售股减持若干增值税问题探讨

王　进　　徐　贺

【摘要】限售股在转让环节是否缴纳货劳税是一个长期以来就有争议的问题，征收营业税时的政策就很模糊，“营改增”之后政策侧重于更加明确。本文从明确增值税的应税行为、转让限售股行为征收增值税适用主体、纳入增值税征收范围的限售股具体范围、新三板挂牌企业股票转让增值税问题、买入价确认的问题和政策执行时间问题六个方面出发，提出了关于股权、股票等转让业务增值税的政策建议。

【关键词】限售股　“营改增”　增值税　股权/股票转让

【作者简介】王进，鑫税广通税务师事务所董事长

徐贺，大信税务师事务所合伙人，中国大企业税收研究所研究员，吉林财经大学税务专业硕士导师

限售股一般是指在限定时间内和条件下限制出售的股票。限售股解禁期满后可以上市流通，性质由限售股变成流通股。限售股在转让环节是否缴纳货劳税是一个长期以来就有争议的问题，这个问题大约可以追溯到2009年，主要原因是从2009年开始转让金融商品的营业税纳税义务人由金融机构扩大到所有纳税人（自然人免税）。这个问题终于在2016年8月23日国家税务总局印发的《关于营改增试点若干征管问题的公告》（国家税务总局公告2016年第53号，以下简称“53号公告”）中做了明确的规定，至此主要宏观方面的限售股货劳税问题已经得到了明确。

一、营业税时的政策模糊

2009年1月1日起执行修订后的《营业税暂行条例》及实施细则，修订后的《营业税暂行条例实施细则》第十八条第一款规定：“条例第五条第（四）项所称外汇、有价证券、期货等金融商品买卖业务，是指纳税人从事的外汇、有价证券、非货物期货和其他金融商品买卖业务。”修订前和修订后的营业税条例及细则对买卖金融商品的征税范围发生了变化，修订前仅限于金融机构，修订后包括了所有纳税人，适用主体由“金融机构”扩大到了“所有单位或者个人”。进而就衍生出来一个相对普遍的问

题，即非金融企业的原始股东转让上市后的限售股是否需要缴纳营业税。这个问题其实主要取决于对于营业税中“金融商品”范围的界定，营业税中并没有明确规定金融商品的定义及特征。

二、全面“营改增”时代政策更加明确

在全面“营改增”的纲领性文件财税〔2016〕36号文中虽然延续了营业税中的金融商品买卖业务作为征税范围的规定，但是依然没有明确规定到底什么是金融商品、具体具有什么特征等概念性的基本问题，只不过是通过正列举的方式把金融商品的范围进一步扩大，将一些资产类的产品（如理财产品和信托产品等）纳入到了金融商品的范围中，但是限售股是否属于金融商品的范围依然没有明确的规定。

在财税〔2016〕36号文发布后，财政部和国家税务总局又下发了多个政策类文件，53号公告对这个争议了数年的问题终于做出了明确的规定：“单位将其持有的限售股在解禁流通后对外转让的，按照以下规定确定买入价：（一）上市公司实施股权分置改革时，在股票复牌之前形成的原非流通股股份，以及股票复牌首日至解禁日期间由上述股份孳生的送、转股，以该上市公司完成股权分置改革后股票复牌首日的开盘价为买入价。（二）公司首次公开发行股票并上市形成的限售股，以及上市首日至解禁日期间由上述股份孳生的送、转股，以该上市公司股票首次公开发行（IPO）的发行价为买入价。（三）因上市公司实施重大资产重组形成的限售股，以及股票复牌首日至解禁日期间由上述股份孳生的送、转股，以该上市公司因重大资产重组股票停牌前一交易日的收盘价为买入价。”

三、限售股增值税政策要点

（一）明确了增值税的应税行为

53号公告明确规定，作为增值税应税行为处理的是限售股的转让，而不是股权或者股份的转让。在目前的增值税政策中，对于按照不同阶段转让企业产权的行为（股权或股份、限售股、上市流通股票），已经明确了对转让规定范围内的限售股和上市流通股票行为征收增值税，对未上市企业的股权或者股份的转让行为则不应该属于增值税的应税行为范围，并且原来的营业税时代也是不征收的。

（二）转让限售股行为征收增值税适用主体

增值税的主要纳税人可以分为两大类，一类为企业性单位，如公司制

企业、事业单位和合伙企业等；另一类为个人，即个体工商户和自然人。53 号公告规定的限售股转让行为的纳税人为单位，也就是个人（个体工商户和自然人）转让限售股行为免征增值税。免税的原因就是财税〔2016〕36 号文附件 4 规定，个人从事金融商品转让业务免征增值税，把《关于个人金融商品买卖等营业税若干免税政策的通知》（财税〔2009〕111 号）关于免税的规定平移了过来。因此，常见的持股主体如集团性企业、投资公司以及合伙制私募基金等转让限售股都是增值税的纳税义务人。

（三）纳入增值税征收范围的限售股具体范围

53 号公告采用了正列举的方式明确了几种限售股转让时买入价的确认方式，具体包括股权分置改革形成的限售股（股改限售股）、IPO 形成的限售股（新股限售股）以及重大资产重组形成的限售股。

但是，形成限售股的原因有很多，是否所有的限售股转让都要缴纳增值税呢？从 53 号公告的表述中可以看出，限售股转让行为属于增值税的征收范围，并对三种具有普遍性且对纳税人税收利益影响比较大的限售股的买入价做了明确，其他没有明确的则按照现行一般性的金融商品买卖业务来处理。也就是说，所有原因形成的限售股转让行为都属于增值税的征收范围。

1. 股权分置改革形成的限售股（股改限售股）

股权分置是指 A 股市场的上市公司股份按能否在证券交易所上市交易被区分为非流通股和流通股，资本流动存在非流通股协议转让和流通股竞价交易两种价格，资本运营缺乏市场化操作基础。股权分置不能适应资本市场改革开放和稳定发展的要求，必须通过股权分置改革，消除非流通股和流通股的流通制度差异。股权分置改革是为非流通股可上市交易作出的制度安排，主要是通过非流通股股东与流通股股东之间以对价方式来解决。股权分置改革旨在解决 A 股市场相关股东之间的利益平衡问题。目前绝大部分上市公司已经完成了股权分置改革。

股改限售股，即上市公司股权分置改革完成后股票复牌日之前股东所持原非流通股股份，以及股票复牌日至解禁日期间由上述股份孳生的送、转股。《上市公司股权分置改革管理办法》第二十七条规定，改革后公司原非流通股股份的出售，应当遵守下列规定：①自改革方案实施之日起，在 12 个月内不得上市交易或者转让；②持有上市公司股份总数 5% 以上的原非流通股股东，在前项规定期满后，通过证券交易所挂牌交易出售原非流通股股份，出售数量占该公司股份总数的比例在 12 个月内不得超过

5%，在 24 个月内不得超过 10%。取得流通权后的非流通股，由于受到流通期限和流通比例的限制，被称为股改限售股。

2. IPO 形成的限售股（新股限售股）

新股限售股，即 2006 年股权分置改革新老划断后，首次公开发行股票并上市的公司形成的限售股，以及上市首日至解禁日期间由上述股份孳生的送、转股。为保护广大中小股东的利益，防止原股东在上市后套利引起股价的大规模下跌，《公司法》等相关法律法规规定，新股发行上市后，上市前原股东持有的股份不能马上交易，必须在锁定 1 年以上的期限后，才可以上市自由交易。这种存在上市流通期限限定的股票就是新股限售股。

3. 重大资产重组形成的限售股

（1）重大资产重组的界定。《上市公司重大资产重组管理办法》（中国证券监督管理委员会令第 109 号）第十二条第一款规定："上市公司及其控股或者控制的公司购买、出售资产，达到下列标准之一的，构成重大资产重组：（一）购买、出售的资产总额占上市公司最近一个会计年度经审计的合并财务会计报告期末资产总额的比例达到 50% 以上；（二）购买、出售的资产在最近一个会计年度所产生的营业收入占上市公司同期经审计的合并财务会计报告营业收入的比例达到 50% 以上；（三）购买、出售的资产净额占上市公司最近一个会计年度经审计的合并财务会计报告期末净资产额的比例达到 50% 以上，且超过 5 000 万元人民币。"

符合上述规定条件的资产重组才属于重大资产重组，进而形成的限售股转让也就属于增值税的征收范围。

（2）重大资产重组取得的股票限售条件。《上市公司重大资产重组管理办法》（中国证券监督管理委员会令第 109 号）第四十六条第一款规定："特定对象以资产认购而取得的上市公司股份，自股份发行结束之日起 12 个月内不得转让；属于下列情形之一的，36 个月内不得转让：（一）特定对象为上市公司控股股东、实际控制人或者其控制的关联人；（二）特定对象通过认购本次发行的股份取得上市公司的实际控制权；（三）特定对象取得本次发行的股份时，对其用于认购股份的资产持续拥有权益的时间不足 12 个月。"

4. 其他原因形成的限售股

除了上述三种常见的限售股外，还有一些其他情况形成的限售股转让也属于增值税的征收范围，主要涉及《证券法》《上市公司证券发行管理办法》等。具体包括：上市公司非公开发行股票形成的限售股、不满足重大资产重组条件的限售股、上市公司收购中形成的限售股等。

（四）新三板挂牌企业股票转让增值税问题

新三板挂牌企业作为非上市公众公司，挂牌后其股票通过“全国中小企业股份转让系统”进行转让。“全国中小企业股份转让系统”是国务院批设、纳入中国证监会监管的全国性证券交易场所。

新三板企业挂牌后通过“全国中小企业股份转让系统”进行转让行为是否征收增值税呢？在没有全面“营改增”时，部分地区的地税机关就曾对一些企业转让挂牌企业的股票征收过营业税。

笔者认为，现在政策已经明确了A股上市公司的限售股转让行为属于增值税的征收范围，A股上市公司的限售股是通过上交所或者深交所进行转让交易的，新三板挂牌企业的股票通过“全国中小企业股份转让系统”进行转让交易，而这三者又都属于全国性的证券交易场所，并且新三板企业的股票也属于财税〔2016〕36号文附件1中所规定的“有价证券”的范围。因此，无论是原始股东转让挂牌后过了禁售期的股票，还是机构投资者通过“全国中小企业股份转让系统”买卖新三板企业的股票，都应该属于增值税的征收范围。

（五）关于买入价确认的问题

1. 关于买入价的理解

限售股转让属于金融商品买卖业务的范围，而增值税中关于金融商品买卖业务采用差额征税的方式，即以卖出价扣除买入价后的余额为销售额来计算销项税金。因此，卖出价和买入价的确认关系增值税税基的大小，买入价原则上应该是买入时实际取得的价格（在增值税环境下是否包括交易环节税费后续再讨论）。例如，买入时的价格为1元/股，那么原则上卖出时计算增值税也应该以1元/股作为买入价。这样处理基本符合现行增值税（包括以前营业税）的基本规定，但是存在的一个问题就是这样计算出来的销售额比较大，按照这个销售额的6%来计算的增值税金额可能非常大，同时也不便于基层税务机关和企业谈判把税款实际征收入库。因此，为了便于基层的操作，合理地减轻纳税人的负担，在原来营业税时代部分地区征税时计算营业额就不再以实际取得时的价格为买入价了，而是采用了一种折中的处理，如对于IPO形成的限售股就以首次发行时的发行价作为买入价。

笔者认为，对于限售股的买入价的确认不以实际取得时的价格作为买入价，而是以首次发行时的价格作为买入价，除了可以缓解征纳双方的矛盾、便于税款征收入库外，从税收公平合理性的角度来说也有一定的道理。

以 IPO 的限售股为例，上市前的入股价为 1 元/股，上市后的首日发行价为 5 元/股，解禁后的转让价为 8 元/股，若是以 1 元/股作为买入价，则销售额为 7 元；如果在上市前以 5 元/股的价格将股权转让，则不征收货劳税，然后在上市首日再以 5 元/股买进来，则以 8 元/股转让时应该征税的销售额（营业额）为 3 元，而不是 7 元。这里主要的原因是上市前的股权（股票）转让行为不征收货劳税。因此，从公平的角度说，对于 IPO 限售股的买入价以发行价来确认具有一定的合理性。股权分置改革的限售股以及重大资产重组的限售股也是同样的道理。

2. 具体限售股买入价的确认

53 号公告对正列举的几种情况形成的限售股买入价做了如下的规定：

（1）股权分置改革形成的限售股以该上市公司完成股权分置改革后股票复牌首日的开盘价为买入价。

（2）IPO 形成的限售股以该上市公司股票首次公开发行（IPO）的发行价为买入价。

（3）重大资产重组形成的限售股以该上市公司因重大资产重组股票停牌前一交易日的收盘价为买入价。这里需要注意的是，重大资产重组形成的限售股以股票停牌前一交易日的收盘价为买入价，这与资产重组交易中上市公司发行股票的定价机制是不同的，也与企业的会计核算不同。根据《上市公司重大资产重组管理办法》（中国证券监督管理委员会令第 109 号）的规定，上市公司发行股份购买资产重组中支付的股票的价格确定不得低于市场参考价的 90%。市场参考价为本次发行股份购买资产的董事会决议公告日前 20 个交易日、60 个交易日或者 120 个交易日的公司股票交易均价之一。也就是说，资产转让方取得上市公司股份支付的每股价格是以若干个交易日的均价确认的，而未来转让限售股时的买入价以停牌前一天的收盘价确认。

3. 关于是否除权的问题

对于正列举的三种情况的限售股在转让之前所取得的转股（股本溢价转增股本）、送股（未分配利润转增股本），转让时的买入价是否与原来限售股转让的买入价一致问题，即计算增值税/营业税时是否除权的问题，53 号公告中没有清晰的规定。

对于这个问题，若是不除权的话，显然对企业来说是有利的，因为可以通过限售期间的转送来增加未来转让时总的买入价，但是似乎不太合理，即没有实际付出过买入价，转让时却增加了可扣除的成本；若是除权的话，对征纳双方来说相对合理，没有付出对价原则上就不能增加买入价，但是若采用除权的原则，那么应该考虑送红股增加的部分买入价的问题，送红股适用留存收益转增股本，比照企业所得税的处理原则，相对来说比价合理，即每股的成本（买入价）为1元。

对于这个问题的处理，建议和主管税务机关的税政部门积极沟通，以减少政策不确定性的风险。

4. 没有正列举的限售股买入价确认问题

53号公告只是对实际中比较常见且征管中征纳双方矛盾较大的三种限售股的买入价做了特殊的明确规定。政策中总的原则是对所有的限售股转让行为都征收增值税，因此，没有在正列举中的限售股买入价的确认就应该按照一般规则处理，即以实际取得时的价格作为买入价，而不应该比照这三种正列举的情况。但是，这样处理对于新三板挂牌企业的原始股东来说存在着一定的不公平，IPO的限售股转让可以增加买入价，而新三板挂牌企业的限售股转让则不可以。

5. 交易环节税费的增值税处理

限售股在转让环节需要缴纳证券监管费、证券交易经手费、过户费、券商交易佣金以及印花税等相关税费，这些税费是交易中的一项成本，现在股票交易会计上一般采用净价法核算，即将买入环节的税费计入成本，卖出环节的税费冲减收入。但是，这些交易环节的税费在计算增值税时如何处理呢？在营业税时代按照国税发〔2002〕9号文以及财税〔2003〕16号文的规定，这些税费是不参加买入价和卖出价计算的。

这个问题在财税〔2016〕36号文附件2中的差额征税部分也没有做出明确的规定。既然政策中没有明确的规定，那么就不应该参与差额征税的计算。也就是说，不应该将交易环节的税费计入（冲减）股票成本（收入），而应该按照增值税计算的一般规则来处理，即取得规定的抵扣凭证的通过进项税金抵扣（而不是差额征税）来处理。

（六）关于政策执行时间问题

53号公告对限售股条款的执行时间做了如下的规定："本公告自2016年9月1日起施行，此前已发生未处理的事项，按照本公告规定执行。2016年5月1日前，纳税人发生本公告第二、五、六条规定的应税行为，此前未处理的，比照本公告规定缴纳营业税。"

结合上述规定，对于限售股转让征收增值税的政策是从2016年5月1

日开始，买入价的确认规则从2016年9月1日开始，若2016年5月1日至9月1日已经就该业务缴纳过增值税的，无论买入价是按照实际取得价格还是首次发行价等；全面“营改增”后这种行为若是没有缴纳过增值税，则按照53号公告的规定来执行。

另外，53号公告执行时间条款有个特殊之处就是限售股转让行为发生在全面“营改增”前，没有缴纳营业税的，应该按照53号公告的处理规则征收营业税。也就是这条政策规定溯及既往了，往前追征营业税可能有以下几个问题：

1. 追溯时间问题

根据《征管法》第五十二条的规定，一般的追征期限为3年，特殊情况可以追征5年，偷税、抗税、骗税没有期限限制。对于限售股这类问题，属于政策不确定造成的未缴税款，不应该定性为《征管法》中的偷税，因此，追征期也就是5年。

2. 关于溯及既往问题

根据《立法法》和《税收规范性文件制定管理办法》（国家税务总局令第41号）的规定，政策原则上是不能溯及既往的，但是这次可以溯及既往征税了，可能在当前环境下有着特殊的背景。

既然政策已经做了溯及既往的处理，那么以前缴纳的无论是增值税还是营业税，若是比按照现在的规定计算多缴纳了，可以给退税吗？比如IPO限售股，实际买入价为1元/股，首次发行价为5元/股，纳税人按照1元/股来计算增值税/营业税。类似的问题还有以前换股合并形成的限售股问题等。笔者理解，既然政策都溯及既往了，那么计算的规则也应溯及既往，不能说没缴纳的得补税，按照新政策计算多缴纳了还不给退税，否则就显失公平。因此，从纳税公平的角度来看，退税是合理的，无论是增值税还是营业税。但是，这个问题到实际操作层面可能还需要上级部门的进一步明确。

3. 关于追征限售股类型问题

按照当前政策的规定，各种类型的限售股都应该纳入增值税/营业税的征收范围，以前在营业税时代部分地区出台的征税文件，主要是针对IPO形成的限售股，股权分置改革和重大资产重组等形成的限售股并不在征税的范围之内，这也给“营改增”后的地税局增加了一些业务。不过，只要能从中国证券登记结算有限公司或者国家税务总局稽查局获得相关数据，这项业务还是很容易处理的。

四、关于股权/股票等转让业务增值税的政策建议

虽然53号公告对限售股转让的增值税政策进行了进一步的明确，但是实际工作中还有很多类似问题困扰着征纳双方，如股权转让、非上市股份公司股票转让以及持股期间的分红送股等行为是否征收增值税政策中并没有一个相对明确的规定。就目前来说，这个问题的增值税处理只能是凭“感觉”，这里并没有一个像企业所得税那样有个清晰的逻辑能说清楚。要解决这个问题，首先应该从性质上明确什么是“金融商品”，这个根本性的概念问题不解决，相关的涉税问题也很难解决。

参考文献：

[1] 国家税务总局印发《关于营改增试点若干征管问题的公告》（国家税务总局2016年第53号）。
[2]《上市公司重大资产重组管理办法》（中国证券监督管理委员会令第109号）。
[3]《税收规范性文件制定管理办法》（国家税务总局令第41号）。
[4]《关于个人金融商品买卖等营业税若干免税政策的通知》（财税〔2009〕111号）。

9 税收事先裁定问题研究

刘　露　　贾绍华

【摘要】《税收征收管理法修订草案（征求意见稿）》第四十六条明确提出税务机关应当建立纳税人适用税法的预约裁定制度，将税收事先裁定作为税务机关提升纳税服务和完善税收执法的重要内容。税收事先裁定是现代税收治理活动中关于改善征纳关系的重要内容，是坚持依法治税、提高税法确定性和适用性的必然要求，也是税收促进经济社会发展的重要手段和方式。因此，税收事先裁定在解决新时代下纳税人交易方式灵活与税法存在局限性的矛盾方面具有重要的意义。本文将基于税收事先裁定的理论分析，积极借鉴国内外对税收事先裁定制度的研究成果和实践经验，并提出构建我国的税收事先裁定制度的建议。

【关键词】税收事先裁定　纳税服务　制度模式　基本程序

【作者简介】刘露，中国社会科学院研究生院税收学硕士研究生
贾绍华，经济学博士，中央财经大学税收教育研究所所长，研究员

一、税收事先裁定的理论分析

（一）税收事先裁定的内涵

1911 年瑞典作出首个对于征纳双方都有约束力的印花税判决，税收事先裁定从此萌芽，后来世界诸多国家和地区在实践探索中不断改进，形成较为完善的税收事先裁定制度。世界各国现行的税收事先裁定可分为广义和狭义两大类，广义的税收事先裁定是对于已经发布的税收法条的进一步解释与适用方法的指引，适用于所有符合条件的纳税人；狭义的税收事先裁定是税务机关对于单一纳税人特定事项进行的裁定，只适用于特定的纳税人。从 2015 年《税收征收管理法修订草案（征求意见稿）》第四十六条的规定可以看出，我国税法上所称的“税收事先裁定”为其狭义概念，因此本文主要研究狭义范畴的税收事先裁定问题。

税收事先裁定是指税务机关针对纳税人申请的对未来预计交易的行为事项做出确定性的税法适用结果的书面文件，且该文件对税务机关产生约

束力，具有事先性、适应性、特殊性和服务性。

（二）税收事先裁定的价值意义

新时代下财税领域出现了许多新矛盾，具体可表现为三方面：一是税收确定性的需求与税收法律层次不高的矛盾；二是减费降税释放改革红利与税制纷繁复杂造成适用性降低之间的矛盾；三是因缺乏互动合作机制而引起的征纳双方之间的矛盾。税收事先裁定在解决这些矛盾方面具有重要的意义。

从经济学视角来说，税收事先裁定本质上是纳税人和税务机关就特定的涉税事项的博弈，在此特定的涉税范围内，征纳双方都受到信息不对称的掣肘，税收事先裁定有利于增加税务体系的透明度，减少纳税人隐瞒经济行为的现象，从而形成相互制约与合作的新型税企关系。这将增强纳税人的税法遵从度，减少税收执法成本，提升纳税服务质量，平衡协调税收的公平和效率，提高社会福利，促进社会最优的实现。从法学视角来说，税法确定权和纳税人知情权是纳税人的基本权利，税收事先裁定通过预先明确征纳双方的权利和义务的手段将税收执法和税收服务有机结合，从而在“坚持依法治税、优化纳税服务”的理念下营造法治、公平、文明、和谐的税收环境。从税收管理视角来说，税收事先裁定将税收管理从传统的事后执法环节前移至事前环节，裁定结果不仅对征纳双方有约束力，同时可以有效减少行政诉讼和执法冲突。这对于优化税收管理的程序和流程，推进国家税收治理体系现代化，构建现代管理服务型政府都具有重要意义。

（三）我国实行税收事先裁定的必要性与可行性

实行税收事先裁定的必要性主要体现在以下三个方面：首先，我国已经积极展开了税收事先裁定的实践与探索，并积累了一些经验，可以为化解企业交易方式灵活与税法存在局限性的矛盾提供新的思路，税收事先裁定的引入将有助于弥补税法漏洞，完善税制体系，保护纳税人权利，降低纳税风险；其次，税收事先裁定能将税收执法和纳税服务很好地衔接起来，倒逼税务体系改革，提升税务管理水平；最后，税收事先裁定有助于构建和谐的征纳关系，促进税企之间良性互动。

实行税收事先裁定的可行性主要体现在以下两个方面：首先，结合我国国情和发展现状来看，税收事先裁定可以与现行法律环境和行政体制很好地兼容。随着近些年税制改革的不断推进，纳税意识已经深入人心，税务机关工作人员的执法水平获得显著提升，纳税服务意识也逐步建立，引进和实行税收事先裁定的税收环境和社会环境已初步奠定。其次，世界上许多国家已具备比较成熟的制度设计和实践经验，为我国实行税收事先裁定提供了优秀的参考建议。

二、税收事先裁定的探索与挑战

（一）我国税收事先裁定的探索

税收事先裁定是现代税收制度中的一项重要内容，中国税收事先裁定制度在探索中不断推进。从 2012 年国家税务总局与三家大型企业签订了《税收遵从合作协议》开始，我国首次尝试对税收事先裁定相关试点管理办法进行规定。我国在 2013 年和 2014 年相继提出“对大企业提供个性化的纳税服务”和“便民办税春风行动”，其中就涉及税收事先裁定制度的试行办法，进一步增强税收政策的确定性和适用性。同时，在 2015 年发布的《税收征收管理法修订草案（征求意见稿）》（以下简称《征求意见稿》）第四十六条明确规定了税收事先裁定的具体内容、适用条件、受理机关等事项，提供了税收事先裁定制度建设的思考方向。此外，以山东、江苏、安徽为代表的各地税务机关也逐步展开对税收事先裁定的实践探索，如表 1 所示。

表 1　税收事先裁定案例整理

编号	案例名称	作出裁定机关	裁定过程及结果
1	湖北汉川银鹭食品对外支付股息红利适用协定待遇①	汉川市国税局	裁定过程：银鹭食品有限公司就对外支付股息红利能否享受税收协定待遇的问题向汉川市国税局提出税收事先裁定申请，税务机关举行税企高层会谈，详细地了解该涉税业务的具体内容和经济实质，并与享受中国与瑞士税收协定中优惠待遇的条件进行对比分析，最终得出裁定结果。此外，汉川市税务局为该企业提供咨询辅导和风险防控提示。 结果：该企业符合享受税收协定中优惠待遇的实体条件，可以享受优惠待遇

① 朱彦，程卫东，杨进平．借助事先裁定，享受协定待遇［N］．中国税务报，2016－01－29（09）．

续表

编号	案例名称	作出裁定机关	裁定过程及结果
2	青岛史密斯集团吸收合并适用所得税特殊性税务处理①	青岛市国税局	裁定过程：史密斯集团胶州公司就吸收合并事项能否适用所得税特殊性税务处理的问题向胶州市国税局提出事先裁定申请，随后，胶州市国税局向青岛市国税局说明案件情况，并组织多部门专项会议联合协商，共同做出事先裁定，最终企业所得税处对该公司的申请做出答复。 结果：该企业重组业务符合所得税特殊性税务处理的条件和规定
3	江苏无锡境外股东合并适用特殊性税务处理②	无锡市国税局	裁定过程：由于境外吸收合并导致投资方变更，无锡某企业就如何适用税收政策的问题申请事先裁定，无锡市国税局召开了事先裁定专题会议，该企业境外吸收合并导致投资方变更符合特殊重组业务标准的裁定。 结果：该企业适用非居民企业股权转让特殊性税务处理规定，做出递延纳税的税务处理
4	安徽马钢股份重组适用不征收增值税③	安徽省国税局	裁定过程：马钢集团就资产重组事项向安徽省国税局提出事先裁定申请，税务机关对马钢集团重组方式进行指导，并指出该业务可以享受安徽省超税负返还的“营改增”过渡期优惠政策，符合不征收增值税的条件，最终签发了裁定意见。 结果：该企业改变重组模式，最终节约了2.68亿元的税款
5	大连医诺生物股份改制转增资本公积不征收个人所得税④	大连经济技术开发区地税局	裁定过程：该企业就改制中转增资本公积的个人所得税问题申请税收事先裁定，大连经济技术开发区地税局根据企业的申请和业务材料，组成税收专业团队，实地走访调研，深入了解股改过程中所有者权益结构调整情况，并对企业股改账证处理情况进行核实，作出裁定。 结果：该企业股份改制转增资本公积不征收个人所得税

资料来源：相关网站文章。

---

① 胡海啸，许常涌，别德刚．企业借助事先裁定延迟纳税8000万元［N］．中国税务报，2015-11-06（B2）．

② 厉娜，陈国民，王俏．“事先裁定”让大企业吃上“定心丸”［N］．中国税务报，2015-11-06（06）．

③ 永泉，海波，亚纬．安徽国税局向大企业提供事先裁定服务［N］．中国税务报，2013-11-15．

④ 厉娜，陈国民，王俏．事先裁定扫清企业上市障碍［N］．中国税务报，2017-06-06（08）．

由此可见，税收事先裁定的内容和范围涉及方方面面，它们存在一些相同点与不同点。相同点具体表现在它们都涉及税收在不确定的情况下，税务部门与纳税人之间就涉税事项的具体情况进行会谈，按照一定的程序和流程作出相应的裁定结果。不同点表现在它们处在不同的行业，具有不同的企业性质，因而会涉及不同的税收政策的应用。因此，税收事先裁定是一项涉及面广、情况比较复杂、对税收政策适用性要求很高的制度。

税收事先裁定对征纳双方还是有较大益处的，将税收征纳双方的关系由“对立”转变为“一致”，这也是现代税收征管方式的发展趋势。就企业而言，它们不仅可以获得税务机关个性化的纳税服务，降低纳税风险，而且能够提升企业的涉税事务管理能力和社会声誉。就税务机关而言，税收事先裁定不仅意味着税务管理方式的转变，有利于提升管理的有效性，同时，征收成本将大幅降低，并能更加及时准确地掌握企业信息。

（二）税收事先裁定面临的挑战

近年来税收事先裁定的探索和实践取得了不错的进展，为税收事先裁定制度的构建奠定了基础。然而，税收事先裁定也遇到一些阻碍，具体可以分为立法中的讨论点和试点过程中存在的问题。

1. 税收事先裁定立法进程中的主要讨论点

（1）税收事先裁定的主体选择。税收事先裁定的主体具体包括两个部分，一是裁定主体，二是申请主体。

对于裁定主体的选择，《征求意见稿》将裁定机关限定为省级以上税务机关。有学者认为，这能够较好地保证税收事先裁定的一致性问题，裁定机关的范围如果扩大会造成税法的确定性降低，违背税收事先裁定的初衷。但也有学者认为，可能存在税务机关级别较高，对于纳税人的需求和情况了解不全面不充分，导致作出事先裁定的准确度不高，因此建议将裁定机关限定为市级以上税务机关。

对于申请主体的选择，《征求意见稿》并没有对纳税人进行明确的限定，这不符合我国纳税人种类众多、经济业务复杂、规模不一的实际情况。在试点过程中大多针对大企业开展税收事先裁定，具有一定的可行性。因此，在申请主体的选择过程中，部分学者建议将“纳税人”限定为“大企业”，因为大企业具有清晰完整的账务信息和风险分析能力，便于税收事先裁定的资料信息汇总；也有部分学者提议将纳税人的纳税信誉等级作为限定条件之一。

（2）税收事先裁定的范围限定。《征求意见稿》中将税收事先裁定的范围限定为“预期未来发生、有重要经济利益关系的特定复杂事项和难以直接适用税法制度进行核算和计税”。这些限定条件是具有模糊性、概括性的一般原则性规定，不具有很强的适用性。因此，有学者认为，应对这些限定条件的标准进行进一步的明确。比如，可以考虑对申请裁定的事项中的投资交易数额设置不同档位标准，并根据对不同行业、不同区域的影响梯度来区分是否属于“重要经济利益关系”和“特定复杂事项”①。

（3）税收事先裁定的收费问题。对于税收事先裁定是否收费的问题也具有一定的争议性。有学者认为，税收事先裁定是纳税服务的一项重要内容，其服务性可能会要求无偿提供税收事先裁定，同时，收费可能会影响纳税人积极申请税收事先裁定的意愿。也有学者认为，税收事先裁定不同于一般的政策咨询服务，它对税收事先裁定的税务机关工作人员的业务水平要求较高，属于高技术劳动，同时也会占用大量的税务资源，适当收取费用来弥补成本无可厚非。

2. 税收事先裁定试点过程中存在的问题

（1）税收事先裁定的适用范围较窄。税收事先裁定是针对特定的纳税人和特定的未来交易事项所适用的一项制度。“特定的未来交易事项”要求申请税收事先裁定的事项必须满足两个条件：第一，该事项未来对纳税人具有重要经济利益关系，但还未发生；第二，我国当前税制对其经济业务的税法处理较为模糊或没有相应的适用规定。此外，鉴于我国当前的征管水平和裁定能力有限、纳税人税收遵从度不高等情况，我国试点初期对申请裁定的纳税人进行限定，提出相对高的门槛，也就限定了税收事先裁定制度的适用范围。

（2）税收事先裁定的适用规则不统一。为了准确掌握纳税人的业务信息，保证税收事先裁定的准确性、及时性、规范性，申请税收事先裁定的纳税人需就税收事先裁定的经济事项提供详尽的涉税资料。同时，为了保证税收事先裁定结果的及时性，维护纳税人权利，我国应对税收事先裁定结果规定一般的答复期限，税务机关应在规定时间内给予申请人准确的答复。但目前不同的税务机关对于税收事先裁定的内容和程序，角色与定位的认识不一，对纳税人所提供的资料进行审查并裁定也存在一定的规则不统一。

（3）税收事先裁定双方的权利义务不明确。税收事先裁定对纳税人和税务机关具有同等约束力，税收事先裁定结果一旦形成，纳税人需就其提供的涉税材料的准确性承担责任，税务机关需严格遵循其裁定的税收结

① 王霞，刘现．论预约裁定制度的适用与完善［J］．怀化学院学报，2015（08）：74－78．

果。若纳税人选择按照裁定申请进行交易并依裁定结果纳税申报，税务机关不得以税收事先裁定错误为由撤销裁定，纳税人具有根据裁定结果进行相应的税务处理的权利。反之，若纳税人提交的涉税材料不完整，存在虚假、欺骗、隐瞒等现象，经有关税务机关核实，税务机关可依法撤销裁定结果，不受上述条件约束。但目前由于税收事先裁定制度缺乏相应的立法，对裁定双方的权利与义务没有明确的限定，可能存在裁定双方的权利义务不明确的情况，裁定双方对自身的定位模糊，导致政府税收公权力的越位与缺位现象。

三、我国构建税收事先裁定制度的建议

（一）制度模式选择

税收事先裁定制度模式具体可以分为司法模式和行政模式。司法模式是由独立于税务机关的司法机关作为税收事先裁定的裁决主体，主要代表是瑞典的“事先裁定委员会”和印度的“事先裁定局”。行政模式是由税务机关作为税收事先裁定的裁决主体，主要代表是美国的“国家税务总局”和澳大利亚的“澳大利亚税务局”。表 2 梳理和汇总了司法模式和行政模式的特点和区别。

表 2　制度模式比较

模式 特点	司法模式	行政模式	
		集中管理型	分散管理型
裁定主体	独立于税务机关的司法机关	国家税务总局	国家和地方税务局
主体权限	创制税法和解释税法	仅限于解释税法	
优点	体现公平性、保证一致性	形式更加灵活、程序简单、确定性更强	
缺点	程序复杂，耗时相对较长	不能创制税法，不能很好地体现公平	
典型代表国家	瑞典、印度	美国、澳大利亚、英国、加拿大	

对于我国的模式选择，应当更切实地思考我国目前的基本情况，独立的司法部门与我国司法制度和立法制度并不匹配，因为我国的立法权归全国人民代表大会所有，其他任何行政机构、司法机构都不能对税法进行法条创造。同时，通过探索和实践，各地税务行政机关已具备良好的实践基础。因此，以税务机关为主体的行政模式的事先裁定制度更符合我国国情，考虑到时效问题，可以先以部门规章的形式设立事先裁定制度框架，裁定主体限定为省级以上税务机关。

（二）基本程序

从目前已经成熟的税收事先裁定制度来看，世界各国的程序设计都不尽相同，但其制度框架具有一定的共性，大体来说可以分为申请、受理、裁定、救济四个方面，如图1所示。

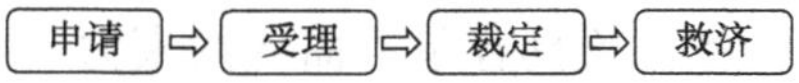

图1　税收事先裁定的基本程序

1. 申请

税收事先裁定制度所消耗的税收行政资源远远高于其他税收行政事项，为了防止申请人进行无节制的申请，以至于对整个社会资源产生不必要的消耗，所以在申请事件上应当设立一定的门槛。因此，申请人必须是针对未来的经济行为和交易，有着重要的经济利益关系以及难以直接适用税法的复杂事项申请事先裁定。同时，申请人必须能够保证自身拥有良好的纳税信用，自身的业务情况和会计账目能够保障较为全面的会计资料，规范提交税务机关的规定材料，并保证材料的完备，这些材料决定着整个裁定过程中的结果和效率。

2. 受理

结合我国经济运行情况和现行的行政体制，采用适度集权的行政模式是我国引入税收事先裁定制度的必然选择。在国家税务总局及省级税务部门分级设立专门的税收事先裁定部门，分别处理不同类型的税收事先裁定申请。国家税务总局主要受理与其签订了税收遵从协议企业的申请、对我国经济会产生重大影响和经营区域跨省或跨国类型的裁定申请事项，其他类型事项由企业所在地或经济业务发生地的省级税务部门申请裁定，但其业务受国家税务总局的监督和指导，裁定后报国家税务总局备查。

税收事先裁定的技术难度较大且税务资源十分有限，因此，限定税收事先裁定的范围是非常有必要的。我国应以“正面规定”为主、“负面列举”为辅来限定税收事先裁定的适用范围。此外，需要指出的是，随着经济的不断发展和纳税服务水平的不断提升，税务机关在经过实践累积经验后，应将受理范围逐步扩大到每一个纳税人，从而实现税收公平。

3. 裁定

我国目前税制改革正处于调整期，税法经常性调整是新常态，在事先裁定的期间和公布的制度设计上宜松不宜紧，以逐步引导纳税人申请事先裁定。因此，事先裁定处理时限的一般处理程序以6个月为宜，简易处理程序可确定为3个月。重大复杂案件需要延长的，报国家税务总局同意后，可再延长3个月。这将对税务机关形成必要约束，避免其为减少工作任务和责任压力而拖延或不予作出相应的裁定。同时，税务机关可选取与公众利益相关的裁定，在保护纳税人商业秘密与隐私前提下予以公布，有助于推动税法的普及以及法治化进程。

税收事先裁定对税务机关具有单方面的约束力，申请人有权利选择是否依事先裁定申请进行相关交易和是否按照事先裁定进行纳税申报，纳税人通过选择来执行或回避裁定的结果。因此，税收事先裁定只对税务机关具有约束力，对申请人不具有约束力。

此外，在短期内，我国税务部门免费提供税收事先裁定，可以通过限定申请人的资格来进行成本化控制，这对于我国目前来说是一个不错的选择。但从中长期来看，随着税收事先裁定制度建设逐步完善，税务部门需要收取一部分费用，以弥补税收事先裁定过程中产生的成本。

4. 救济

全球多数国家的税收事先裁定不适用复议或诉讼，因为从本质上说，事先裁定是一个预期事件，经济行为没有发生，也没有任何的损失，同时，申请人完全可以做到提前规避。因此，我国税收事先裁定也不适用行政复议或诉讼，但是对于裁定过程中的程序性问题可以提起法律救济。

（三）推行税收事先裁定保障机制

税收事先裁定未来会与我国经济生态紧密联系，成为我国税收体系建设的关键一环。但考虑到我国经济发展现状与税收征管能力的不均匀分布，税收事先裁定可以实行自上而下层层推进的模式，由部分城市、省份的大企业进行相应的试点，并逐步将裁定的适用范围拓展到全国。同时，税收事先裁定也可以将典型、具有普适性的裁定案件纳入案例数据库，为税务机关以后进行相同或类似的裁决时提供参考，案例公示也能够给纳税人一定的经验启示。但须注意的是，税收事先裁定具有特定性，建立案例数据库更多的是提供参考价值，应当杜绝对于裁定结果的照搬照抄。此外，税务机关要不断地打造更加专业的税务管理团队，从多个层次和方面对税务人员的素养进行全面的提升，保证税收事先裁定的质量。

参考文献：

[1] 贾绍华，李为人. 税务管理新论 [M]. 北京：中国财政经济出版社，2016：32.

[2] 贾绍华. 中国税收流失问题研究 [M]. 2 版. 北京：中国财政经济出版社，2015：24.

[3] 刘剑文，熊伟. 税法基础理论 [M]. 北京：北京大学出版社，2004.

[4] 王鸿貌. 税法学的立场与理论 [M]. 北京：中国税务出版社，2008.

10　税收信用体系问题研究
——基于大数据技术运用的视角

吕孟莎　　贾宜正

【摘要】税收信用作为社会信用体系的重要组成部分，已成为我国经济建设工作的重要部署。通过借力大数据技术共建我国税收信用体系，是实现基于社会信用的税收共治的重要途径。但现阶段我国税收信用体系还处于初期阶段，仍存在诸多问题。为此本文从大数据技术运用的视角，比较研究域外国家大数据技术推动税收信用发展经验，在此基础上提出我国大数据下税收信用体系的构建路径。

【关键词】税收信用　大数据技术　域外经验

【作者简介】吕孟莎，中国社会科学院研究生院硕士

贾宜正，工商管理学博士，中央财经大学财政税务学院应用经济学博士后

建立并健全政府事务性工作的诚信以及商业活动的诚信体系，加强对税务领域的信用建设是国家经济建设工作的重要部署。国务院发布的《社会信用体系建设规划纲要（2014—2020 年）》、国务院《促进大数据发展行动纲要》更加明确了互联网推动下大数据技术在现代经济发展中的必要性和重要地位。通过借力大数据技术共建我国税收信用体系，是实现基于社会信用的税收共治的重要途径。税收信用作为社会信用体系的重要组成部分，贯穿了纳税、征税和用税各个环节，对优化营商环境发挥了指引、补充、评价和教育等诸多功能，与营商环境形成良性互动。税收信用体系能够有效引导经济实体依法纳税，从而对优化社会信用、完善税收制度、实现依法征管起到强有力的推动作用。

通过大数据技术的有效运用，可加速社会信用体系基础设施建设，并通过以信用为核心的新型监管机制不断优化、诚信缺失专项治理的有力工具，进而优化营商环境。税收贯穿经济运行的方方面面，大数据技术能够将各方提供的信息进行有效整合，包括传统渠道如手工录入采集的数据、通过互联网及物联网等新技术采集的数据、由第三方提供进行信息共享的

数据，并在此基础上进行分析、识别、加工和利用，从而形成税收大数据①。运用大数据技术对税收数据进行合理有效的开发和利用，对于优化纳税服务、提高税收征管水平、拓展税收服务国家治理新领域等方面意义重大。

研究大数据时代下的税收信用体系问题，在当前“金税三期”工程全面完成、大数据技术日趋成熟并广泛应用、宏观经济环境发生深刻变革的背景下，具备了理论、技术和现实基础，为我国税收信用体系提供了重要的参考和依据。

一、税收信用体系现存问题及原因分析

（一）税收信用体系现状

我国的税收信用体系最早可追溯至1999年，国家长期以来一直高度重视税收信用体系的建设。税收信用体系一方面表现为纳税人缴纳税款的诚信程度，另一方面表现为相关法律法规的制定。我国目前税收信用体系主要包括纳税人信用评级、税收违法“黑名单”、税收违法联合惩治机制、失信纳税人信用修复机制等。

我国运用大数据技术建设税收信用体系已取得成效。2006年“金税三期”工程正式展开，2016年国家税务总局完成“金税三期”工程，其在全国税务系统的正式上线实现了税务数据的全国大集中，形成税务行业初步的“税收大数据”。

随着区块链技术的日趋成熟，将其引入信息治税建设有利于进一步促进企业交易透明化、提升系统的安全性与稳定性。例如，深圳市在2018年下半年已经开出了全国第一张区块链电子发票。深圳税务局的区块链电子发票试点稳定向前，逐步扩大试点行业和企业范围，获评CITE2019区块链应用创新优秀案例。

2018年6月26日，国税总局发布《电子税务局建设规范》，要求各省在完成“网上税务局”初步整合的基础上，进一步优化改造。总局2019年按最新《税收征管规范》和《纳税服务规范》组织建设全国规范统一的电子税务局，为纳税人提供多元化、协同化、同质化办税管理服务。

“金税三期”税收征收、社保征收、发票管理系统、内控监督系统、风险管理系统、电子税务局等，对提高税收管理的效率起到了十分关键的

① 中国税务学会. 大数据技术与税收应用——基于税收征管与纳税服务的视角［M］. 北京：中国税务出版社，2018：155.

作用。大数据技术的创新与应用将进一步提升政府税收治理能力，构建和谐的征纳关系，对于提高纳税遵从度、建设税收信用体系具有深远影响。

（二）税收信用体系现存问题

1. 社会信用环境

纳税信用是社会信用体系的一部分，自然人、法人税收信用与整体社会信用状况有着紧密的联系。我国自改革开放以来，由计划经济向社会主义市场经济转变，一方面，市场经济体制还没有完全建立起来，快速开放的经济活动让个人及企业开始追求自我利益的发展。自我意识的觉醒虽然带来了经济的快速发展和市场的空前活跃，但追求个人利益的同时不断凸显逐渐弱化的社会传统道德体系，突破了社会信用的约束，难免会产生对社会信用的逾越。另一方面，社会主义市场经济体制改革首先从经济制度、分配制度和经济规则的革新开始，社会信用体系的构建和维护不足，社会信用管理机制建设滞后于经济的发展，社会信用管理机制的长期缺位造成整体社会信用环境处于亚健康状态，也造成了纳税人纳税信用基础的缺失。

2. 纳税人需求与税收征管水平的不对称

税收信用体系离不开海量的涉税信息整合以及管理。长期以来，由于企业纳税人处于信息优势的地位，税务机关在税款征收过程中常常处于劣势地位。忽视数据治理将给各级税务部门的数据平台建设带来很多根本性的问题，如数据源头不统一、数据质量不高、数据模型应用不足及基础数据获取与挖掘问题，从而严重限制了大数据平台发展，致使大数据技术的应用在业务端上展示效果不足。以最小的纳税成本、最方便快捷的处理方式了解和办理税收业务是纳税人的希望，但目前我国税收信息化水平与纳税人的需求依旧存在着不同层面的差距。

3. 关注个人隐私权的保护

以提高税收信用为要旨的税收“黑名单”制度的建立，对于提高税收信用度、纳税人税法遵从度以及税收信用体系和社会信用体系的完善具有重大的促进作用。税收违法黑名单公布制度主要是公布违法案件的具体情况，但违法当事人的基本信息，如纳税人个人的姓名、身份证号码、住址、企业名称、社会信用代码、纳税人识别号、注册地址等也会被一并公布。上述信息是征税机关合法取得的关于纳税人的信息，但仅因纳税人没有诚信纳税而在未征求纳税人任何意见的情况下向全社会公布其隐私信息，不仅侵犯了纳税人信息隐私权，也违反了征税机关应当遵守的对纳税人个人及涉税信息保密的义务。

（三）税收信用体系问题成因

1. 追求经济利益最大化

在市场经济条件下，作为市场主体的企业和个人，其一切行为的出发点和归宿都是为了追求经济利益的最大化，即以最小的投入、最低的成本、最快的速度来获取最大的利润。

社会主义税收制度是为了实现社会主义扩大再生产和满足社会消费需要而占有社会剩余产品的一种形式，是社会财富在国家、企业、个人之间的一种分配与再分配。由于税收所具有的强制性、无偿性、固定性，这种被分配产品的所有权从纳税主体手中强制性地和无偿性地转移到了国家的手中，这无疑是对纳税人财产权的一种“强制性的剥夺”，会导致纳税人经济利益减少，这和他们追求利益最大化的目标是不一致的。对于纳税人而言，税收是其所承担的一种额外的成本，税收越重，则获利越少，税收越轻，则获利越多。所以，他们总是要千方百计地企图通过减轻纳税负担来尽可能多地增加其税后利润，这必然导致纳税主体与国家之间的矛盾和冲突。如果不能合法地解决此类征税矛盾，纳税主体就会突破法律规范的约束，实施各种税收违法活动，造成税收失信行为。从这种意义上看，纳税人追求经济利益最大化是造成税收信用问题最根本的原因。

2. 税收法律法规不完善

税收制度的完善与否与税收信用有着直接的关系，严密完善的税收制度会堵塞税收失信行为的制度性漏洞。在充分肯定税收制度建设成效的同时，应该承认，从实现税收现代化的角度来看，我国的税法体系建设仍然存在着许多的问题与不足，而这些问题与不足恰恰成为税收信用问题的制度性原因。

我国的税收法律体系尚不健全。一方面，税收活动的基本规范，如税收基本法则、税收立法权划分、税收管理权划分、纳税人权利和义务、税务机关职责权限等关系到税收法治、税收管理的体制、机制、管理方式尚不健全，对税收立法活动缺乏有效的指导和监控；另一方面，现行税法特别是很多主体税种的法律级次不高，税收法律、行政法规缺乏前瞻性、及时性和稳定性，无法满足经济、社会发展和税收管理的现实需要。虽然党的十八届三中全会以来税收立法进程明显加快，税收法定原则也在2015年3月写入《立法法》中，然而税收立法关乎政府和纳税人的利益分配，牵一发而动全身，必须慎之又慎，不能急于求成。

3. 缺少专门的数据中心

为了建设税收信用体系，大数据技术的应用已是必不可少的环节。大数据技术的运用，其前提条件是数据数量充足，通过科学的分析方法得出较为准确的分析结果，为税务机关在行政执法中做出决策提供支撑。

我国目前在国家税务总局框架内虽设有征管和科技发展司，但其职责主要是在税收信息化建设中起到组织、监督、拟定法规等作用，并未设置税收数据分析的职责，在数据管理、组织、归集、分析上，我国税务机关的组织框架中尚存空白。缺少专门的数据中心，就无法集中强化硬件设备的投资，不能满足现阶段税收信用体系对于大数据技术的要求。

二、国外大数据技术推动税收信用发展经验

（一）建立关键涉税数据仓库支撑美国税收信用体系

美国是世界上税收信用建设最完善的国家之一，其税收信用数据建立在美国完善的数据共享及相关法律之上。美国国家税务局（Internal Revenue Service，IRS）和银行、海关、社保以及中介机构建立了数据共享机制，并且对纳税人的电话、邮件和Facebook等社交网络信息进行搜集和分析，严密监控所有纳税人的经济活动。从数据种类、数据涵盖的组织范围以及数据来源上看，美国IRS掌握的与纳税人有关的数据非常全面、到位。

在已有的数据库和信息技术的基础上，美国IRS在Jeffery Butler① 的提议下，建立了符合大数据特征的数据仓库Compliance Data Warehouse（CDW）。CDW数据仓库内容纳了关键性涉税数据32种，有460 TB的数据库总存储量，1.2 PB的磁盘存储器总储量，建立之初有3 TB的存储数据，1.2 TB原始数据，这个数据存储量还在不断快速增长。IRS的税务工作人员可以运用CDW数据系统完成纳税人数据的几乎任何类型的分析，对税收信用体系起到了重要的支持作用。

（二）立法第三方信息通报义务推动法国涉税信息共享

《法国税法诉讼法典》阐述了第三方通报信息的义务，还明确了实施

① Jeff Butler. Big Data and Analytics at the IRS［J］. IRS Research，Analysis and Statistics，2012（11）.

的条件和细节，规定了材料保存的义务和期限。与此相关的一些法规还出现在其他的法典或法律文本中，如《法国税则总法典》和《法国货币和金融法典》。

实际上，第三方提供相关信息的义务，也是税务机构拥有获得情报和信息的权利。税务机构的这种权利得到法律承认，意味着违反这项法律义务会受到这项法律的制裁。根据法国法律规定，税务机构有权了解并在必要时复制第三方持有的文件，所有的信息被利用在所有的税费负担的基数和核对上，包括自然人或法人的税费，以及从第三方到此人的税费。根据法国和其他国家签署的协定中预先考虑到的限制性规定，这一权利同样还可被用在国际行政协助的范畴①。具体包括：一是有法定通报相关信息义务的机构；二是通报相关信息所涉及的内容；三是保存相关信息的义务；四是违反通报信息义务的法律责任。

（三）发票电子化提高征纳双方涉税信息透明度

电子发票是税收管理的一个热点话题，能够完善发票监管流程，实现税务管理现代化，遏制税收流失，打击虚开发票等不法行为。先进国家的发票管理发展过程，大都是企业管理进步倒逼政府部门改善发票管理系统。

一是以企业为主导的发票管理系统。全球电子发票应用是随着国际贸易发展而出现的。最早是 EDI 系统（Electronic Data Interchange），即电子数据交换系统。它是一种在公司之间传输订单、发货、报关、商检和银行结算等信息的无纸贸易系统。后来，美国银行开发了 SaaS（soft - as - a - service），公司输出一个文件，提交到 SaaS EIPP 服务器，服务器将其转化为电子发票，通知采购商，采购商通过一个安全的门户网站提供发票数据给银行，银行收集并处理支付数据后自动付款。美国大约 80% 的大公司在采购业务中采用电子发票系统。欧盟电子发票在 B2B 领域已占 30% 左右。

二是以政府部门为主导的发票管理系统。美国由于实行零售环节征收消费税，所以所有的零售商店都安装了税控收款机，其电子发票与购物小票一体化，购物明细、金额与税额一目了然，信息及时传递。但其发票还是纸质的，只是信息传递实现了电子化。

① 中国税务学会．大数据技术与税收应用——基于税收征管与纳税服务的视角［M］．北京：中国税务出版社，2018：81 - 85.

三、大数据下税收信用体系的构建路径

（一）完善税收信用法律制度

1. 完善税收信用立法

完善税收信用立法，需要建立以税收基本法为核心的税收法律体系。首先，需要明确市场经济中失信的法律边界是什么，失信将被给予的制裁及其程度和形式，并需要尽快组织制定税收基本法，尤其是提出关于信用管理法律的草案。其次，需要加大税收信用立法力度，逐步提升税收信用立法级次，提高税收信用制度的法律权威性。

2. 明确第三方申报义务及责任

从法律上明确相关第三方负有报送涉税信息的义务，为税务机关取得涉税信息提供必要的法律保障。我国《税收征管法》在第二章“税务管理”第三节“纳税申报”的有关规定中，没有明确第三方机构的涉税信息报送义务，在第五章“法律责任”中也没有对第三方机构不配合税务机关提供有关涉税信息的处罚方式和金额做出规定，造成了税收征管工作中有法可依却难以执行的尴尬局面。因此，在有关法律中明确哪些机构负有报送涉税信息的义务及违反义务所应承担的法律责任，是一个关键性的问题。同时也应注意，不可无限度地扩大义务，应以保证税收信用的需求为界，以避免给社会造成额外负担。

3. 保障纳税人隐私权

保护纳税人隐私是其他国家政府在税收数据分析时都很关注和重视的问题。税务机关可以在具体情形下使用纳税人的有关涉税信息，每一级别税务机关所能使用数据的权限是什么都应在法律框架下加以明确。在人员的管理方面，更要明确不同岗位工作人员的职责，对侵害个人隐私权的，应承担相应的法律后果。在大数据背景下，需进一步修订并完善纳税人隐私权救济制度，确定隐私权被侵犯所应赔偿的标准，维护纳税人个人隐私权的合法权益。

尤其是我国在发展、完善税收“黑名单”制度的过程中，应注重采取措施、公布实施法律、建立制度等，在提高纳税人的税法遵从度、增强纳税人的诚信纳税意识的同时，更要主动承担起为其合法获得的纳税人的个人或者涉税信息保密的义务，从而保护纳税人的权利，提高纳税人对征税机关的信任度，促进税收秩序的稳定和整个社会的发展。

（二）扩大区块链电子发票的范围

区块链技术本身所具备的永久储存、不可篡改、去中心化、公开透明等特性，都与税务系统的需要非常契合。基于区块链技术的数字发票具有整个流程的完全可追溯性以及与发票逻辑一致的不可篡改性，可以有效地避免虚假发票，完善发票监管流程，实现税务管理现代化。

从理论上看，如果未来全国整个税务系统都运用区块链技术，那么所有纳税人的身份信息、资产信息、交易信息都将真实、完整、有效、不可篡改地记录在区块链上。得益于此，税款自动划转到税务机关也成为可能。因为纳税人的身份信息准确无误，交易信息全面完整，其收入与纳税义务就没有异议，清晰透明，通过税务系统就可以自动计算纳税人某一期间应该履行的纳税义务，并由系统自动扣划税款。

深圳的“区块链电子发票”是全国范围内首个“区块链+发票”生态体系应用研究成果。自 2018 年 8 月 10 日深圳国贸旋转餐厅开出首张区块链电子发票以来，逐步扩大试点行业和企业范围，在金融保险、零售商超、酒店餐饮、停车服务、互联网服务等多个行业得到广泛应用，获得明显效果。深圳市税务局的实践表明，税务机关可以运用区块链技术，通过各种形式与多种平台和纳税人进行直接互动，使得涉税信息透明化，提高税源信息的准确性和广泛性。区块链技术可以在相关技术手段方面提供监管方案，运用区块链技术将多种因素共同编码，并把共享信息向全社会公布，区块链技术将在税收信用领域大有用武之地。

（三）高标准创建税收信用数据库

税收信用数据库是一个记载社会各信用主体的税收信用状况的平台，要建设高标准、高质量的数据库系统，充分发挥其监督、评价作用。为了实现这一数据库的建立，首先需要设立专门的数据中心，集中强化其硬件设备的投资，组建“少而精”的专家小组，既满足大数据技术的要求，又有利于提高财政资金的效率。我国目前在总局框架内虽设有征管和科技发展司，但其职责主要是在税收信息化建设中起到组织、监督、拟定法规等作用，并未设置税收数据分析的职责，在数据管理、组织、归集、分析上，我国税务机关的组织框架中尚存空白。在规范涉税信息范畴的基础上，需要对涉税信息进一步标准化，包括具体信息条目的概念定义、技术术语含义、信息字节格式、信息排列布局及编码格式转换等。只有统一标准，商家在建设自己的信息系统时才能将税务信息管理的标准植入信息系统，也才能实现征纳双方信息系统的对接，方便将涉税信息传输到税务部门的数据库。

具体而言，创建高标准的税收信用数据库必须涵盖四个范围的相关数据信息：一是纳税人的数据信息，通过纳税人的各类数据判断纳税人的经营实质，得出税收征管和服务上存在的风险。二是税务稽查、纳税评估信息及税务部门内部管理信息。三是社会中介机构掌握的税收信用信息。四是社会公众掌握的税收信用信息。

参考文献：

[1] 蔡昌．税收信用论［M］．北京：清华大学出版社，2014.

[2] 贾绍华．中国税收流失问题研究［M］．北京：中国财政经济出版社，2015.

[3] 贾绍华．税务管理新论［M］．北京：中国财政经济出版社，2016.

[4] 焦瑞进．大数据治税［M］．北京：中国财政经济出版社，2018.

[5] 中国税务学会．大数据技术与税收应用——基于税收征管与纳税服务的视角［M］．北京：中国税务出版社，2018.

[6] 刘尚希．大数据思维在税收风险管理中的应用［J］．经济研究参考，2016（09）：19－26.

[7] 汤贡亮，张崇元．关于完善我国税收信用建设的思考［J］．商学研究，2017（05）：104－110.

[8] 任东飚，费铭海，袁明昌．税收数据在大数据中的利用探析［J］．税务研究，2015（10）：25－28.

[9] 贾宜正，刘建，等．大数据背景下的税收治理问题研究［J］．税收经济研究，2017，22（05）：17－23.

[10] 贾宜正，章荩今．区块链技术在税收治理中的机遇与挑战［J］．会计之友，2018（04）：142－145.

[11] 张国钧，李伟，谢波峰，李荣辉．基于区块链的“互联网＋税务”创新探索——以深圳市税务局的实践为例［J］．税务研究，2019（01）：68－73.

10　土地增值税清算征纳纠纷案例分析

曹静韬　　周雪玲　　孙振江

【摘要】 S市地方税务局诉H房地产经营开发有限公司一案历经复议、一审、二审，最终以H公司胜诉结局。本案争议的焦点在于税务机关2016年要求H公司进行土地增值税清算是否已经超过了追征期等问题。本文通过深入剖析本案中的税收征管问题，对我国税款追征期的适用、税收征管法的完善等问题进行深入思考。

【关键词】 税务行政诉讼　案件　追征期

【作者简介】 曹静韬，首都经济贸易大学财政税务学院教授
周雪玲，首都经济贸易大学财政税务学院2018级硕士研究生
孙振江，北京师范大学出版社，会计师

一、案情介绍

2016年5月，S市地方税务局第十一税务所发出《土地增值税清算通知书》，认为H房地产公司开发的“申花苑”项目“已符合清算相关规定”，要求其办理清算手续。该《清算通知》“附：相关政策条款”中摘录了《土地增值税清算管理规程》第十条第一款第（一）项等规定。2016年9月，第十一税务所又发出《责令限期改正通知书》，认为H公司未按期办理土地增值税清算申报及报送纳税材料，依据《税收征管法》规定，限H公司纳税申报并报送纳税资料，改正税务违法行为。H公司不服前述两通知，于2016年10月向地税局申请行政复议。地税局作出《税务行政复议决定书》，维持《清算通知》及《责令限期改正通知书》。

H公司仍不服，诉至S市人民法院，认为其“申花苑”项目已于2004年销售完毕，税务局在2016年才要求进行土地增值税清算已过追征期，请求撤销《责令限期改正通知书》及被诉复议决定中维持《责令限期改正通知书》的决定。第十一税务所认为，《税收征管法》对于纳税人不进行纳税申报的情形并未明确规定追征期，因此2016年要求H公司进行土地增值税清算并未过追征期。法院认为，H公司已经向税务机关预缴过土地增值税，第十一税务所提供的预售许可证与其依据的《清算管理规程》规定

并无直接关系。第十一税务所作出的《责令限期改正通知书》及地税局的复议决定维持《责令限改通知书》属于认定事实不清、证据不足。综上，撤销第十一税务所作出的《责令限期改正通知书》，撤销地税局复议决定中维持《责令限期改正通知书》的决定。

第十一税务所、地税局不服上述判决，向S市第一中级人民法院提起上诉。其诉称，其作出的《清算通知》的依据包括但不仅限于《清算管理规程》第十条第一款第（二）项。请求二审法院撤销原审判决，依法改判驳回被上诉人的原审诉讼请求。H公司辩称，原审判决认定事实清楚，适用法律正确，程序合法，请求二审法院驳回上诉，维持原审判决。法院认为，第十一税务所作出的《责令限期改正通知书》属于认定事实不清，主要证据不足，依法应予撤销；地税局作出维持《责令限期改正通知书》的复议决定也应予以撤销。综上，驳回上诉，维持原判。

本案中，H公司的“申花苑”项目早在2004年就已销售完毕，但是，直到12年之后的2016年，地税局第十一税务所才要求H公司进行土地增值税清算。在这12年间，H公司的主管税务机关曾发生过变化，H公司曾向本市其他区的税务机关预缴过土地增值税。而且，涉案的“申花苑”项目所在地亦不在本区范围内。税务机关在做出《土地增值税清算通知书》和《责令限期改正通知书》之前，也未就H公司的原主管税务机关及项目所在税务机关有无通知该公司进行土地增值税清算申报等情况进行调查。正因如此，该案件二审以S市地税局败诉而告终。尽管如此，透过该案件的审理过程，仍有许多税收领域的问题值得我们深入思考。

二、税款追征期争议与税收征管法的完善

（一）征纳双方对税款追征期的争议

在该案二审中，税务机关和H公司就土地增值税的清算是否超过追征期问题有着不同的观点。H公司认为，根据《国家税务总局关于未申报税款追缴期限问题的批复》，“税收征管法第六十四条第二款规定的纳税人不进行纳税申报造成不缴或少缴应纳税款的情形，不属于偷税、抗税、骗税，其追征期按照税收征管法第五十二条规定的精神，一般为三年，特殊情况可以延长至五年”，H公司的“申花苑”项目于2004年就已销售完毕，第十一税务所于2016年才要求H公司进行土地增值税清算已过追征期。第十一税务所则认为，《税收征管法》对于纳税人不进

行纳税申报的情形并未明确规定追征期，国税总局《批复》系对个案的批复，不能适用于所有案件，因此第十一税务所于2016年要求H公司进行土地增值税清算并未过追征期。尽管二审法院判决并没有对这一问题做出判断，但出于税收征管的考虑，我们却有必要对这一问题进行进一步探讨。

（二）税收征管法关于追征期的规定对本案的适用性

对于纳税人未按规定进行纳税申报和缴纳税款的情形，我国的税收征管法在第三十二条、第五十二条和第六十四条都做出了相应的管理规定。其中，第六十四条和第三十二条只规定了追缴税款、滞纳金和罚款，并没有对追征期做出规定。只有第五十二条对追征期做出了具体规定。税收征管法第五十二条区分了三种不同情形，对这三种情形的追征期做出了不同的规定：一是因税务机关的责任，致使纳税人、扣缴义务人未缴或者少缴税款的，税务机关在三年内可以要求纳税人、扣缴义务人补缴税款，但是不得加收滞纳金；二是因纳税人、扣缴义务人计算错误等失误，未缴或者少缴税款的，税务机关在三年内可以追征税款、滞纳金；有特殊情况的，追征期可以延长到五年；三是对偷税、抗税、骗税的，税务机关追征其未缴或者少缴的税款、滞纳金或者所骗取的税款，不受前款规定期限的限制，即税务机关可以无限期追征。

在本案中，H公司并未按照《土地增值税清算管理规程》的规定及时办理土地增值税的清算。显然，这种情形既不属于税收征管法第五十二条规定的第一种情形——“因税务机关的责任”，也不属于偷税行为——因为根据税收征管法第六十三条，纳税人不进行申报的行为属于“经税务机关通知申报而拒不申报”的情形才是偷税。本案中，并没有证据表明税务机关在H公司将“申花苑”项目销售完毕之后的12年中对纳税人发出申报通知。其间，H公司主管税务机关曾经发生变更，第十一税务所没有对H公司的原主管税务机关及项目所在税务机关有无通知该公司进行土地增值税清算申报等情况进行调查，因此也没有提供其他税务机关对纳税人发出申报通知的证据。

这样看来，本案最有可能适用的是税收征管法第六十四条规定的第二种情形。二审判决书显示，对于“申花苑”项目已符合清算条件，H公司并不持异议，但是，判决书却没有显示H公司未进行土地增值税清算的原因。而根据《土地增值税清算管理规程》的第十一条，土地增值税的清算包括“纳税人主动清算”和“经税务机关要求进行清算”两种情形：①对于符合本规程第九条规定①，纳税人应当在满足条件之日起90日内到主管税务机关办理清算手续；②对于符合本规程第十条规定②，由主管税务机关确定是否进行清算；对于确定需要进行清算的项目，由主管税务机关下达清算通知，纳税人应当在收到清算通知之日起90日内办理清算手续。显然，因为税务机关没有提供“税务机关要求纳税人进行清算”的证据，所以该案件并不属于第二种情形，而属于第一种情形——按照这一情形，H公司本应在2004年“申花苑”项目销售完毕后在规定期限内进行土地增值税清算申报，但却没有进行清算——这与税收征管法第五十二条规定的第二种情形“因纳税人、扣缴义务人计算错误等失误，未缴或者少缴税款”最为接近。但是，本案的情形是否适用这一情形，还要对这一条款的意图与含义进行深入分析。

在税收征管法第五十二条列举的三种情形中，第二种情形“因纳税人、扣缴义务人计算错误等失误”强调的是纳税人的非主观故意、非明知故犯的未申报纳税造成税款的流失。而《税收征管法实施细则》第八十一条则明确规定，税收征管法第五十二条所称纳税人、扣缴义务人计算错误等失误，是指非主观故意的计算公式运用错误以及明显的笔误。显然，这条规定将税收征管法第五十二条规定的第二种情形仅仅限制在“非主观故意的计算公式运用错误”和“明显的笔误”的范围内，除此之外的其他原因都不属于这种情形。在本案中，H公司曾经预缴过土地增值税，其也应该清楚地了解到：在“申花苑”项目销售完毕时，其已符合清算条件，应该主动进行土地增值税清算。这既不属于“非明知故犯”，也不属于《税收征管法实施细则》第八十一条规定的“因纳税人、扣缴义务人计算错误等失误”的两个限制范围，因此，本案也不属于税收征管法第五十二条列举的第二种情形。

尽管上述法律法规并没有对本案中追征期的情形作出明确规定，但是，从税收征管角度来看，本案中涉及的追征期问题却具有普遍性。试想，如果对纳税人不纳税申报的行为只适用三年或五年的追征期，在目前的税收征管模式和征管水平下，必将有许多纳税人“坐等超出追征期限”而选择不进行纳税申报，这无疑会给税收征管带来巨大难题——这也不符合税收征管法第五十二条的立法意图。

---

① 其第一项规定，房地产开发项目全部竣工、完成销售的，纳税人应进行土地增值税清算的项目。

② 其第一项规定，已竣工验收的房地产开发项目，已转让的房地产建筑面积占整个项目可售建筑面积的比例在85%以上，或该比例虽未超过85%，但剩余的可售建筑面积已经出租或自用的，主管税务机关可要求纳税人进行土地增值税清算。

（三）与追征期相关的其他文件：总局批复与刑法修正案（七）

值得一提的是，对于纳税人不申报的税款追征期问题，国家税务总局曾经针对两项个案做出过批复：一个是《关于欠税追缴期限有关问题的批复》（国税函〔2005〕813号），该批复指出，税收征管法第五十二条有关追征期限的规定，是指因税务机关或纳税人的责任造成未缴或少缴税款在一定期限内未发现的，超过此期限不再追征。纳税人已申报或税务机关已查处的欠缴税款，税务机关不受该条追征期规定的限制，应当依法无限期追缴税款。另一个是《关于未申报税款追缴期限问题的批复》（国税函〔2009〕326号），该批复指出，税收征管法第六十四条第二款规定的纳税人不进行纳税申报造成不缴或少缴应纳税款的情形不属于偷税、抗税、骗税，其追征期按照税收征管法第五十二条规定的精神，一般为三年，特殊情况可以延长至五年。这两个文件，一是内容存在部分冲突，二是适用范围是仅限于该个案还是具有普遍适用性仍存在争议，因此难以成为判断本案的依据。

此外，我国2009年通过的《刑法修正案（七）》取消了偷税罪，将第二〇一条修改为“纳税人采取欺骗、隐瞒手段进行虚假纳税申报或者不申报，逃避缴纳税款数额较大并且占应纳税额百分之十以上的，处三年以下有期徒刑或者拘役，并处罚金；数额巨大并且占应纳税额百分之三十以上的，处三年以上七年以下有期徒刑，并处罚金”。这一修改将“不申报”作为“逃税罪”的要件之一，可以对税收征管法第五十二条起到很好的“亡羊补牢”作用。但是，在本案中，在H公司未进行土地增值税清算的情况下，要判断其是否“逃避缴纳税款数额较大并且占应纳税额百分之十以上”，税务机关可能要付出很大的努力进行前期检查和调查工作。

（四）税款追征期问题对完善税收征管法的启示

尽管本案并不适用税收征管法第五十二条中规定的三种情形，但是，无论从税收征管法第五十二条的立法意图来看，还是从我国税收征管的现实来看，对于纳税人不申报（既包括土地增值税的申报和清算，也包括其他税种的申报）的行为，都宜采用无限期追征的做法。本案也为我国税收征管法的修订提供了一个很好的启示：明确对纳税人不申报行为进行无限期追征的规定，保障国家税款及时足额入库。同时，将税收征管法中关于追征期的规定与刑法中的相关规定有机衔接，清理过时的批复与其他相关规定。

三、税务机关在土地增值税征管与行政诉讼中的问题

通过本案例，可以看出税务机关在土地增值税征管和应对行政诉讼中存在的问题。应该说，这些问题在我国的税收征管中具有一定的普遍性，值得我们反思。

一方面，在税收征管过程中，仍存在税务机关之间信息沟通不畅、工作衔接不顺的现象。本案中，H 公司的主管税务机关曾发生过变化，而且曾于 1999 年向青浦及徐汇的税务机关预缴过土地增值税。尽管二审判决书并没有显示 H 公司涉案的“申花苑”项目在 2004 年销售完毕时的主管税务机关是 S 市哪个区的税务机关，但是，无论其主管税务机关是谁，都应该在纳税人符合清算条件时，对纳税人提出正式的清算要求。① 本案的二审判决书并没有显示是否有税务机关曾对 H 公司提出清算要求。但是，对于在 2016 年发出《清算通知书》的第十一税务所来说，其在本案中并未提供相关证据。这至少表明，不同税务机关的信息沟通仍然不够顺畅，否则地税局不可能不提供更有利于自己的证据。我们也需要对税收征管工作的衔接进行反思：在纳税人变更主管税务机关的同时，相关税务机关是否在该纳税人的税务管理上进行了良好的衔接？如果衔接工作顺畅的话，地税局便不会在历经 12 年、纳税人多次变更主管税务机关之后，才发出清算通知。由此可以看出，我国目前的税收管理机制和制度仍需要细化和完善。

另一方面，在面临行政诉讼时，税务机关既没有进行充分的前期准备，也没有取得强有力的证据和利用正确的法律法规，应对意识和应对经验明显不足。

一是税务机关应诉准备工作明显不足。在本案的二审判决中，既没有提到纳税人之前的主管税务机关采取的税收管理措施资料（以证明税务机关曾对纳税人提出过清算要求），也没有提及地税局对纳税人进行纳税检查的相关资料（以证明 H 公司欠缴土地增值税税款的数额和期限）。而这两类资料无疑会为税务机关提供更为有力的证据。这至少表明，税务机关并没有为应诉做好充分的准备，对行政诉讼并没有足够的重视。

二是税务机关的应诉经验明显不足。本案一审中，地税局第十一税务所陈述其系根据《清算管理规程》第十条第一款第（二）项的规定来认定“申花苑”项目已符合清算条件，但其发出的《清算通知》“附：相关政

① 《土地增值税清算管理规程》是在此之后的 2009 年印发实施的。在此之前，《土地增值税暂行条例实施细则》第十六条规定，清算办法由各地自行制定。

策条款”中明确载明的依据条款为《清算管理规程》第十条第一款第（一）项规定，且该依据作为《清算通知》的附页在行政程序中一并送达了H公司。这种适用条款的前后不一致，显然不利于税务机关。《清算管理规程》第十条第一款第（一）项规定税务机关可要求纳税人进行土地增值税清算的条件是“已竣工验收的房地产开发项目，已转让的房地产建筑面积占整个项目可售建筑面积的比例在85%以上，或该比例虽未超过85%，但剩余的可售建筑面积已经出租或自用的”，而H公司早在12年前就已完成销售，以这一条件作为发出《清算通知》的依据显然并不合适。在诉讼过程中，税务机关又提出发出该通知的依据是《清算管理规程》第十条第一款第（二）项“取得销售（预售）许可证满三年仍未销售完毕的”。但是，税务机关在本案中提供的两份预售许可证上载明的项目名称分别为“申花花园”和“申花花苑”，与《清算通知》中的“申花苑”项目名称并不完全匹配，税务机关也未提供证据证明“申花花园”“申花花苑”与“申花苑”系同一项目。这显示出税务机关应诉经验明显不足。

之所以出现上述问题，既有税务机关应对意识不足等主观原因，也有土地增值税征管难度大等客观原因。从主观上看，税务机关对行政诉讼不够重视，应诉意识不强，也没有为应诉做出充分的准备。从客观而言，不仅税收征管机制和制度仍存在不完善之处，而且土地增值税清算和征管本身的难度也给税务机关带来了不小的挑战。但说到底，税务机关的主观因素还是上述问题出现的主要原因。从案件本身来看，H公司在“申花苑”项目销售完毕12年之后都没有进行清算，其必然要负直接相应的法律责任——在税收征管法及相关的法律法规中，有多项规定可以适用于本案。可惜的是，税务机关在本案中的应诉表现直接导致了其败诉的结果。

参考文献：

［1］朱庆祎．房地产开发企业土地增值税清算的财税处理研究［J］．现代经济信息，2019（17）：189.

［2］席建秀．房地产开发土地增值税清算问题分析［J］．财经界（学术版），2019（14）：216－217.

［3］扶建禄．关于土地增值税清算审核重点问题及优化对策［J］．纳税，2019，13（24）：3，6.

［4］彭红梅．中国土地增值税清算政策影响探析［J］．现代经济信息，2019（17）：235.

［5］王卫军．优化土地增值税清算流程的建议［J］．税收征纳，2019（05）：9－10.